E. u. K. Düsing / Klein (Hrsg.) — Geist und Willensfreiheit

/27 Filos Was. Fichte

Geist und Willensfreiheit

Klassische Theorien
von der Antike bis zur Moderne

Herausgegeben von
Edith und Klaus Düsing und
Hans-Dieter Klein

Königshausen & Neumann

Gedruckt mit Unterstützung der My Way Stiftung, Hagenbrunn
und des Bundesministeriums für Bildung, Wissenschaft und Kultur

Bibliografische Information Der Deutschen Bibliothek

Die Deutsche Bibliothek verzeichnet diese Publikation in der Deutschen
Nationalbibliografie; detaillierte bibliografische Daten sind im Internet
über <http://dnb.ddb.de> abrufbar.

© Verlag Königshausen & Neumann GmbH, Würzburg 2006
Gedruckt auf säurefreiem, alterungsbeständigem Papier
Umschlag: Hummel / Lang, Würzburg
Umschlagabb.: *Turmbau zu Babel* (Wiener Version) Pieter Brueghel der Ältere, 1563
Öl auf Eichenholz, 114 × 155 cm, Kunsthistorisches Museum Wien
Abdruck mit freundlicher Genehmigung des Kunsthistorischen Museums Wien
Bindung: Buchbinderei Diehl+Co. GmbH, Wiesbaden
Printed in Germany
ISBN 3-8260-3507-0
www.koenigshausen-neumann.de
www.buchhandel.de
www.buchkatalog.de

Inhaltsverzeichnis

Einleitung

Gegenwärtige Freiheitsprobleme und klassische Theoriekontexte

Edith und Klaus Düsing

Die gegenwärtige Flut der Freiheitsliteratur ist kaum mehr zu überblicken. In ihr werden weit überwiegend speziellere Freiheitsfragen systematisch erörtert, sei es in detaillierter analytischer Deskription, sei es in der Analyse von Sätzen und Satzkombinationen über diese Fragen, z.B. über Wahl bzw. Entscheidung zwischen Alternativen, alltägliches Beschließen, über Verantwortlichkeit, Zurechenbarkeit, über gesellschaftlich-moralische oder juridische Freiheit, über politische Freiheit Einzelner oder ganzer Staaten und dgl.; durchaus selten wird heute eine Konzeption menschlicher Willensfreiheit, die genauer willentliche Selbstbestimmung bedeutet, als wesentlicher Bestandteil einer Ethik entwickelt. Solche Freiheitsdarlegungen enthalten entweder von Anfang an oder als Ergebnis oft ein Votum für oder wider Freiheit. Bei den Freiheitsbestreitungen ist allerdings nicht immer ganz eindeutig, welcher Begriff von Freiheit genau kritisiert oder abgewiesen werden soll. – Die verschiedenen Begriffe von Freiheit sind offensichtlich nicht auf einen einzigen zurückzuführen; sie sind jedoch untereinander analog und mögen hier in einer Stufenreihe wenigstens genannt werden. Beim Menschen als Naturwesen lassen sich Bewegungsfreiheit und instinktive Freiheit unterscheiden; als bewußtem und selbstbewußtem Wesen kommen ihm unwillkürliche, aber bewußte Handlungsfreiheit, ferner reflexive Wahlfreiheit, die in den heutigen Freiheitsdebatten oft als die eigentliche Freiheit angesehen wird, und darüber hinausgehend in höherer Entwicklung z.B. ästhetische Freiheit zu; wesentlich für seinen höher entwickelten Willen aber ist die ethische und die, damit verglichen, formale rechtliche Freiheit, die jeweils entscheidend ethische oder rechtliche Selbstbestimmung bedeuten und erst den Freiheitscharakter der Wahlfreiheit ermöglichen sowie weiteren spezielleren Freiheitsbedeutungen etwa von Verantwortlichkeit und Zurechenbarkeit oder auch politischer Freiheit zugrunde liegen. Die derzeitigen Freiheitsbestreitungen wenden sich in der Regel nicht gegen natürliche oder ästhetische Freiheit, sondern gegen eine oder mehrere Bedeutungen solcher praktischen Freiheit; diese Einwände gegen Freiheit lassen sich in bestimmte Grundtypen fassen, die hier kurz charakterisiert seien.

Der allgemein deterministische Einwand dient vielfach als Basis für spezifischere Einwände. Er besagt generell, daß alle Ereignisse in Raum und Zeit, also auch menschliche Entschlüsse und Handlungen als solche Ereignisse, kausal eindeutig, nämlich streng naturgesetzmäßig determiniert sind. Da aber freie Entscheidungen, Entschlüsse und Handlungen als nicht solcher Naturkausalität unterliegend vorgestellt werden, ist das Freiheitsbewußtsein von Personen eine Illusion. Strenger Determinismus ist infolgedessen mit Freiheit unvereinbar;[1] dies ist eine Behauptung aufgrund einer dogmatischen Auffassung von universaler Naturkausalität. Sie gilt in der klassischen Newtonschen Physik, sofern diese objektivistisch verstanden wird. Innerhalb dieses Rahmens ist ein sog. „weicher" Determinismus (William James), der Ausnahmen und insofern ggf. Freiheit zuläßt, inkonsistent. Die Grundansicht des Determinismus der klassischen Physik in objektivistischer Version wird auch heute noch unter Einbeziehung differenzierender Naturerkenntnis, selbst wenn diese über die klassische Physik hinausführt, vertreten und mit der Auffassung von der kausalen Geschlossenheit der Welt verbunden. In solcher Welt ist keine indeterministisch verstandene Freiheit möglich. Doch hatte, woran hier nur erinnert sei, schon Kant zwar die Newtonsche Physik akzeptiert, aber ihre Fundamente, nämlich Raum, Zeit, Kausalität, Quantität und dgl. subjektiviert, nämlich in den Erkenntnisvermögen des Subjekts begründet. Damit gilt der strenge naturkausale Determinismus nur für unsere raumzeitlichen Erscheinungen, und zwar als paradigmatisches Modell unserer Erkenntnis; innerhalb solcher Erscheinungswelt ist für uns keine Freiheit möglich. Aber Freiheit ist mit diesem Determinismus der Erscheinungen durchaus als kompatibel vorstellbar, nämlich wenn sie als nicht zur Erscheinungswelt gehörig gedacht wird; konzeptuell ist es dann erforderlich, sie als reine intelligible Kausalität zu denken. Schon hieraus kann man ersehen, dass der allgemein deterministische Einwand gegen Freiheit nur zutrifft, wenn man ihn objektivistisch oder dogmatisch auffaßt.

Noch anders stellt sich die Argumentationslage dar, wenn man, worauf an dieser Stelle lediglich verwiesen sei, aus der Quantenphysik den Dualismus von Teilchen und Welle, die Unbestimmtheitsrelation und die hochkomplexen Mes-

---

[1] Zu Varianten von Einwänden gegen Freiheit in jüngster Vergangenheit vgl. U. Pothast: *Die Unzulänglichkeit der Freiheitsbeweise. Zu einigen Lehrstücken aus der neueren Geschichte von Philosophie und Recht.* Frankfurt a.M. 1980. In den gegenwärtigen Debatten wird das Problem des Verhältnisses von natürlicher Verursachung und Freiheit in der Regel in dem Theorienquadrat von Determinismus – Indeterminismus sowie Kompatibilismus – Inkompatibilismus diskutiert; die Kontroversen bleiben zumeist innerhalb dieses Quadrats. Die Position des Determinismus, die reale Freiheit bestreitet, vertritt heute z.B. T. Honderich: *How Free Are You?* The determinism problem. 2. Aufl. Oxford 2002. Vgl. auch die freiheitskritische Erörterung jenes Theorienquadrats mit Berücksichtigung zahlreicher, vor allem angelsächsischer Untersuchungen bei A. Lohmar: *Moralische Verantwortlichkeit ohne Willensfreiheit.* Frankfurt a.M. 2005. Einen „Libertarianismus" und Indeterminismus, auf den sich dann wieder eine Reihe von Disputanden beziehen, vertritt profiliert R. Kane: *The Significance of Free Will.* Oxford, New York 1996. In Auseinandersetzung u.a. mit Kane vertritt D. Dennett einen Kompatibilismus von Naturereignissen und freiem Willen, der sich in der Evolution von Natur und Geschichte ausgebildet habe, vgl. D.C. Dennett: *Freedom Evolves.* London, New York etc. 2003. Zur im Folgenden erwähnten Auffassung Kants und zu Weiterführungen in der Freiheitstheorie sei der Hinweis erlaubt auf K. Düsing: *Fundamente der Ethik. Unzeitgemäße typologische und subjektivitätstheoretische Untersuchungen.* Stuttgart-Bad Cannstatt 2005, bes. 169–185, auch ders.: *Freiheit, Sittlichkeit und natürliche Determination bei Kant* (Aufsatz). Erscheint Italienisch 2007.

sungen, die erst durch mehrfache Umformungen auf menschliche Wahrnehmungen beziehbar sind und die die zu beobachtenden Vorgänge selbst beeinflussen, in Rechnung stellt. Dies bedeutet nicht, daß spezifisch in kausale Unbestimmtheiten die Willensfreiheit eintreten könne oder müsse; es bedeutet nur, daß ganz allgemein der objektivistische universale Determinismus der klassischen Physik, auch wenn diese noch differenziert wird, selbst physikalisch nicht zutrifft und daß sich damit die begriffliche und theoretische Basis dieses Einwandes offenbar als nicht tragfähig erweist, zumal da Teilchen oder Wellen allen anderen physikalischen Gegebenheiten zugrunde liegen. Da aber der Mensch in seinen ethischen und rechtlichen Vorstellungen, seinen Entschlüssen und Handlungen nach seinem Praxisbewußtsein nicht unmittelbar auf Welle oder Teilchen einwirkt, die er natürlicherweise gar nicht wahrnimmt, und mittelbar nur selten, nämlich in höchst komplizierten Versuchen, muß man vor allem die Kompatibilität seiner praktischen Vorstellungen, Entschlüsse und Handlungen mit seiner Lebenswelt aufzeigen. Die Möglichkeit der Freiheit dürfte gesichert werden können, wenn, wie zu erwarten ist, weder aus der Quantenphysik noch aus der Konzeption einer für den Menschen im Prinzip zweckmäßigen Lebenswelt Gründe ersichtlich sind, die Freiheit generell unmöglich machen. Ob sie dann auch als wirklich gelten kann, muß sich aus anderen, insbesondere aus ethischen Einsichten ergeben.

Von spezifischerer Art ist der gesellschaftstheoretische oder soziologistische Einwand. Er besagt, daß das subjektive Bewußtsein der Freiheit und der Selbstbestimmung bei Entscheidungen und Handlungen nur Illusion sei; vielmehr erwirke eine vorausgehende gesellschaftliche Steuerung oder gar Determination in weitgehend unbewußt habitualisierter Adaption durch Einzelne solche Entschlüsse und Handlungen. Entscheidende Determinanten seien hierbei Erziehung, Umgang mit anderen Menschen und gesellschaftliches Umfeld in einem zuvor schon existierenden und prägenden gesellschaftlichen Ganzen. Nun ist unbestritten, daß diese Einflüsse auf die Charakterbildung von Personen und auf einzelne Entschlüsse und Handlungen durchaus einwirken. Aber daß sie die alleinigen Determinanten sind, ist eine dogmatische Auffassung, die die Gesellschaft insgesamt in Analogie zum universalen, objektivistisch verstandenen Naturdeterminismus betrachtet. Weder ist dies in solcher Allgemeinheit soziologisch nachweisbar, noch ist, wie skizziert, die Modellvorstellung eines so verstandenen universalen Determinismus aufrechtzuerhalten.

Von spezifischerer Art ist ebenso der empirisch-psychologische oder psychologistische Einwand. Danach ist alles subjektive Freiheitsbewußtsein bei Entscheidungen und Handlungen bloßer Schein, weil die entscheidenden und handelnden Personen durch ihr unbewußtes Triebleben und die dadurch evozierten Wünsche, Begehrungen oder Gefühle bestimmt, ja determiniert werden. Auch diese Auffassung kann sich zweifellos auf Erfahrungen stützen, die jedoch unbegründet universalisiert und dadurch dogmatisiert werden. Wenn dieser Einwand gehirnphysiologisch fortgeführt wird, zeigt sich, daß der allgemeine Determinismus im Hintergrund steht. Unbewußte Triebe und bewußt werdende Begehrungen, Bestrebungen oder Gefühle spielen sich in bestimmten, oft arealisierten, aber in Wechselwirkung befindlichen Gehirnprozessen ab, und diese sind nach der gehirnphysiologischen Weiterentwicklung des empirisch-psychologischen Einwandes naturgesetzmäßig und naturkausal erforschbar. So gehen demgemäß jene Entscheidungen und Handlungen zunächst aus dem unbewußten Triebleben und dessen psychischen Wirkungen, grundlegend aber aus physikalisch erforschbaren Gehirnprozessen hervor, die prinzipiell als naturkausal determiniert zu betrachten sind. Doch auch hier ist das Modell des universalen Determinismus schwerlich als gültig beizubehalten, abgesehen von der Unerwiesenheit der Behauptung, Trieb-, Begehrungs- oder Gefühlsvorstellungen ließen sich vollständig auf bestimmte Gehirnprozesse reduzieren.

Es mündet also, wie sich wohl gezeigt hat, der empirisch-psychologische in den gehirnphysiologischen Einwand gegen Freiheit. Eine Variante davon ist der biologistisch-genetische Einwand, wonach alle Entscheidungen und Handlungen von Personen im Prinzip genetisch vorprogrammiert sind und ihr Freiheitsbewußtsein daher illusionär ist; die Vorstellungen, die sich dabei ausbilden, sind letztlich genetisch bestimmte Gehirnprozesse; und diesen kommt angeblich kein eigener mentaler Status zu. – Gemäß dem gehirnphysiologischen Einwand, von dem dieser biologistisch-genetische nur eine Spezifikation darstellt, sind der Geist und damit auch der Wille lediglich Vorstellungen der „Volkspsychologie", die bald als überflüssig erwiesen werden, wie „versprochen" wird. Die Vorstellungen von Geist, Wille und ebenso Freiheit sollen dann ersetzt werden durch Begriffe spezifisch gehirnphysiologischer, physikalischer Prozesse. Wie freilich die in den letzten Jahren wieder deutlicher betonte „Erklärungslücke", ja erkenntnistheoretische Kluft zwischen geistigen Leistungen sowie ihren noematischen Vorstellungsgehalten einerseits und naturkausal und physikalisch bestimmten Gehirnprozessen andererseits überbrückt werden soll, bleibt völlig offen.

Ein spezielles Problem der gehirnphysiologischen Bestreitung von menschlicher Willensfreiheit, das vielfältige Aufmerksamkeit erregte und noch erregt, stellen die Versuche Benjamin Libets, die Nachprüfungen dieser Versuche und deren Inanspruchnahme als Beweis für die Unfreiheit des menschlichen Willens dar.[2] Auch dies sei hier nur skizziert. B. Libet ließ – in spezifizierender Fortfüh-

---

[2]   Vgl. B. Libet: *Unconscious Cerebral Initiative and the Role of Conscious Will in Voluntary Action* (1985). In: Ders.: *Neurophysiology of Consciousness*. Selected Papers and New Essays. Boston usw. 1993. 269–279 (Open Peer Commentary: 279–298, Author's Response: 298–306); auch ders.: *The Neural Time – Factor in Perception, Volition and Free Will* (1992). Ebd. 367–384 (bes. 380 ff); ebenso ders.: *Mind Time*. The temporal factor in consciousness. Cambridge, Mass. 2004, bes. 123–156. Die Unfreiheit des Willens heben aufgrund dieser Versuche eine Reihe von Autoren hervor; vgl. z.B. S. Spence (et al.): *Free Will in the Light of Neuropsychiatry*. In: Philosophy, Psychiatry and Psychology 3 (1996), 75–100; G. Roth: *Fühlen, Denken, Handeln*. Wie das Gehirn unser Verhalten steuert. Frankfurt a.M. 2001. Solche Freiheitsbestreitungen aufgrund der Libet-Versuche kritisiert z.B. J. Searle: *Consciousness, Free Action and the Brain*. In: Journal of Consciousness Studies 7

rung älterer Versuche von Kornhuber und Deecke – in seinen Experimenten Versuchspersonen auf einer schnell rotierenden Uhranzeige den Zeitpunkt festlegen, in dem sie den Entschluß faßten, einen Finger zu bewegen; die Ausführung erfolgte dann etwa 0,2 Sekunden später. Erstaunt aber waren Libet und alle Beteiligten, daß dem Entschluß eine unbewußte, aber meßbare Gehirntätigkeit als Bereitschaftspotential um bis zu 0,35 Sekunden voranging. Die Vermutung legt sich scheinbar nahe, daß in diesem Bereitschaftspotential die Absicht bereits ausgebildet wird und dann in dem Entschluß, den die Versuchspersonen genau datieren, nur ins Bewußtsein tritt. Libet folgerte daraus allerdings nicht, daß der Wille unfrei sei, da ca. 0,15 Sekunden für den Willen verbleiben, gegen die Ausführung des Entschlusses sein Veto einzulegen. In Nachprüfungen dieser Versuche ergaben sich teils ganz ähnliche, teils aber auch abweichende Messungen. Anders als Libet folgerte man jedoch vielfach aus diesen Versuchen, daß im unbewußten Bereitschaftspotential schon die Handlungsabsicht vollständig präformiert und prädeterminiert werde, so daß dann der vermeintliche Entschluß nur deren Auftauchen im subjektiven Bewußtsein bedeute, aber keineswegs eine freie Entscheidung. Der bewußte sog. Entschluß ist demnach nur ein Epiphänomen zusätzlich zur Ausbildung des Bereitschaftspotentials im Gehirn, eine zufällige Begleiterscheinung ohne kausalen Einfluß. Daß die Versuchspersonen dabei ein Freiheitsbewußtsein haben, beruht lediglich darauf, daß die Entwicklung eines Bereitschaftspotentials im Gehirn sozusagen „von innen" geschieht und nicht „von außen" erwirkt wird.

Ganz abgesehen von kritischen Einwänden gegen die Messungen bei den Libet-Versuchen, erheben sich gegen diese Deutung gravierende Bedenken. Zum einen ist der höchst simple sog. Entschluß, einen Finger zu bewegen, kein wirklicher, reflektierter Entschluß. Diesem gehen oft lange, komplexe Überlegungsketten unter Einschluß moralischer Beurteilungen voraus; der Entschluß erfolgt vielfach deutlich später, und die beschlossene Handlung kann dann nochmals merklich später stattfinden. Libets allzu simples Entschluß- und Ablaufschema trifft also im wesentlichen nicht zu. Zum anderen behandelt die Zeitmessung in diesen Versuchen den Vorgang des Bewußtwerdens nur in diskret abgetrennten Punkten und Phasen. Dies aber widerspricht dem kontinuierlichen Prozeß des Bewußtwerdens, der mehrdimensional und in sich verschachtelter ist, als die dichotomische Entgegensetzung: bewußt – unbewußt besagt, zumal da das „unbewußte" Bereitschaftspotential sich durchaus im Zustand voller Bewußtheit der Versuchsperson entwickelt. Schließlich muß der noematische Inhalt in den Vorstellungen des Bereitschaftspotentials und im Entschluß berücksichtigt werden,

---

(2000), 3–22; zu einer Darlegung der Versuche und ihrer Nachprüfungen sowie einer besonnenen Kritik der Freiheitsbestreitungen vgl. T. Schlicht: *Der neuronale Angriff*. Willensfreiheit, Neurobiologie und Ethik. In: *Ethikbegründungen zwischen Universalismus und Relativismus*. Hrsg. von K. Engelhard und D.H. Heidemann. Berlin, New York 2005. 339–364; erlaubt sei auch der Verweis auf die Darlegung und Kritik in K. Düsing: *Fundamente der Ethik* (s. Anm. 1). 112ff.

d.h. was jeweils vorgestellt wird; wenn es sich wie in den Messungen jener Versuche um diskret voneinander abgesetzte Phasen handelt, bleibt gänzlich unklar, warum im unbewußten Bereitschaftspotential und im bewußten Entschluß dasselbe vorgestellt werden soll. Dies wird nur verständlich, wenn das Bewußtwerden ein kontinuierlicher Prozeß ist. Vergleichbares Bewußtwerden aber, das von einem unbewußten Bereitschaftspotential bis hin zur klar bewußten Vorstellung führt, gibt es nicht nur bei Willensentschlüssen, sondern bei zahlreichen mentalen Prozessen wie z.B. bei der Sprachverwendung in langen Sätzen, an deren Anfang das Ende noch nicht thematisch bewußt ist, aber dann bewußt wird, oder auch, wie Husserl zeigt, überhaupt beim zeitlichen, auf Gegenwärtiges ausgerichteten Erleben, das im nicht-punktuellen Gegenwartsbewußtsein in Retention und Protention auf unmittelbar Vergangenes oder Zukünftiges unbewußt, halbbewußt oder horizonthaft mitbezogen ist, das dieses dann aber auch eigens bewußt thematisieren kann. So folgt aus den, für sich genommen, aufschlußreichen Libet-Versuchen nur, daß mentalen Prozessen jeweils ein Bereitschaftspotential vorausgeht, das dann in kontinuierlichem, mehrschichtigem Bewußtwerden zu thematisch klar bewußter Vorstellung gelangt; für oder gegen Willensfreiheit aber folgt aus ihnen nichts. So ist auch diese gehirnphysiologische Spezifikation der Freiheitsbestreitung, die sich auf die Libet-Versuche beruft, nicht beweiskräftig.

Die derzeitigen Einwände gegen praktische Freiheit in allgemeinem Sinne ebenso wie die gegenwärtigen Freiheitslehren, gegen die sich solche Einwände richten, suchen weitgehend ohne gründlichere Berücksichtigung der bedeutenden Freiheitstheorien der Tradition auszukommen. Insbesondere bezüglich solcher Einwände, deren Grundtypen oben skizziert wurden, aber gilt, daß schwerlich widerlegt sein kann, was nicht einmal wirklich beachtet wurde. – Diese Freiheitstheorien der Tradition entwickeln, was sich in der Regel weder in den gegenwärtigen Freiheitslehren noch in deren Bestreitungen findet, nämlich grundlegende Kontexte, in die die Lehren von der praktischen Freiheit eingebettet sind. Solche Kontexte seien hier nur genannt. So erörtert Aristoteles in plastischer Deskription freiwilliges und unfreiwilliges Handeln sowie die Willenswahl im Kontext der ethischen Lehre von den Tugenden in einer Polis. Kein Problem stellt für ihn dabei der Determinismus dar, gegen den er Freiheit zu verteidigen hätte, da dieser wesentlich erst der neuzeitlichen, insbesondere der klassischen Physik angehört. Dasselbe gilt von den Freiheitslehren sei es des Augustinus, sei es Luthers. Bei ihnen aber ist die Auffassung von praktischer Freiheit in unterschiedlicher Weise in christlich-theologische und christlich-religiöse Zusammenhänge eingeordnet. Dabei treten innovativ auch die reale Möglichkeit des Bösen sowie der Versöhnung als zentrale Problemgehalte hervor. Diese religiöse Orientierung der Freiheitslehre wird selbst – in verschiedenen Perspektiven und Argumentationen – noch einmal in einer Metaphysik begründet, und zwar dezidiert und mit hohen Erkenntnisansprüchen bei Leibniz, bei Schelling und bei Hegel. So entstehen unterschiedliche Versionen einer Metaphysik der Freiheit.

Leibniz begründet selbstbestimmte Freiheit in der geistigen individuellen Substanz, der selbstbewußten Monade, und Übereinstimmungen im Wollen und Handeln der Monaden in der göttlich gewirkten prästabilierten Harmonie, die zugleich eine Theodizee ermöglicht. Schelling nimmt hiervon entscheidende Einsichten auf und fundiert die Konzeption selbstbestimmter freier Entscheidung einer intelligiblen Person zum Guten oder zum Bösen in einem metaphysischen Idealismus mit einem dynamisch aufgefaßten Gottes- und Theodizeebegriff; und diesen metaphysischen Idealismus setzt er einem naturalen Determinismus entgegen. Hegel unterscheidet systematisch eindeutiger die Sphären der Theorie spezifisch menschlicher Willensfreiheit einerseits und ihrer metaphysischen Begründung andererseits. Diese Begründung legt er in seiner spekulativen Logik des Begriffs dar, da für ihn der Begriff und in vollendeter Weise die göttliche Idee spontanes und freies, reines, die eigenen Bestimmungen erzeugendes Denken seiner selbst ist. Davon wird die menschliche Willensfreiheit als Selbstbestimmung unterschieden, die freilich auf der Grundlage dieser spekulativen Bestimmungen expliziert wird; sie entfaltet sich für Hegel wesentlich in der Welt der Sittlichkeit, real im Staat als sittlicher Substanz, an der die lebendigen sittlichen Individuen, kategorial betrachtet, nur Akzidentien sind.

Auch Kant und der frühe Fichte legen explizit eine Freiheitsbegründung dar, jedoch nicht in einem metaphysischen oder absoluten, sondern in einem transzendentalen Idealismus, der Grundstrukturen des endlichen Subjekts und – in praktischer Hinsicht – seines vernünftigen Willens entfaltet. So verankert Kant menschliche Freiheit als Selbstbestimmung, die für ihn wesentlich praktische, nämlich sittliche und auch rechtliche Freiheit ist und die in allgemein gedachter, transzendentaler Freiheit als Selbstanfang gründet, im endlichen vernünftigen Willen. Er kritisiert als einziger in der klassischen deutschen Philosophie ausführlich, detailliert und zugleich prinzipiell den universalen Determinismus, der menschliche Freiheit leugnet, und zwar als dogmatisch-metaphysische Naturauffassung; für Erscheinungen in Raum und Zeit kann er zwar nach Kant, wie erwähnt, als Modellvorstellung beibehalten werden; aber Kausalität aus Freiheit wird gerade nicht erscheinungsweltlich gedacht und kann somit als gültige im endlich-vernünftigen praktischen Subjekt fundiert werden. Der frühe Fichte knüpft hieran an und begründet darüber hinaus sowohl das Sittengesetz als Prinzip der Sittlichkeit, das zuerst dem Einzelnen und sodann einer moralischen Welt gilt, als auch die Freiheit als Selbstbestimmung des Einzelnen innerhalb einer solchen Welt entschiedener als Kant subjektivitätstheoretisch in Grundbestimmungen des endlichen, ursprünglich praktischen Ich, und zwar allgemein gegen Materialismus oder Fatalismus. – Diese Grundrichtung der Fundierung menschlicher Freiheit in endlicher praktischer Subjektivität ist im Prinzip in der existenziellen und der existentialanalytischen Philosophie Kierkegaards und Heideggers fortgeführt und verwandelt. Nicht das idealisierte, vernünftige, aber endliche Subjekt, sondern das konkret existierende, sich in seinen Grundstimmungen und Bestrebungen verstehende, auch negativ betrachtende endliche Subjekt oder Dasein wird hier zugrunde gelegt. Während Kierkegaard bei aller Akzentuierung der Abhängigkeit und Gebrochenheit des konkreten Selbst dessen freie Selbstwahl vor Gott hervorhebt und damit die Lehre von solcher Freiheit des Einzelnen letztlich theonom fundiert, verschärft der frühe Heidegger die Perspektive der Gebrochenheit zu derjenigen der Nichtigkeit des einzelnen Daseins, sucht aber gerade in dieser die Lehre von der Eigentlichkeit und freien Selbstbestimmtheit des Daseins ohne theologische Absicherung auf rein ontologischer Basis zu begründen; dabei behält er durchaus Denkschemata der theologischen Tradition bei, freilich nur als Selbstverständnisweisen des Daseins in seinem von Nichtigkeit bedrohten Sein.

So zeigt sich in dieser knappen Übersicht, daß die bedeutenden Lehren der Tradition von der Freiheit, insbesondere der praktischen Freiheit, in unterschiedliche fundierende Theoriekontexte von großer semantischer Reichhaltigkeit eingebettet sind. Daraus läßt sich entnehmen, daß man praktische Freiheit oder gar eine ihrer besonderen Varianten schwerlich sinnvoll nur als Spezialthema, wie es heute vielfach versucht wird, ohne solche Kontexte erörtern kann. Jene überlieferten Theorien zeigen auf, daß der Bedeutungsgehalt praktischer Freiheit, den auch sie detailliert bestimmen, von sich aus solche fundierende Einordnung in prinzipielle Zusammenhänge verlangt. Wenn man sich nun diese Theorien in gründlichem hermeneutischen Verständnis erschließt und damit ihren maßgeblichen oder gar paradigmatischen Charakter erkennt und anerkennt, dann besteht deren Aneignung für heutige Bemühungen um eine Theorie der Freiheit nicht einfach in eklektischer Aufnahme und Übernahme einzelner Lehrstücke und Argumente; vielmehr erweitert und differenziert hermeneutisches Begreifen jener Theorien der Tradition das Bewußtsein von wesentlichen Möglichkeiten praktischer Freiheit und ihrer fundierenden Horizonte. Diese Einsichten gilt es dann, für neue Untersuchungen über praktische Freiheit etwa angesichts neuer Grundlagenerkenntnisse aus der modernen Physik, aus der Gehirnphysiologie oder aus der jüngsten empirischen und philosophischen Erforschung der Lebens- und Geisteswelt produktiv auf die Ebene solcher gegenwärtigen Problemstellungen zu transformieren und dadurch fruchtbar zu machen. – Mit diesen Hinweisen auf die entscheidenden Freiheitslehren der Tradition und auf deren jeweiligen Begründungssinn soll der Inhalt der folgenden Aufsätze weder vorweggenommen noch, wie manchmal in Einleitungen üblich geworden ist, zusammengefaßt werden. Sie sollen nur den gegenwärtigen und den geschichtlichen Rahmen für die Erörterungen dieser Aufsätze abstecken und auf sie gespannt machen.

Der Dank der Herausgeber gilt der My-Way-Stiftung in Wien für die großzügige vielseitige Unterstützung dieses Projekts und für die finanzielle Förderung der Veröffentlichung der hier gesammelten Beiträge sowie Herrn Prof. Dr. Hans-Dieter Klein (Wien) für seine freundliche und erfolgreiche Vermittlertätigkeit sowie für seine jederzeit hilfreichen Ratschläge.

Freiwilliges Handeln und Tugend. Aristoteles' Lehre von der Prohairesis im Rahmen einer eudaimonistischen Ethik

Dirk Fonfara (Köln)

Betrachtet man die neueren und neuesten Ethik-Debatten, so gehört die Willensfreiheit zu den höchst kontrovers diskutierten Themen,[1] wobei verschiedene Determinismus- oder Indeterminismus-Modelle oder aber die vermittelnde Position des Kompatibilismus vertreten werden. Während ein streng kausaler Determinismus keinen Spielraum für freie Entscheidungen des Menschen zu bestimmten Handlungen bzw. für menschliche Willensfreiheit zuläßt, hält der Kompatibilismus beides für miteinander vereinbar,[2] der Inkompatibilismus dagegen Handlungsfreiheit und kausale Determination für unvereinbar. Im Rahmen jener Diskussionen wurde auch häufig der Versuch unternommen, moderne Willens- und Willensfreiheitstheorien auf klassische Positionen aus der Geschichte der Philosophie anzuwenden, auch auf Platons oder Aristoteles' Ethik, denen man entweder Determinismus[3] oder Indeterminismus[4] oder aber einen Kompatibilismus[5] zuschrieb.

Eine solche Rückprojektion auf antike Denker erweist sich jedoch aus zwei Gründen als problematisch: Zum einen standen Aristoteles bei der Abfassung

---

[1] Vgl. z.B. *E. Tugendhat: Der Begriff der Willensfreiheit*. In: Ders.: *Philosophische Aufsätze*. Frankfurt/M. 1992. 334–351, *T. Honderich: Wie frei sind wir?* Das Determinismus-Problem. Stuttgart 1995, U. Steinvoth (*Zum Problem der Willensfreiheit*. In: Zeitschrift für philosophische Forschung 49 (1995), 398–415, bes. 402ff), der verschiedene Argumente für und gegen die Willensfreiheit gegenüberstellt, sowie *ders.: Freiheitstheorien in der Philosophie der Neuzeit*. Darmstadt 1987, ²1994, und neuerdings *Th. Pink/M.W.F. Stone* (Hrsg.): *The will and human action*. London/New York 2004.

[2] Vgl. hierzu *U. Pothast: Seminar. Freies Handeln und Determinismus*. Frankfurt/M. 1978.

[3] Vgl. zu Platon als „Deterministen" bereits *F.A. Trendelenburg: Notwendigkeit und Freiheit in der griechischen Philosophie*. Berlin 1855. 112–187, hier: 139–149, und *T. Wildauer: Die Psychologie des Willens bei Sokrates, Platon und Aristoteles*. 2. Teil: Platons Lehre vom Willen. Innsbruck 1879. 228; zu Aristoteles als Deterministen vgl. z.B. *F. Brentano* (*Aristoteles und seine Weltanschauung*. Leipzig 1911. 144), der damit seine frühere These (*Die Psychologie des Aristoteles*. Mainz 1867. 154ff) zurücknimmt, daß Aristoteles zweifellos eine Willensfreiheit lehre.

[4] Vgl. *R. Sorabji: Necessity, Cause and Blame*. Ithaca 1980.

[5] Vgl. z.B. *S. Sauvé Meyer: Aristotle on Moral Responsibility:* Character and Cause. Oxford 1993, *St. Everson: Aristotle's Compatibilism in the Nicomachean Ethics*. In: Ancient Philosophy 10 (1990), 81–103, und *Ch. Jedan: Willensfreiheit bei Aristoteles?* Göttingen 2000 (Neue Studien zur Philosophie 15). 12f, der den Ansatz von Sorabji (s. Anm. 4) widerlegt (62–70) und schließlich „Aristoteles als Kompatibilist" (154–177) ausweist.

der *Nikomachischen Ethik*[6] (*NE*), der sich der vorliegende Beitrag widmet, jene gegenwärtigen Modelle weder in der Terminologie noch konzeptionell zur Verfügung und erfolgten seine Erörterungen in *NE* III zu Wollen (βούλησις), Freiwilligkeit (ἑκούσιον) und Unfreiwilligkeit (ἀκούσιον) von Handlungen sowie zur Entscheidung (προαίρεσις) zu bestimmten, vom Menschen zu verantwortenden Handlungen vor einem völlig anderen Denkhintergrund und in einem ganz anderen argumentativen Kontext, nämlich einer Tugendlehre, die wiederum im Gesamthorizont der übergeordneten Frage nach dem menschlichen Glück (εὐδαιμονία) entfaltet wird. Zum anderen handelt es sich bei Aristoteles' Überlegungen allenfalls um Vorformen eines vollständigen Begriffs von Willen bzw. Willensfreiheit. Denn obgleich Aristoteles in *NE* I 13 von einem Strebevermögen (ὀρεκτικόν) ausgeht, findet sich die *voluntas* als eigenständiges Seelenvermögen erst seit Augustinus.[7] Legt man aber dessen theologisch ausgerichteten Willensbegriff zugrunde, kann man leicht daraus folgern, bei Aristoteles liege noch gar keine menschliche Willensfreiheit vor.[8] Demgegenüber hat man ebenso

---

[6] Da die *Nikomachische Ethik* (*NE*) von der älteren und neuesten Forschung gegenüber der *Eudemischen Ethik* als die reifere und philosophisch ausgewogenere ethische Schrift angesehen wird und neueste Untersuchungen von J. Szaif (*Naturbegriff und Güterlehre in der Ethik des Aristoteles*. In: *Was ist das für den Menschen Gute?* Hrsg. von J. Szaif und M. Lutz-Bachmann. Berlin/New York 2004, 54–100, hier: 67) und A. Neschke-Hentschke (*Die aristotelische Ethik – eine Ethik ohne Metaphysik?* In: *Ethikbegründungen zwischen Universalismus und Relativismus*. Hrsg. von K. Engelhard und D.H. Heidemann. Berlin/New York 2005, 35–64, hier: 50) die Unterschiede zwischen beiden Werken für unwesentlich halten, beschränken sich die folgenden Erörterungen auf die *NE*. – W. Jaeger (*Aristoteles*. Grundlegung einer Geschichte seiner Entwicklung. Berlin 1923, ²1955. 237ff) hielt die *Eudemische Ethik* für die „Urethik", auch C.J. Rowe (*The Eudemian Ethics and Nicomachean Ethics*: a study in the development of Aristotle's thought. Cambridge 1971. 79–114) faßt die *NE* als Überarbeitung des Materials der *Eudemischen Ethik* auf. A. Kenny (*The Aristotelian Ethics*. A Study of the Relationship between the *Eudemian* and the *Nicomachean Ethics* of Aristotle. Oxford 1978) geht davon aus, daß die ‚kontroversen Bücher', d.h. *NE* V–VII und *Eud. Eth.* IV–VI, originär zu letzterer gehörten, deren Ausführungen bisweilen sogar reichhaltiger und differenzierter sind (vgl. ders.: *Aristotle's Theory of the Will*. London 1979. IX–X), während F. Dirlmeier (*Aristoteles. Eudemische Ethik*. Übers. von F. Dirlmeier. In: *Aristoteles: Werke in deutscher Übersetzung 7*. Hrsg. von E. Grumach. Berlin 1962. 361–365) aus stilistischen Gründen für die *NE* als ursprünglichen Ort argumentierte. Vgl. auch *H. Flashar: Aristoteles*. In: *Die Philosophie der Antike 3*: Ältere Akademie, Aristoteles, Peripatos. Hrsg. von H. Flashar. Basel ²2004, 167–492, hier: 226–228. Aufgrund der Untersuchungen von A. Kenny wird heute die Authentizität der *Eudemischen Ethik* nicht mehr bezweifelt, abgesehen von *M. Pakaluk: The egalitarism of the Eudemian Ethics*. In: Classical Quarterly 48 (1998), 291–302, 411–432.

[7] Vgl. *A. Dihle: The Theory of Will in Classical Antiquity* (Sahter Classical Lectures 48). London 1982. 20–67, bes. 45f, zu Augustinus: 120–144, bes. 123ff, und *Ch. Horn: Augustinus und die Entstehung des philosophischen Willensbegriffes*. In: Zeitschrift für philosophische Forschung 50 (1996), 113–132.

[8] Vgl. bereits *R. Loening: Die Zurechnungslehre des Aristoteles*. Jena 1903. 295; *R.A. Gauthier/J.Y. Jolif: Aristote. L'Ethique à Nicomaque*. Louvain/Paris 1958/59, ²1970. II, 218; *A. Dihle: The Theory of Will in Classical Antiquity* (s. Anm. 7), 45f; *Ch. Kahn: Discovery of*

vorschnell dafür argumentiert, Aristoteles – ebenso Platon[9] – habe bereits einen Willensbegriff konzipiert,[10] sei es in Anlehnung an die Analytische Philosophie und anknüpfend an Wittgensteins Kritik am metaphysischen Willensbegriff[11] oder mit kritischem Blick auf scholastische „intellektualistische Lehren"[12] oder aber nur implizit durch die Wiedergabe von βούλησις mit „Wille"[13], von προαίρεσις mit „Willenswahl"[14] oder „Willensentscheidung"[15] oder von ἀκρασία (*NE* VII) mit „Willensschwäche"[16], die eigentlich nur „Unbeherrschtheit" bedeutet.

Der vorliegende Beitrag beabsichtigt darzulegen, unter welchen Bedingungen nach Aristoteles freiwillige und unfreiwillige Handlungen[17] möglich sind, was einer Entscheidung (προαίρεσις) vorausgeht und inwiefern bzw. in welchem Bereich der Mensch für seine Handlungen verantwortlich ist (*NE* III 1–8). Diese

---

Will. From Aristotle to Augustine. In: *The Question of Eclecticism*. Hrsg. von J.M. Dillon und A.A. Long. Berkeley 1988, 234–259, und O. Höffe: *Aristoteles*. München 1996. 208ff.

[9] Vgl. *U. v. Wilamowitz-Moellendorff* (*Platon*. Berlin ⁵1959. 310), der Platons mutartigen Seelenteil (θυμοειδές) mit „Willen" gleichsetzt, oder *G. Grote* (*Plato and other Companions of Socrates*. London ³1865. 3, 249), der die ἀνάγκη des *Timaios* als bloßen Zufall auffaßt, der mit dem „free will" zusammenfalle.

[10] Vgl. hierzu aus der älteren Forschung: *F.A. Trendelenburg: Notwendigkeit und Freiheit in der griechischen Philosophie* (s. Anm. 3), 152ff. *C.F. Heman: Des Aristoteles Lehre von der Freiheit des menschlichen Willens.* Leipzig 1887, und *A. Kastil: Zur Lehre von der Willensfreiheit in der Nikomachischen Ethik.* Prag 1901. 35ff, sowie *K.Ph. Seif: Das Problem der Willensfreiheit in der Nikomachischen Ethik des Aristoteles.* In: Theologie und Philosophie 54 (1979), 542–581, hier: 543, 579ff; mit kritischen Bemerkungen zu Aristoteles' Willenstheorie: P. Huby: *The First Discovery of the Freewill Problem.* In: Philosophy 42 (1967), 353–362.

[11] Vgl. *A. Kenny: Aristotle's Theory of the Will* (s. Anm. 6) und *T. Irwin: Who Discovered the Will?* In: Philosophical Perspectives 6 (1992), 453–473.

[12] Vgl. *M. Wittmann: Aristoteles und die Willensfreiheit. Eine historisch-kritische Untersuchung.* Fulda 1921.

[13] Vgl. Rolfes' Übersetzung von *NE* III 6 (*Aristoteles. Nikomachische Ethik.* Auf der Grundlage der Übersetzung von E. Rolfes hrsg. von G. Bien. Hamburg ⁴1985) oder Seidls Wiedergabe von *De an.* II 3, 414b2 (*Aristoteles. Über die Seele.* Gr.-dt. Eingeleitet, übersetzt, kommentiert und hrsg. von H. Seidl. Hamburg 1995).

[14] Vgl. die Wiedergabe von *NE* III 4, 1111b7 durch Rolfes (s. Anm. 13), der προαίρεσις aber ebenso mit „Entschluß" (*NE* I 1, 1094a2) oder „Vorsatz" (*NE* II 3, 1105a32) übersetzt.

[15] Vgl. die Übertragung von *NE* VI 2, 1139b4 durch O. Gigon (*Aristoteles. Die Nikomachische Ethik.* Gr.-dt. Übersetzt von O. Gigon. Neu hrsg. von R. Nickel. Düsseldorf/Zürich 2001), der προαίρεσις im Kontext von *NE* III 4–5 mit „Entscheidung" oder auch „Entschluß" (I 1, 1094a2) wiedergibt, was m.E. angemessener ist.

[16] Vgl. z.B. *A. Hügli: Willensschwäche.* In: *Historisches Wörterbuch der Philosophie* 12. Hrsg. von J. Ritter, K. Gründer und G. Gabriel. Basel 2004, 800–809, hier: 801f.

[17] Es geht hier also nicht um den von Aristoteles ebenfalls verwendeten Begriff der Freiheit (ἐλευθερία), den er – wie A. Neschke-Hentschke (*Die aristotelische Ethik* (s. Anm. 6), 55) hervorhebt – zur Bezeichnung der göttlichen Autarkie gebraucht, daher auch im Hinblick auf die Erste Philosophie als Wissenschaft vom Göttlichen, die „einzige freie Wissenschaft, da sie für sich selbst ist" (*Met.* I 2, 982b25–27).

Fragen werden im Rahmen einer Abhandlung über die Tugenden erörtert, die wiederum vor dem Gesamthintergrund der menschlichen Glückseligkeit (εὐδαι-μονία) erfolgt, die für Aristoteles' Ethik eine fundamentale Rolle spielt. Deshalb läßt sie sich auch als eudaimonistische Ethik charakterisieren.[18]

Im folgenden sei zunächst der Aristotelische *eudaimonia*-Begriff (*NE* I, X 7–9) als Gesamtrahmen der Handlungstheorie sowie seine Tugendlehre (*NE* II) umrissen (Teil I). Dann soll näher betrachtet werden, was Aristoteles in der Fortführung seiner Ausführungen zum Tugendbegriff unter Freiwilligkeit (ἑκούσιον) bzw. Unfreiwilligkeit (ἀκούσιον) versteht (*NE* III 1–3) und unter dem im Deutschen schwer wiederzugebenden Begriff der προαίρεσις. Inwiefern geht dieser ‚Vorzugs-Wahl' (*pro-hairesis*) oder ‚Entscheidung' eine Überlegung (βούλευσις) und somit ein Tätigsein der Vernunft voraus (*NE* III 4–5)? In welchem Bereich ist der Mensch in der Lage, Überlegungen anzustellen und Entscheidungen zu treffen, und somit selbst für die daraus hervorgehenden Handlungen verantwortlich (*NE* III 7) und was bleibt demgegenüber außerhalb seiner Überlegungen und Entscheidungen? (Teil II) Eine wichtige Rolle spielt dabei die dianoetische Tugend der Phronesis (*NE* VI 5, 8, 13), auf die anschließend ein kurzer Blick geworfen werden soll (Teil III).

Der Aristotelischen Tugendlehre, die Pierre Aubenque als „existentiellen Intellektualismus" bezeichnete,[19] soll dann Platons frühe Ethik gegenübergestellt werden, die in der Forschung gemeinhin als „intellektualistisch" gilt.[20] Anhand des *Protagoras* soll gezeigt werden, daß tugendgemäßen Handlungen letztlich und notwendigerweise eine apriorische Vernunfteinsicht (νοῦς) vorausgeht (Teil IV).[21]

Ob die Abhängigkeit ethischer Handlungen von einer Vernunfteinsicht auch auf Aristoteles' Ethik zutrifft – zumal er theoretische, allein um der Erkenntnis willen betriebene Wissenschaften und praktische Wissenschaften streng

---

[18] Zur eudaimonistischen Ethik des Aristoteles im Unterschied zu Platons Ethik als Tugendlehre vgl. *K. Düsing: Wandlungen der Tugendlehre bei Platon und Aristoteles.* In: *Eros und Eris.* Contributions to a Hermeneutical Phenomenology. Liber amicorum für Adriaan Peperzak. Hrsg. von P.J.M. van Tongeren u.a. (Phaenomenologica 127). Dordrecht/Boston/London 1992, 25–37, hier: 26, 34f, und *ders.: Fundamente der Ethik.* Unzeitgemäße typologische und subjektivitätstheoretische Untersuchungen. Stuttgart-Bad Cannstatt 2005. 21–34. – Hingegen geht *M. Forschner (Über das Glück des Menschen:* Aristoteles, Epikur, Stoa, Thomas von Aquin, Kant. Darmstadt 1993. 1–21, hier: 1) davon aus, daß jede antike Ethik eudaimonistisch sei.

[19] Vgl. *P. Aubenque: La prudence chez Aristote.* Paris 1963. 51.

[20] Vgl. *K.Ph. Seif: Das Problem der Willensfreiheit in der Nikomachischen Ethik des Aristoteles* (s. Anm. 10), 558; *Ch. Horn: Wille.* In: *Historisches Wörterbuch der Philosophie* 12. Hrsg. von J. Ritter, K. Gründer und G. Gabriel. Basel 2004. 763–769, hier: 764f.

[21] Auf die Weiterentwicklung der Platonischen Tugendlehre in *Politeia* IV gegenüber den Frühdialogen und dem *Phaidon* sowie auf die spätplatonische Konzeption im *Politikos* als Vorprägung der Aristotelischen Tugendlehre kann hier nur verwiesen werden. Vgl. *K. Düsing: Wandlungen der Tugendlehre bei Platon und Aristoteles* (s. Anm. 18), 29–32.

trennt (*Met.* VI 1) –, dies soll durch die Differenzierung des rationalen Seelenteils (*NE* VI 2) und durch die Untersuchung des Verhältnisses der Phronesis zu den ethischen Tugenden geklärt werden, verbunden mit einer expliziten Kritik an der Sokratischen Tugendlehre (*NE* VI 13), und schließlich eine systematische Standortbestimmung der Aristotelischen Handlungstheorie ermöglichen (Teil V). Einige Bemerkungen zu Thomas von Aquins Kennzeichnung des Menschen als Abbild Gottes (*imago Dei*), die Aristotelische Aspekte aufnimmt und mit der christlichen Offenbarungs- und Schöpfungslehre verbindet, werden die Erörterungen abrunden (Teil VI).

I. Aristoteles' Tugendlehre im Gesamtkontext der Frage nach der *eudaimonia*

Bereits der programmatische Eröffnungssatz (*NE* I 1, 1094a1ff) nennt zwei Kernbegriffe von Aristoteles' Handlungstheorie: Handlung (πρᾶξις) und Entscheidung (προαίρεσις).[22] Jede Handlung und Entscheidung strebt – ebenso wie jede Kunst (τέχνη) – nach einem Gut (ἀγαθόν), das daher als Ziel (τέλος) allen menschlichen Strebens (ὄρεξις) gilt.[23] Da die Ziele, analog zu untergeordneten und übergeordneten Disziplinen und Wissenschaften, in einer hierarchischen Ordnung stehen, müssen sie, um den unendlichen Regreß zu vermeiden,[24] in einem erreichbaren, das Streben zur Erfüllung bringenden letzten und abschließenden Ziel kulminieren: dem höchsten Gut oder Besten (ἄριστον, 1094a22). Dieses wird nie um eines anderen willen gewählt, d.h. als Mittel, sondern nur um seiner selbst willen. Daher erweist es sich als in sich vollendet (τέλειον, *NE* I 5, 1097a28), ohne jeden Mangel und sich selbst genügend (αὔταρκες, 1097b8). Mit diesem obersten Gut wird – darin stimmen alle überein – die Glückseligkeit (εὐδαιμονία) des Menschen bezeichnet (*NE* I 2, 1095a18–22).

Worin aber dieses höchste Gut genau bestehen soll, da gehen die Ansichten weit auseinander; denn es wird von der Menge und den Weisen völlig unterschiedlich bestimmt (1095a22ff): handelt es sich um Lust (ἡδονή), Reichtum (πλοῦτος), Ehre (τιμή) oder gar um ein Gutes an sich – eine Anspielung auf Platons Idee des Guten?[25] Nun geht Aristoteles doxographisch vor, d.h. er berück-

---

[22] Vgl. hierzu *H. Kuhn*: Der Begriff der Prohairesis in der Nikomachischen Ethik. In: *Die Gegenwart der Griechen im neueren Denken*: Festschrift für H.-G. Gadamer zum 60. Geburtstag. Hrsg. von D. Henrich, W. Schulz und K.H. Volkmann-Schluck. Tübingen 1960, 123–140. – Die von ihm in diesem Kontext betonte „Seinsbejahung" (123f) ist jedoch aufgrund jener Abgrenzung der Ethik als rein praktischer Wissenschaft von theoretischen Wissenschaften schwierig, vor allem von der Ersten Philosophie als Seinslehre.

[23] Zur Zielgerichtetheit von Handlung (πρᾶξις) und Entscheidung (προαίρεσις) vgl. auch *NE* I 5, 1097a21–25.

[24] Zum unendlichen, zu vermeidenden Regreß vgl. bereits *Platon: Lysis* 219c-d, 220b.

[25] Die Idee des Guten hat Aristoteles in *NE* I 4 mit mehreren Einwänden kritisiert, worauf nur verwiesen sei. Vgl. hierzu *H. Flashar*: Die Platonkritik. In: *Aristoteles. Nikomachische*

sichtigt zunächst die zu dieser Fragestellung allgemein anerkannten, „am weitesten verbreiteten" Ansichten (δόξαι, 1095a29) der Zeitgenossen und aus der philosophischen Tradition.[26] Vorläufig bestimmt er das Glück anhand von drei Lebensformen (βίοι): Die dem Genuß ergebene Lebensform (βίος ἀπολαυστικός) der Menge (NE I 3, 1095b16f) und der Rohesten (φορτικώτατοι) hält die Lust für das wahre Glück. Als sklavenartige (ἀνδραποδώδεις) und „viehische" Lebensweise[27] (βίος βοσκημάτων) bleibt dieses aber indiskutabel.[28]

Die Gebildeten (χαρίεντες) und Aktiven (πρακτικοί) zielen in einer bürgerlich-politischen Lebensweise (βίος πολιτικός, 1095b23ff) – nach Aristoteles oberflächlich und einseitig – auf Ehre (τιμή) als höchstes Gut ab: Diese hängt nämlich eher von den Ehrenden als vom Geehrten ab, ist diesem also nicht eigen, sondern wird von außen verliehen und kann von nur kurzer Dauer sein, während das Gute gerade etwas Eigenes (οἰκεῖον) sein muß, das man nicht leicht wieder verlieren kann. Ferner erstrebt man Ehre, um wegen seiner Tugend (ἀρετή) von anderen, vor allem von den Verständigen (φρόνιμοι), geehrt zu werden. Somit fungiert Ehre nur als Mittel, nicht als Selbstzweck, daher kann sie nicht das höchste, um seiner selbst willen erstrebte Gut sein. Vielmehr wäre die Tugend besser (κρείττων). Liegt nicht eher in dieser das Ziel der politischen Lebensweise?

Auch die Tugend erweist sich als unvollkommen (ἀτελεστέρα), denn in deren Besitz (ἔχον τὴν ἀρετήν) könnte man schlafen, untätig sein (ἀπρακτεῖν) oder größtes Unglück erleiden, was nicht als glückseliges Leben bezeichnet werden kann. Ex negativo wird auf diese Weise aber bereits die Wesensbestimmung der Glückseligkeit – ein Tätigsein (ἐνέργεια) der menschlichen Seele gemäß einer Tugend (NE I 6, 1098a16f) – vorbereitet.

Die betrachtende Lebensweise (βίος θεωρητικός), die den Wissenschaften gewidmete Lebensform des Philosophen oder Weisen, wird hier nur angekündigt (NE I 3, 1096a4f) und auf „einen späteren Abschnitt", nämlich NE X 7–9, ver-

---

Ethik. Hrsg. von O. Höffe. Berlin 1995, 63–82, H.-G. Gadamer: Die Idee des Guten zwischen Platon und Aristoteles. Heidelberg 1978. 77–92, und R. Ferber: Platos Idee des Guten. St. Augustin 1983, ²1989. 220–236.

[26] Vgl. hierzu Vf.: Zwischen Tradition und Innovation: Aristoteles' ,doxographische Methode' – mit einem Ausblick auf Husserl. In: Metaphysik als Wissenschaft. Festschrift für Klaus Düsing zum 65. Geburtstag. Hrsg. von D. Fonfara. Freiburg/München 2006, 102–132.

[27] Inwiefern der βίος ἀπολαυστικός dem Mensch und Tier gemeinsamen Seelenvermögen zugeordnet wird, nicht aber dem rationalen, dem Menschen eigentümlichen Seelenteil, wird in NE I 6 unter Hinzuziehung von NE I 13 deutlich.

[28] Wie die Lust-Abhandlungen (NE VII 12–15, X 1–5) zeigen, erweist sich die ἡδονή für Aristoteles zwar nicht als höchstes Ziel, wohl aber als jede Tätigkeit begleitendes und daher sie vollendendes notwendiges Moment des guten und gelingenden Lebens. Vgl. hierzu G. Lieberg: Die Lehre von der Lust in den Ethiken des Aristoteles. München 1958, F. Ricken: Der Lustbegriff in der Nikomachischen Ethik des Aristoteles. Göttingen 1976; ders.: Wert und Wesen der Lust. In: Aristoteles. Nikomachische Ethik. Hrsg. von O. Höffe. Berlin 1995, 207–228.

schoben. Dort werden zwei Glückseligkeitsweisen unterschieden: In der reinen Betrachtung liegt die „vollendete Glückseligkeit" des Menschen (*NE* X 8, 1178b7f), hingegen wird das Glück des politischen Lebens als nur „zweitrangig" (δευτέρως, 1178a9) angesehen.[29] Erstere geht über die Möglichkeiten des Menschen hinaus und kommt ihm nur insofern zu, als ein „Göttliches in ihm" wohnt (*NE* X 7, 1177b26–28), während das Glück des bürgerlichen Lebens als „menschliches Glück" gilt.[30] Der Unterschied zwischen Tugend (ἀρετή) und Glück (εὐδαιμονία) besteht nun darin, daß wir das Glück stets und ausschließlich um seiner selbst willen wählen, jede Tugend zwar auch um ihrer selbst, aber ebenso um des Glücks willen, um durch sie glückselig werden zu können (vgl. *NE* I 5, 1097b1–6).

Die Wesensbestimmung der Glückseligkeit findet sich im *ergon*-Argument (*NE* I 6), das inhaltlich und strukturell auf Platon (*Politeia* I, 352d–354a) zurückgeht[31] und vom spezifischen ‚Werk' (ἔργον) oder von der spezifischen „Leistung" einer Sache ausgeht.[32] Da bei jedem Handelnden das Gute in jenem Werk

---

[29] Zu den beiden Glückseligkeitsweisen vgl. W. *Kullmann: Theoretische und praktische Lebensform.* In: *Aristoteles: Die Nikomachische Ethik.* Hrsg. von O. Höffe. Berlin 1995, 253–276. – Die Kontroverse um eine exklusive bzw. dominante oder eine inklusive Glückseligkeitskonzeption, die W.F.R. Hardie (*Aristotle's Ethical Theory.* Oxford 1968) angestoßen hat, sei hier nur benannt: J. Ackrill (*Aristotle on Eudaimonia.* In: Proceedings of the British Academy 60 (1974), 339–359, ND in: *Essays on Aristotle's Ethics.* Hrsg. von A. Oksenberg-Rorty. London 1980, 15–33, hier: 21) verstand εὐδαιμονία im Sinne eines umfassenden Glückseligkeitsbegriffs als inklusives Ziel (*inclusive end*); auch A. Neschke-Hentschke (*Die aristotelische Ethik* (s. Anm. 6), 61, bes. Anm. 54) sieht „kein Dilemma" zwischen beiden Lebensformen. Hingegen vertritt A. Kenny (*Aristotle on the perfect life.* Oxford 1992. 17) einen m.E. Aristoteles' Konzeption eher entsprechenden exklusiven *eudaimonia*-Begriff (*dominant end*), vgl. auch Anm. 34.

[30] Eine weitere Lebensweise wird noch ergänzt: Das auf Gelderwerb gerichtete Leben (βίος χρηματιστής, *NE* I 3, 1096a5–10) gilt als unnatürlich und erzwungen, da Reichtum (πλοῦτος) nützlich ist (χρήσιμος), als Mittel einem anderen Zweck, dem Gelderwerb, dient und somit nicht das höchste Gut sein kann. Daher kommen die anderen drei Lebensweisen, die um ihrer selbst willen geschätzt werden, eher in Betracht.

[31] Dort befaßt sich Sokrates mit dem Glück bzw. einem guten Leben und geht zunächst vom *ergon* des Pferdes aus, das verallgemeinert wird und das bezeichnet, was man mit diesem allein oder am besten verrichten kann (352d–e). Jedem, dem ein *ergon* aufgetragen ist, muß eine eigentümliche Tugend (ἀρετὴ οἰκεία, 353c) zukommen, so daß jeder sein *ergon* gut (εὖ) ausführt. Sokrates folgert daraus, daß jedes Ding durch seine eigentümliche Tugend sein eigentümliches *ergon* gut verrichtet. Dies wird auf die Seele übertragen: sie muß ein eigentümliches *ergon* haben, das man „mit keinem anderen Ding verrichten kann." Auch ihr wird eine eigentümliche, d.h. nur ihr geltende Tugend zugeschrieben, um ihr *ergon* gut ausführen zu können. Diese Tugend der Seele ist die Gerechtigkeit (δικαιοσύνη, 353d–e). Also wird eine gerechte Seele gut leben und somit glückselig sein (εὐδαίμων, 354a). Ähnlich argumentiert Aristoteles im *ergon*-Argument von *NE* I 6.

[32] H. Flashar (*Aristoteles* (s. Anm. 6), 294) übersetzt ἔργον zutreffend mit „Leistung", U. Wolf (*Aristoteles: Nikomachische Ethik.* Übers. und hrsg. von U. Wolf. Reinbek b. Hamburg 2006. bes. 347f) in Anknüpfung an englische Übersetzungen mit „Funktion", O. Gigon (s. Anm. 15) in 1098a7 mit „Werk", meist aber mit „besondere Tätigkeit" oder „eigen-

liegt, muß dies auch für den Menschen zutreffen. Sein ἔργον ist ihm eigentümlich (ἴδιον), deshalb kann es nicht in dem Leben (τὸ ζῆν) als solchen bestehen, da der Mensch dies mit Pflanze und Tier gemeinsam (κοινόν) hat. Der Lebensvollzug der Ernährung und des Wachstums entfällt damit, ebenso das wahrnehmende Leben (αἰσθητική), das Mensch und Tier gemeinsam ist. Somit bleibt allein der Lebensvollzug des Vernünftigen (λόγον ἔχον) übrig, das den Menschen von allen anderen Lebewesen unterscheidet. Allerdings reicht bloßer Besitz des Vernünftigen als Fähigkeit nicht aus, wie das bloße Haben einer Tugend noch nicht die Glückseligkeit des Menschen ausmacht (vgl. *NE* I 3). Vielmehr ist die Tätigkeit (ἐνέργεια) für Aristoteles das Eigentlichere (κυριώτερον). Jenes Vernünftige wird nun auf zweifache Weise aufgefaßt: zum einen als der Vernunft gehorchend (ἐπιπειθές), zum anderen als sie besitzend (λόγον ἔχον) und ausübend (διανοούμενον). Aristoteles bestimmt das eigentümliche *ergon* des Menschen vorläufig als Tätigkeit der Seele gemäß der Vernunft (ἐνέργεια κατὰ λόγον), oder zumindest nicht ohne sie (μὴ ἄνευ λόγου).

Nun wird der Tugendbegriff in das Argument miteinbezogen: Bei jeder Tätigkeit unterscheidet man zwischen der beliebigen Ausführung und einer hervorragenden im Sinne einer Tugend (ἀρετή),[33] die nach antikem Verständnis eine der Natur eines Gegenstandes gemäße Vortrefflichkeit bezeichnet, deren Verwirklichung ihn zu dem macht, was er seiner Natur nach sein kann. Das Gute für den Menschen (ἀγαθὸν ἀνθρώπινον, 1098a15) – und damit dessen Glückseligkeit – besteht in der Tätigkeit der vernünftigen Seele, gemäß der Tugend (κατ᾽ ἀρετήν, 1098a17); und gibt es mehrere Tugenden, dann im Sinne der besten (ἀρίστη) und vollkommensten (τελειοτάτη), und dies das ganze Leben hindurch (τέλειος βίος), denn eine kurze Zeit (ὀλίγος χρόνος) macht noch niemanden glücklich (εὐδαίμονα).[34]

Der Rekurs in *NE* I 6 auf die Seelenvermögen wird in *NE* I 13 (1102a28ff) weitergeführt und fungiert als Ausgangspunkt für die anschließend ausführlich

---

tümliche Tätigkeit", was allerdings bereits die späteren Bestimmungen des ἔργον impliziert: nämlich daß es etwas Eigentümliches (ἴδιον) und eine Tätigkeit (ἐνέργεια) ist.

[33] Vgl. zum Tugendbegriff im *ergon*-Argument bes. *U. Wolf: Aristoteles: Nikomachische Ethik* (s. Anm. 32), 13f, 347, sowie *P. Stemmer: Aristoteles' Ergon-Argument in der Nikomachischen Ethik*. In: *Homo Sapiens und Homo Faber*. Epistemische und technische Rationalität in Antike und Gegenwart. Festschrift für Jürgen Mittelstraß. Hrsg. von G. Wolters und M. Carrier. Berlin/New York 2005, 65–86, hier: 71–73.

[34] Wegen der wesentlichen Dauerhaftigkeit erweist sich die in Anm. 29 benannte Deutung von J. Ackrill im Sinne eines „inklusiven", also verschiedene Lebensformen und infolgedessen auch die Verwirklichung unterschiedlicher Tugenden implizierenden *eudaimonia*-Begriffs als schwierig. Deshalb hat A. Kenny (*Aristotle on the perfect life* (s. Anm. 29), 17) mit guten Gründen eine exklusive oder „dominante" *eudaimonia*-Auffassung vertreten. – Die eigentümlichen Zeitstrukturen der Praxis untersucht *A.G. Vigo: Zeit und Praxis bei Aristoteles. Die Nikomachische Ethik und die zeit-ontologischen Voraussetzungen des vernunftgesteuerten Handelns* (Symposion 105). Freiburg/München 1996. Zur Glückseligkeit bes. 345–397.

dargelegte Tugendlehre. Ein Teil der Seele – das Vegetative (φυτικόν), das Wachstum und Ernährung verursacht (θρεπτικόν, 1102b11) und allem Lebenden gemeinsam ist – ist vernunftlos (ἄλογον), ein anderer vernunftbegabt (λόγον ἔχον). Das Vernunftlose erweist sich allerdings als zweifach: denn neben dem Vegetativen gibt es einen weiteren vernunftlosen Seelenteil: das Begehrungsvermögen (ἐπιθυμητικόν), oder allgemein: das Strebevermögen (ὀρεκτικόν), das gemäß *De anima* (II 3, 414b2) nochmals geteilt wird in Begierde (ἐπιθυμία), Mut oder Erregung (θυμός) und Wollen (βούλησις), also auch Antriebe und Affekte enthält.[35] Dieses Vermögen hat aber – im Gegensatz zum Vegetativen – irgendwie (πως) an der Vernunft teil (μετέχει λόγου, *NE* I 13, 1102b13f), indem es ihr gehorcht (κατήκοόν ἐστιν, 1102b30ff).[36] Schreibt man dem Strebevermögen aufgrund jener Teilhabe eine gewisse Vernünftigkeit zu, dann ist auch der vernünftige Seelenteil auf zweifache Weise (διττὸν τὸ λόγον ἔχον) zu betrachten: zum einen das Denkvermögen (διανοητικόν) im eigentlichen Sinne und an sich (κυρίως, 1103a2), zum anderen auf gewisse Weise das Strebevermögen (ὀρεκτικόν), indem es auf jenes „wie auf den Vater" hört (ἀκουστικόν τι, 1103a3). Damit ergibt sich auch kein Widerspruch zum *ergon*-Argument (*NE* I 6), das von einem zweifachen vernünftigen Seelenteil ausgeht.

Nun werden beiden rationalen Seelenvermögen zwei Arten von Tugenden (ἀρεταί) zugeordnet (*NE* I 13, 1103a3–8): dem auf die Vernunft hörenden Teil die ethischen Tugenden oder Charakter-Tugenden (ἀρεταὶ ἠθικαί) wie Besonnenheit (σωφροσύνη), Tapferkeit (ἀνδρεία) und Gerechtigkeit (δικαιοσύνη), dem an sich vernünftigen Seelenteil die dianoetischen Tugenden oder Verstandes-Tugenden (ἀρεταὶ διανοητικαί), z.B. Weisheit (σοφία) als vorzüglichste Tugend des Menschen, Verständigkeit (σύνεσις) oder ‚Klugheit' (φρόνησις), d.h. eine Art praktische Umsicht.[37]

Die Abhandlung über die ethischen Tugenden (*NE* II–V) bildet den argumentativen Kontext der im folgenden zu untersuchenden Lehre über Freiwilligkeit und Entscheidung, also der Aristotelischen Handlungstheorie (*NE* III 1–8). Eine ethische Tugend ist nicht von Natur gegeben (φύσει, *NE* II 1, 1103a18), denn dann ginge ihrer Ausübung eine Fähigkeit voraus (1103a26–b2). Bei der ethischen Tugend verhält es sich vielmehr umgekehrt: erst durch wiederholte Ausführung in entsprechenden ethisch wertvollen Handlungen erlangt man eine

---

[35] Vgl. zu den drei Arten des Strebens F. Ricken: *Der Lustbegriff in der Nikomachischen Ethik des Aristoteles* (s. Anm. 28). 38ff, 59ff.

[36] Ein Strebevermögen kommt auch den Tieren zu. Da diese aber keinen an sich vernünftigen Seelenteil besitzen, erübrigt sich eine Teilhabe ihres Strebevermögens. Vgl. *U. Wolf: Über den Sinn der Aristotelischen Mesoteslehre*. In: Phronesis 33 (1988), 54–75. ND in: *Aristoteles. Nikomachische Ethik*. Hrsg. von O. Höffe. Berlin 1995, 83–108, hier: 86f.

[37] Zur deutschen Wiedergabe von φρόνησις und zu ihrer Bedeutung für die ethischen Tugenden vgl. Teil III.

feste Grundhaltung.[38] Ethische Tugenden beruhen also auf Gewöhnung (ἔθος),[39] „wie ein Kitharaspieler durch permanentes Üben Virtuosität erreicht und durch weiteres Üben erhält und verfeinert (*NE* II 1, 1103a32ff), und zwar von Kindheit an (1103b9–12, b23–25).[40]

Durch das für Aristoteles' Vorgehen generell charakteristische Eliminationsverfahren[41] wird eine erste Eingrenzung der ethischen Tugend vorgenommen: sie ist weder ein Affekt (πάθος) noch eine Fähigkeit (δύναμις), sondern eine feste, auf die Empfindung von Lust (ἡδονή) oder Schmerz (λύπη) bezogene Disposition (ἕξις) der Seele (*NE* II 2, 1104b4f, II 4, 1106a11f). Ethisch wertvolle Handlungen liegen erst dann vor, wenn drei Bedingungen erfüllt sind: Sie müssen (1) wissentlich (εἰδώς), (2) aufgrund einer Entscheidung (προαιρούμενος) und (3) mit innerer Festigkeit, d.h. aus einer sicheren und im Handeln festen Haltung heraus ausgeführt werden, wenn man nämlich eine Tugend als dauerhafte Disposition (ἕξις) besitzt (*NE* II 3, 1105a33ff). Gemäß einer tugendhaften Disposition erfolgt also gutes Handeln und eine richtige, lobenswerte Einstellung auf Affekte (*NE* II 4, 1105b25f).[42]

Nach der gattungsmäßigen Bestimmung der ethischen Tugend als ἕξις wird diese nun spezifiziert (*NE* II 5). Hier verfährt Aristoteles wiederum eliminativ und restriktiv; denn er gibt zunächst an, wodurch ethische Tugenden zugrundegehen, nämlich durch ein Zuviel (ὑπερβολή) oder ein Zuwenig (ἔλλειψις, 1106b34), wie anhand von zügelloser Lust und völliger Empfindungslosigkeit (*NE* II 2, 1104a18ff) oder von Tollkühnheit und Feigheit als Extremen der

---

[38] Von Natur aus besitzen wir nur ein Strebevermögen (ὀρεκτικόν), das durch Gewöhnung bestimmte Ausrichtungen erfährt und sinnliche Begierden (wie Hunger), Wünsche als höherstufige, zielgerichtete Strebungen und Affekte (wie Furcht) umfaßt. Zu den Affekten vgl. *U. Wolf: Aristoteles' Nikomachische Ethik.* Darmstadt 2002. 69ff.

[39] Wie ethische Tugenden durch Gewöhnung entstehen, wird nicht weiter erläutert, da sich Aristoteles an den gebildeten, bereits ethisch-qualifizierten Polisbürger als Adressaten wendet: Hörer der praktischen Philosophie sollten ja bereits über Lebenserfahrung in Handlungen verfügen (*NE* I 1, 1095a1–11), einen festen Charakter erworben haben (*NE* I 2, 1095b3–7) und nicht dazu neigen, den Affekten zu folgen (*NE* I 1, 1095a4f). „Für diejenigen, die ihr Streben (ὄρεξις) nach der Vernunft (λόγος) gestalten und entsprechend handeln", wird „das Wissen über diese Dinge von vielfältigem Nutzen sein" (1095a10–13). Diesen bietet die Ethik „eine nachträgliche Begründung für ihre bereits praktizierte Moral", so *R. Nickel* (*Einführung.* In: *Aristoteles: Nikomachische Ethik* (s. Anm. 15). 467–474, hier: 474). Von einer tugendhaften Disposition wird also ausgegangen, sie wird „einfach als gegeben gesetzt." Vgl. *F. Dirlmeier: Aristoteles: Nikomachische Ethik.* Frankfurt 1957. 15.

[40] Vgl. in diesem Sinne bereits *Platon: Nomoi* II, 653b5. Zur Gewöhnung und zur Bedeutung der Erziehung für die Ausbildung ethischer Tugenden vgl. *K.Ph. Seif: Das Problem der Willensfreiheit in der Nikomachischen Ethik des Aristoteles* (s. Anm. 10), 559f, 572–574.

[41] Dieses Verfahren betonen zu Recht *R. Nickel* (*Einführung* (s. Anm. 39), 469f) und *H. Flashar* (*Aristoteles* (s. Anm. 6), 295).

[42] Vgl. *U. Wolf: Über den Sinn der Aristotelischen Mesoteslehre* (s. Anm. 36), 88–90.

Schlechtigkeit (κακία)[43] illustriert wird, um davon anschließend als Maß (μετριότης) die ethischen Tugenden Besonnenheit (σωφροσύνη) bzw. Tapferkeit (ἀνδρεία) abzuheben.[44] Als Leitfaden dient die körperliche Gesundheit, der ein Zuviel und Zuwenig an Nahrung oder Sport abträglich ist, das Angemessene sie jedoch fördert.[45] Die ethische Tugend zielt also auf die Mitte (μέσον) zwischen einem Übermaß und Mangel, hat mit einem Zuviel und einem Zuwenig in Affekten und Handlungen zu tun, die diesen Zuständen ausgesetzt sind, und fungiert demnach als Norm für die Handlungen. Jenes Mittelmaß (μεσότης) meint jedoch weder eine ‚goldene Mitte' (aurea mediocritas) noch eine exaktarithmetische Mitte, sondern eine richtige Mitte im Handeln.

Die gattungsmäßige und spezifische Bestimmung der ethischen Tugend faßt Aristoteles in NE II 6 wie folgt zusammen: Sie ist eine feste Disposition, entscheidungsbezogen (ἕξις προαιρετική), erweist sich gemäß ihrem Wesen (κατὰ τὴν οὐσίαν)[46], das ihr definitorisches Wassein (τὸ τί ἦν εἶναι)[47] ausmacht, als eine angemessen zu wählende Mitte (μεσότης) „in bezug auf uns" (πρὸς ἡμᾶς) zwischen einem Übermaß und einem Mangel in Affekten[48] – eine Mitte, die durch rechte Einsicht (ὀρθὸς λόγος) bestimmt wird.[49] Daher handelt der um diese vernunftgegründete Mitte Wissende (φρόνιμος, NE II 6, 1107a1) richtig.[50] Die

---

[43] Zur Bestimmung der ethischen Tugend als Mitte zwischen zwei Schlechtigkeiten – des Übermaßes und des Mangels – vgl. auch NE II 9, 1109a20.

[44] Auf den Platonischen Hintergrund der Aristotelischen Mesoteslehre, vor allem auf die Orientierung tugendhafter Handlungen an einem Angemessenen (μέτριον, Politikos 307b–c) als Mitte (μέσον, 284e) zwischen Mehr und Weniger und im Hinblick auf die ethische Mitte als besonderen Fall des ontologischen Prinzips des Maßes (μέτρον) zwischen Grenze (πέρας) und Unbegrenztheit (ἄπειρον) gemäß Philebos 26d, verweist zu Recht K. Düsing (Wandlungen der Tugendlehre bei Platon und Aristoteles (s. Anm. 18), 31–33). Während bei Platon das zu vermeidende Zuviel (und Zuwenig) in Temperamentsextremen besteht, geht es für Aristoteles um Affektextreme.

[45] Zum medizinischen Ursprung dieser Mesoteslehre vgl. W. Jaeger: Medizin als methodisches Vorbild in der Ethik des Aristoteles. In: Zeitschrift für philosophische Forschung 13 (1959), 513–530.

[46] Zur Ousia des Aristoteles vgl. Vf.: Die Ousia-Lehren des Aristoteles. Untersuchungen zur Kategorienschrift und zur Metaphysik (Quellen und Studien zur Philosophie 61). Berlin/New York 2003. Zum τί ἦν εἶναι in definitorischer Bedeutung bes. 114–132.

[47] Zum Begriff vgl. C. Arpe: Das τί ἦν εἶναι des Aristoteles. Hamburg 1938, Vf.: Die Ousia-Lehren des Aristoteles (s. Anm. 46), 51f.

[48] Vgl. K. Düsing: Wandlungen der Tugendlehre bei Platon und Aristoteles (s. Anm. 18), 33, 36.

[49] Vgl. U. Wolf: Aristoteles: Nikomachische Ethik (s. Anm. 32), 15, und H. Flashar: Aristoteles (s. Anm. 6), 298.

[50] Vgl. U. Wolf: Über den Sinn der Aristotelischen Mesoteslehre (s. Anm. 36), die diese Lehre gegen den Vorwurf der Nicht-Anwendbarkeit, der von W.F.R. Hardie (Aristotle's Ethical Theory. Oxford 1968. 134) und B. Williams (Ethics and the Limits of Philosophy. London 1985. 36) erhoben wurde, oder dagegen, daß die Tugenden nur zufällig zwischen zwei Extremen lägen (vgl. R. Hursthouse: A False Doctrine of the Mean. In: Proceedings of the Aristotelian Society 81 (1980/81), 57–72), zu Recht zu verteidigen sucht, mit Rekurs auf NE I 6 und bes. NE IX 4.

gemäß ethischen Tugenden als festen Grundhaltungen vollzogenen, ethisch wertvollen Handlungen sind in jedem Falle lobenswert.[51] Wer hingegen stark von diesem guten Handeln (τὸ εὖ) bzw. von der richtigen Mitte abweicht, ist zu tadeln.

Es werden allerdings nur Handlungen gelobt, die freiwillig (ἑκών) erfolgen. Die Untersuchung über die Tugend erfordert daher eine Erörterung, was unter Freiwilligkeit (ἑκούσιον) bzw. Unfreiwilligkeit (ἀκούσιον) zu verstehen ist (*NE* III 1–3).[52] Anschließend (*NE* III 4–5) wird der Begriff der Entscheidung (προαίρεσις)[53] erläutert, die bereits als eine konstitutive Bedingung für ethisch wertvolle Handlungen erwähnt wurde (*NE* II 4, 1106a3f). Wie eine Entscheidung aber zustande kommt und was sie ihrem Wesen nach ist, blieb bislang noch offen. Darauf wird die naheliegende Frage der Verantwortlichkeit des Menschen für seine Handlungen und Tugenden aufgeworfen (*NE* III 7–8). Diese Handlungstheorie als Fortführung und Vervollständigung der Aristotelischen Tugendlehre[54] sei nun skizziert.

II. Freiwilligkeit von Handlungen und Tugenden.
Aristoteles' Begriff der Entscheidung

Die folgenden Erörterungen zu *NE* III 1–8 stehen unter der übergeordneten Leitfrage, was Aristoteles unter freiwilligen Handlungen versteht und inwiefern der Mensch für seine Handlungen verantwortlich gemacht und was demgegenüber als entschuldbar akzeptiert werden kann.[55] Dies schließt eine Untersuchung über das Zustandekommen einer Entscheidung (προαίρεσις) zu einer bestimmten Handlung ein und ebenso die Frage, inwiefern diese in unserer Macht steht. Da Freiwilliges Lob und Tadel mit sich bringt, während Unfreiwilliges Verzei-

---

[51] Vgl. *NE* I 13, 1103a8–10 II 4, 1105b28, II 9, 1109b23–26.

[52] Zur Terminologie sei auf die Bemerkungen zu Beginn verwiesen und vor der vorschnellen Zugrundelegung eines vollständigen Willensbegriffs bei Aristoteles gewarnt. Mit ,Freiwilligkeit' und ,Unfreiwilligkeit' soll daher keine Willenskonzeption assoziiert werden, wie J.O. Urmson (*The Greek Philosophical Vocabulary*. London ²2001. 70) und U. Wolf (*Aristoteles' Nikomachische Ethik* (s. Anm. 38), 117) zu Recht betonen. Um Handlungen, die „in einer bestimmten Absicht" oder „aus eigenem Antrieb" ausgeführt werden, zu kennzeichnen, werden die Begriffe ,Freiwilligkeit' und ,Unfreiwilligkeit' verwendet, um ἑκούσιον bzw. ἀκούσιον nicht unübersetzt lassen zu müssen.

[53] Zur Wiedergabe des sehr vielschichtigen und sowohl das Ergebnis als auch den Prozeß des Zustandekommens implizierenden Begriffs der προαίρεσις vgl. auch Anm. 14 und 15. Προαίρεσθαι bedeutet wörtlich: „sich etwas vornehmen"; im Kontext der Handlungstheorie führt dies meist zu einer Entscheidung (προαίρεσις) oder einem Entschluß, aus dem dann wiederum eine Handlung hervorgeht.

[54] Vgl. *C. Rapp: Freiwilligkeit, Entscheidung und Verantwortlichkeit*. In: *Aristoteles: Nikomachische Ethik*. Hrsg. von O. Höffe. Berlin 1995, 109–133, hier: 109.

[55] Vgl. ebd., 110, 120.

hung, bisweilen sogar Mitleid zur Folge hat, müssen Freiwilligkeit und Unfreiwilligkeit voneinander abgegrenzt werden (*NE* III 1, 1109b30–35), um den Tugendbegriff zu erhellen.

Der Bestimmung von Freiwilligkeit nähert sich Aristoteles erneut zunächst *ex negativo*, nämlich mit der Erörterung ihres Gegenteils: dem Unfreiwilligen. Dieses erfolgt entweder durch Zwang (βία) oder aufgrund von Unwissenheit (δι’ ἄγνοιαν).[56] Von Zwang ist dann die Rede, wenn die Ursache (ἀρχή) – gemeint ist hier die Bewegursache (ἀρχὴ κινήσεως) – außerhalb (ἐκτός) des Handelnden bzw. Leidenden liegt und dieser nicht darauf Einfluß nehmen kann (1110a1–4). Hier zeichnet sich bereits die spätere Definition freiwilliger Handlungen ab, deren Ursache im Handelnden selbst liegt und dieser somit zu jenen eigens beitragen kann.[57] Bei Dingen, die aus Furcht vor größeren Übeln getan werden, ist jedoch zweifelhaft, ob sie unfreiwillig (ἀκούσια) oder freiwillig (ἑκούσια) geschehen, wenn z.B. im Sturm Güter über Bord geworfen werden; dies tut niemand freiwillig (ἑκών) und ohne Weiteres (ἁπλῶς), zur Rettung hingegen durchaus. Diese „gemischten" (μικταί) Handlungen gleichen allerdings eher (μᾶλλον) freiwilligen (1110a4–19). Man wählt sie in einer Notsituation, also einer bestimmten Handlungssituation (καιρός), nach der sich das Ziel (τέλος) richtet.[58] Die Bewegursache ist hier – anders als bei erzwungenen Handlungen – der Handelnde selbst. Denn bei solchen Handlungen liegt es an ihm (ἐπ’ αὐτῷ), sie zu tun oder zu unterlassen. Hier wird eine Entscheidungsmöglichkeit des Handelnden angedeutet. Offenbar steht in diesen Überlegungen bereits die προαίρεσις im Hintergrund. Das Über-Bord-Werfen der Güter erfolgt in der Notsituation freiwillig; ohne weiteres (ἁπλῶς), also ohne die konkrete Gefahrsituation, würde dies freiwillig niemand wählen. Insofern erweist sich jene Handlung an sich (καθ’ αὑτό) als eher unfreiwillig (ἀκούσια, 1110a17–19). Somit spielt bei der Bestimmung der Freiwilligkeit bzw. Unfreiwilligkeit von Handlungen die konkrete Situation eine wesentliche Rolle (vgl. auch *NE* III 4–5).

Das Kriterium für die Bewertung von Handlungen bzw. für Lob und Tadel besteht darin, ob man dem Zwang erliegt oder nicht (1110a31ff). Was aus Zwang geschieht, beschrieb Aristoteles ja zuvor als dasjenige, dessen Ursache (αἰτία) außerhalb (ἐκτός) des Handelnden liegt, wobei dieser nichts beiträgt (1110b1–3, b15–17). Was zwar an sich (καθ’ αὑτό) unfreiwillig ist, aber jetzt im Hinblick auf etwas Bestimmtes gewählt wird und wobei die Bewegursache im Handelnden liegt, wird gleichwohl in jener bestimmten Notsituation freiwillig ausgeführt, weshalb es auch eher freiwilligen Handlungen gleicht (1110b3–7).

Da Aristoteles zuvor erklärte, als unfreiwillig gelte, was entweder aus Zwang oder aus Unwissenheit erfolgt (*NE* III 1, 1109b35–1110a1), werden nach

---

[56] Zur Unfreiwilligkeit von Handlungen aus Zwang vgl. bereits *Platon: Protagoras*, 345e-346e, vgl. hierzu bes. Teil IV.

[57] Vgl. zum bewegenden Prinzip des Handelnden *Platon: Nomoi*, X, 904b–c.

[58] Zu „gemischten Handlungen" vgl. C. *Rapp: Freiwilligkeit, Entscheidung und Verantwortlichkeit* (s. Anm. 54), 112f.

der Erörterung der Unfreiwilligkeit aus Zwang nun unfreiwillige Handlungen aus Unwissenheit thematisiert.[59] Hierbei werden Unfreiwilligkeit (ἀκούσιον) und Nicht-Freiwilligkeit (οὐχ ἑκούσιον, *NE* III 2, 1110b18–24) unterschieden: Nicht-freiwillig ist dasjenige, was aufgrund von Unwissenheit (δι' ἄγνοιαν) geschieht, ohne daß der Handelnde es bedauert, während unfreiwillige Handlungen anschließend Schmerz (λύπη) und Bedauern (μεταμέλεια) hervorrufen. Wer etwas unwissend tat, ohne Unbehagen darüber zu empfinden, hat dies nichtfreiwillig getan – denn er wußte nicht, was er tat –, aber auch nicht unfreiwillig, da er die Handlung nicht bedauert.[60] Wer also aufgrund von Unwissenheit handelt und dies nachher bedauert, hat dies unfreiwillig (ἄκων) getan.[61]

Unfreiwilligkeit besagt allerdings nicht, das für den Handelnden Förderliche (τὰ συμφέροντα) nicht zu kennen. Worin liegt aber die Ursache der Unfreiwilligkeit? Es ist nicht die Unwissenheit (ἄγνοια) bei einer Entscheidung das (προαίρεσις),[62] sondern die Unkenntnis der konkreten Umstände, unter denen Handeln stattfindet, z.B. darüber, wer handelt, was er tut, in bezug auf was, in welchem Bereich, womit, zu welchem Zweck und auf welche Weise er handelt (1111a3–8). Wer diese Bedingungen, ja wer auch nur eine der wichtigsten Bedingungen, unter denen sich Handeln vollzieht – z.B. den Zweck der Handlung – nicht kennt, handelt aufgrund von Unwissenheit unfreiwillig und empfindet daher anschließend Schmerz und Bedauern.

Nachdem Aristoteles in *NE* III 1–2 zunächst *ex negativo* die Bedingungen der Unfreiwilligkeit von Handlungen erörtert hat, kommt er in *NE* III 3 zu seinem eigentlichen Anliegen, der Bestimmung des Freiwilligen, einem konstitutiven Merkmal der Tugend, wie sich zeigen wird. Aus dem Begriff des Unfreiwilligen, das durch Zwang und aufgrund von Unwissenheit erfolgt, ergibt sich not-

---

[59] Vgl. zum Begriff der Unwissenheit *K.Ph. Seif: Das Problem der Willensfreiheit in der Nikomachischen Ethik des Aristoteles* (s. Anm. 10), 545–548.

[60] Zum Bedauern als Reaktion auf die Fehlhandlung vgl. *U. Wolf: Aristoteles' Nikomachische Ethik* (s. Anm. 38), 121, und *C. Rapp: Freiwilligkeit, Entscheidung und Verantwortlichkeit* (s. Anm. 54), 118f.

[61] Handeln aufgrund von Unwissenheit (δι' ἄγνοιαν) im Sinne eines entschuldbaren, weil selbst unverschuldeten Irrtums, eines bestimmten Fehlers (1110b31f) wird im folgenden abgegrenzt von einem unwissenden Handeln (ἀγνοῶν), z.B. im Zorn oder in Trunkenheit. Dies erfolgt nicht aufgrund von Unwissenheit, sondern aufgrund des Zorns oder der Trunkenheit, aber gleichwohl nicht wissentlich (οὐκ εἰδώς) – da das Erkenntnisvermögen vorübergehend getrübt war –, sondern unwissend (1110b25–27). Eine derartige Handlung wird bestraft, da sie freiwillig vorgenommen wird. Denn die Ursache für die Unwissenheit, etwa der Alkoholgenuß, war gewollt und ist damit vom jeweiligen Menschen selbst zu verantworten (vgl. *NE* III 7, 1113b32f). Deshalb wird dies mit Strafe geahndet. – Vgl. hierzu *K.Ph. Seif: Das Problem der Willensfreiheit in der Nikomachischen Ethik des Aristoteles* (s. Anm. 10), 547, und *C. Rapp: Freiwilligkeit, Entscheidung und Verantwortlichkeit* (s. Anm. 54), 116f.

[62] Erneut wird hier der Begriff der Entscheidung erwähnt, aber erst in *NE* III 4–5 erläutert. Eine Unwissenheit bei Entscheidungen führt nicht zu unfreiwilligen Handlungen, sondern zur Schlechtigkeit (μοχθηρία) bzw. zu ethisch verwerflichen Handlungen.

wendig als Kennzeichnung freiwilliger Handlungen, daß bei ihnen Zwang ausgeschlossen ist und der Ursprung (ἀρχή) im Handelnden selbst liegt (1111a22–24), während bei unfreiwilligen Handlungen jener Ursprung sich außerhalb des Handelnden bzw. Leidenden befindet und dieser nicht Einfluß nehmen kann (vgl. *NE* III 1). Im Unterschied zum Unfreiwilligen aufgrund von Unwissenheit muß der freiwillig Handelnde die einzelnen Bedingungen der konkreten Handlung kennen, d.h. über Situationskenntnis verfügen.[63]

Im Anschluß an die Darlegung des Unfreiwilligen und Freiwilligen (*NE* III 1–3) wird der ebenfalls eng mit der Tugend verbundene Begriff der Entscheidung (προαίρεσις) untersucht. Bereits in *NE* II 6 wurde die ethische Tugend als eine entscheidungsbezogene feste Grundhaltung (ἕξις προαιρετική) bestimmt; auch in den vorangegangenen Abschnitten wurde die προαίρεσις mehrfach erwähnt, aber erst zu Beginn von *NE* III 4 bezeichnet Aristoteles sie als der Tugend am meisten eigentümlich (οἰκειότατον), da jene noch eher (μᾶλλον) als Handlungen eine Beurteilung über Charaktere (τὰ ἤθη κρίνειν) ermögliche, und motiviert dadurch eine nähere Betrachtung dieses wichtigen Begriffs der Handlungslehre und Ethik.[64] Was aber versteht Aristoteles unter einer Entscheidung und worin besteht deren Verhältnis zur Freiwilligkeit und Unfreiwilligkeit von Handlungen? Die Entscheidung ist etwas Freiwilliges (ἑκούσιον), aber nicht schlechthin mit ihm gleichzusetzen (οὐ ταὐτόν), d.h. nicht jedes Freiwillige erweist sich als Entscheidung. Denn an ihm partizipieren auch Kinder und Tiere, die nicht über eine spezifische Entscheidungsfähigkeit verfügen (*NE* V 10, 1135b8ff); auch spontane Handlungen (τὰ ἐξαίφνης) erfolgen freiwillig, aber nicht infolge einer Entscheidung (*NE* III 4, 1111b4–10).

Bevor Aristoteles die Entscheidung (προαίρεσις) ihrem Wesen nach bestimmt,[65] wird zunächst wiederum *ex negativo* dargelegt, wovon sie sich abgrenzt, d.h. was sie nicht ist: Sie ist weder Begierde (ἐπιθυμία) noch Zorn (θυμός) noch ein Wollen (βούλησις) und ebensowenig eine Art Meinung (δόξα, 1111b10f). Denn Begierde und Zorn haben wir mit vernunftlosen Wesen gemeinsam. Zudem handelt der Unbeherrschte (ἀκρατής) – wie in *NE* VII ausführlich dargelegt wird[66] – mit Begehren, aber nicht mit einer Entscheidung,

---

63 Vgl. *H. Kuhn: Der Begriff der Prohairesis in der Nikomachischen Ethik* (s. Anm. 22), 125.

64 Vgl. *K.Ph. Seif: Das Problem der Willensfreiheit in der Nikomachischen Ethik des Aristoteles* (s. Anm. 10), 564.

65 Zur προαίρεσις vgl. *H. Kuhn: Der Begriff der Prohairesis in der Nikomachischen Ethik* (s. Anm. 22), 125–128, *K.Ph. Seif: Das Problem der Willensfreiheit in der Nikomachischen Ethik des Aristoteles* (s. Anm. 10), 563ff, und *A. Laks: Prohairesis.* In: *Historisches Wörterbuch der Philosophie* 7. Hrsg. von J. Ritter und K. Gründer. Basel 1989. 1451–1458, bes. 1452–1455.

66 Die vieldiskutierte Lehre von der Unbeherrschtheit (ἀκρασία) in *NE* VII, die in der Forschung bisweilen als „Willensschwäche" aufgefaßt wurde, sei hier nur erwähnt. Vgl. hierzu *A. Hügli: Willensschwäche* (s. Anm. 16), 801f, *W.F.R. Hardie: Aristotle on Moral Weakness.* In: *Weakness of Will.* Hrsg. von G. Mortimore. London 1971, 69–97, *A.O. Rorty: Akrasia and Pleasure:* Nicomachean Ethics Book 7. In: *Dies.: Essays on Aristotle's Ethics.* Berkeley 1980, 267–284, *R. Robinson: Aristotle on akrasia.* In: *Ders.: Essays in Greek Philosophy.*

während der Beherrschte (ἐγκρατής) mit Entscheidungen verbunden handelt, aber ohne Begehren, das sich auf Angenehmes und Unangenehmes bezieht, die Entscheidung jedoch auf keines von beiden. Noch weniger ist sie Zorn (1111b15–19), da Handlungen im Zorn am wenigsten (ἥκιστα) durch Entscheidungen geschehen.

Auch mit dem Wollen (βούλησις, 1111b19–31)[67] ist die Entscheidung nicht identisch, sondern nur mit ihm verwandt (σύνεγγυς). Denn sie bezieht sich nicht auf Unmögliches, das Wollen hingegen durchaus, z.B. auf die Weltherrschaft oder darauf, unsterblich zu sein (1111b20–23).[68] Zudem kann sich das Wollen auf Dinge richten, die auf keine Weise durch eigenes Handeln herbeizuführen sind. Daraus ergibt sich für die Entscheidung, daß sie Dinge zum Gegenstand hat, von denen man glaubt, sie aus sich selbst heraus zustandebringen zu können (1111b23–27). Des weiteren ist das Wollen eher auf das Ziel (τέλος) hingeordnet und letztlich auf die Glückseligkeit, Entscheidungen eher auf die zum jeweiligen Ziel führenden Wege[69] (τὰ πρὸς τὸ τέλος): so *wollen* wir gesund sein (vgl. *Met.* VII 7, 1032b6ff), *entscheiden uns* aber (προαίρεσθαι) für die Dinge, durch die wir gesund werden. Offenbar hat die Entscheidung dasjenige zum Gegenstand, was in unserer Macht steht (τὰ ἐφ᾽ ἡμῖν, 1111b30), was später (vgl. *NE* III 5, III 7) noch näher erläutert wird.

Zuletzt wird geprüft, ob die Entscheidung möglicherweise mit der Meinung (δόξα) identisch ist (1111b30–1112a12). Diese bezieht sich schlechthin auf alles (περὶ πάντα): auf das Ewige (τὰ ἀίδια), das Unmögliche (τὰ ἀδύνατα) und auf das, was in unserer Macht liegt. Die Meinung wird nach Falsch und Wahr unterschieden, nicht aber – wie die Entscheidung – nach schlecht (κακόν) und gut (ἀγαθόν). Die Meinung wird gelobt, wenn sie wahr (ἀληθῶς), die Entscheidung hingegen, wenn sie richtig (ὀρθῶς, 1112a6) ist. Außerdem entscheiden wir uns dafür, von dem wir am sichersten wissen (μάλιστα ἴσμεν), daß es gut (ἀγαθόν) ist; wir meinen jedoch Dinge, die wir nicht genau (οὐ πάνυ) wissen. Also ist der

---

London 1969, 139–160, ND in: *Aristoteles: Nikomachische Ethik.* Hrsg. von O. Höffe. Berlin 1995, 187–206, *Th. Spitzley: Handeln wider besseres Wissen.* Eine Diskussion klassischer Positionen. Berlin/New York 1992, bes. 63–110, *M. Woods: Aristotle on akrasia.* In: *Studi sull'etica di Aristotele.* Hrsg. von A. Alberti. Neapel 1990, 227–261.

[67] In *NE* III 6 (1113a15–b2) faßt Aristoteles die wichtigsten Ergebnisse von *NE* III 4 zusammen und betont dabei, daß das Gute für den Trefflichen (σπουδαῖος) dasjenige ist, was in Wahrheit Gegenstand des Wollens ist, für den Schlechten hingegen etwas Beliebiges (1113a25–29). Denn der Gute beurteilt die konkrete Einzelsituation richtig, gemäß der rechten Einsicht (ὀρθὸς λόγος), in der sich ihm erschließt, was das Wahre ist. Er fungiert daher als Richtschnur und Maß (μέτρον). Der Menge hingegen, die durch Lust getäuscht wird – man denke hier an den βίος ἀπολαυστικός in *NE* I 3 –, *erscheint* die Lust als Gut. Diese erweist sich aber als lediglich scheinbar Gutes.

[68] Vgl. F. Dirlmeier: *Aristoteles: Nikomachische Ethik.* Übersetzt und kommentiert von F. Dirlmeier. In: *Aristoteles. Werke in deutscher Übersetzung* 6. Begründet von E. Grumach. Hrsg. von H. Flashar. Berlin ⁸1983. 328.

[69] Daß Wünsche auf Ziele gerichtet sind, findet sich bereits in Platons *Laches* (185b-d), die Unterscheidung des Ziels von den Mitteln und Wegen zum Ziel in *Nomoi* XII, 962b.

Meinung und der Entscheidung nur gemeinsam, daß sie sich darauf richten, was in unserer Macht liegt (τὰ ἐφ' ἡμῖν).[70] Was ist die Entscheidung aber, wenn keiner der diskutierten Begriffe mit ihr identisch ist?

Offenbar erfolgt sie freiwillig (ἑκών), aber nicht alles Freiwillige – etwa spontane Handlungen – ist Gegenstand einer Entscheidung. Denn dieser geht in jedem Fall ein Überlegen voran (προβεβουλευμένον, 1112a13–17), sie ist demnach mit Einsicht (λόγος) bzw. Denken (διάνοια) notwendigerweise verbunden, d.h. vernunftbegründet. Aristoteles rekurriert hier auf den etymologischen Ursprung des Begriffs der προαίρεσις im Sinne eines Sich-Vornehmens (προαίρεσθαι), einer Voraus-Wahl (*pro-hairesis*) oder Vorzugswahl einer Möglichkeit, die man vor anderen (πρὸ ἑτέρων) Möglichkeiten wählt (αἱρετόν), also vorzieht.[71] Diesem Prozeß geht jedoch ein Sich-Klarwerden über verschiedene

---

[70] Ein Bereich der Meinung, das Unmögliche, wurde ja für die Entscheidung bereits ausgeschlossen. Ob das Ewige Gegenstand der Entscheidung ist, wird im folgenden Kapitel erörtert.

[71] Eine solche Vorzugswahl (αἵρεσις) findet sich bereits im Rahmen des ‚Seelengerichts‘ in Platons *Politeia* (X, 617d–621b): Nachdem die einzelnen Seelen zuvor Strafe oder Lohn für ihre bisherige Lebensweise erhalten haben (614b–616b), erfolgt die Wahl der Lebensformen, die nicht die Gottheit vornimmt, denn diese ist schuldlos (θεὸς ἀναίτιος, 617e). Vielmehr ist die jeweilige Seele selbst schuld (αἰτία) an jener Wahl (αἵρεσις, 618e), die zwar freiwillig geschieht, aber meist gemäß „der Erfahrung ihres früheren Lebens (πρότερος βίος, 620a). Denn zwangsläufig entscheidet sich der wahre Philosoph, der sich den Ideen soweit wie möglich zugewandt und daher ein wahrhaft gerechtes Leben geführt hat, für den einen Weg und empfängt im Jenseits seinen gebührenden Lohn. Im Idealfall – was im *Phaidon* anläßlich des bevorstehenden Todes des Sokrates thematisiert wird – wird die Seele vom Kreislauf der Wiedergeburten befreit und mit einem Verweilen in ihrer Heimat belohnt, wo sie ganz sie selbst ist: in der Ideenwelt. – Vgl. hierzu *K. Bormann*: Platon. Freiburg/München. ⁴2003. 96–130.
Den anderen Weg wählt hingegen derjenige, der ein ungerechtes Leben geführt und sich nicht auf das wahrhaft Seiende, die Ideen, gerichtet hat. Da in dieser Seele (vgl. *Politeia* IV, 435a–444e) nicht die Vernunft (λογιστικόν) das Begehrungsvermögen (ἐπιθυμητικόν) mit Hilfe des Mutartigen (θυμοειδές) leitet und somit nicht jedes Vermögen „das Seinige tut" – so Platons Bestimmung der Gerechtigkeit (433a–b) –, sondern es zu Vielgeschäftigkeit (πολυπραγμοσύνη) kommt und die Seele sich dadurch in einem widernatürlichen, unharmonischen Gesamtzustand befindet, wird sie auf jenem Weg für ihre bisherige Lebensform bestraft, indem sie im nächsten Leben in einen niederen – z.B. in einen tierischen – Organismus gelangt, der ihrer Lebensweise entspricht. Hierfür nennt Platon zahlreiche Beispiele aus Homers Dichtungen (X, 620a–d). Dieser Mythos von der Wahl der Lebensformen zeigt, daß der Lohn für gerechte, ethisch wertvolle Handlungen und die Strafe für ungerechte und somit schlechte Handlungen auf einem Wissen, nämlich der Ausrichtung auf Ideen, bzw. auf deren Nicht-Wissen beruhen. – Zu Lohn und Strafe für ein gerechtes oder ungerechtes Leben vgl. aus der älteren Forschung *J. Stenzel: Platon der Erzieher*. Leipzig 1928. 183–189, *W. Jaeger: Paideia. Die Formung des griechischen Menschen*. Berlin 1947. Bd. III, 102–104, 394, *F. Dirlmeier: Aristoteles: Nikomachische Ethik* (s. Anm. 58), 327f, und bes. *W.M. Zeitler: Entscheidungsfreiheit bei Platon* (Zetemata 78). München 1983. 114–135.

Optionen voraus, d.h. ein Erwägen oder Überlegen.[72] Was nun Gegenstand der Überlegung (βουλή) ist, wird im nächsten Kapitel erörtert, um nach diesen Annäherungen an den Begriff der Entscheidung schließlich zu deren Wesensbestimmung zu gelangen (*NE* III 5, 1113a2–14).

Zur Eingrenzung des Gegenstandsbereiches des Überlegens (βουλεύεσθαι) wird zunächst wiederum alles ausgeschlossen, was nicht darunter fällt (1112a19–29): Es erübrigen sich Überlegungen über das Ewige und Unveränderliche, den Kosmos oder geometrische Gegebenheiten, oder über immer gleich ablaufende Naturereignisse (z.B. Sonnenwenden und Sonnenaufgänge), ebenso über zufällige Dinge (περὶ τῶν ἀπὸ τύχης), wie das Finden eines Schatzes. Gemeinsam ist all diesen Dingen, daß sie nicht durch unser Handeln zustande kommen. Aus der Tatsache, daß es im Bereich der exakten, theoretischen Wissenschaften keine Überlegung gibt, ergibt sich – positiv gewendet – als Gegenstand des Überlegens dasjenige, was in unserer Macht steht, d.h. von uns abhängt und ausführbar ist (περὶ τῶν ἐφ' ἡμῖν καὶ πρακτῶν), was also durch uns geschieht. Jeder überlegt somit das, was er durch eigenes Handeln zu bewirken vermag (1112a31–34). Die Überlegung richtet sich auf den gesamten Bereich, der durch unser Handeln beeinflußbar ist, und betrifft das Feld des Wahrscheinlichen, d.h. der Dinge, die meistens geschehen (ὡς ἐπὶ τὸ πολύ, 1112b8f), bei denen Regelmäßigkeiten zwar erkennbar, aber auch Lücken vorhanden sind, die Spielräume lassen für menschliches Eingreifen,[73] deren Ausgang aber ungewiß ist, und bei denen noch unbestimmt ist, wie zu handeln ist. Hierzu bedarf es einer richtigen Entscheidung (προαίρεσις), der eine praktische Überlegung vorausgeht, die erwägt, welche der konkreten Handlungsoptionen bei einer bestimmten Situation die bestmögliche im Sinne einer εὐπραξία ist, die dann zum Inhalt der Entscheidung führt; aus jener Überlegung resultiert letztlich die Handlung selbst.[74] Bezieht sich nun die Überlegung auf das Ziel (τέλος) und somit ein Gut?

Im Unterschied zum zielgerichteten Wollen (βούλησις) ist der Gegenstand der Überlegung nicht das Ziel selbst, sondern das, was zu den Zielen führt (τὰ πρὸς τὰ τέλη, 1112b11f), wie Aristoteles anhand der Beispiele des Arztes, Redners und Politikers zeigt. Sobald das Ziel angesetzt ist, werden Möglichkeiten und Mittel zu seiner möglichst leichten und besten Verwirklichung erwogen. Durch eine überlegende Untersuchung (ζήτησις)[75] gelangt man schließlich zu einer ersten Ursache (πρῶτον αἴτιον), die in jenem Prozeß als Letztes (ἔσχατον) erreicht wird. Dies erweist sich als das im Prozeß der Verwirklichung Erste, als Anfang der Tat (1112b16–26). Da als Gegenstand der Überlegung bereits das Unmögliche (ἀδύνατον) ausgeschlossen wurde, geht sie allein auf das Mögliche,

---

72 Vgl. *F. Dirlmeier: Aristoteles: Nikomachische Ethik* (s. Anm. 58), 329.
73 Vgl. *U. Wolf: Aristoteles' Nikomachische Ethik* (s. Anm. 38), 127.
74 Ebd. 148, 152, 158.
75 Allerdings ist nicht jede Untersuchung eine Überlegung (βούλευσις) – wie geometrische Untersuchungen zeigen –, aber umgekehrt gilt jede Überlegung als Untersuchung (1112b20–24).

d.h. auf das, was durch uns geschehen kann, da wir ja bei freiwilligen Handlungen – wie in *NE* III 3 erwähnt – als deren Ursache (ἀρχή) fungieren. Die Überlegung geht somit einer Entscheidung voraus und bezieht sich auf Dinge, deren Ursache der Mensch selbst ist, die er also selbst bewirken kann. Gegenstand der Überlegung ist nicht das Ziel – dieses ist vielmehr Gegenstand des Wollens –, sondern der Weg zu den Zielen (τὰ πρὸς τὰ τέλη, 1112b30–34). Als Kern der Entscheidung hat sich eine Überlegung herausgestellt, die als innere Bewegung zunächst die Vorzugswahl (αἵρεσις) eines Mittels vor anderen und schließlich die Handlung selbst ermöglicht.[76]

Die vorangegangenen Ausführungen haben deutlich gemacht, daß nach Aristoteles die Entscheidung eine Überlegung voraussetzt, die zu einem bestimmten Entschluß führt, und daß Überlegung und Entscheidung denselben Gegenstand haben und sich nur darin unterscheiden, daß die Überlegung sich eher auf den noch unabgeschlossenen Prozeß des Erwägens einer Handlung bezieht, die Entscheidung hingegen eher auf dessen Ergebnis.[77] Gegenstand von Überlegung und Entscheidung ist nämlich dasjenige, was in unserer Macht steht (τὰ ἐφ' ἡμῖν), wobei wir selbst den Ursprung (ἀρχή) der Handlungen darstellen. Dieser Ursprung wird nun näher auf den leitenden Teil in uns, das „Regierende" (ἡγούμενον, 1113a6f) spezifiziert,[78] d.h. auf den rationalen Seelenteil (vgl. *NE* I 13).[79] Dieser ist offenbar die Instanz in uns, welche die Entscheidung vornimmt (προαιρούμενον), da sie zuvor Überlegungen anstellt. Freiwillige Handlungen, die auf solchen Entscheidungen beruhen, unterscheiden sich von spontanen, ebenso freiwilligen, aber unreflektierten Handlungen. Da bei jeder Entscheidung bzw. Überlegung das zu erstrebende Ziel feststehen muß – das ja Gegenstand des Wollens ist und ein Gutes sein muß, da das Gute dasjenige ist, wonach alles strebt (vgl. *NE* I 1)[80] –, und da nur, wenn das Ziel bereits feststeht, Möglichkeiten und Mittel zu dessen Verwirklichung Gegenstand der Überlegung sind, die dann zu einer Entscheidung führt, definiert Aristoteles die Entscheidung (προαίρεσις) als ein mit Überlegung verbundenes Streben (ὄρεξις βουλευτική) nach den Dingen, die in unserer Macht stehen. Die Entscheidung geht aus einer Überlegung als deren Ergebnis hervor, so daß wir gemäß dieser Überlegung nach der Verwirklichung des festgesetzten Zieles (1113a12–14) in bestimmten Handlungen streben, an deren Anfang das Erstreben eines Zieles stand.[81] Handlungen, die aus Entscheidungen resultieren, verdanken sich somit einem Zusammenwirken von Strebevermögen (ὀρεκτικόν) und rein rationalem Seelenvermögen

---

[76] Vgl. *H. Kuhn: Der Begriff der Prohairesis in der Nikomachischen Ethik* (s. Anm. 22), 127.

[77] Vgl. *U. Wolf: Aristoteles' Nikomachische Ethik* (s. Anm. 38), 130.

[78] Vgl. bereits *Platon: Tim.* 70c, 70e.

[79] Die weitere Differenzierung des rationalen Seelenteils in *NE* VI 2 wird in Teil V erörtert.

[80] Zum Verhältnis von Prohairesis, Streben und ethischen Tugenden vgl. *M. Riedenauer: Orexis und Eupraxia. Ethikbegründung im Streben bei Aristoteles.* Würzburg 2000.

[81] Vgl. *U. Wolf: Aristoteles' Nikomachische Ethik* (s. Anm. 38), 132f.

(λόγον ἔχον).[82] Da nun das rationale Seelenvermögen die Ursache für Überlegungen ist, letztlich auch für Entscheidungen, die freiwillig erfolgen und auf die ethische Tugenden als feste Grundhaltungen bezogen sind (vgl. *NE* II 6), liegt nun die Frage nahe, ob wir neben unseren Handlungen auch für ethische Charakterdispositionen bzw. Laster verantwortlich sind, ob also auch sie „in unserer Macht" liegen. Dies wird in *NE* III 7 erörtert.

Die Tätigkeiten der Tugenden richten sich auf freiwillig ausgeführte Handlungen, die zudem aus einer Entscheidung hervorgehen, der wiederum eine vernünftige Überlegung vorausgeht, und Entscheidungen beziehen sich auf Wege zur Verwirklichung des feststehenden Zieles. Infolgedessen stehen ebenso die Tugend (ἀρετή) und Schlechtigkeit (κακία) in unserer Macht (ἐφ' ἡμῖν). Denn aufgrund unserer vernunftbegründeten Überlegung und Entscheidung sind wir Ursache der Handlung. Es liegt also an uns, gute oder schlechte Handlungen zu tun (1113b6–11), und damit ebenso, ein guter oder schlechter Mensch zu sein. Wir sind also für unsere Tugenden (im Sinne von ἕξεις) und Laster verantwortlich. Während Sokrates die These vertrat, daß niemand freiwillig schlecht handle (οὐδεὶς ἑκὼν ἁμαρτάνει),[83] da schlechtes Handeln aus Unwissenheit resultiere, bestreitet dies Aristoteles: Der Mensch handelt freiwillig schlecht, da er ja gerade als bewegendes Prinzip (ἀρχή) oder Erzeuger (γεννητής) seiner Handlungen gilt, die in unserer Macht stehen und aus Freiwilligkeit (ἑκούσια) getan werden (1113b14–23).

Nach diesen Bemerkungen zu unserer Verantwortlichkeit gegenüber der Schlechtigkeit bzw. schlechtem Handeln folgen nun Erläuterungen zur Verantwortlichkeit des Menschen für seine Tugenden (1114a3ff): Da ethische Tugenden gemäß *NE* II 1–2 durch Gewöhnung in rechter Erziehung erworben werden, d.h. durch wiederholtes Ausführen entsprechender Handlungen entstehen und wachsen, die in unserer Macht liegen und die wir freiwillig ausführen, sind wir selbst dafür verantwortlich, daß wir bestimmte feste charakterliche Dispositionen ausgebildet haben. Denn am Anfang, d.h. in der Kindheit und Jugend, stand es dem Handelnden frei, auch nicht so zu werden (1114a19–23). Die Tugend als feste ethische Haltung ist also etwas Freiwilliges (ἑκούσιον), da wir selbst als Mit-Ursachen (συναίτιοι) unserer ethischen Tugenden und analog unserer Laster fungieren (1114b16–25).

Allerdings wird dies durch folgende differenzierende Hinsichtenunterscheidung korrigiert (*NE* III 8, 1114b30–1115a3): Handlungen erfolgen nicht in gleicher Weise (οὐχ ὁμοίως) freiwillig wie Grundhaltungen (ἕξεις). Denn erstere stehen vom Ursprung (ἀρχή) bis zum Ziel (τέλος) in unserer Macht, wenn wir die konkrete Einzelsituation kennen, die Haltungen jedoch nur am Anfang. Da es aber damals an uns lag, so oder nicht so zu handeln, noch bevor feste ἕξεις

---

[82] Vgl. *K.Ph. Seif: Das Problem der Willensfreiheit in der Nikomachischen Ethik des Aristoteles* (s. Anm. 10), 572.

[83] Vgl. z.B. *Platon: Apol.* 25e, *Prot.* 358c, *Tim.* 86d.

entstehen konnten und gewachsen sind, faßt Aristoteles diese letztlich auch als freiwillig auf.

Infolgedessen kommt der Untersuchung über die Freiwilligkeit und Entscheidungsgebundenheit von Handlungen eine konstitutive Bedeutung für die Bestimmung des Aristotelischen Tugendbegriffs zu. Die Entstehung ethischer Tugenden durch Gewöhnung (*NE* II 1–2) wurde wieder aufgenommen (*NE* III 7), deren freiwilliger Erwerb herausgestellt und zudem die in *NE* II 4 erwähnte Bezogenheit fester ethischer Grundhaltungen auf Entscheidungen durch Ausführungen zur προαίρεσις und zu deren Konstitution in vernunftgegründeten Überlegungen erhellt (*NE* III 4–5). In *NE* III 8 faßt Aristoteles die bisherigen Erörterungen wie folgt zusammen:

Die ethische Tugend erweist sich (1) als die jeweils gemäß einer richtigen Einsicht (ὀρθὸς λόγος) zu wählende Mitte (μεσότης) zwischen zwei zu vermeidenden Extremen, (2) als feste, unerschütterliche charakterliche Grundhaltung (ἕξις) der menschlichen rationalen Seele. Sie wird (3) durch Gewöhnung, d.h. wiederholtes Ausführen entsprechender Handlungen, erworben, (4) liegt in unserer Macht, (5) wir sind also für sie verantwortlich. (6) Sie ist etwas Freiwilliges (ἐκούσιον) und (7) ist entscheidungsbezogen (προαιρετική). Entscheidungen beruhen – wie gesehen – ihrerseits auf einer vernünftigen Überlegung (βούλευσις).

Was aber unter jener „richtigen Einsicht" nun eigentlich zu verstehen ist, dergemäß die Mitte zwischen einem Zuviel und einem Zuwenig angemessen zu wählen sei, blieb bislang noch ungeklärt. Die ethischen Tugenden wurden in *NE* I 13 dem Strebevermögen (ὀρεκτικόν) zugewiesen, das eigentlich vernunftlos ist, aber auf gewisse Weise an der Vernunft teilhat, indem es auf sie hört. Im Hinblick auf die „rechte Einsicht" wurde lediglich festgestellt, daß sie darin bestehe, wie der praktisch Umsichtige (φρόνιμος) sie bestimmen würde (*NE* II 6, 1107a1). Es liegt somit nahe, Aristoteles' Erläuterungen zur Phronesis (*NE* VI 5, 8) hier heranzuziehen. Diese situationsorientierte Verstandestugend steht den ethischen Tugenden am nächsten, stellt somit ein Bindeglied zwischen ethischen und Verstandestugenden, d.h. eine Schnittstelle der Aristotelischen Tugendlehre, dar und wird sich für die Bestimmung jener „richtigen Einsicht" als ausschlaggebend herausstellen.[84]

---

[84] Vgl. hierzu K. *Düsing: Wandlungen der Tugendlehre bei Platon und Aristoteles* (s. Anm. 18), 34.

III. Die Bedeutung der Phronesis für die „rechte Einsicht" der Mesotes-Lehre

Die im Deutschen meist mit „Klugheit"[85] wiedergegebene Verstandestugend der Phronesis läßt sich als eine mit richtiger Planung verbundene, auf Handeln im Bereich menschlicher Güter gerichtete Grundhaltung kennzeichnen (*NE* VI 5), als eine Art praktische Einsicht oder Umsicht.[86] Sie impliziert die Fähigkeit, eine Situation angemessen zu beurteilen und im Hinblick auf das menschliche *ergon* in einer richtigen Handlung umzusetzen.[87] Handlungen gemäß ethischer Tugenden müssen somit notwendigerweise im Sinne jener Einsicht erfolgen.[88]

Der φρόνιμος widmet sich den menschlichen Dingen (τὰ ἀνθρώπινα, *NE* VI 8, 1141b8) und demjenigen, worüber man Überlegungen anstellen kann (βουλεύεσθαι). Hier wird bereits die enge Verbindung zur προαίρεσις deutlich (vgl. *NE* III 4–5), der stets eine vernunftbegründete Überlegung vorausgeht. Der praktisch Umsichtige weiß nun nicht nur in einem bestimmten Teilbereich, sondern im Hinblick auf das gute Leben im ganzen recht zu überlegen (πρὸς τὸ εὖ ζῆν ὅλως καλῶς βουλεύεσθαι, *NE* VI 5, 1140a25–28, VI 8, 1141b8–14). Gegenstand der Überlegung ist – wie in *NE* III 4–5 dargelegt – nicht das Notwendige, was sich unmöglich anders verhalten kann, d.h. der Bereich theoretischer Wissenschaften, sondern das Kontingente. Der φρόνιμος stellt nur über Dinge Überlegungen an, die in seiner Handlungskompetenz liegen (*NE* VI 5, 1140a28–32). Durch die Begrenzung der Phronesis auf Handlungen, und zwar als Tugend auf gutes Handeln (εὐπραξία, 1140b7), entfällt auch der Bereich der Kunst (τέχνη) im Sinne eines Hervorbringens (ποίησις), obgleich wir da zu Überlegungen oder Planungen in der Lage sind (vgl. *NE* III 5, 1112a34–b8).[89]

Wie aber gelingt es dem praktisch Umsichtigen (φρόνιμος), jeweils das Richtige zu bestimmen? Es gibt bei allen Grundhaltungen (ἕξεις), also den Tugenden, einen Zielpunkt (σκοπός), über den der φρόνιμος verfügt, an dem er sich

---

[85] Vgl. *P. Aubenque: La prudence chez Aristote* (s. Anm. 19), sowie *K. Elm: Klugheit und Erfahrung bei Aristoteles*. Paderborn u.a. 1996. 187–288, bes. 242–262.

[86] F. Dirlmeier (*Aristoteles: Nikomachische Ethik* (s. Anm. 58), 449f, 473) gibt φρόνησις mit „sittliche Einsicht" wieder. Allerdings bemerkt Th. Ebert (*Phronesis – Anmerkungen zu einem Begriff der Aristotelischen Ethik*. In: *Aristoteles. Nikomachische Ethik*. Hrsg. von O. Höffe. Berlin 1995, 165–185, hier: 172) mit Rekurs auf *NE* VI 7, 1141a26–28, daß auch Tiere als „φρόνιμα" bezeichnet werden, „die in ihrem Lebensbereich ein Vermögen der Voraussicht zu haben scheinen", und plädiert daher – wie auch U. Wolf (*Aristoteles' Nikomachische Ethik* (s. Anm. 38), 147, Anm. 5) – für eine Übersetzung von φρόνησις durch „Klugheit".

[87] Vgl. *U. Wolf: Aristoteles' Nikomachische Ethik* (s. Anm. 38), 74.

[88] Vgl. hierzu *V. Cathrein: Der Zusammenhang der Klugheit und der sittlichen Tugend nach Aristoteles*. In: Scholastik 6 (1931), 75–83. ND in: *Ethik und Politik des Aristoteles*. Hrsg. von F.-P. Hager. Darmstadt 1972, 55–65.

[89] Vgl. *Th. Ebert: Phronesis* (s. Anm. 86), 178f, sowie ders.: *Praxis und Poiesis: zu einer handlungstheoretischen Unterscheidung des Aristoteles*. In: Zeitschrift für philosophische Forschung 30 (1976), 12–30.

orientiert, auf den er blickt.[90] Daraufhin nimmt er bei den jeweiligen Entscheidungen zu bestimmten Handlungen eine überlegende Umgrenzung (ὅρος) vor und trifft gemäß dieser rechten Einsicht die jeweils gesuchte Mitte zwischen Übermaß und Mangel (*NE* VI 1, 1138b21–25). Deswegen bezeichnet Aristoteles die Phronesis, obwohl er sie zu den Verstandes-Tugenden zählt, als handlungsbezogen (πρακτική, *NE* VI 8, 1141b16). Für die ethischen Tugenden bedeutet dies, daß jede Handlung auf eine richtige Einsicht (ὀρθὸς λόγος), d.h. auf ein Wissen, zurückgeführt wird, das angibt, worin die jeweils geforderte rechte Mitte (μεσότης) zwischen zwei Extremen besteht. Daraus ergibt sich, daß die Phronesis eine handlungsbezogene (πρακτική), auf wahrer Einsicht beruhende (μετὰ λόγου ἀληθοῦς) feste Grundhaltung (ἕξις) in bezug auf die menschlichen Güter (περὶ τὰ ἀνθρώπινα ἀγαθά) darstellt.[91] Die Phronesis ist bei Handlungen gemäß ethischer Tugenden notwendigerweise vorauszusetzen,[92] da erst durch sie die rechte Mitte im Sinne einer richtigen Einsicht (ὀρθὸς λόγος) sachangemessen und situationsorientiert gefunden und gewählt werden kann. Deshalb erweist sich jene Einsicht, mit der ein praktisch Umsichtiger (φρόνιμος) die jeweilige Mitte bestimmen würde, auch für Aristoteles' Handlungstheorie als konstitutiv. Dies klingt Platonisch bzw. intellektualistisch. Deshalb sei anhand des *Protagoras* ein vergleichender Blick auf Platons frühe „intellektualistische" Tugendlehre geworfen.

IV. Die ‚intellektualistische' Ethik-Konzeption des frühen Platon

Der Frühdialog *Protagoras* befaßt sich mit der Lehrbarkeit der Tugend (ἀρετή).[93] Während Sokrates zunächst von ihrer Nichtlehrbarkeit auszugehen scheint (320b), vertritt der Sophist Protagoras die entgegengesetzte These (325b). Im weiteren Verlauf läßt sich Sokrates von der Lehrbarkeit der Tugend überzeugen und bezweifelt nur noch eine „Kleinigkeit" (σμικρόν, 328e), nämlich daß die Tugenden – Gerechtigkeit, Besonnenheit[94], Frömmigkeit, Tapferkeit und Weisheit

---

90 Vgl. *Platon: Gorgias*, 507d: „Das ist der σκοπός, auf den hinblickend man leben muß."
91 Vgl. hierzu F. Dirlmeier: *Aristoteles. Nikomachische Ethik* (s. Anm. 58), 473f, Th. Ebert: *Phronesis* (s. Anm. 86), 166–171.
92 Zum Verhältnis der ethischen Tugenden zur Phronesis vgl. auch P. Stemmer: *Tugend* I. In: *Historisches Wörterbuch der Philosophie* 10. Hrsg. von J. Ritter und K. Gründer. Basel 1998, 1532–1548, hier: 1539.
93 Zum *Protagoras* vgl. P. Coby: *Socrates and the sophistic enlightenment. A commentary on Plato's Protagoras*. Lewisburg 1987, und B. Manuwald: *Platon. Protagoras*. Übersetzung und Kommentar. Göttingen 1999.
94 Anhand der Besonnenheit zeigt Platon das Verhältnis der Tugenden zu entsprechenden Handlungen auf: „Wenn die Menschen richtig (ὀρθῶς) [...] handeln, dann scheinen sie dir besonnen zu sein (σωφρονεῖν), sofern sie so handeln? – Besonnen zu sein. Sind sie nicht aus Besonnenheit (σωφροσύνη) besonnen? – Notwendig." (332a–b) – Analog gilt das Ge-

– Teile der einen Tugend bilden sollen (329d–330a), jeder Teil seine eigentümliche Fähigkeit (ἰδίαν δύναμιν) habe und jedem ein eigentümliches Ansich-Sein zugrundeliege (ὑπόκειταί τις ἴδιος οὐσία, 349b). Hingegen spricht Sokrates stets von einer einheitlichen Tugend, die einen guten Mann (ἀνὴρ ἀγαθός) kennzeichnet. Wie gelangt aber der Mensch zu dieser Gutheit?

Ein Rekurs auf Hesiods Diktum (340d) – es sei schwierig (χαλεπόν), gut zu werden (γενέσθαι ἀγαθόν), denn vor die Tugend (ἀρετή) hätten die Götter den Schweiß gesetzt; sobald einer aber auf ihre Höhe gelangt sei, sei sie fortan leicht (ῥᾴδιον) – macht deutlich: Gut bzw. tugendhaft zu werden und dann gemäß dieser Tugenden zu handeln, erweist sich als schwierig.[95] Dies wird weiter darauf zugespitzt, daß „ein guter Mann zu sein [...], unmöglich und nicht menschlich ist" (ἀδύνατον καὶ οὐκ ἀνθρώπειον), sondern vielmehr Gott allein (θεὸς μόνος) zukommt (344b–c). Ein guter Mensch kann man somit nur für eine gewisse Zeit *werden*. Wenn man ein solcher geworden ist, kann man in dieser Haltung (ἕξις) verharren (διαμένειν), aber unmöglich *fortwährend* gut (διατελοῦντα ἀγαθόν) *sein*. Denn ein guter Mann kann bisweilen auch schlecht werden (γένοιτο κακός), und zwar wegen Zeitmangel, Anstrengung, Krankheit o.ä. Diese Schlechtigkeit wird allerdings – das ist für Platons Handlungstheorie entschei-

---

genteil: Wenn die Menschen unrichtig (μὴ ὀρθῶς) handeln, dann scheinen sie nicht besonnen (ἀφρόνως) zu sein, sofern sie so handeln, und zwar aus Unbesonnenheit (332d).

[95] Dies gilt ebenso in *Politeia* VI–VII für den „höchsten Lehrgegenstand" (μέγιστον μάθημα), die Idee des Guten (ἰδέα τοῦ ἀγαθοῦ, 505a), durch die die Gerechtigkeit und die anderen erörterten, seit Ambrosius als Kardinaltugenden bezeichneten Tugenden allererst „nützlich und heilsam" werden. Jenes Gute sei daher am schwierigsten zu erlangen, denn dessen Erkenntnis setzt mühevolle Anstrengungen voraus. Diesen langwierigen und beschwerlichen Erkenntnisweg veranschaulicht das Höhlengleichnis als Umwendung der Seele (περιαγωγὴ ψυχῆς, 521c). Jene Einsicht in die Idee des Guten, die nur Philosophen vorbehalten ist, ermöglicht diesen, nach Maßgabe eines Ideenwissens wahrhaft gute – nicht nur scheinbar gute – Handlungen auszuführen. Denn die vielfältigen Verflechtungen der Ideen untereinander erschließen sich dem Dialektiker aufgrund der Hinterfragung der Voraussetzungen bis hin zum voraussetzungslosen Ursprung (ἀρχὴ ἀνυπόθετος, 510b). Vgl. zum Liniengleichnis *J. Mittelstraß: Die Dialektik und ihre wissenschaftlichen Vorübungen*. In: *Platon: Politeia*. Hrsg. von O. Höffe. Berlin 1997, 229–249, bes. 237–243. Auf die uferlose Spezialliteratur zu diesem Kern Platonischer Erkenntnislehre und Ontologie sei nur hingewiesen. Vgl. *K. Bormann: Platon* (s. Anm. 71), 51–80, *H.-G. Gadamer: Die Idee des Guten zwischen Platon und Aristoteles* (s. Anm. 25), *W. Kersting: Platons Staat*. Darmstadt 1999. 212–246, *A. Schubert: Platon. Der Staat*. Paderborn u.a. 1995. 103–123, *R. Ferber* (*Platos Idee des Guten* (s. Anm. 25), 57–149, der die absolute Transzendenz der Idee des Guten betont, und die Beiträge der ,Tübinger Schule' von J. Halfwassen (*Der Aufstieg zum Einen*. Untersuchungen zu Platon und Plotin. Stuttgart 1992. 220–261), H.J. Krämer und Th. Szlezak (in: *Platon: Politeia*. Hrsg. von O. Höffe. Berlin 1997, 179–228). Die jüngst erschienenen Sammelbände von M. Vegetti (*Platone. La Repubblica*. Vol. V. *Libri VI–VII* (Elenchos 28). Neapel 2003, bes. der Beitrag von *F. Ferrari: L'idea del bene: collocazione ontologica e fondazione causale*, 287–325), D. Barbaric (*Platon über das Gute und die Gerechtigkeit*. Würzburg 2005, bes. 109–175) und M. van Ackeren (*Platon verstehen. Themen und Perspektiven*. Darmstadt 2004) seien ebenfalls nur erwähnt.

dend – auf eine Wissensberaubung (ἐπιστήμης στερηθῆναι, 345b) zurückgeführt. Hier liegt die grundsätzliche Frage nahe, wie gutes und schlechtes Handeln zustande kommt. Wie wird man ein guter Arzt (ἰατρὸς ἀγαθός)? Offenbar durch das Erlernen (μάθησις) der Behandlung von Kranken (345a).

Gute und damit tugendgemäße Handlungen setzen somit ein Erlernen (μάθησις) voraus; umgekehrt resultieren schlechte Handlungen eines guten Mannes aus einer temporären Wissensberaubung. Deshalb kann jener auch nicht fortwährend gut sein – im Unterschied zur Gottheit. Der von Grund auf Schlechte hingegen handelt grundsätzlich nicht tugendhaft, denn hierzu fehlt ihm ein entsprechendes apriorisches Tugendwissen, eine Einsicht in ethische Ideen.

Wissen (ἐπιστήμη) bezeichnet Sokrates als wertvoll (καλόν), da es als das Stärkste (κράτιστον, 352d) aller menschlichen Dinge gilt und für ethische Handlungen ausschlaggebend ist. Dies zeigt sich deutlich an seinem Gegenteil: Eine Fehlhandlung erfolgt ohne Wissen (ἐξαμαρτανομένη πρᾶξις ἄνευ ἐπιστήμης, 357d-e), also aus Unkenntnis (ἀμαθία). Das tugendhafte Handlungen ermöglichende Wissen nennt Sokrates „Meßkunde" (μετρητικὴ τέχνη), die im Kontext von Übermaß und Mangel bestimmt wird (356e-357a). Jene hier nicht näher ausgeführte, als Können (τέχνη) und Wissen (ἐπιστήμη) bezeichnete Meßkunde prüft Übermaß (ὑπερβολή) und Bedürftigkeit (ἔνδεια), die rechte Wahl (αἵρεσις ὀρθή) von Lust (ἡδονή) und Schmerz (λύπη) und von Mehr und Weniger. Offenbar steht auch die oben skizzierte Mesotes-Lehre des Aristoteles in durchaus Platonischer Tradition. Für Platon ist „alles Wissen": „Gerechtigkeit, Besonnenheit und Tapferkeit, wodurch sich die Tugend am ehesten als lehrbar erweisen könnte" (361b). Anderenfalls wäre Tugend nicht lehrbar. Während einerseits aus dem Wissen um diese Tugenden erst ihnen gemäße Handlungen des Philosophen resultieren, werden andererseits Fehlhandlungen auf einen temporären Mangel an wahrem Wissen oder aber auf dessen völlige Unkenntnis zurückgeführt.

Erfolgen tugendhafte bzw. schlechte Handlungen nach Platon nun freiwillig? Gemäß der Sokratischen These, die Aristoteles mehrfach kritisiert, führt niemand freiwillig (ἑκών) Fehlhandlungen aus[96] und wählt niemand zwischen zwei Übeln das größere, wenn auch das geringere freisteht (358d). Vielmehr tun all diejenigen, die Schlechtes tun, dies unfreiwillig (ἄκοντες, 345e). Ebenso unfreiwillig geschehen Handlungen aus Zwang oder aus Notwendigkeit, z.B. einen Tyrannen zu loben (346b).

Insofern stehen die Aristotelischen Ausführungen über das Freiwillige aus Zwang (NE III 1) der Platonischen Lehre sehr nahe, wenngleich nach Aristoteles der Mensch schlechte Handlungen freiwillig wählt, da diese ja in seiner Macht liegen und er für sie deshalb verantwortlich ist (NE III 7). Aus ihnen gehen

---

[96] Zur Beurteilung von freiwilligen und unfreiwilligen Handlungen im Strafrecht vgl. auch *Platon: Nomoi* IX, 860a-864e, sowie *W.M. Zeitler: Entscheidungsfreiheit bei Platon* (s. Anm. 71), 145–161.

durch wiederholte Ausübung Laster hervor, wie umgekehrt aus ethisch wertvollen Handlungen durch Gewöhnung feste ethische Grundhaltungen entstehen (*NE* II 1–2).

Für alle ethischen Tugenden muß aber letztlich die diese fundierende Phronesis, also eine Verstandestugend, vorausgesetzt werden, da ihr gemäß die rechte Einsicht bei der Wahl der Mitte zwischen zwei Extremen zu erfolgen hat. Die dianoetischen Tugenden wurden in *NE* I 13 dem rein rationalen Seelenteil, die ethischen Tugenden demjenigen Seelenvermögen zugeordnet, das eigentlich vernunftlos (ἄλογον) ist, aber nicht – wie das Vegetative – ohne jeglichen Bezug zum rationalen Seelenvermögen steht, sondern ihm gehorcht und so an ihm „teilhat". Dann läge die Schlußfolgerung nahe, die Handlungstheorie des Aristoteles wie die oben skizzierte frühplatonische Ethik mit Aubenque[97] als intellektualistisch zu bezeichnen, da erst die „richtige Einsicht" im Sinne der Phronesis Handlungen gemäß ethischer Tugenden ermöglicht.

Wäre das der Fall, widerspräche dies der Einteilung der philosophischen Wissenschaften in *Met.* VI 1 in theoretische und praktische Disziplinen[98] – die weitere Differenzierung in rein praktische und poietisch-praktische Wissenschaften kann hier auf sich beruhen. Die Ethik wird als rein praktische Disziplin ja gerade nicht um ihrer selbst willen, d.h. allein der Erkenntnis wegen, betrieben wie die theoretischen Wissenschaften, sondern zielt wegen ihres eigentümlichen Gegenstandsbereiches – mit einem viel bescheideneren Erkenntnisanspruch und Genauigkeitsgrad der Untersuchung[99] – auf praktische Wahrheit.[100] In der Ethik geht es nicht darum zu wissen, *was* Tugend ist, sondern darum, wie wir richtig handeln und tugendhaft werden. Ziel alles menschlichen Handelns ist das „Gut-

---

[97] Vgl. Anm. 19.

[98] Vgl. hierzu *H. Flashar: Aristoteles* (s. Anm. 6), 380–382, sowie Vf.: *Aristoteles' Erste Philosophie: universalistische oder paradigmatische Ontologie?* In: *Aufklärungen.* Festschrift für K. Düsing zum 60. Geburtstag. Hrsg. von K. Engelhard (Philosophische Schriften 47). Berlin 2002, 15–37, hier: 20, 26–28.

[99] Erkenntnisanspruch und Methode richten sich stets nach dem zu behandelnden Gegenstand (*NE* I 7, 1098a22–b8). Da die praktische Philosophie sich mit Einzelhandlungen befaßt, kann man hier keine mathematische Exaktheit verlangen (*NE* I 1, 1094b11–27; I 2, 1095a32; I 13, 1102a23–26). Vgl. *U. Wolf: Aristoteles' Nikomachische Ethik* (s. Anm. 38), 57–64; *J. Barnes: Aristotle on the Method of Ethics.* In: Revue internationale de philosophie 34 (1986), 490–511, *G.J. Hughes: Aristotle on Ethics.* London 2001. 9–19, *O. Höffe: Ethik als praktische Philosophie – Methodische Überlegungen.* In: *Aristoteles. Nikomachische Ethik.* Hrsg. von O. Höffe. Berlin 1995, 13–38, sowie zur Exaktheit der Ethik: *F. Dirlmeier: Aristoteles: Nikomachische Ethik* (s. Anm. 58), 319–321, und *G. Anagnostopoulos: Aristotle on the Goals and Exactness of Ethics.* Berkeley 1994.

[100] Diese Ausrichtung prägt ja auch die Kritik des Aristoteles an Platons Idee des Guten in *NE* I 4: selbst wenn es eine Idee des Guten gäbe, wäre sie als ein Gegenstand der theoretischen Philosophie trotz deren Vorrangstellung gegenüber der Praxis und trotz ihres ausgezeichneten Gegenstandes für praktische Themen irrelevant, da sich aus jener obersten Idee keine normativen Konsequenzen für die Praxis und einzelne Handlungen ziehen lassen. Zur Ideenkritik vgl. auch Anm. 25.

werden" bzw. die Glückseligkeit als oberstes Gut. Demnach wäre eine Fundierung aller Handlungen in einem ὀρθὸς λόγος problematisch und gegenüber zentralen Aussagen der *Metaphysik* inkonsistent. Ein abschließender Blick auf eine weitere Differenzierung der Seelenvermögen in *NE* VI 2 soll diesen scheinbaren Widerspruch auflösen.

V. Ist die Aristotelische Handlungstheorie „intellektualistisch"?

In *NE* VI 2 wird auf die Lehre von den Seelenteilen (μέρη τῆς ψυχῆς) Bezug genommen (1139a1–5) und die Ausführungen von *NE* I 13 dahingehend weiter differenziert, daß das rein rationale Seelenvermögen (λόγον ἔχον) selbst nochmals in ein überlegend-berechnendes (λογιστικόν) – Überlegen bzw. Erwägen (βουλεύεσθαι) und Berechnen (λογίζεσθαι) werden hier gleichgesetzt – und ein theoretisches (ἐπιστημονικόν) unterteilt wird (1139a11–15) und beiden – wie später Thomas von Aquin dem praktischen und dem theoretischen Intellekt – verschiedene Objekte zugewiesen werden, womit sich jene Inkonsistenz ausräumen läßt:

Das theoretische rationale Seelenvermögen (ἐπιστημονικόν) hat Seiendes zum Gegenstand, dessen Prinzipien (ἀρχαί) sich nie anders verhalten können (1139a6–8), d.h. das Notwendige, Unvergängliche, Ewige und Unveränderliche, womit sich gemäß *Met.* VI 1 die Naturphilosophie, Mathematik und Erste Philosophie, also die theoretischen Wissenschaften, befassen, die um ihrer selbst willen betrieben werden und allein auf Wahrheit und Erkenntnis ausgerichtet sind. Diesem Seelenteil wird als Tugend die Weisheit zugeordnet, die sich auf die höchsten Prinzipien des theoretischen Wissens bezieht (vgl. *NE* VI 6, 1141a7, VI 12, 1143a35–b5). Was sich immer gleich verhält und nie anders sein kann, ist auch nicht – wie in *NE* III erörtert – vom Menschen als Ursache von Handlungen durch seine Überlegungen und Entscheidungen zu beeinflussen.

Der praktisch-überlegende rationale Seelenteil (λογιστικόν, *NE* VI 2, 1139a12–15) hat hingegen das Seiende zum Gegenstand, was sich auch anders verhalten kann: das Vergängliche, Veränderliche und damit Kontingente. Auch dieses Vermögen ist wahrheitsbezogen, allerdings auf eine praktische Wahrheit (ἀλήθεια πρακτική, 1139a26f), die mit dem rechten Streben (ὀρθὴ ὄρεξις) übereinstimmt. Beide rationalen Vermögen gehen somit auf Erkenntnis der Wahrheit bzw. des Richtigen (1139b12).

Das Kontingente ist zugleich – so wurde in *NE* III gezeigt – Gegenstand der Überlegung (βούλευσις), die sich auf ein vorher angesetztes Ziel und somit auf ein Streben bezieht und sich mit Mitteln und Möglichkeiten zur Verwirklichung jenes Ziels befaßt. Jede Überlegung führt zu einer Entscheidung (προαίρεσις), die nie auf Vergangenes, sondern immer auf Zukünftiges und Mögliches gerichtet ist (1139b5–9). Die Entscheidung wiederum erweist sich als Ursprung (ἀρχή) einer Handlung, und zwar im Sinne der Bewegursache

(1139a31–33). Gleichermaßen ist die Entscheidung auf eine ethische Tugend als feste Disposition hingeordnet (vgl. *NE* II 3, II 6), da diese zu jener notwendigerweise gehört (ἕξις προαιρετική, *NE* VI 2, 1139a22–24). Das Kontingente steht somit über die προαίρεσις auch in einem bestimmten Verhältnis zu ethischen Tugenden. Da, wenn die Entscheidung gut – d.h. gemäß einer ethischen Tugend – ausgeführt werden soll, die Überlegung wahr und das Streben richtig sein muß, kann es keine Entscheidung ohne Vernunfteinsicht (νοῦς) oder Denken (διάνοια) geben, aber ebensowenig ohne eine feste Grundhaltung, die nach *NE* I 13 dem Strebevermögen der Seele zugeordnet ist. Durch eine Disposition wird eine Entscheidung erst richtig (*NE* VI 13, 1144a20–22), Denken und gutes Handeln (εὐπραξία) fordern einander somit wechselseitig. Deshalb bezeichnet Aristoteles die Entscheidung als strebende Vernunfteinsicht (ὀρεκτικὸς νοῦς) oder als denkendes Streben (ὄρεξις διανοητική, *NE* VI 2, 1139a33–b5).

Da das Kontingente, mit dem sich der praxisbezogene rationale Seelenteil befaßt, zugleich den Bereich ausmacht, in dem der Mensch Überlegungen anstellen kann (βουλεύεσθαι), aus denen wiederum Entscheidungen hervorgehen, die zu bestimmten freiwilligen und vom Menschen als Ursache zu verantwortenden Handlungen führen, läßt sich Aristoteles' Handlungstheorie mit dieser Differenzierung des rationalen Seelenvermögens systematisch zuordnen. Welchem vernünftigen Seelenteil gehört aber die Phronesis zu, die ja von den Verstandestugenden den ethischen Tugenden am nächsten steht (*NE* VI 5, 1140b25–28) und diesen die angemessene Wahl der rechten Mitte (μεσότης) erst ermöglicht (*NE* VI 1, 1138b20)?

Die Phronesis ist nicht auf das lediglich gehorchende Strebevermögen (ὀρεκτικόν) bezogen. Denn sie wurde als eine mit Überlegung oder Einsicht verbundene (μετὰ λόγου) wahre Disposition (ἕξις) bestimmt. Als eine solche gehört die Phronesis eher zu den ethischen Tugenden, aber als ein mit Einsicht (λόγος) Verbundenes eher zu den Verstandestugenden, die durch Belehrung erworben werden, nicht durch Gewöhnung.

Da der φρόνιμος sich mit dem beschäftigt, worüber man Überlegungen anstellen kann (βουλεύεσθαι, *NE* VI 8, 1141b10), und sein *ergon* darin besteht, gut (εὖ) zu überlegen, wird die Phronesis dem überlegenden Seelenteil zugeordnet, den Aristoteles bisweilen „meinendes" Seelenvermögen (δοξαστικόν) nennt (*NE* VI 5, 1140b26), da diesem Teil ebenso die Meinung (δόξα) zugewiesen ist. Denn auch sie hat mit demjenigen zu tun, was so und anders sein kann, dem Kontingenten. Dies impliziert jedoch nicht notwendig, daß jenes Seelenvermögen *nur* auf die Meinung ausgerichtet sei.[101] Denn auf Kontingentes bezogen sind – wie

---

[101] Th. Ebert (*Phronesis* (s. Anm. 86), 175f) kritisiert hier die terminologische Verwendung von δοξαστικόν. Die Schwierigkeiten, die er anführt, lassen sich m.E. dadurch beheben, daß mit jener Bezeichnung lediglich zum Ausdruck gebracht wird, daß *auch* die Meinung zum Kontingenten gehört, das Objekt jenes Seelenvermögens ist. Deshalb nennt Aristoteles es δοξαστικόν, ohne davon ausgehen zu müssen, daß ihm *nur* die Meinung zugeordnet wird. Vielmehr wird ihm ebenso etwas sich gerade von der Meinung Abgrenzendes, aber

aus *NE* III 4–5 deutlich wird – auch Überlegungen und Entscheidungen, die sich sowohl als freiwillig als auch als vernunftgegründet herausgestellt haben. Deshalb kommt der Phronesis für die Ethik, die das Handeln des Menschen untersucht (*NE* X 10, 1181b15), fundamentale Bedeutung zu, da der φρόνιμος sich gerade den menschlichen Dingen widmet (*NE* VI 8, 1141b8f).

Im Hinblick auf die Frage, ob Aristoteles' Tugendlehre intellektualistisch sei, da bei den entscheidungsbezogenen festen Grundhaltungen, d.h. bei den ethischen Tugenden, für die Bestimmung der sachangemessen zu wählenden Mitte zwischen zwei Extremen von Affekten notwendigerweise eine rechte Einsicht im Sinne der Phronesis vorauszusetzen ist, hat sich aus der weiteren Differenzierung des rationalen Seelenteils in *NE* VI 2 in ein theoretisches (ἐπιστημονικόν) und ein praktisch-überlegendes Vermögen (λογιστικόν) folgendes ergeben:

(1) Diese differenzierte Seelenlehre stimmt nicht mehr mit dem frühen Platon überein, für den eine apriorische Einsicht im Sinne eines – in den mittleren Dialogen auch terminologisch entsprechend fixierten – Ideenwissens eine tugendgemäße Handlung letztlich erst ermöglicht. Deshalb kritisiert Aristoteles in *NE* VI 13 Sokrates' Aussage, alle Tugenden seien Einsichten (λόγοι), und korrigiert sie dahingehend, daß Tugenden nicht nur Grundhaltungen *gemäß* der rechten Einsicht (κατὰ ὀρθὸν λόγον) seien, sondern auch *mit* rechter Einsicht (μετὰ λόγου ὀρθοῦ). Phronesis und ethische Tugenden bedingen ja vielmehr einander wechselseitig, sie „durchdringen sich gegenseitig.“[102] Man kann also weder im eigentlichen Sinne gut – d.h. im Sinne ethischer Tugend handelnd und entsprechend disponiert – sein ohne die rechte Einsicht der Phronesis noch ein φρόνιμος sein ohne jegliche ethische Tugend. Denn das Urteil hinsichtlich des Handelns wird durch Lust oder Schmerz verdorben; daher muß jener im Hinblick auf Affekte eine mittlere Disposition (ἕξις) im Sinne der μεσότης ethischer Tugenden erworben haben; sonst könnten die Affekte seine Entscheidung, die aus einer Überlegung hervorgeht, verwirren.[103] Infolgedessen erweist sich gleichermaßen – und im Unterschied zum frühen Platon – die ethische Tugend als notwendige Voraussetzung und Bedingung für die Phronesis (1144b28–35), da erstere das richtige Ziel setzt, die rechte Einsicht hingegen die Richtigkeit des Weges zu diesem (1145a2–6), d.h. zu dessen Verwirklichung (1144a6–9).

(2) Eine weitere Abweichung von Platon betrifft die Trennung von Theorie und Praxis in verschiedene Wissenschaftsbereiche (*Met.* VI 1). Obwohl die Ethik nur Handlungsanweisungen gibt und nicht auf eine Erkenntnis des Guten abzielt, verliert sie nicht jeden Bezug zu Erkenntnis und Vernunft. Denn Aristoteles schreibt auch dem Bereich der Praxis eine – wenngleich weniger starke –

---

dennoch auch auf Kontingentes Bezogenes – die προαίρεσις (*NE* III 4) oder die Phronesis – zugeschrieben. – Zum platonischen Hintergrund des δοξαστικόν vgl. *F. Dirlmeier: Aristoteles: Nikomachische Ethik* (s. Anm. 58), 451.

[102] Vgl. *F. Dirlmeier: Aristoteles: Nikomachische Ethik* (s. Anm. 58), 472.

[103] Vgl. *U. Wolf: Über den Sinn der Aristotelischen Mesoteslehre* (s. Anm. 36), 90f.

Wahrheit (ἀλήθεια πρακτική) zu. Zudem bestimmt die richtige Einsicht (ὀρθὸς λόγος) die rechte gewählte Mitte der ethischen Tugenden, die nicht dem rein rationalen Seelenteil, sondern dem auf ihn hörenden Strebevermögen zugeordnet werden. Allerdings kann eine Entscheidung (προαίρεσις) ohne Voraussetzung der die rechte Mitte jeweils gewährleistenden Phronesis nicht richtig (ὀρθῶς) sein, aber ebensowenig diese ohne irgendeine ethische Tugend. Für Handlungen sind also beide konstitutiv, so daß man nicht tugendhaft handeln kann ohne rechte Einsicht der Phronesis und ebensowenig jemand ein φρόνιμος sein kann ohne jede ethische Tugend.

(3) Aristoteles' Tugendlehre läßt sich nicht als rein intellektualistisch kennzeichnen. Denn dann müßte sich die Phronesis auf das theoretisch-erfassende rationale Seelenvermögen beziehen, was aber der Einteilung der Wissenschaften – wie oben erläutert – widerspräche. Die für die Aristotelische Ethik konstitutive Phronesis wird ja gerade nicht dem theoretischen Seelenteil (ἐπιστημονικόν), sondern – und infolgedessen auch die gesamte Aristotelische Handlungstheorie – dem praktisch-überlegenden rationalen Seelenteil zugeordnet. Damit erweist sich diese Tugendlehre zwar als vernunftgegründet, aber nicht als schlechthin „intellektualistisch". Sie steht zwar in bestimmten Aspekten noch in Platonischer Tradition, zeigt aber zugleich eigenständige Weiterführungen auf – wie die Lehre von der προαίρεσις und die differenzierte Seelenlehre – und ebenso bedeutsame Neuerungen – etwa die Auffassung von der Verantwortlichkeit des Menschen für seine Tugenden und Laster, die beide in dessen Macht liegen und freiwillig erfolgen.

VI. Ausblick: Thomas von Aquins Bestimmung des Menschen als *imago Dei*

Daß Seelenvermögen, zu denen seit Augustinus auch der Wille (*voluntas*) zählt, bestimmte Tugenden zugeordnet werden, trifft ebenso auf Thomas von Aquin zu. Dieser weist z.B. die Aristotelische ethische Tugend der Besonnenheit dem Strebevermögen (*appetitus*) zu, ‚moralische' Tugenden wie die Gerechtigkeit oder die christliche Tugend der Nächstenliebe dem Willen,[104] d.h. derjenigen Fähigkeit, nach überlegten oder begründeten Wertvorstellungen oder Zielsetzungen zu handeln.[105] Die enge Verbindung in Aristoteles' Handlungstheorie von richtiger Einsicht (ὀρθὸς λόγος) und Entscheidung (προαίρεσις) bzw. von ethischen Tugenden und der Auffindung von deren rechter Mitte gemäß der Phronesis wird bei Thomas vor einem anderen Denkhintergrund, aber unter expliziter Bezugnahme auf Aristotelische Bestimmungen weiterentwickelt: Er schreibt dem Menschen eine Sonderstellung unter den Geschöpfen zu: während die anderen Lebewesen lediglich Spuren (*vestigia*) Gottes darstellen, ist jener aufgrund

---

[104] Vgl. *Thomas von Aquin: Summa theologiae I–II*, q. 56, a. 6.
[105] Vgl. *U. Wolf: Über den Sinn der Aristotelischen Mesoteslehre* (s. Anm. 36), 107.

seiner Rationalität durch eine Artähnlichkeit (*similitudo secundum speciem*) gegenüber dem Schöpfer ausgezeichnet.[106] Daher bestimmt Thomas den Menschen als Abbild Gottes (*imago Dei*), das drei Kennzeichen aufweist:[107] (1) Intellektbesitz, (2) Freiheit in der Entscheidung (*liber arbitrio*) – hier sei an Aristoteles' προαίρεσις erinnert – und (3) die daraus sich ergebende Selbstmächtigkeit (*potestativus*). Analog zum willentlich-schöpferischen Handeln Gottes ist der Mensch selbst Ursprung seiner Werke (*ipse suorum operum principium*). Da er frei entscheiden kann (*liberum arbitrium habens*), hat er Macht über seine Werke (*potestas suorum operum*) und ist deshalb auf eigentümliche Weise auf seinen Schöpfer hingeordnet. Denn seine Bewegung zu Gott als Ursprung und zugleich Ziel erfolgt nicht – wie bei den anderen Lebewesen – aus Naturnotwendigkeit (*necessitate naturae*), sondern gemäß freier Willensentscheidung (*secundum suae arbitrium voluntatis*),[108] aus der alle spezifisch menschlichen Handlungen (*actiones proprie humanae*) hervorgehen. Jene freie Entscheidung bezeichnet Thomas als Fähigkeit des Willens und der Vernunft (*facultas voluntatis et rationis*).[109] Spezifisch menschliche Handlungen setzen somit einen überlegten Willen (*voluntas deliberata*) voraus, ähnlich wie bei Aristoteles die προαίρεσις auf einer Überlegung (βούλευσις) beruht und auf das „Regierende" des Handelnden, d.h. seine Vernunft, als Bewegursache zurückgeht, weshalb der Mensch für seine Handlungen – und damit auch für Tugenden und Laster – verantwortlich ist (*NE* III 7). Indem Thomas Aristoteles' Wesensbestimmung des Menschen als vernunftbegabtes Lebewesen (ζῷον λόγον ἔχον) in seiner Definition als *animal rationale* aufnimmt und bei der Kennzeichnung des Menschen als *imago Dei* neben dem spezifischen Intellektbesitz auch freie Entscheidungsfähigkeit und Selbstmächtigkeit über seine Werke konstitutive Momente darstellen, gelingt ihm eine fruchtbare Synthese der Aristotelischen Tugendlehre und eudaimonistischen Ethik mit der christlichen Schöpfungs- und Offenbarungslehre.

---

[106] Vgl. *Thomas von Aquin: Summa theologiae* I, q. 93, a. 2c, sowie hierzu und zum Folgenden: A. Speer: *Das Glück des Menschen (S. th. I–II, qq. 1–5)*. In: *Thomas von Aquin: Die Summa theologiae*. Hrsg. von A. Speer (Werkinterpretationen). Berlin/New York 2005, 141–167, hier: 144–146.

[107] Vgl. *Thomas von Aquin: Summa theologiae* I–II, prol.

[108] Vgl. ders.: *Summa contra Gentiles* III 1, prooem.

[109] Vgl. ders.: *Summa theologiae* I–II, q. 1, a. 1c.

Irrwege des Lebens.
Die Suche nach wahrer Freiheit in Augustins ›Confessiones‹

Norbert Fischer (Eichstätt)

Von *Irrwegen* des Lebens kann nur sprechen, wer meint, daß es auch Wege des Lebens gibt, die größeren Anspruch auf Wahrheit erheben können, daß es womöglich *wahre* Wege des Lebens gibt – oder sogar *den* wahren Weg des Lebens. Zudem scheint mit der Rede von Irrwegen des Lebens die Annahme verknüpft zu sein, daß es das Schicksal von Menschen ist, ihren Lebensweg zu wählen, und daß diese Wahl auch die Gefahr in sich birgt, auf Irrwege zu geraten. Menschen scheinen Wege gehen zu *können*, die näher an wahres Leben heranführen oder die Orientierung an wahrem Leben vermissen lassen. Alle scheinen aber Wege einschlagen und beschreiten zu *müssen*, von denen sie nicht im vorhinein zu sagen wissen, ob sie zum erstrebten Ziel führen. Um ein wenig Licht in die Rede von Irrwegen des Lebens zu bringen, ist folglich zu fragen, unter welcher Rücksicht ein Lebensweg als Irrweg charakterisiert werden kann.

Wer Wege des Lebens als Irrwege bezeichnet, nimmt für sich in Anspruch, wenigstens negative Kriterien zur Beurteilung der Wahrheit des Lebens zu kennen und Abweichungen von ihr als Irrwege bestimmen zu können. Am leichtesten ließe sich zwischen wahren und irrigen Wegen unterscheiden, wenn es positives Wissen vom Ursprung, vom Sinn und vom Ziel des Lebens gäbe. Dann könnte gesehen werden, was Leben ist und sein soll, was es zum Inhalt haben muß, um wahres Leben zu sein, ob und inwiefern ein Weg des Lebens geeignet ist, zum Ziel wahren Lebens zu führen, oder ob er eine Person der Gefahr aussetzt, dieses Ziel zu verfehlen.

Daß Menschen auf Irrwege geraten, hat laut Augustinus mit der Gier zu tun, die auf den natürlichen Wunsch gepfropft wird, sofort und ungefährdet ein glückliches Leben führen zu können.[1]

Menschen geraten also nicht nur deshalb auf Irrwege, weil sie durch äußere Zufälligkeiten auf falsche Spuren gelockt werden, sondern weil sie aus eigenem Antrieb irrige Wege beschreiten. Auch wenn sie Irrwege nicht im Bewußtsein

---

[1] Augustinus-Texte werden zitiert nach den Regeln des Augustinus-Lexikons (= AL), hg. von Cornelius Mayer. Basel 1986ff. Augustinus erwartet sein Glück zunächst in der Zeit (z.B. *conf.* 6,18: »cras inveniam«); er findet sich an seine Neigung gekettet, das flüchtige Gegenwärtige zu genießen, das sein Inneres zersplittert: »haesitans aviditate fruendi praesentibus fugientibus et dissipantibus me« (ebd.); der Wunsch, das Gute sofort und ohne Verzug besitzen, ein gleichsam göttliches Leben führen zu können, wird schon in Platons *Politeia* zwiespältig betrachtet (558a). Friedrich Nietzsches Atheismus hat ein wesentliches Motiv in seiner Weigerung, sich auf ein Jenseits der Weltzeit vertrösten zu lassen. Im *Lied eines theokritischen Ziegenhirten* heißt es: »ich warte wie ein Hund,– / Es kommt kein Zeichen« (*Die Fröhliche Wissenschaft. Anhang*; KSA 3,645).

der Irrigkeit wählen, hängt die Tatsache, daß sie auf Irrwege geraten, doch mit ihnen selbst, ihrer Natur und ihrer freien Spontaneität zusammen. Entgegen allen Hoffnungen bewirken diese Wege eine unerwünschte Minderung des Seins. Sobald die Minderung deutlich wird, wird die Befreiung aus der Irrigkeit des faktischen Lebens – eine zweite Freiheit – zum Ziel der Suche.[2] Diese von der natürlichen Spontaneität befreiende Freiheit findet Augustinus auf dem Weg nach innen. Durch Inversion der Aktivität, in der er einem Ruf folgt, stößt er aber schließlich auf eine dritte Freiheit, die ihm auch die Versöhnung der natürlichen, nach außen gerichteten Spontaneität mit dem Weg nach innen ermöglicht.

Augustinus berichtet in den *Confessiones* ausführlich von den Irrwegen seines Lebens, von den »circuitus erroris mei«.[3] Obwohl dieses Werk also über weite Strecken die *Klage* über seine Irrwege enthält, läßt Augustinus es doch mit *Jubel* und mit dem Ausdruck seiner *Sehnsucht* beginnen: mit dem Jubel, der Gottes Größe und Kraft *rühmt*, mit der Sehnsucht seines ruhelosen Herzens, das die Überzeugung gewonnen hat, Ruhe – und damit lebendiges Leben – nur in Gott finden zu können.[4] Nach dem Vorblick auf das von ihm umrissene Ziel menschlicher Hoffnung, spricht Augustinus von seinen Irrwegen und von seinen Versuchen, auf den Weg des wahren Lebens zu gelangen. Er bekennt, daß er auf Hilfe angewiesen war, und dankt Gott für die erwiesene Gnade; er bringt sich aber auch selbst als frei handelnde Person ins Spiel, die Gott in der vertrautesten Weise anredet, wie es wohl kein Autor vor ihm und nach ihm in einem literarischen Werk jemals gewagt und vermocht hat, ohne blasphemisch oder banal zu werden. Er berichtet, vergnügt zu Gott geplaudert zu haben, zu Gott, seinem Herrn,

---

[2] Bei Augustinus selbst findet sich die Rede von einer ›ersten Freiheit‹ (vgl. *lib. arb.* 1,4). Das Erkenntnisstreben, der »amor inveniendi veri«, zielt laut Augustinus darauf, sich frei zu machen (im Kontext: von den Fabeln der Manichäer, die für Freiheit und Verantwortung keinen Platz lassen) und neue Luft in einer ersten Freiheit des Suchens zu schöpfen (»emergere inde atque in ipsam primam quaerendi libertatem respirare«). Der Sprachgebrauch dieser Stelle, der auf einer Unterscheidung mehrerer Stufen der Freiheit basiert, hat Verwandtschaft mit der hier vorgenommenen Unterscheidung von drei Stufen der Freiheit, ist mit ihr aber nicht deckungsgleich. Von ›erster Freiheit‹ spricht Augustinus zusätzlich in anderen Kontexten; vgl. *corrept.* 33; *Io. eu. tr.* 41,9f.

[3] Zu den »circuitus erroris mei« vgl. *conf.* 4,1; 6,9; 8,3. Vgl. dazu Norbert Fischer; Dieter Hattrup (Hg.): *Irrwege des Lebens.* ›Confessiones‹ 1–6. Paderborn u.a. 2004. Vgl. auch die Beiträge zu den ›biographischen Büchern‹ in Norbert Fischer; Cornelius Mayer (Hg.): *Die Confessiones des Augustinus von Hippo. Einführung und Interpretationen zu den dreizehn Büchern* (1998). Freiburg 2004.

[4] Die *Confessiones* beginnen mit dem Lob Gottes des Psalmisten, obwohl Augustinus es noch nicht aus eigener Überzeugung aussprechen kann; vgl. *conf.* 1,1: »›Magnus es, domine, et laudabilis valde‹: ›magna virtus tua et sapientiae tuae non est numerus‹«; und später: »et tamen laudare te vult homo [...] requiescat in te.«; zum sachlichen Vorrang des Jubels und des Rühmens vor der Klage vgl. auch Rainer Maria Rilke: *Sonette an Orpheus* (I, VIII): »Nur im Raum der Rühmung darf die Klage gehn [...] // Jubel *weiß* und Sehnsucht ist geständig, – / nur die Klage lernt noch mädchenhändig/ zählt sie nächtelang das alte Schlimme.«

dem hellen Licht seines Lebens, seinem Reichtum, seinem Heil.[5] Trotz aller bekundeten Demut präsentiert er sich als Wesen, das sich nicht devot und furchtsam das Rückgrat verkrümmt, sondern von seiner eigenständigen Bedeutung, von der Freiheit seiner Entscheidungen überzeugt ist. Er scheut sich nicht, Gott vertraulich anzureden, weil er an Gottes Liebe glaubt, weil er sich die Wahl seiner Lebensziele selbst zurechnet und überzeugt ist, sein selbständiges Selbstsein auch vor dem Angesicht des allmächtigen Gottes nicht einzubüßen.

Augustinus konnte allerdings erst von den ›Irrwegen seines Lebens‹ sprechen, nachdem er sich das Scheitern seiner Versuche eingestanden hatte, seliges Leben aus eigener Kraft zu erreichen. Er stellt sich insgesamt als Wesen dar, das aus freiem Antrieb seliges Leben und beständige Wahrheit sucht, das sich als ruheloses Herz erfährt. Auch bevor er seine Wege, die ihm eine Fülle äußerer und innerer Erfahrungen geboten haben, als Irrwege erfassen konnte, hatte er seliges Leben gesucht, ohne jedoch damals gewußt zu haben, was er in seiner Suche gesucht hat. Im Rückblick sieht er, daß er zunächst Erfüllung in zeitlicher Glückseligkeit gesucht hatte, dann Ruhe im Leben des Weisen, der sich von der äußeren Welt abwendet und zu sich selbst zurückkehrt. Wahre Erfüllung, soweit sie unter der Bedingung der Flüchtigkeit des Zeitlichen zu erlangen ist,[6] findet er erst im Leben, das von der Wahrheit der biblischen Botschaft getragen ist. Sie treibt ihn schließlich an, auch sein Inneres zu übersteigen. Die Freiheit, die Inneres und Äußeres miteinander versöhnt, kommt von Gott und ermöglicht zudem eine neue Hinwendung zur äußeren Welt.[7] Augustins Weg läßt sich im Kontrast zu den drei Lebensweisen erläutern, die Aristoteles in der *Nikomachischen Ethik* untersucht, aber auch im Kontrast zum mystischen Weg Plotins, der in der Rückkehr zu sich selbst gipfelt.

Die These, daß Augustins Weg den Horizont der von Aristoteles untersuchten Lebensweisen überschreite und er dem Ziel der mystischen Einigung Plotins nicht zustimme, muß begründet werden. Denn die drei von Aristoteles untersuchten Lebensweisen scheinen eine vollständige Disjunktion aller unvermischten Möglichkeiten von Lebensweisen zu bieten. Und in der von Plotin als Ziel genannten Einigung mit dem Einen scheint die unüberbietbare Erfüllung der höchsten menschlichen Sehnsucht gedacht zu sein. Um zeigen zu können, wie Augustinus über diese Modelle von Lebenswegen hinausgeht, sollen sie in Grundzügen vergegenwärtigt werden.

Aristoteles nennt drei Arten von Wegen, auf denen Glückseligkeit (εὐδαιμονία) erstrebt wird. Sie führen von einem lustorientierten Leben (βίος

---

5 Vgl. *conf.* 9,1: »et garriebam tibi, claritati meae et divitiis meis et saluti meae, domino deo meo«.

6 Die Lebenszeit der Menschen ist laut Augustinus durch Versuchlichkeit bestimmt (*conf.* 10,39); in ihr gibt es kein endgültiges Heil (vgl. *en. Ps.* 38,13): »spe enim salvi facti sumus: spes autem quae videtur, non est spes«. Erst für das ewige Reich Gottes erhofft Augustinus die Vollendung (ebd.): »tunc erit illa perfectio.«

7 Vgl. *conf.* 10,11f; 10,26. Vgl. Norbert Fischer: *foris–intus*. In: AL 3, 37–45.

ἀπολαυστικός) über ein Leben, das Ehre zu erlangen trachtet (βίος πρακτικός), zu einem Leben, das der Betrachtung der Wahrheit gewidmet ist (βίος θεωρητικός).[8] In diesen Lebensarten steigern sich zunehmend Tätigkeit und Selbstgenugsamkeit (ἐνέργεια und αὐτάρκεια). Sie zeigen sich als Aristotelische Modifikation der Platonischen Annäherung des Menschen an Gott: ὁμοίωσις θεῷ κατὰ τὸ δυνατόν.[9] Wer sinnliche *Lust* sucht, möchte nur empfangen und genießen, was ihm fehlt, um eine Unbefriedigung wegzuschaffen, die seinen Zustand bestimmt. Wer *Ehre* sucht, will nicht nur empfangen und genießen, sondern vorher frei tätig gewesen sein, um das Lob der Anderen, das er empfangen und genießen möchte, dem eigenen Tun zu verdanken. Wer sein Leben ganz der *Betrachtung der Wahrheit* widmete, fände im Akt der Betrachtung der Wahrheit Erfüllung: diese Betrachtung wäre ihrer Absicht nach der Vollzug freier, selbstgenugsamer Tätigkeit.[10] Obwohl Aristoteles sieht, daß die höchste Lebensweise (ἀρίστη ζωή) die Kraft des Menschen übersteigt, weil die Selbstgenugsamkeit reiner Geistestätigkeit nur Gott zukommt, hält er es für das höchste Streben des Menschen, sich dem Göttlichen anzunähern, sich der Flüchtigkeit des Zeitlichen zu entziehen und sich dadurch gleichsam selbst unsterblich zu machen (ἀθανατίζειν).[11]

Auf dem so vorgezeichneten Weg zu wahrem Leben, der als *Aufstieg nach innen* zu denken ist, erteilt Plotin in einem mystischen Imperativ den Rat, von allem abzulassen: ἄφελε πάντα.[12] Plotin rät davon ab, das Glück in der äußeren Welt zu suchen: denn in der Wendung nach innen zeige sich die überschwengliche Schönheit des Einen, die den Betrachtenden von allem Übel befreit, die ihn ins Eine verwandelt und erlöst.[13] Die von Aristoteles und Plotin empfohlenen Wege zu wahrem Leben besaßen auch für Augustinus starke Anziehungskraft. Dennoch begnügte er sich nicht damit, ihnen nachzugehen. Im folgenden wird ein Versuch gemacht, Augustins dreistufige Befreiung aus Irrwegen zum Weg des wahren Lebens zu skizzieren.

---

8   Aristoteles: *Nikomachische Ethik* 1095b14–19.
9   Vgl. Platon: *Theaitetos* 176b.
10   Aristoteles: *Metaphysik* XII, 1072b26–28; 1074b21–26. 34f.
11   Aristoteles: *Nikomachische Ethik* 1177b33.
12   Plotin: *Enneade* V 3,17, 38. Vgl. Werner Beierwaltes: *Das wahre Selbst.* Frankfurt am Main 2001, 13f; 86. Für Augustinus ist das Ziel nicht die Rückkehr ins Eine, sondern das ewige Reich Gottes (z.B. *conf.* 11,3).
13   Vgl. Plotin: *Enneade* V 2,1,1: τὸ ἓν πάντα καὶ οὐδὲν ἕν·Das Eine ist Alles – und doch nichts von Allem.

1. ›Felicitas temporalis‹: Augustins spontanes Streben nach zeitlichem Lebensglück

Was Augustinus Irrwege nennt, ist in einem ersten Schritt einerseits an den von ihm geschilderten Verfehlungen und Fehltritten aufzuspüren, die lateinisch ›peccata‹ heißen, andererseits an den Verhaltensweisen, die ihm von Natur, Herkunft und Sitte nahelagen, die ihn aber, wie er im Rückblick sieht, nicht zu wahrem Leben geführt haben. Die Art des Lebens, in der er sich ohne eigenes Zutun vorfindet und bewegt, hat ihn, wie er erklärt, zunächst mit Wohltaten empfangen, mit den Wohltaten der menschlichen Milch, die er als Ruf Gottes deutet, gerade so, wie er alle Gaben des Lebens – die inneren wie die äußeren – schließlich als Ruf Gottes zu sehen gelernt hat.[14] Denn auch Äußeres – zum Beispiel der sinnlich wahrnehmbare Stoff – ist laut Augustinus nicht schlecht.[15] Vielmehr glaubt er, daß Gott gut ist, daß alles, was ist, von Gott geschaffen ist und daß alles Geschaffene (alles Seiende) insofern gut ist (*conf.* 7,7: »bonus bona creavit«). Plotins These, der Stoff an sich selbst sei schlecht (oder gar das erste Schlechte), stimmt er nicht zu, auch nicht seiner Annahme, die Seelen hätten sich selbst in die materielle Welt gestürzt, aus Übermut und im Willen, sich selbst zu gehören.[16] Wie der Stoff laut Augustinus nicht schlecht, sondern gut ist, ist auch die Zuwendung zu Stofflichem nicht an sich schlecht.

Die Verfehltheit und Irrigkeit menschlichen Lebens beginnt laut Augustinus im Säuglingsalter. Zwar sieht er sich durch Brauch und Vernunft gehindert, Säuglinge zu tadeln; den Futterneid, der sie treibt, andere von der Nahrungsquelle wegzudrängen, nimmt er aber als Zeichen, daß auch Kinderherzen nicht unschuldig sind.[17] Dennoch unterwirft er frühkindliche Spontaneität keinen klaren Zurechnungen. Unmutig und fast anklagend erzählt er von Schlägen, die er in der Schule erlitten habe und die damals sein großes und schweres Übel gewesen seien (*conf.* 1,14: »magnum tunc et grave malum meum«). Später erklärt er, daß unser Fehlverhalten uns zwinge, mühselige Wege voller Anstrengung und Schmerz zu durchschreiten.[18] Als Fehlverhalten deutet er Gewaltanwendung und

---

14 Vgl. *conf.* 1,7: »consolationes lactis humani«; »clamante te mihi per haec ipsa, quae tribuis intus et foris«.

15 Vgl. Norbert Fischer: *bonum*. In: AL 1, 671–681, bes. 675–677.

16 Vgl. *Enneade* I 8,14,50f: πρότερον ἄρα κακὴ αὐτὴ καὶ πρῶτον κακόν. *Enneade* I 6,8,21ff: ὅθεν παρήλθομεν. Der Ausgang geschah aus Übermut (τόλμα) im Willen, sich selbst zu gehören; vgl. *Enneade* V 1,1,4f: τὸ βουληθῆναι δὲ ἑαυτῶν εἶναι. Augustinus hält sich in großer Distanz zu Plotin, laut dem die Seelen, die sich mit Stoff verbinden, in den Schlamm der Körper steigen (*Enneade* VI 7,31,25–27).

17 Vgl. *conf.* 1,11: »imbecillitas membrorum infantilium innocens est, non animus infantium«. Weiter: »quoniam nemo mundus a peccato coram te, nec infans«. Der Aporie versucht Augustinus dadurch zu entfliehen, daß er eine Art überpersönlicher Schuld aller Menschen annimmt. Mit dieser Lösung nimmt er einerseits die biblische Sündenfallgeschichte auf, andererseits folgt er Spuren philosophischer Überlegungen (z.B. Platon: *Politeia* 617e).

18 Augustinus fügt sich nur schwer den Regeln und Bräuchen der Erwachsenenwelt, deren Wege, die von vorausgehenden Generationen eingerichtet wurden, ihm lästig sind. Vgl.

Gleichgültigkeit von Erwachsenen gegenüber Kindern, ebenso seine eigene Nachlässigkeit (*conf.* 1,15). In kindlichem Fehlverhalten sieht Augustinus also nicht *Sünden*, sondern die faktische Ferne zu wahrem Leben. Eigene zurechenbare Bosheit diagnostiziert er erstmals in den Reflexionen zum Birnendiebstahl.[19] Zunächst aber spricht er von seinen verfehlten Versuchen und von seinen Umwegen, die den Eintritt ins wahre Leben hinauszögern. Gewiß hätte er sich später mehr Freude am Lernen gewünscht; aber selbst dem Bischof scheint das Verständnis nicht zu fehlen, daß er das Ballspielen dem Lesen und Lernen vorgezogen hat.[20] Er habe damals eben nur gezwungenermaßen getan, was er mit Eifer hätte tun sollen. Gott aber, der »ordinator et creator rerum omnium naturalium« (*conf.* 1,16), habe ihn unter seinem eigenen Widerwillen leiden lassen, um ihn auf den Weg zu wahrem Leben zurückzuführen.

In den folgenden Erzählungen zeigt Augustinus, wie er tiefer in das wildbewegte Getümmel des Lebens hineingerät (*conf.* 1,13). Mit Plotin erklärt er, nach außen gegangen zu sein (*conf.* 1,28: »ibam foras«).[21] Auf diesem Weg wächst sein eigener Ehrgeiz, der ihm vordem nur aufgepfropft worden war, seine Bereitschaft, Mühen auf sich zu nehmen, und der Wille, etwas aus freier Spontaneität zu leisten, um sich dann an der Anerkennung und am Lob der Anderen freuen zu können. Sein Ehrgeiz wächst so sehr, daß er sich aus kleinen afrikanischen Verhältnissen in das Amt eines Rhetors am Mailänder Kaiserhof emporarbeitet. Er ist Freuden des menschlichen Lebens zugetan, liebt das Theater, dichtet Lieder für Wettbewerbe, gewinnt Freunde, lebt im Konkubinat mit einer Frau, mit der er den Reiz der körperlichen Vereinigung genießt.[22]

Obwohl er später der ehelichen Bindung den Vorrang zuspricht und die von ihm geübte Reduktion auf eine sexuelle Beziehung für einen Irrweg hält, weiß er später noch schön von der Schönheit der körperlichen Vereinigung zu sprechen.[23] Noch als Bischof, nachdem er sich schon lange zur Ehelosigkeit ent-

---

conf. 1,14: »praestruxerant aerumnoses vias, per quas transire cogebamur multiplicato labore et dolore filiis Adam.«

[19] Die erste klare Zurechnung findet sich in der Reflexion über die Gründe des Birnendiebstahls (*conf.* 2,9–14). Augustinus fragt beharrlich danach, was er an dieser Untat geliebt habe (*conf.* 2,12): »quid ego miser in te amavi, o furtum meum«. Zurechenbare Schuld sieht Augustinus im Bestreben, die Allmacht Gottes im Wissen um die eigene Endlichkeit nachzuahmen (*conf.* 2,14): »tenebrosa omipotentiae similitudine«.

[20] Vgl. *conf.* 1,15: »ludebam pila puer«; 1,19: »non amabam litteras«.

[21] Er folgt in diesem Sprachgebrauch nicht nur Plotin, sondern auch einem biblischen Muster, nämlich dem Gleichnis vom verlorenen Sohn; vgl. dazu Albert Raffelt: *»profectus sum abs te in regionem longinquam« (conf. 4,30). Das Gleichnis vom »verlorenen Sohn« in den Confessiones des Aurelius Augustinus.* In: Norbert Fischer; Dieter Hattrup; Cornelius Mayer (Hg.): *Freiheit und Gnade in Augustins Confessiones. Der Sprung ins lebendige Leben.* Paderborn 2003, 82–96.

[22] Vgl. Henry Chadwick: *frui–uti,* In: AL 3,70–75. Daß er sein Herz an Flüchtiges gehängt hatte, daß er es, ohne des Schöpfers zu gedenken, geliebt hatte, erkennt er später als Grund seines Irrtums.

[23] Vgl. *conf.* 2,10: »in contactu carnis congruentia valet plurimum«. Augustinus hofft, daß die

schieden hatte, berichtet er freimütig, im Schlaf immer noch sexuellen Phantasien ausgesetzt zu sein.[24] Auch der bald aus der Beziehung mit seiner Lebensgefährtin geborene Sohn gewinnt, obwohl er kein Wunschkind war, doch alsbald seine Liebe.

Obwohl Augustinus bekennt, den Freuden des Lebens, die ihm nicht vorenthalten worden sind, herzlich zugetan gewesen zu sein, obwohl er zudem viele Sprossen der Karriereleiter erklommen hat, gesteht er sich ein, mit seiner ersten Freiheit nicht den Zustand des wahren und glückseligen Lebens erreicht zu haben. Da sein Ziel weitaus höher war, konnte er sich mit dem erreichten Lebensglück nicht bescheiden, auch wenn es ihm mit beträchtlichen äußeren Erfolgen viele der Wünsche erfüllte, die sein Streben zu Beginn seiner bewußten Lebensplanung in Gang gesetzt und ihm den Weg gewiesen hatten. Er wollte zwar auch später noch äußeren Erfolg, aber nur ineins mit Wahrheit und wahrer Liebe. Trotz aller Erfolge seiner lebendigen Lust am Leben, trotz der Befriedigung seiner natürlichen Neigungen, seines Strebens nach Anerkennung, sieht er sich doch in Irrwegen befangen, nicht auf Wegen des ersehnten Lebens. Er findet sich trotz seiner bemerkenswerten Erfolge unfrei und verstrickt in ein Leben, dessen Lebendigkeit er liebt, dessen Tödlichkeit er haßt.[25] Das erfolgsorientierte Leben, in dem er sich sein eigener Mittelpunkt ist, empfindet er als ein Gefängnis, in das ihn seine eigene Willensrichtung gebracht hat. Was ihn befähigte, seine Fesseln schließlich zu lösen und dem Gefängnis zu entfliehen, war eine seltsam andersartige Freude, die sein Streben gleichwohl von Anfang an mitbestimmt hatte: nämlich die Freude an der Wahrheit[26] und die Freude, wahrhaft zu

---

körperliche Schönheit des weiblichen Geschlechts sogar im Reich Gottes bewahrt wird, allerdings ohne Anstachelung der sklavisch machenden Begierde; vgl. *civ.* 20,17. Der ›concubitus‹ zielt laut Augustinus nicht nur auf Hervorbringung von Nachkommenschaft (auch wenn dieses Ziel öfters betont wird), sondern kann auch ›propter amicitiam‹ gerechtfertigt sein und der ›societas coniugalis‹ dienen (vgl. *b. coniug.* 9). Die Rede von der Leib- und Lustfeindlichkeit Augustins mag sich auf einzelne Sätze berufen können, hält aber einer Prüfung nicht wirklich stand, schon aus dem Grund, weil Augustinus alles, was ist, als Schöpfung Gottes denkt.

[24] Vgl. *conf.* 10,41; körperliche Freuden sind laut Augustinus nicht als solche schlecht (10,46): »docuisti me, pater bone: ›omnia munda mundis, sed malum‹ esse ›homini qui per offensionem manducat‹; et ›omnem creaturam tuam bonam‹ esse ›nihilque abiciendum, quod cum gratiarum actione percipitur‹«. Äußeres ist nicht als solches unrein, die Unreinheit kommt folglich aus dem Inneren; schädlich ist die Unreinheit der Begierde (10,46: ›inmunditia cupiditatis‹). Augustinus folgt hier – gegen Plotinische Impulse – biblischen Motiven; vgl. Norbert Fischer: *foris–intus.* In: AL 3,38f.

[25] Er fragt sich bekümmert, wie er in dieses Leben gekommen ist, von dem er nicht weiß ob er es todhaftes Leben oder lebendigen Tod nennen soll (*conf.* 1,7): »unde venerim huc, in istam dico vitam mortalem an mortem vitalem?« Erhofftes Ziel ist die ›vita viva‹ (*conf.* 10,39). Vgl. dazu Norbert Fischer: *Confessiones 4. Der Tod als Phänomen des Lebens und als Aufgabe des Denkens.* In: Norbert Fischer; Dieter Hattrup (Hg.): *Irrwege des Lebens. Confessiones 1–6.* Paderborn 2004, 105–126.

[26] Vgl. *conf.* 1,31: »veritate delectabar«.

lieben und wahrhaft geliebt zu werden.[27] Weil sein Handeln von vornherein durch die Suche nach absoluter Wahrheit und reiner Liebe bestimmt war, konnte kein noch so schöner Erfolg seinem Herzen Ruhe verleihen.

Im Rückblick erkennt er folglich, daß seine Suche ihn zuerst auf Irrwege geführt hat. Nachdem er die Irrigkeit dieser Wege durchschaut hat, sieht er sich angetrieben, eine höhere Freiheit zu suchen, um die bislang verwirklichten Möglichkeiten zu überschreiten.[28]

Die Wege, die Augustinus zunächst beschritten hat, waren der spontane (bewußte, aber unreflektierte) Vollzug seiner Möglichkeiten, die ihm durch sein Naturell und seine Begabung zu Gebote standen. Sie waren begünstigt und angeregt durch familiäre, gesellschaftliche, kulturelle und religiöse Verhältnisse. Sie ermöglichten ihm unvermerkt eine erste Annäherung an die Wahrheit, sofern sie ihm halfen, die Klärung der Antwort auf die Frage voranzutreiben, was er in seinem mühsamen Suchen eigentlich suchte. Daß er trotz allen Erfolgs unbefriedigt geblieben war, nimmt er als Fingerzeig und als Fügung, die er nicht sich selbst verdankt. Vorerst begreift er seine spontanen Bemühungen als Irrwege. Denn er sieht nun, daß ihr Erfolg kein Selbstzweck ist, bei dem er sich hätte beruhigen können. Vielmehr hatte er in seinem Innersten, nicht an der Oberfläche des Bewußtseins, darauf gehofft, dauerhaft Ruhe zu finden. Nur deshalb konnte ihn auf dem Gipfel seiner weltlichen Karriere die Begegnung mit einem Bettler verwirren, der ohne Anstrengung durch regelmäßige Alkoholisierung erreicht zu haben schien, was er selbst mit all seinen Mühen und Plagen verfehlt hat: sich glücklich zu machen nach Maßgaben der Zeit.[29] Zwar hätte die Methode des Bettlers, sich zeitliches Glück zu verschaffen, bei Augustinus nie und nimmer gefruchtet, weil die Selbsterniedrigung, die mit der Bettelei und dem Alkoholrausch verbunden ist, ihn eher ins Unglück gestürzt hätte. Dennoch sieht er, daß der Bettler mit sehr bescheidenen Mitteln erreicht, was ihm trotz riesigen Aufwandes vorenthalten war.

Plötzlich und überscharf erkennt er an der Begegnung mit dem Bettler, daß es nichts als das zeitliche und bloß flüchtige Lebensglück war, auf das er bisher all seine Energie gewandt hatte.[30] Wäre das, was Menschen suchen, nichts als ›felicitas temporalis‹, dann bliebe es dem freien Belieben jedes Einzelnen anheimgestellt, sein Glück nach eigenem Geschmack zu machen. Dann beschritte ein Drogensüchtiger eben andere Wege, aber nicht grundsätzlich schlechtere. Was Augustinus abhält, dem Vorbild des Bettlers zu folgen, ist nur das höhere Maß an Selbstachtung. Zwar sucht auch er zeitliches Glück, aber er sucht es ohne

---

[27] Vgl. *conf.* 2,2; 3,1: »amare et amari«; verbunden mit dem Hinweis auf das Grundmotiv Augustins (*conf.* 2,2; 11,1): »amore amoris tui facio istuc«.

[28] Vgl. das wiederholte »transibo vim meam« (*conf.* 10,11f; 10,26).

[29] Die ›felicitas temporalis‹ (*conf.* 6,9) hält Augustinus für unzureichend, sie gilt ihm sogar ›misera‹ (*conf.* 3,3) oder als ›falsa‹ (*conf.* 5,14). Sie ist ein Element der Versuchlichkeit des irdischen Lebens (*conf.* 9,26). In der Bibelexegese sieht er die ›felicitas terrena‹ im Salzwasser des Meeres symbolisiert (*conf.* 13,20).

[30] Vgl. *conf.* 6,9.

Selbsterniedrigung und in Verbindung mit Ehre, er sucht es so, daß er sich am Ende sagen kann, er habe sich das gesuchte zeitliche Lebensglück selbst zu verdanken.

Da Augustinus schmerzlich erfahren hatte, daß alles zeitliche Glück vergänglich ist und ihm jederzeit entrissen werden konnte, schien es ihm den Versuch wert, das Glück *innen* zu suchen, sich in einer neuen, reflektierten Freiheit von den naturhaft spontanen Antrieben zu befreien.[31] Er sucht nun eine neue Art von Lebensglück, das zwar mancherlei Verzicht auf Erfüllung von Wünschen zur Folge hat, das aber eher in seinem Herrschaftsbereich liegt und damit viel weniger der Flüchtigkeit des Zeitlichen ausgesetzt ist. Als Defizit dieser neuen Bestimmung seines Lebensziels wird sich das Bleiben des Egozentrismus ergeben. Obwohl Augustinus den Weg des erfolgsorientierten Lebens (βίος πρακτικός), dessen Zielgut die Ehre ist, also die Anerkennung durch andere Menschen (τιμή), immerhin mit *äußerem* Erfolg beschritten hat,[32] gesteht er sich ein, daß sein Herz auf ihm keine Ruhe hat finden können, daß der *innere* Erfolg ausgeblieben ist. Erst im Übergang zu einer dritten Orientierung seiner Lebensziele unterwirft Augustinus sich der Einsicht, daß er nur auf die Anerkennung seines Strebens durch Gott hoffen kann und daß nur diese Anerkennung ihm Hoffnung auf wahre Glückseligkeit verheißt.[33]

2. ›Deificari in otio‹: Augustins Suche nach dauerhaftem Lebensglück im Ideal des Weisen

Das Streben nach zeitlichem Lebensglück hatte Augustinus bisweilen so starke Glücksmomente eingetragen, daß er meinte, in der Lust dieser Erfahrungen (›voluptas‹) höchste Schönheit erfahren zu haben (›summa pulchritudo‹). Weil diese Schönheit sich aber als flüchtig erweist[34] und sich auch für Augustinus als flüch-

---

[31] Er sucht nun eine autarke Freiheit, die er selbst erlangen kann (*lib. arb.* 1,15): »sola [...] voluntas per se ipsam«.

[32] In *vera rel.* 21 spricht Augustinus von mühseligem Überfluß (›abundantia laboriosa‹) und vom Mangel im Überfluß (›copiosa egestas‹); der Geist werde ruhelos und trübselig, gefesselt von dem, was er zu ergreifen sucht (*vera rel.* 35): »ita fit inquietus et aerumnosus animus, frustra tenere a quibus tenetur exoptans. vocatur ergo ad otium, id est, ut ista non diligat quae diligi sine labore non possunt«; zu den Gottlosen sagt Augustinus (*vera rel.* 38): »ita nescientes diligunt temporalia, ut inde beatitudinem exspectent. his autem rebus quibus quisque beatus vult effici seruiat necesse est, velit nolit«.

[33] Selbstlob ist auf Grund unzureichender Selbsterkenntnis nicht möglich; vgl. *En. Ps.* 38,10: »incerta sunt et mala mea et bona mea«. Wahrhaftes Lob kann nur von Gott als dem ›Herzenskündiger‹, vom »inspector cordis« ausgehen; vgl. z.B. *mend.* 37: »homo non est cordis inspector.« In *s. dom. m.* 2,1 und 2,9 spricht Augustinus von Gott als dem, »qui conscientiae solus inspector est«.

[34] Vgl. Rainer Maria Rilke: *Duineser Elegien.* Zweite Elegie: »Denn wir, wo wir fühlen, verflüchtigen; ach wir atmen uns aus und dahin.« Diese Erfahrung ist der Hintergrund für Augustins Sehnsucht nach Entflüchtigung des Zeitlichen. Vgl. dazu Norbert Fischer: *Con-*

tig erwiesen hat, spricht er ihr schließlich nur niedere Schönheit zu, bleibt aber dabei, daß er Schönes erfahren hat.[35] Gleichwohl ist er nun überzeugt, im Streben nach zeitlichem Glück nicht frei gewesen zu sein, sondern ein willfähriger Diener seiner Begierden, und in sklavischer Dienerschaft sein Herz so eisern an Vergängliches gekettet zu haben, daß er – entgegen seiner Absicht – zum Urheber seines eigenen Unglücks wurde.[36] Aus der Diagnose des Ursprungs seiner Leiden drängt sich ihm unmittelbar eine rigorose Therapie auf, die er auch bei Plotin hat auffinden können. Sie folgt aus einer einfachen Einsicht: Wer sein Lebensglück gänzlich vom Einfluß äußerer Ereignisse unabhängig halten will, muß ihnen gegenüber den striktesten Gleichmut an den Tag legen, darf also Glücksfälle nicht einmal innerlich ersehnen und bejubeln, Unglücksfälle nicht scheuen und beklagen.[37]

Zum Beispiel verdienen Kriege oder Handlungen, die gewöhnlich für schwere Verbrechen gelten, laut Plotin überhaupt keine Aufmerksamkeit. Denn Plotin legt das Leben als ein wohlgeordnetes Spiel aus, in dem kriegerische Auseinandersetzungen nur zeigen, »daß die ernste Mühe des Menschen allesamt nur Spielwerk ist«, daß auch »der Tod nichts Furchtbares ist«.[38] Wer sein Herz von der Bindung an die Schönheit und an den Elan des zeitlichen Lebens löst, scheint also die beste der menschenmöglichen Leidvermeidungsstrategien gewählt zu haben. Plotin erklärt: »Und was Mord und Totschlag aller Art betrifft [...], so soll man es anschauen wie auf den Gerüsten der Schaubühne, es ist alles nur Umstellen der Kulisse und Wechsel der Szene, und dazu gespielte Tränen und Wehklagen«.[39]

Äußeres Zeichen dafür, daß Augustinus sich nun anschickt, dem reduktiven Weg zum seligen Leben zu folgen, den er insbesondere von Cicero und Plotin vorgezeichnet fand, ist sein abrupter Rückzug aus den öffentlichen Ämtern, vor

---

fessiones 11. ›Distentio animi‹. Ein Symbol der Entflüchtigung des Zeitlichen. In Norbert Fischer; Cornelius Mayer (Hg.): *Die Confessiones des Augustinus von Hippo. Einführung und Interpretationen zu den dreizehn Büchern* (vgl. Fußnote 3), 489–552.

[35] Vgl. *vera rel.* 74: »hoc totum est voluptatis regnum et ima pulchritudo. subiacet enim corruptioni. quod si non esset, summa putaretur.«

[36] Vgl. *conf.* 4,30: »nequissimus malarum cupiditatum servus«. 4,11: »miser eram, et miser est omnis animus vinctus amicitia rerum mortalium et dilaniatur, cum eas amittit, et tunc sentit miseriam, qua miser est et antequam amittat eas.«

[37] Dieses Ideal konnte Augustinus in je unterschiedlicher Konkretisierung zum Beispiel bei Epikur und in der Stoa finden. Zu Epikur vgl. Michael Erler: *Epikur.* In: Hellmut Flashar: *Die Philosophie der Antike 4* (=Grundriß der Geschichte der Philosophie). Basel 1994, bes. 162; zur Stoa vgl. Maximilian Forscher: *Die stoische Ethik.* Stuttgart 1981, bes. 139, Fußnote 162: »Der Weise ist ἀπαθής im Sinne von ›affektlos‹, aber nicht σκληρός (hartherzig) und ἄτεγκτος (gefühllos)«.

[38] Vgl. *Enneade* III 2, 15, 36f. Übersetzungen von Zitaten aus den *Enneaden* nach: *Plotins Schriften.* Griech.-dt., übersetzt von Richard Harder, Neubearb. von R. Harder, Rudolf Beutler und Willy Theiler. Hamburg ²1956–1971.

[39] *Enneade* III 2, 15, 44ff.

allem von der am Ende ungeliebten Rhetorik-Professur in Mailand.[40] Nach der Bekehrung, die ihm zunächst schon in der Welt ein gleichsam göttliches Leben zu verheißen schien, und der Rückkehr nach Afrika begibt er sich in eine klösterliche, von der Welt abgeschiedene Lebensgemeinschaft mit seinen Freunden, in der er das Leben eines Weisen zu führen sucht, der sich von allen äußeren Einflüssen unabhängig zu halten sucht.[41] Dieses Leben steht mehr unter dem Ideal der Seelenruhe (ἀταραξία) im Stil der Spätantike als unter christlichen Vorzeichen: es ist dem Studium der Wahrheit gewidmet, allerdings – nicht ganz folgerichtig dazu passend – auch der schriftstellerischen Tätigkeit, die Augustinus alsbald frischen Ruhm und auch ein neues öffentliches Amt einträgt, nämlich das des Bischofs von Hippo Regius. Ob er dieses Amt, wie er berichtet, gänzlich gegen seinen Willen erhalten hat, bleibe folglich dahingestellt.[42] Immerhin läßt die Betrachtung seines äußeren Lebenswegs erkennen, daß der Rückzug in den ›hortus conclusus‹ des beschaulichen Lebens eine Episode geblieben ist. Vielleicht hat Augustinus, ohne es sich explizit einzugestehen, ein inhaltlich zwar entgegengesetztes, formal aber ähnliches Ungenügen am zurückgezogenen Leben gefunden, wie er es bei seinem nach außen gewandten Leben erfahren hatte.

Die Erwartungen, die Augustinus mit der Rückkehr nach innen verband, waren hochgespannt. Er erhofft sich von dieser Rückkehr nach innen Befreiung, Erkenntnis und glückseliges Leben. Er erhofft sich *Befreiung* von den vielfältigen Begierden, die ihn gleichsam versklavt hatten,[43] *Erkenntnis* der beständigen Wahrheit, die der Flüchtigkeit des Zeitlichen nicht mehr unterliegt, und das *selige Leben*, das ihn beglückt und ihm nicht mehr wider Willen entrissen werden kann. Die Rückkehr zu sich selbst soll ihn von der *Heteronomie* natürlicher Antriebskräfte befreien, die ihn zu Handlungen bewegt haben, die er nicht selbst aus freier Entscheidung gewählt hatte. Sie soll den Bereich des *sinnlich Gegebenen* eingrenzen, das er lange Zeit für das einzig Wirkliche gehalten hatte, und seinen Blick auf das eigenständige Sein von Geistigem richten.[44]

---

[40] Vgl. *conf.* 4,2 und 9,2–7.

[41] Vgl. Dieter Hattrup: Confessiones 9. Die Mystik von Cassiciacum und Ostia. In: Norbert Fischer; Cornelius Mayer (Hg.): Die Confessiones des Augustinus von Hippo. Einführung und Interpretationen zu den dreizehn Büchern (vgl. Fußnote 3), 389–443.

[42] Augustinus berichtet, am beschaulichen Leben gehangen und bei Reisen alle Städte gemieden zu haben, deren Bischofssitz vakant war, weil es nicht unüblich gewesen sei, geeignete Personen bei körperlicher Anwesenheit aufzugreifen und zur Übernahme des Bischofsamtes zu drängen. Trotz aller Vorsicht ereilt aber auch ihn dieses Schicksal. Später berichtet er der Gemeinde, daß er sich in Hippo Regius ziemlich sicher gefühlt habe, da diese Stadt einen Bischof hatte (s. 355,2:»quasi securus, quia locus habebat episcopum«). Dennoch habe man ihn bei einem Besuch im Jahre 391 gefaßt und zum Priester geweiht, damit er Nachfolger des amtierenden Bischofs werde (s. 355,2:»apprehensus, presbyter factus sum, et per hunc gradum ad episcopatum perveni«).

[43] Vgl. *conf.* 10,40ff.

[44] Vgl. z.B. *conf.* 7,1: Zwar hatte Augustinus sich Gott nicht in menschlicher Leibesgestalt gedacht, aber doch körperlich und räumlich ausgedehnt.

In der Rückkehr zu sich selbst meint er, das Gesetz, das den Willen gerecht macht, mit Hilfe der Vernunft selbst bestimmen und allein kraft seines Willens das Gut des guten Willens erringen zu können, also ein Gut, über das hinaus es für Menschen in der Weltzeit nichts Höheres gibt.[45] Augustinus scheint – wenigstens für kurze Zeit – Plotin folgen zu wollen, der den Weg nach innen gelehrt hat. Dieser Weg führe zurück zu der wandellosen Wahrheit des Einen (ἕν), zu dessen überschwenglicher Schönheit (κάλλος ἀμήχανον) und zu seinem göttlichen Glanz (θεοειδὴς ἀγλαΐα).[46] Die Rückkehr zu sich selbst scheint ihm zugleich den Weg zu einem lobenswerten und glückseligen Leben zu weisen, das wir allein kraft unseres Willens erlangen und führen können.[47] Augustinus läßt sich sogar zu der Aussage hinreißen, daß jeder dieses glückselige Leben mit der größten Leichtigkeit erreiche, der es wirklich wolle.[48] So versteht sich, daß er den Weg nach innen als Weg zur Unbesieglichkeit versteht. Dem Weg nach innen scheint er deshalb zu folgen, weil er frei sein will, weil er nicht den Begierden, nicht der Flüchtigkeit des Zeitlichen, nicht dem faktisch Gegebenen unterworfen sein will.

Augustinus hebt in dieser Phase den Willen zum Sieg eigens als Motiv hervor und hält dieses Motiv auch für gerechtfertigt, sofern Gott selbst den Willen, unbesiegt zu sein, in den Menschen gelegt habe: »invicti esse volumus et recte«.[49] Im Zuge dieses Weges hofft der neubekehrte Augustinus, im Aufstieg nach innen Göttliches auf sich übertragen zu können, ja sogar, in der Lage zu sein, sich in der Ruhe des abgeschiedenen Lebens selbst zu vergöttlichen: »deificari [...] in otio«.[50] Die gleichsam göttliche Autarkie der Selbstvergottung, die er auf diesem Weg zunächst zu betreiben gemeint hatte, erweist sich ihm aber in der Folge als unwahr. Denn die Rückkehr nach innen ermöglichte ihm zwar, sich von sklavischen Bindungen zu befreien. Auf Dauer konnte er diesen Weg aber nur als Zwischenstufe zum wahren Leben anerkennen.

Aristoteles hatte das vom Äußeren zurückgezogene, der Schau der Wahrheit gewidmete Leben (βίος θεωρητικός), dem unglückliche Verhältnisse, aber auch äußere Leiden nichts anhaben können, im Überschwang der Begeisterung

---

45 Vgl. die sich auf Vernunft berufende Diskussion zum Moralprinzip in lib. arb. 1,15–20; 26f; dazu vgl. Norbert Fischer: Augustins Philosophie der Endlichkeit. Zur systematischen Entfaltung seines Denkens aus der Geschichte der Chorismos-Problematik. Bonn 1987, bes. 236–267.

46 Vgl. *Enneade* I 6,8, 2 und 9,14.

47 Vgl. *lib. arb.* 1,28: »voluntate nos tamen laudabilem et beatam vitam, voluntate turpem ac miseram mereri ac degere?«

48 Das glückselige Leben versteht er als Freude an wahren und sicheren Gütern; vgl. *lib. arb.* 1,28: »nisi putas aliud esse beate vivere quam veris bonis certisque gaudere.«

49 Vgl. aber auch die Fortsetzung *vera rel.* 85: »habet hoc enim animi nostri natura post deum a quo ad eius imaginem factus est; sed eius erant praecepta servanda, quibus servatis nemo nos vinceret.«

50 Vgl. *ep.* 10,2; zum Aufstieg nach innen vgl. *trin.* 12,25. Weiterhin *conf.* 1,25; mit Cicero-Zitat (*Tusculanae disputationes* 1,26): »»fingebat haec Homerus et humana ad deos transferebat; divina mallem ad nos‹«.

für die Selbstgenugsamkeit göttlichen Lebens zwar für ein Ideal gehalten, aber für ein überschwengliches Ideal, dessen Verwirklichung die Kraft von Menschen übersteigt. Dennoch hat er die resignative Haltung zurückgewiesen, die ernüchtert von der Schwäche und Endlichkeit des Menschen empfiehlt, daß Menschen nur Menschliches bedenken sollten.[51] Ohne die extreme Spannung, die zwischen der Endlichkeit der menschlichen Freiheit und dem konstitutiven Bezug menschlichen Seins zum unendlich Göttlichen besteht, lösen zu können, meidet Aristoteles doch glatte dogmatische Lösungen, behauptet also nicht, die absolute metaphysische Wahrheit über den Menschen positiv zu wissen und darlegen zu können, erweist sich so als Problemdenker und legt gerade dadurch den wahren Problemcharakter der Situation des Menschen in der Welt offen.

Auch Augustinus gewinnt alsbald die Einsicht, daß der Versuch der Selbstvergottung, des ›deificari in otio‹ zum Scheitern verurteilt ist. Aber er macht nicht nur die Erfahrung, daß dieses Ideal die Kraft menschlicher Freiheit übersteigt, sondern wird zudem auf einen Weg gewiesen, der über den Rahmen menschlicher Vorstellungskraft hinausgeht und doch die Möglichkeit bietet, zu göttlichem Leben zu gelangen. Nachdem er die Möglichkeiten seines Strebens vollzogen hat, öffnet er sich einer Inversion der Aktivität, in der er zum Hörer des Wortes wird, ohne sich jedoch als handelndes und erkennendes Subjekt aufzugeben.[52] Augustinus stimmt Plotin nicht zu, der lehrt, der Weg nach innen sei die Vollendung des Wegs zu wahrem Leben. Denn Augustinus findet den Ursprung des Schlechten und Bösen nicht in der Materie, er weigert sich anzunehmen, auch das Schlechte und Böse sei gleichsam von goldenen Ketten umfangen,[53] er sperrt sich gegen Versuche der Marginalisierung und Verniedlichung der Übel, die den Leib treffen. Der Ursprung des Schlechten und Bösen läßt sich weder in der Materie noch in Gott finden, weil die eine Erklärung die Kraft der Materie überfordert, in der anderen Gott aber als Urheber des Schlechten gar nicht als Gott annehmbar wäre. Weil diese beiden Alternativen ausscheiden, bleibt laut Augustinus nur die Möglichkeit, den Ursprung der Verfehlungen in der Freiheit des Menschen zu suchen. So wird ihm der menschliche Wille zum Ursprung aller Abweichungen vom Guten, zur ›prima causa peccandi‹.[54]

---

51 Vgl. dazu *Nikomachische Ethik* 1177b,26–1178a,2: οὐ χρὴ δὲ κατὰ τοὺς παραινοῦντας ἀνθρώπινα φρονεῖν ἄνθρωπον ὄντα οὐδὲ θνητὰ τὸν θνητόν, ἀλλ' ἐφ' ὅσον ἐνδέχεται ἀθανατίζειν καὶ πάντα ποιεῖν πρὸς τὸ ζῆν κατὰ τὸ κράτιστον τῶν ἐν αὐτῷ.

52 Vgl. *conf.* 11,5: »audiam et intelligam«.

53 Vgl. Plotin *Enneade* I 8,15,23–25: τὸ δὲ κακὸν οὐ μόνον κακόν, διὰ δὲ δύναμιν ἀγαθοῦ καὶ φύσιν, ἐπείπερ ἐφάνη ἐξ ἀνάγκης, περιληφθὲν δεσμοῖς τισι καλοῖς, οἷα δεσμῶταί τινες χρυσῷ.

54 Vgl. *lib. arb.* 1,1: »quisque malus sui malefacti auctor est«. 3,49: »aut igitur voluntas est prima causa peccandi aut nullum peccatum est prima causa peccandi.« Er folgt mit diesem Gedanken Platon, der Gott zwar als gut und als Ursache von Allem denkt (πάντων αἴτιος); dennoch sei er aber bei den Menschen doch nur von Wenigem die Ursache (*Politeia* 379c: ἀλλὰ ὀλίγων μὲν τοῖς ἀνθρώποις αἴτιος, πολλῶν δὲ ἀναίτιος). Schon vor Weltzeit ist die Schuld beim Wählenden, nicht bei Gott (*Politeia* 617e: θεὸς ἀναίτιος·

Auf den Weg zu dieser Einsicht gelangt Augustinus nicht durch metaphysische Spekulationen über das Wesen der Materie und das Wesen Gottes. Zwar trägt die Spekulation nachträglich zur Absicherung seiner Einsicht bei. Ihr Ursprung aber ist sie nicht. Ihr Ursprung liegt in einem Ruf, der in Augustinus eine neue Sehnsucht weckt, die vom Ideal des Weisen nicht erfüllt wird. Dieser Ruf belehrt ihn, daß nicht schon sein Inneres der Ort der Wahrheit ist, in der sein Herz Ruhe finden könnte. Diese neue Aussicht verändert seine Einschätzung seiner eigenen Leistung. Der Ruf öffnet seine Sinne für das Schlechte im Inneren, er läßt ihn den Ursprung des Schlechten im Willen des Menschen sehen. Auf Grund dieser Einsicht verschweigt er fortan nicht das Üble, das sich auch in seinem Inneren findet: »intus etiam [...] malum«.[55]

3. ›Transilire quo vocabar‹: die Versöhnung des Wegs nach außen mit dem Weg nach innen

Augustins *Confessiones* enthalten zwei längere Passagen, in denen der Autor vom Tod geliebter Menschen spricht. Im vierten Buch geht es um den Tod eines Jugendfreundes, im neunten Buch um den Tod seiner Mutter Monnica. Der Tod des Jugendfreundes ereignet sich, als Augustinus mit voller Kraft in der Wendung nach außen begriffen war, der Tod der Mutter, als er sich mehr oder weniger erfolgreich mühte, dem Ideal des Weisen zu entsprechen. Wer sein Glück ausschließlich im Zeitlichen sucht, wer sein Herz ausschließlich an Zeitliches hängt, hat keine Möglichkeit, der Vergänglichkeit des Zeitlichen mit ungeheuchelter Überzeugung zuzustimmen.

Die beiden Todesfälle treffen Augustinus in unterschiedlichen Situationen und unter verschiedenen Vorzeichen. Der etwa gleichaltrige Jugendfreund stirbt vorzeitig und unerwartet im Alter von gut 20 Jahren, die Mutter stirbt nach einem erfüllten Leben, nachdem sie vor ihrem Lebensende die Freude der Bekehrung ihres Sohnes erlebt hat. Die Beziehung zum Freund war herzlich, reichte aber nicht sehr tief; die zur Mutter war eng, aber Belastungen und Schwankungen ausgesetzt.[56] Beide Male zeigt Augustinus sich von heftigem Schmerz getroffen. Dieser Schmerz erfaßt ihn angesichts des Todes seines Jugendfreundes so sehr, daß er ihn fast aus der Bahn wirft. Die Erforschung der Gründe seines Schmerzes und die Überlegungen, wie er sich zum Tod geliebter Menschen verhalten soll, haben aber charakteristische Unterschiede.

ἀιτία ἐλουμένου).

[55] Vgl. *conf.* 10,64; zur Zweideutigkeit von innen und außen vgl. weiterhin *en. Ps.* 95,3: »foris lucet, intus lutum est«; *Io. eu. tr.* 49,3: »consensio illa occidit te; sed intus est mors«.

[56] Vgl. Larissa Seelbach: *Psychoanalytische Deutungsversuche zur Persönlichkeit Augustins – Beispiele und Anfragen.* In: Norbert Fischer; Dieter Hattrup; Cornelius Mayer (Hg.): *Freiheit und Gnade in Augustins Confessiones. Der Sprungs ins lebendige Leben.* Paderborn 2003, 114–133, bes. 124–133.

Der Tod des Jugendfreundes stürzt Augustinus in so tiefes Elend, daß es bei ihm Haß auf ein Leben auslöst, das so jäh enden kann, und zugleich die Furcht vor der Möglichkeit, daß auch er vom Tod dahingerafft wird. Weil er das Elend nicht ertragen will, sucht er nach der Ursache, um sich von ihm befreien zu können. Nachdem er sie in der Bindung an das Vergängliche (*amicitia rerum mortalium*) gefunden hat, nimmt er sich vor, die Liebe zu zeitlich Vergänglichem von sich abzustreifen.[57] Sein Motto klingt in folgenden Worten Rilkes nach (*Sonette an Orpheus* 2, XII): »Wolle die Wandlung. O sei für die Flamme begeistert, / drin sich ein Ding dir entzieht«. Das Sichwandeln der Welt versucht er als notwendig zu begreifen, als Hintergrund, auf dem die Schönheit der zeitlichen Vollzüge – zum Beispiel die Schönheit von Reden – hervortreten kann. Des Freundes selbst und seines Schicksals gedenkt Augustinus mit keinem Wort. Er scheint nur auf Wege bedacht zu sein, wie er die eigene Glückseligkeit nach dem Schrecken des Todes wiedergewinnen und wie er nach dieser Erfahrung erneut glücklich leben könne.[58]

Die Weise, wie Augustinus den Tod seiner Mutter zur Sprache bringt, ist von ganz anderer Art. Die Verwirrung kehrt nicht wieder, die ihn bei der ersten Begegnung mit dem Tod erfaßt hatte. Zwar schildert er auch hier seine heftige Trauer, aber er erfaßt auch dankbar die Kostbarkeit des Lebens und des Todes seiner Mutter.[59] Monnica besaß laut Augustins Zeugnis vor ihrem Tod die von Wehmut durchtränkte Einsicht, daß ihr Leben sich erfüllt hat und zu Ende gehen kann. Dennoch liegt der Tod seiner Mutter als bleierne Last auf ihm, die ihn niederdrückt und zu Tränen bewegt.[60] Je mehr er imstande war, an die unendliche Liebe Gottes zu glauben, desto mehr wurde er dafür frei, die Schmerzlichkeit des Todes hinzunehmen, sie nicht zu verdrängen. Er trauert um die Mutter nicht mehr so, wie er um den Freund getrauert hatte. Er nimmt diesen Tod aber auch nicht mit dem Gleichmut des Weisen hin. Er trauert; aber nicht weil sein Lebensmut beschädigt ist, sondern aus Liebe zu seiner Mutter, deren Lebensweg er liebevoll gedenkt.[61] Zugleich ist die Trauer von der Hoffnung getragen, daß sie die ersehnte Ruhe in Gott finde.[62]

---

57 Vgl. *conf.* 4,11; dazu Norbert Fischer: *Confessiones 4. Der Tod als Phänomen des Lebens und als Aufgabe des Denkens.* In: Norbert Fischer; Dieter Hattrup (Hg.): *Irrwege des Lebens* (vgl. Fußnote 25), 105–126, bes. 125: »Es ist der unbedingt geltende Imperativ der Liebe, der das Phänomen des Todes zum Thema des Denkens macht.«

58 Der Hinweis auf das wahre Glück (*conf.* 4,14: »beatus qui amat te«) hat hier nur vorausweisenden Charakter.

59 Vgl. *conf.* 9,16: »pretiosae [...] mortis«; zur Auffassung des Todes als ›bonum‹ vgl. 9,28; Pierre Courcelle: *Die Entdeckung des christlichen Neuplatonismus* (franz. 1950). In: Carl Andresen (Hg.): *Zum Augustin-Gespräch der Gegenwart I.* Darmstadt 1975, 125–181.

60 Erst unterdrückt Augustinus die Tränen, dann läßt er ihnen freien Lauf; vgl. *conf.* 9,29–33.

61 Er setzt ihr und seinem Vater (wie an anderer Stelle – in *De magistro* – seinem Sohn) ein »monumentum aere perennius« (vor allem *conf.* 9,37).

62 Vgl. *conf.* 13,51f.

Die Verschiedenheit der Trauer anläßlich der beiden Todesfälle weist auf den neuen Weg, den Augustinus am Ende als wahren Weg des Lebens anerkannt hat. Dieser Weg ist nicht die Frucht einer klugen Leidvermeidungsstrategie, die sich von äußeren Ereignissen nicht tangieren läßt. Der Aufstieg nach innen hat eine Umkehr erlitten, die nicht auf menschlicher Weisheit gründet. Aus eigener Kraft, so berichtet Augustinus, hatte er Gott in seinem Inneren nicht finden können. Er ist nun überzeugt, daß die frei und aktiv betriebene Rückkehr in sein eigenes Inneres zwar ein richtiger Zwischenschritt war, ihn aber noch nicht zur wirklichen Gegenwart Gottes geführt hat. Als er glaubt, Gott gefunden zu haben, gesteht er, daß Gott nicht in seinem Gedächtnis war, bevor er ihn kennengelernt hat: »neque enim iam eras in memoria mea, priusquam te discerem.« Obwohl der ferne Gott in sich selbst verharre, nicht in sein Gedächtnis eingetreten, sondern über ihm geblieben sei,[63] glaubt Augustinus, durch ein Ereignis, das sich nicht seiner freien Aktivität verdankte, in die Beziehung zu Gott gelangt zu sein. Die Inversion der Aktivität in der Beziehung zu Gott kommt in der Mitte des zehnten Buchs zur Sprache, wird als ›mystisches‹ Ereignis präsentiert, das jedoch der Richtung der Mystik Plotin zuwiderläuft.[64] Dort sagt er, Gott habe gerufen, geschrien und sein taubes Ohr geöffnet; er habe geblitzt, geleuchtet und die Nacht vertrieben, seine Blindheit geheilt; nachdem Gott seinen Wohlgeruch verströmt habe, habe er ihn eingesogen und jetzt lechze er nach ihm; nachdem er von Gott gekostet habe, hungere und dürste er nach ihm; nachdem Gott ihn berührt habe, sehne er sich nach dem Frieden in Gott.[65]

Trotz seiner Unableitbarkeit ist Augustins neuer Weg zu Gott aber vernünftig nachvollziehbar. Als er sieht, daß der Aufstieg nach innen unvollkommen bleibt, daß der eigenmächtige Versuch der Selbstvergottung im Ideal des Weisen zum Scheitern verurteilt ist, daß auch dieser Weg, der zwar näher an die Wahrheit heranführt, doch noch ein Irrweg ist, weil er das Vermögen des Menschen übersteigt und der *conditio humana* nicht entspricht, öffnet er sich der Botschaft, die ihm zwar von Kindsbeinen an bekannt war, der er aber keinen Glauben hatte schenken können.[66] Der natürlichen Willensrichtung des Menschen scheint die Maxime zu entsprechen, gemäß der er stets die Qualität seines Lebens zu erhalten und zu steigern versucht. Indem er dieser Maxime folgte, hat

---

[63] Vgl. *conf.* 10,37: »in te, supra me«.

[64] Vgl. Norbert Fischer: *Suchen und Finden. Zur Inversion der Aktivität in der Beziehung zu Gott.* In: *Gottesglaube-Gotteserfahrung-Gotteserkenntnis. Philosophisch-theologische Spurensuche zur Rede von Gott.* Hg. von Günter Kruck. Mainz: Grünewald 2003, 259–280.

[65] Vgl. *conf.* 10,38: »vocasti et clamasti et rupisti surditatem meam, coruscasti, splenduisti et fugasti caecitatem meam, flagrasti, et duxi spiritum et anhelo tibi, gustavi et esurio et sitio, tetigisti me, et exarsi in pacem tuam.«

[66] In den *Confessiones* entfaltet er das Zentrum, die Christologie, explizit an drei Stellen: 4,19; 7,24; 10,67–70. Vgl. dazu Norbert Fischer: *Der Rationalitätsanspruch der Augustinischen Christologie. Philosophische Bemerkungen zu Augustins ›Confessiones‹.* In: *Mythen Europas. Schlüsselfiguren der Imagination.* Hg. von Andreas Hartmann und Michael Neumann. Regensburg: Pustet 2004 (zugleich Lizenzausgabe Darmstadt: WBG), 207–227.

Augustinus Karriere gemacht. Aus dem Ungenügen an dieser Karriere begibt er sich zunächst auf den Weg der Weisheit, die sich kraft eigener, freier Geistestätigkeit Leidfreiheit und göttliche Selbstgenugsamkeit zu erwerben sucht. Deren kategorischer Imperativ fordert, sich nach innen zu wenden und von allem zu lassen: ἄφελε πάντα! Laut Augustinus führt dieser Imperativ aber zu unwahrer Genügsamkeit, nicht zu göttlicher Selbstgenugsamkeit.

Wer nur seiner natürlichen Spontaneität folgt, also danach strebt, sein Sein zu erhalten und zu steigern, wer ein sieghaftes Leben führen will, verfehlt so das wahre Leben, ist von natürlichen Antrieben beherrscht, lebt im Reich der Heteronomie.[67] Auf den Weg wahren Lebens gelangt, wer Gott und seine Mitmenschen uneigennützig kraft freien Willens liebt. Augustinus konnte ihn erst gehen, als er lauteren Herzens glauben konnte, daß ein Mensch – der göttliche Mensch der biblischen Botschaft – diesen Weg schon beschritten hat.[68] Nun konnte er den Sprung in ein Leben wagen, das seinen eigenen Interessen zuwiderzulaufen schien, weil er einen Ruf hörte, der ihn zu diesem Sprung lockte (*conf.* 8,26): »transilire quo vocabar«. Dieser Ruf fordert von ihm nicht, sein Sein zu steigern und immer höher aufzusteigen, sondern von seiner schon erlangten Höhe hinabzusteigen, sich den Mitmenschen zuzuwenden. Der neue Imperativ lautet (*conf.* 4,19): »descendite, ut ascendatis«! Er führt zur Versöhnung des Wegs nach innen mit dem Weg nach außen, zu seiner Befreiung, zum *medius locus*, den er aus eigener Kraft nicht finden konnte.[69] Fortan lehrt Augustinus nicht mehr Enthaltsamkeit gegenüber den Gütern der Welt, sondern mäßigen Umgang mit ihnen.[70] In der Liebe zu Gottes Liebe stellt sich ihm nicht die notwendig zum Scheitern führende Aufgabe, schon jetzt ein göttliches Leben zu führen, sondern die Aufgabe, zunehmend der göttlichen Liebe zu entsprechen. Die aus dem Glauben an Gottes Liebe empfangene Liebe führt ihn auf den Weg der Freiheit, des wahren, lebendigen Lebens, ohne daß er freilich wüßte, ob dieser Weg ihm am Ende zum Sieg verhilft.

Der Augustins Denken am Ende und endgültig leitende Imperativ fordert Gerechtigkeit, das harmonische Zusammenspiel alles Geschaffenen (*lib. arb.*

---

[67] Diese Antriebe sind als solche nicht schlecht, aber nur niederes Gutes, das böse werden kann, wenn es zu höherem Guten in Konkurrenz steht und dem Höheren wissentlich und willentlich vorgezogen wird.

[68] Vgl. *conf.* 10,6 und 67–70 mit der Lehre vom ›verax mediator‹ und der Idiomenkommunikation.

[69] Vgl. Platon: *Philebos* 43e (μέσος βίος); Aristoteles: *Nikomachische Ethik*, z.B. 1104a26 (μεσότης).

[70] Nicht ›abstinentia‹, sondern ›continentia‹; dazu vgl. Martin Heidegger: *Augustinus und der Neuplatonismus*. In: Gesamtausgabe Band 60. Frankfurt am Main 1995, bes. 205f. Weiterhin Norbert Fischer: *Einführung*. In: Aurelius Augustinus: *Confessiones/Bekenntnisse*. Düsseldorf/Zürich 2004, 790, vgl. auch 826. Weiterhin: *Einleitung*. In: Aurelius Augustinus: *Suche nach dem wahren Leben*. ›Confessiones‹ X/ ›Bekenntnisse‹ 10. In: Aurelius Augustinus: *Suche nach dem wahren Leben. Confessiones X/Bekenntnisse 10*. Eingeleitet, übersetzt und mit Anmerkungen versehen. Lateinisch-deutsch. Philosophische Bibliothek 584. Hamburg: Meiner 2006, LVIf. und LXXIII.

1,15): »ut omnia sint ordinatissima«. Augustinus hofft schließlich auf eine Liebe, die alles rettet, auf die Entflüchtigung des Zeitlichen, entgegen dem erwähnten ›mystischen‹ Imperativ Plotins, der befiehlt, von allem zu lassen: ἄφελε πάντα. Ziel ist nicht schlechthinnige Rückkehr zum Einen, in der alles, was entsteht, verdient, daß es am Ende untergeht, sondern die Gemeinschaft freier Bürger in einem Reich Gottes (*conf.* 11,3): »regnum tecum perpetuum ›sanctae civitatis‹ tuae.«

Freiheit des Willens?
Über Luthers de servo arbitrio

Oswald Bayer (Tübingen)

Ohne Paulus, Augustinus, Luther und Kierkegaard wäre von menschlichem Denken die Problematik der Willensfreiheit nicht so wahrgenommen worden, wie sie uns vor Augen steht und bei dieser Tagung bedacht werden soll. Dies gilt anerkanntermaßen nicht nur im Bereich der Theologie, sondern auch im Bereich der Philosophie. Auch die neuerliche – neurobiologisch argumentierende – Infragestellung der menschlichen Willensfreiheit kann die geschichtlich entstandenen und gewachsenen Fragen, die besonders an den vier genannten Denkern haften, nicht einfach wegwischen.

Dass und inwiefern diese Fragen nicht nur binnentheologische sind, sondern religionsphilosophisch, ja allgemein philosophisch bedeutsam sind, zeigt exemplarisch etwa die „Philosophische Reflexion über Paulus, Römerbrief, Kapitel 7" von Hans Jonas, die er zunächst zur Festschrift für Rudolf Bultmann 1964 beitrug und dann, ein Jahr später, als „Anhang III" in der 2. Aufl. von „Augustin und das paulinische Freiheitsproblem" veröffentlichte (Der Untertitel in der 2. Aufl. lautet: „Eine philosophische Studie zum pelagianischen Streit" im Unterschied zum Untertitel der ersten – 1930 erschienenen – Auflage: „Ein philosophischer Beitrag zur Genesis der christlich-abendländischen Freiheitsidee").

Es wäre nun überaus wünschenswert, das mir aufgetragene Thema auch in einer solchen philosophischen Außenperspektive zu behandeln. Deutlich ist freilich auch, dass ein solches Unternehmen erst in einem zweiten Schritt erfolgen könnte. Der erste Schritt muß doch wohl die Darstellung des Selbstverständnisses eines Autors – in diesem Fall Luthers – sein. Ich muß mich in diesem Vortrag damit begnügen, dies zu tun. Ich stelle also Luthers Verständnis der Freiheit des Willens in binnentheologischer Perspektive dar – dem Selbstverständnis Luthers entsprechend, vor allem, aber nicht nur nach seiner gegen Erasmus gerichteten Streitschrift „De servo arbitrio": vom gebundenen, geknechteten, vom unfreien Willen. Luthers Urteil über den freien bzw. unfreien Willen steht in einem umfassenden anthropologischen Horizont. So beginne ich anthropologisch so umfassend wie möglich:

1 Das Unwesen des Menschen im Unglauben: die Sünde

Luther bietet seine Definition des Menschen als „animal rationale habens cor fingens"[1] in sündentheologischem Zusammenhang – entsprechend dem von ihm ausgelegten Text der biblischen Urgeschichte: Gen 8,21 im Rückbezug auf Gen 6,5. Das Fingieren, das Phantasieren und Projizieren des menschlichen Herzens geschieht eben faktisch und praktisch nicht so, wie es der Schöpfer gewollt und wozu er ermächtigt hat: Gott lobend und ihn anerkennend, sondern immer schon in verkehrter Form, als Fingieren von Idolen, von Götzenbildern. Das menschliche Herz ist nicht etwa eine neutrale Bilderfabrik, sondern produziert von sich aus nur Götzenbilder.

Davon ist in aufschlussreicher Weise im elften Abschnitt des Freiheitstraktates die Rede;[2] er ist ein Schlüsseltext zu Luthers Sündenlehre:

> „Der Glaube nämlich vollzieht sich darin, dass er den, dem er glaubt, in der treuesten und höchsten Meinung verehrt, ihn nämlich für einen wahren und würdigen Menschen hält, dem zu glauben ist. Denn es ist keine andere Ehre vergleichbar mit jener Meinung von Wahrheit und Gerechtigkeit, mit der wir den ehren, dem wir glauben. Was können wir jemandem Größeres zuschreiben als Wahrheit, Gerechtigkeit und geradezu unbedingtes Gutsein? Und umgekehrt ist es die schlimmste Beleidigung, von jemandem die Meinung zu verbreiten oder ihn im Verdacht zu haben, ein Lügner [mendax] oder Ungerechter zu sein, was wir tun, wenn wir ihm nicht glauben [non credimus ei]. So hält die Seele, wenn sie dem zusagenden Gott fest glaubt, ihn für einen Wahren und Gerechten, und kann Gott nichts Ausgezeichneteres zuschreiben als diese Meinung. Dies ist die höchste Gottesverehrung, ihm die Wahrheit, Gerechtigkeit und all das zu geben, was ihm zugeschrieben werden muß, dem geglaubt wird [oder: der glaubwürdig ist]. Hierin erweist sich die Seele bereit für all seinen [des Glaubwürdigen] Willen, hier heiligt sie seinen Namen und lässt es geschehen, dass Gott an ihr handelt, wie es ihm gefällt, weil damit, dass sie fest an den Zusagen Gottes hängt, sie nicht zweifelt, er sei ein wahrer, gerechter, weiser Gott, der alles aufs Beste tun, anordnen und besorgen wird. Und ist nicht eine solche Seele durch diesen ihren Glauben Gott in allem ganz gehorsam? Welches Gebot nun wäre dann noch übrig, das ein solcher Gehorsam nicht vollständig erfüllt hätte? Welche Fülle wäre voller als der Gehorsam in allen Dingen? Und dies geschieht nicht durch die Werke, sondern allein durch den Glauben.
>
> Hingegen, welche Rebellion [rebellio], welcher Unglaube [impietas], welche Beleidigung [contumelia] ist größer als die, ihm in seiner Zusage nicht zu glauben [non credere promittenti]? Was ist dies nämlich anderes

---

[1] WA 42, 348,38 (Genesisvorlesung; 1535–45).

[2] Der deutsche Text des Freiheitstraktats ist nicht einfach die Übersetzung der lateinischen Version; es handelt sich vielmehr um zwei eigenständige Versionen, auf die gleichermaßen zu achten ist. Im folgenden wird eine Übersetzung des lateinisches Textes geboten, der ausführlicher und für unsere Zwecke präziser als die deutsche Version ist.

als Gott entweder zum Lügner zu machen oder daran zu zweifeln, dass er wahrhaftig ist [dubitare veracem esse]? Heißt dies nicht, sich selbst die Wahrheit zuzuschreiben, Gott aber die Lüge und Nichtigkeit [mendacium et vanitatem]? Negiert der Mensch damit nicht Gott und richtet sich selber zum Idol in seinem Herzen auf [et seipsum sibi Idolum in corde erigit]? Was nützen also die Werke, die in solchem Unglauben getan werden, selbst wenn es Engels- oder Apostelwerke wären? Zu Recht also hat Gott nicht in den Zorn oder in die Begierde, sondern in den Unglauben [in incredulitate; Röm 11,32] alle eingeschlossen, damit sie nicht sich einbilden [fingunt], durch keusche und milde Werke des Gesetzes das Gesetz zu erfüllen – denn es sind politische und menschliche Tugenden [ut sunt politicae et humanae virtutes] – und annehmen, sie würden gerettet werden, denn sie sind unter die Sünde der Ungläubigkeit zusammengefasst, damit sie entweder die Barmherzigkeit suchen oder durch die Gerechtigkeit verdammt werden.

Wo jedoch Gott sieht, dass ihm die Wahrheit zugeschrieben wird und dass er durch den Glauben unseres Herzens mit einer solchen Ehre geehrt wird, derer [nur] er selbst würdig ist, so ehrt nun umgekehrt auch er uns, schreibt auch uns um dieses Glaubens willen Wahrheit und Gerechtigkeit zu. Der Glaube nämlich macht Wahrheit und Gerechtigkeit, indem er Gott das Seine gibt; deshalb gibt umgekehrt Gott unserer Gerechtigkeit die Ehre."[3]

1.1 Die Grundbestimmung

Luther stellt hier besonders klar heraus, was „Sünde" ihrem Wesen nach ist: Unglaube. Besteht das Wesen des Menschen im Hören und Glauben, so rumort das Unwesen im Nicht-Hören, dem *Un-Gehörsam* und Unglauben, in der Sünde. Wie im Blick auf den Glauben, so gilt auch im Blick auf den Unglauben, die Sün-

---

[3] WA 7, 53,34–54,20 (De libertate christiana; 1520). Die kürzere deutsche Version: „Wer dem anderen glaubt, der glaubt ihm darum, weil er ihn für einen frommen [d.h. vertrauenswürdigen], wahrhaftigen Mann achtet, was die größte Ehre ist, die ein Mensch dem anderen tun kann, wie es umgekehrt die größte Schmach ist, wenn er ihn für einen losen, lügenhaften, leichtfertigen Mann achtet. So auch wenn die Seele Gottes Wort fest glaubt, dann hält sie ihn für wahrhaftig, fromm und gerecht. Damit tut sie ihm die allergrößte Ehre, die sie ihm tun kann; denn da gibt sie ihm recht, da lässt sie ihm Recht. Da ehrt sie seinen Namen und lässt mit sich handeln wie er will, denn sie zweifelt nicht daran, dass er fromm, wahrhaftig in allen seinen Worten ist. Umgekehrt kann man Gott keine größere Unehre antun, als ihm nicht zu glauben, womit die Seele ihn für einen Untüchtigen, Lügenhaften, Leichtfertigen hält und ihn, soviel an ihr ist, mit solchem Unglauben verleugnet und so im Herzen gegen Gott einen Abgott ihres eigenen Sinnes aufrichtet, als wollte sie es besser wissen als er. Wenn dann Gott sieht, dass ihm die Seele die Wahrheit gibt und ihn so durch ihren Glauben ehrt, dann ehrt er sie auch und hält sie für fromm und wahrhaftig, und sie ist durch solchen Glauben auch fromm und wahrhaftig. [...] Das tun aber die nicht, die nicht glauben und sich doch mit vielen guten Werken anspornen und mühen." (WA 7, 25,5–25; vgl. die Auslegung des Ersten Gebots im Großen Katechismus, BSLK 560–572).

de, dass es sich bei ihr nicht etwa um eine Eigenschaftsbestimmung handelt, die zur Substanz „Mensch" hinzuträte, sondern um eine Bestimmung des ganzen Menschen, die nicht etwas an ihm, die ihn vielmehr in seinem Sein selbst betrifft.

Sünde heißt: Gottes Zusage nicht zu trauen, an ihr zu zweifeln: Hält Gott auch, was er verspricht?[4] Sollte Gott gesagt haben? Luther nennt dies ‚disputare de deo'[5]. Mit Gott disputieren und dabei zweifeln kann zwar auch der angefochtene Glaube – sofern er seine Fragen als Klage vor Gott bringt. Unglaube aber wird dieser Zweifel, wenn er sich aus dem Gottesverhältnis löst und in selbstrechtfertigender, selbststabilisierender Absicht laut wird. Wer die Erfüllung seines Lebens selbst in die Hand nehmen, sich selbst garantieren will, meint, das Hören und Antworten – als Loben, Klagen und Bitten – nicht mehr nötig zu haben.

Luther gewinnt seinen Sündenbegriff ganz vom Promissioglauben her, indem er dessen Verkehrung bedenkt (vgl. Röm 14,23). Zunächst legt er im elften Abschnitt des Freiheitstraktats dar, was es heißt, dem in seiner promissio begegnenden Gott zu glauben. Dann wird im Gegenzug dazu gezeigt, was der Widerspruch zum Glauben und damit die Sünde ist. Gott nicht zu glauben, bedeutet, ihn für unzuverlässig, für nicht vertrauenswürdig zu halten, ihn zum Lügner zu erklären. Damit schreibt der Mensch sich selbst die Wahrheit zu, Gott aber die Lüge und Nichtigkeit. Wer dies tut, negiert Gott und ist damit Atheist – sei es in abstrakt-theoretischer Form oder, wie es häufiger der Fall ist, im praktischen Nicht-Vertrauen oder in der Geringschätzung Gottes (Ps 14,1).[6] Der Gottlose richtet sich kraft seines cor fingens selbst zum Idol, zum Götzenbild in seinem Herzen auf.

Glaube und Unglaube sind mehr als bloß Deutungen von Wirklichkeit. In beiden Fällen, im Glauben wie im Unglauben, *geschieht* effektiv etwas: Das Urteil Gottes setzt eine Seinsbestimmung des Menschen; das Urteil des Menschen über Gott setzt ebenfalls eine Seinsbestimmung – freilich nicht Gottes, sie fällt vielmehr auf den Menschen zurück. Es ist wie in einem Liebesverhältnis: Was ich dem anderen zusage – „Du bist mein Schatz" –, betrifft sein Sein. Wenn ich dies höre und glaube, bin ich es wirklich. Glaube ich es hingegen nicht, dann bin ich es auch nicht. Wirklichkeit wird durch Urteile konstituiert. Sünde hat Seinsqualität und ist nicht etwa nur ein Defizit, ein fehlendes Gutes, eine Minderung der

---

4 WA 42, 120,25–122,19 (zu Gen 3,6): Nicht das Essen der Frucht war die Sünde; vielmehr liege sie darin, Gottes Wort in Frage zu stellen, an ihm zu zweifeln.
5 Vgl. aaO. 118,11–32 (zu Gen 3,4f).
6 WA 18, 609,7–11 (De servo arbitrio; 1525): „Alle haben ein verfinstertes Herz, so dass sie, auch wenn sie alles, was in der Schrift steht, sagen und vorzubringen wissen, dennoch nichts davon wahrnehmen oder in Wahrheit erkennen, noch glauben sie Gott, weder dass sie Kreaturen Gottes sind noch etwas anderes, entsprechend jenem Psalmwort: ‚Es sprach der Tor in seinem Herzen: Gott ist nichts [Ps 14,1].'"

Seins-Intensität oder eine „Unlust" und „Hemmung des Gottesbewusstseins"[7]. Luther quantifiziert nicht. Es gibt für ihn keine sanften Übergänge. Er sieht nur einen qualitativen Unterschied; es gibt nur das eine oder das andere: entweder Glaube oder Unglaube.

1.2 Differenzierungen der Grundbestimmung

Im lateinischen Text des Freiheitstraktats sind fast alle einschlägigen biblischen Begriffe – vor allem die des Alten Testaments – versammelt: peccatum, perversio, rebellio, mendacium, vanitas. Grundsätzlich gilt: In der Sünde befindet sich der Mensch im Widerspruch zu seiner Bestimmung, im Widerspruch zu Gottes Schöpferspruch, der ihn geschaffen hat. Dieser Widerspruch bekundet sich

a) in der *Zielverfehlung* (chet, chatah חטא, חטאה; ἁμαρτία). In der Zielverfehlung greift der nach Gott sich ausstreckende Mensch daneben und bekommt, statt ein lebendiges und erleuchtendes Wort zu hören, das Kommunikation schafft (Joh 1,4), nur einen selbstproduzierten stummen und tauben Götzen zu fassen. Dieser Fehlgriff ist zugleich

b) eine *Verkehrung* (awon עון; perversio) der ursprünglich gewährten Gemeinschaft. In dieser Verkehrung wird der Mensch zwar nicht beziehungs- und verhältnislos, aber seine Verhältnisse zu seinem Schöpfer und seinen Mitgeschöpfen werden zu Missverhältnissen. Der Sünder lebt nicht mehr – auch – *in* einem Selbstverhältnis, wie es seiner Schöpfungsbestimmung entspräche, sondern *als* Selbstverhältnis. Alles, was ihm begegnet, bezieht er auf sich; in allem sucht er das Seine.[8] Dies kann durchaus in frommer Absicht geschehen – auch in der Rede von Gott. In solchem Selbstbezug aber wird Gott nicht mehr als Gegenüber gehört; er wird funktionalisiert zum Vehikel menschlicher Ichfindung und Selbstverwirklichung und verfällt auf diese Weise der vereinnahmenden Selbstverabsolutierung des Sünders. So ist Sünde verkehrte Kommunikation, ein Missverhältnis.

c) In und mit dieser Verkehrung der Verhältnisse geschieht ein *Aufruhr* (päscha פשע; rebellio) gegen den Schöpfer; mit dem Wort „rebellio" ist das Moment des Willens, das aktive Moment in der Sünde benannt: Der Mensch will nicht, dass Gott Gott sei. Dieses Verständnis der Sünde als rebellio kommt in klassischer Schärfe in Luthers 17. These der „Disputatio contra scholasticam theologiam" (1517) zum Ausdruck: „Nicht kann der Mensch von Natur aus wollen, dass

---

[7]   FRIEDRICH SCHLEIERMACHER, Der christliche Glaube nach den Grundsätzen der Evangelischen Kirche im Zusammenhange dargestellt, hg. v. MARTIN REDEKER, Bd. 1, Berlin [7]1960, §§ 62.66 (341.355 u.ö.).

[8]   Vgl. die kritische Darstellung bei THEO DIETER, Der junge Luther und Aristoteles. Eine historisch-systematische Untersuchung zum Verhältnis von Theologie und Philosophie (TBT 105), Berlin/New York 2001, 80–107: „Luthers Verständnis des ‚quaerere quae sua sunt' als Bestimmung des Sünders".

Gott Gott sei [was Scholastiker wie Duns Scotus und Gabriel Biel ausdrücklich behaupteten]; vielmehr wollte er [wenn er nur könnte!], dass er selbst Gott sei und Gott nicht Gott."[9] Der Sünder versucht, sich bis in die Wurzel seiner Existenz selbst in die Hand zu bekommen, sein Leben radikal selbst zu besorgen, sich durch seine Arbeit selbst zu schaffen. Damit aber will der Mensch Gottes Welt erschließende Zusage und Gabe und Gottes Seinsurteil über sich – „Du bist mein!" – nicht wahrhaben und setzt an dessen Stelle sein eigenes Urteil und das anderer über sich, bezweifelt also die Wahrheit des Gotteswortes, und fällt damit auf sich selbst, sein „trotziges und verzagtes Herz" (Jer 17,9) zurück. In der superbia, im selbstherrlichen Trotz und Hochmut, überschätze ich mich als Geschöpf; in der desperatio, der Verzagtheit und Verzweiflung, missachte ich mich als Geschöpf.

d) In solcher Selbstbezogenheit, in der er Gott zum Lügner macht, fällt der Mensch selbst in die *Lüge* und den *Trug* (awän אָוֶן; mendacium), mithin in das Unzuverlässige, den Wortbruch, den Missbrauch der Sprache (schaw שָׁוְא; ματαιότης), in die Treulosigkeit. Wo aber das Wort gebrochen wird, ist auch das Leben nicht mehr sicher; daher gehören Lüge und Mord zusammen (Joh 8,44).

1.3 Abkehr von Gott; Selbstverkrümmung

Insgesamt lässt die Sünde sich als „aversio a Deo" verstehen, als – willentliche, freiwillige – Abkehr von Gott. Der Mensch, der doch nur aufgrund der vorgängigen Zuwendung des Schöpfergeistes (Gen 2,7; Hi 33,4; Ps 104,27–30) überhaupt leben kann, wendet sich von Gott ab und ausschließlich sich selber zu. Im Widerspruch zu seiner Bestimmung als ekstatisches Wesen – durch den Glauben in Gott, durch die Liebe in den Mitgeschöpfen zu leben[10] – verkrümmt der Sünder sich in sich selbst. In solcher Selbstverkrümmung („incurvatio in se ipsum"[11]) schnürt er sich selbst vom Leben ab, das im Empfangen und Weitergeben besteht. Das ursprünglich mit dem Gottes- und Weltverhältnis zusammenklingende Selbstverhältnis isoliert und verabsolutiert sich. Der zur Antwort bestimmte Mensch endet im Zirkel eines endlosen Selbstgespräches mit sich und seinesglei-

---

[9] „Non ,potest homo naturaliter velle deum esse deum', Immo vellet se esse deum et deum non esse deum." (Bonner Ausgabe 5, 321; anders als in der WA – 1,225 – ist hier der polemische Bezug mit dem in diese These eingebauten und von ihr bestrittenen Satz Biels und Scotus' nachgewiesen.)

[10] WA 7, 38,6–10 (Von der Freiheit eines Christenmenschen, 1520; Schlussthese).

[11] Diese treffende Wendung, die sich bis ins Spätwerk hinein findet, begegnet zuerst in der Römerbriefvorlesung (1515/16). Vgl. bes. WA 56, 356,5f (zu Röm 8,3): „[Scriptura] hominem describit incurvatum in se adeo, ut non tantum corporalia, sed et spiritualia bona sibi inflectat et se in omnibus quaerat." – Die Schrift „beschreibt den Menschen als so sehr in sich selbst verkrümmt, dass er nicht nur die leiblichen, sondern auch die geistlichen Güter auf sich selbst hinbiegt und in allem sich selber sucht."

chen und in der vermessenen, der hybriden Sorge um das Ganze seiner Existenz. Zugleich zieht der Sünder seine Mitgeschöpfe in Mitleidenschaft.

Sünde ist Unterbrechung, ja Abbruch des umfassenden Kommunikationsprozesses im Empfangen und vorbehaltlosen Weitergeben, zu dem der Mensch geschaffen wurde. Der Ursünde des Unglaubens entspricht deshalb der Undank, der Geiz, das Einbehalten, das Nicht-weitergeben-Wollen. Nur Gottes erhaltender Gnade, dem Weitergehen seines Schöpferhandelns ist es zu verdanken, dass gleichwohl noch Leben ist und nicht vielmehr nichts. In der Sünde, trotz der Sünde, ja sogar durch die Sünde erhält Gott die Schöpfung auf seine Zukunft hin. Die Gnade Gottes erhält auch den Sünder, aber nicht ipso facto schon zum Heil. [12]

Im Bezug auf dieses Sündenverständnis lässt sich sagen, worin das Heilswerk Jesu Christi besteht: in jenem Kommunikationsgeschehen, durch das die in sich verkrümmte, verkehrte Welt aus ihrer Selbstverschlossenheit gerettet und damit zum Loben, Empfangen und Weitergeben wieder offen wird. Der „fröhliche Wechsel"[13] ist das gelingende Kommunikationsgeschehen zwischen sündigendem Menschen und rechtfertigendem Gott. Gott befreit mich von meiner Selbstverfangenheit und eröffnet mir neu die Kommunikation mit ihm und den Mitgeschöpfen.

Von solcher Befreiung her erweist sich die Sünde, von der ich weggerissen werde, als radikale Unfreiheit: Der in sich selbst verkrümmte Mensch missbraucht seine ihm vom Schöpfer gegebene Freiheit zwanghaft und ist darin radikal unfrei. Kierkegaard hat in „Der Begriff Angst" (1844) mit dem Untertitel „Eine schlichte psychologisch-andeutende Überlegung in Richtung auf das dogmatische Problem der Erbsünde" klassisch gezeigt, wie Freiheit und Unfreiheit doppelt ineinander verschränkt sind – in jedem Individuum wie auch in der Geschichte der gesamten Menschheit.

In der Stellung zu diesem Befund kommt es unausweichlich zum Konflikt zwischen philosophischer und theologischer – besonders reformatorischer – An-

---

[12] Durch die Vernunft wird eine leidliche Ordnung erhalten, der unter Umständen sogar noch das Verbrechen dienen muss; zum vierten Gebot bemerkt Luther im Großen Katechismus, dass Gott die Welt selbst dadurch regiert, dass ein Verbrecher den anderen umbringt (BSLK 600,15–21). Doch lassen sich das Werk der Vernunft und die gleichsam „unsichtbare Hand", die das Böse durch das Böse begrenzt, von uns in keiner Weise miteinander vermitteln. Entsprechende Vermittlungsversuche würden – auch in ihren frommen Varianten – in einen Zynismus führen. Vor unserem Tod und dem Weltende, solange wir nur im Glauben und nicht im Schauen leben, ist uns kein verstehender Durchblick durch Gottes Weltregiment gegeben und damit auch keine Rechtfertigung des Bösen als einer „List der Vernunft" (GEORG WILHELM FRIEDRICH HEGEL, Die Vernunft in der Geschichte, PhB 171a, Hamburg ⁵1955, 105). Gottes Weltregiment als ganzes ist verborgen und oft auch dem Glauben fremd, der dann Gottes Verborgenheit klagt und gegen den Augenschein glaubt, dass Gott im Regiment sitzt.

[13] WA 7, 25,34 im Zusammenhang von Abschnitt 12 (Von der Freiheit eines Christenmenschen; 1520).

thropologie. Sieht Philosophie – jedenfalls jene, die sich Erasmus von Rotterdam anschließt – Unfreiheit so, daß sie als Möglichkeit der Freiheit von dieser realisiert, aber auch überwunden werden kann, so macht Luthers realistischer Sündenbegriff demgegenüber geltend, dass der Mensch seine Grundfreiheit immer schon verspielt und verwirkt hat und von sich aus nicht zurückgewinnen kann. So hält der reformatorische Sündenbegriff „den faktischen Selbstwiderspruch menschlicher Freiheit offen, weil die Unfreiheit der Sünde nur als Erscheinung der Freiheit verstanden werden kann, als selbstgewählte Knechtschaft (Joh 8,34)"[14].

Die Frage nach dem Sündenverständnis ist somit identisch mit der Frage nach der Freiheit des Menschen bzw. seinem freien oder unfreien Willen.

2 Der unfreie Wille

Sigmund Freud spricht von drei Kränkungen der menschlichen Eigenliebe: von der mit dem Namen des Kopernikus verknüpften „kosmologischen" Kränkung, von der mit dem Namen Darwins verknüpften „biologischen" Kränkung und drittens von der von ihm selbst dem menschlichen Narzißmus zugefügten „psychologischen" Kränkung, die sich daraus ergebe, „dass die seelischen Vorgänge an sich unbewusst sind und nur durch eine unvollständige und unzuverlässige Wahrnehmung dem Ich zugänglich und ihm unterworfen werden". Solche Aufklärung komme „der Behauptung gleich, dass das Ich nicht Herr sei in seinem eigenen Haus"[15].

Bei Kant dagegen heißt es trotz seiner Lehre vom radikalen Bösen: „Zur inneren Freiheit aber werden zwei Stücke erfordert: seiner selbst in einem gegebenen Fall [aktual] Meister (animus sui compos) und [habituell] über sich selbst Herr zu sein (imperium in semetipsum), d.i. seine Affekte zu zähmen und seine Leidenschaften zu beherrschen."[16] Dieses Freiheitsverständnis wird durch die Einsicht Freuds enttäuscht. Dass das Ich nicht Herr ist im eigenen Haus, hat freilich nicht erst die Psychoanalyse entdeckt – was auch Freud weiß und dazu auf Schopenhauer verweist. Doch kommt die „Unbewusstheit" des Seelenlebens schon in den Psalmen zur Sprache. In Psalm 19,13 heißt es: „Wer kann merken, wie oft er fehlt? Verzeihe mir die verborgenen [die mir unbewussten] Verfehlungen!" In Psalm 90,8 wird bekannt, dass das Unbewusste erst vor Gott ins Licht tritt: „unsere Missetaten stellst du vor dich, unsere unerkannte Sünde ins

---

14 JOACHIM RINGLEBEN, Art. „Freiheit VII. Dogmatisch", RGG⁴ Bd.3, 2000, (317–319), 317.

15 SIGMUND FREUD, Eine Schwierigkeit der Psychoanalyse, in: ders., Gesammelte Werke, hg. v. ANNA FREUD, Bd. 12, Frankfurt a.M. 1947, (3–12) 11.

16 IMMANUEL KANT, Die Metaphysik der Sitten: metaphysische Anfangsgründe der Tugendlehre, Einleitung, in: ders., Werke in zehn Bänden, hg. v. WILHELM WEISCHEDEL, Bd. 7, Darmstadt 1975, 539.

Licht vor deinem Angesicht". Luthers Verständnis des Menschen ist entscheidend von dieser Einsicht und Erfahrung bestimmt; entsprechend wird im elften Artikel des Augsburger Bekenntnisses die Nichtnotwendigkeit der Aufzählung aller Sünden in der Einzelbeichte unter Berufung auf Psalm 19,13 damit begründet, dass dies gar nicht möglich sei.[17]

Nicht möglich ist dies, weil wir uns selbst im Entscheidenden gerade nicht kennen – nicht nur in einem intellektuellen sokratischen Nichtwissen nicht kennen, sondern in einem elementaren Unvermögen des Willens unserer selbst nicht inne sind. „Wer kann sein Herz ergründen?", fragt der Prophet Jeremia (Jer 17,9) im Geiste der zitierten Psalmen. Für Luther schließt diese Frage des Propheten das Wesen des Menschen auf. Sie fragt, zutreffender gesagt, nach des Menschen Geheimnis. Luther fasst in einer freien Übertragung diese Stelle so, dass er dabei das augustinische Verständnis als Sünde als superbia und desperatio, als Hochmut und Verzweiflung, zur Geltung bringt: „Es ist das Herz ein trotzig und verzagt Ding; wer kann es ergründen?" Das heißt: Wir sind uns selbst entzogen, verborgen, unserer selbst nicht Herr. Wir sind nicht einmal Herr unseres Bewusstseins – um vom Unbewussten zu schweigen –, nicht Herr unseres Gewissens, nicht Herr der Bilder und Träume, die uns faszinieren und erschrecken; wir sind vielmehr radikal unfrei. Wer kennt sein eigenes Herz, das „tiefer ist als alles [andere]" (Jer 17,9 nach der Septuaginta), bis auf den Grund? Wer ihm auf den Grund kommen will, wird in einen Abgrund stürzen.

Melanchthon, 1518 von Tübingen nach Wittenberg gekommen und sogleich für die Sache der Wittenberger Reformation gewonnen, beginnt seine „Loci" von 1521 mit einem Abschnitt über den Menschen („De hominis viribus adeoque de libero arbitrio" – „Über die Kräfte des Menschen, insbesondere über den freien Willen"), um gleich Farbe zu bekennen und zu behaupten, dass der Mensch nicht Herr im eigenen Hause ist. Zwar kann nicht und muss auch nicht geleugnet werden, dass in der menschlichen Vernunft „eine gewisse Freiheit zu äußeren Werken" liegt – „wie du selbst die Erfahrung machst, dass es in deiner Macht steht, einen Menschen zu grüßen oder nicht zu grüßen, dieses Gewand anzuziehen oder nicht anzuziehen, Fleisch zu essen oder nicht zu essen". „Dagegen sind die inneren Affekte nicht in unserer Gewalt." „Denn durch Erfahrung und Gewohnheit erleben wir, dass der Wille nicht aus eigenem Antrieb Liebe, Hass oder ähnliche Affekte ablegen kann, sondern ein Affekt wird durch den

---

[17] BSLK 66,4–8. Vgl. a.a.O. 98,27–99,4 (Artikel 25): „Und es wird von der Beichte gelehrt, dass man niemand drängen soll, die Sünden beim Namen aufzuzählen. Denn solches ist unmöglich, wie der Psalmist spricht: ‚Wer kennt die Missetat?' Und Jeremia sagt [17,9]: ‚Des Menschen Herz ist so arg, dass man's nicht auslernen kann.'" Vgl. weiter BSLK 251,47–49 (Apologie zu Art. 11); 440,25–441,13; 452,9–20; 453,8f (Schmalkaldische Artikel; 1537) und bereits WA 26, 220,2–4 (Unterricht der Visitatoren an die Pfarrherrn im Kurfürstentum Sachsen; 1528).

[anderen] Affekt besiegt."[18] Wer behauptet, „dass der Wille von seiner Natur her den Affekten widerstreitet oder dass er sich des Affekts entledigen kann, so oft es der Verstand anmahnt oder beschließt", erliegt einer Illusion. Im Innersten, im Herzen des Menschen, in seinem Willenszentrum, „der Quelle der Affekte"[19], ist der Mensch nicht frei; „es steht nichts weniger in seiner Gewalt als sein Herz"[20]. Nur wenn es durch Gottes Geist umgewandelt ist, ist es frei, Gutes zu denken und zu tun.

Entsprechend hatte Luther schon in der Heidelberger Disputation von 1518 seine radikale Sündenlehre konstitutiv mit der Behauptung des unfreien Willens verbunden: „Der freie Wille nach dem Sündenfall ist Sache eines bloßen, eines leeren Titels" – nur ein Wort, dem keine Realität entspricht.[21] Diese 13. These der Heidelberger Disputation ist die Keimzelle des Streites mit Erasmus in „De servo arbitrio" (Vom unfreien Willen). Da die These als einer der 41 „Irrtümer Martin Luthers" in der Bannandrohungsbulle „Exsurge Domini" vom 15. Juni 1520 aufgeführt wurde, hat Luther sie in seiner „Assertio omnium articulorum", der „Bekräftigung aller Artikel Martin Luthers, die durch die neueste Bulle Leos X. verdammt worden sind" vom selben Jahr (1520) eingehend und ausführlich verteidigt[22]. Auf diesen 36. Artikel hat sich Erasmus in seiner Diatribe (Erörterung)[23] „De libero arbitrio" (Vom freien Willen) von 1524 bezogen, auf die wiederum Luther mit „De servo arbitrio" antwortete (1525).

Diese Schrift, die Luther rückblickend zusammen mit seinen Katechismen als seine wichtigste bezeichnete[24], war ein Attentat auf das humanistische Bild des Menschen, wie es Erasmus vertrat. Danach ist der Mensch dreigegliedert: Geist, Seele, Fleisch. Der Geist lasse uns, so heißt es in seinem „Handbüchlein des christlichen Kämpfers" (Enchiridion militis Christiani), zu Göttern werden, das Fleisch aber mit seinen Begierden und niedrigen Affekten zu Tieren. In der Mitte stehe, an und für sich unentschieden, die Seele, die sich nach unten, zum Tierischen, oder aber nach oben, zum Göttlichen wenden, sich also für das Gute oder aber für das Böse entscheiden könne. Der Seele komme damit ein freier Wille zu. Kraft dieser Freiheit könne der Mensch gegen das Fleisch für den Geist kämpfen. Erasmus meint sich dazu auf den Apostel Paulus berufen zu können, der ja in der Tat von einem Kampf zwischen Geist und Fleisch redet, damit aber etwas völlig anderes meint: dass nämlich, wie Luther betont, „der ganze Mensch

---

[18] PHILIPP MELANCHTHON, Loci communes 1521, lat./dt. übersetzt von HORST-GEORG PÖHLMANN, Gütersloh 1993, I.42 und 44, 35 und 37.

[19] A.a.O. I.46, ebd.

[20] A.a.O. I.65, 43 [Satzbau umgestellt]: „[…] nihil minus in potestate sua esse quam cor suum".

[21] „Liberum arbitrium post peccatum res est de solo titulo" (WA 1, 354,5; These 13).

[22] WA 7, 142,22–149,7.

[23] Zu diesem Titel vgl. THOMAS REINHUBER, Kämpfender Glaube. Studien zu Luthers Bekenntnis am Ende von De servo arbitrio, TBT 104, Berlin/New York 2000, 6f.

[24] WA BR 8,99f (an Wolfgang Capito am 9. Juli 1537).

selbst alles beides, Geist und Fleisch" ist, „der mit sich selbst streitet, bis er ganz geistlich werde"[25]; Glaube und Unglaube, Gott und Abgott liegen im Streit miteinander. Dieses Paulusverständnis macht Luther, in Aufnahme der antipelagianischen Schriften Augustins, sowohl gegen scholastische Theologen wie gegen den Humanismus eines Erasmus mit aller Schärfe geltend.

Der Stein des Anstoßes für Luther ist die von Erasmus zur Diskussion gestellte These, dass es „in unserer Freiheit steht, unseren Willen der Gnade zuzuwenden oder ihn von ihr abzuwenden – so wie wir frei sind, dem uns entgegenstrahlenden Licht die Augen zu öffnen oder, umgekehrt, sie vor ihm zu verschließen"[26]. Parallel dazu: „Unter ‚liberum arbitrium' verstehen wir die Kraft des menschlichen Willens, mit der sich der Mensch dem zuwenden kann, was zum ewigen Heil führt, oder von dem abwenden kann"[27]. Erasmus hatte dem Menschen keineswegs die Fähigkeit zur Selbsterlösung zugeschrieben. Für ihn ist alles Gnade: Schöpfung, Erlösung und Vollendung der Welt; dies alles ist allein in Gottes Hand. Der besagte freie Wille des Menschen als Fähigkeit, sich der Gnade zuzuwenden, ist in diesem weiten und großen Meer der Gnade nur ein „perpusillum"[28], nur eine Winzigkeit, nur ein einziger kleiner Punkt, den Erasmus als Vermögen und Tat des Menschen festhalten will: dem Wort der Gnade zuzustimmen und nicht zu widerstehen. Hielte man an dieser Winzigkeit nicht fest, dann wäre, so argumentiert Erasmus, einerseits die Verantwortung des Menschen und damit jede Ethik aufgehoben; andererseits müsste dann auch das Böse, das der Mensch tut, Gott zugerechnet werden. So würde die Leugnung jener winzigen Mitwirkung des Menschen an seinem Heil sowohl die Verantwortung des Menschen wie das Bild Gottes als eines durch und durch nur guten und gütigen Gottes ruinieren.

Luther widerspricht Erasmus aufs schärfste:

> „Du bedenkst nicht, wieviel du mit diesem Reflexivpronomen ‚sich' oder ‚sich selbst' dem freien Willen zuschreibst. Indem du sagst: er kann sich [dem Heil] zuwenden, schließt du nämlich den Heiligen Geist mit all seiner Kraft aus, als ob er überflüssig und nicht nötig wäre."[29]

Die Zuwendung zum Heil, der Glaube, ist in keiner Weise Werk des Menschen, sondern allein Gottes Werk[30] – wie denn auch die den Glauben schaffende göttliche Zusage allein Gottes Werk ist, an dessen Erfüllung und Vollendung ihn,

---

25 BORNKAMM (Hg.), Bibelvorreden, 192 (Vorrede zum Römerbrief; 1522); vgl. a.a.O. 184.
26 DESIDERIUS ERASMUS, De libero arbitrio διατριβή sive collatio (Ausgewählte Schriften, hg. v. WERNER WELZIG, Nachdr. der 2. Aufl., Bd. 4, übers., eingel. und mit Anm. vers. von WINFRIED LESOWSKY, Darmstadt 1995, 54–556), IIa 11.
27 A.a.O. Ib 10. Vgl. dagegen Luther WA 18, 667,29–668,3 (De servo arbitrio; 1525).
28 De libero arbitrio, IV7f.; die Zusammenfassung der gesamten Argumentation: IV 16.
29 WA 18, 665,13–16 (De servo arbitrio; 1525).
30 „Glaube ist ein göttlich Werk in uns, das uns wandelt und neu gebiert aus Gott, Joh 1[,13]" (a.a.O. [s.o. Anm. 25] 182]).

eben weil er allmächtig ist, niemand hindern kann.[31] Er will nicht nur, sondern er kann auch halten, was er verspricht (Röm 4,21).

Wäre das Heil nicht ganz und allein in Gottes Hand, hätte ich auch nur im Geringsten mitzureden und mitzuwirken, wäre ich auch nur an diesem einen Punkt – es ist freilich der archimedische Punkt – auf mich selbst gestellt, dann schliche sich eine Ungewissheit ein, die die Heilsgewissheit und damit alles zerstören würde. So bekennt Luther am Ende seiner Streitschrift gegen Erasmus, indem er in diesem Bekenntnis die Intention seiner ganzen Schrift zusammenfasst[32]:

> „Ich bekenne gewiss von mir: Wenn es irgend geschehen könnte, wollte ich nicht, dass mir der freie Wille gegeben wird oder dass etwas in meiner Hand gelassen würde, wodurch ich mich um das Heil bemühen könnte, nicht allein deswegen, weil ich in soviel Anfechtungen und Gefahren, gegenüber so vielen anstürmenden Dämonen nicht zu bestehen und jenes nicht festzuhalten vermöchte, da ein Dämon mächtiger ist als alle Menschen und kein einziger Mensch gerettet würde, sondern weil ich, auch wenn keine Gefahren, keine Anfechtungen, keine Dämonen da wären, dennoch gezwungen sein würde, beständig aufs Ungewisse hin mich abzumühen und Lufthiebe zu machen; denn mein Gewissen wird, wenn ich auch ewig leben und Werke tun würde, niemals gewiss und sicher sein, wieviel es tun müsste, um Gott genug zu tun. Denn bei jedem vollbrachten Werk bliebe der ängstliche Zweifel zurück, ob es Gott gefalle oder ob er etwas darüber hinaus verlange, so wie es die Erfahrung aller Werkgerechten beweist und ich zu meinem Unglück so viele Jahre hindurch genügend gelernt habe.
>
> Aber nun, da Gott mein Heil meinem Willen entzogen und in seinen Willen aufgenommen hat und nicht auf mein Werk oder Laufen hin, sondern aus seiner Gnade und Barmherzigkeit [Röm 9,16] zugesagt hat, mich zu erretten, bin ich sicher und gewiss, dass er treu ist und mir nicht lügen wird und außerdem mächtig und gewaltig, dass keine Dämonen und keine Widerwärtigkeiten imstande sein werden, ihn zu überwältigen oder mich ihm zu entreißen. ‚Niemand‘, sagt er [Joh 10,28f], ‚wird sie aus meiner Hand reißen, weil der Vater, der sie mir gegeben hat, größer ist als sie alle.‘ So geschieht es, dass, wenn nicht alle, so doch einige und viele gerettet

---

[31] Vgl. WA 18, 618,19–620,12, bes. 619,1–3 (De servo arbitrio; 1525): „Wenn du nämlich zweifelst oder zu wissen verachtest, dass Gott alle Dinge nicht kontingent, sondern notwendigerweise und unveränderlicherweise vorherweiß und will, wie kannst du dann seinen Zusagen glauben, gewiss vertrauen und dich darauf stützen?"

[32] Von diesem „Bekenntnis" am Ende der Schrift her darf deren Einzelargumentation durchaus auch kritisch beurteilt werden. Vgl. Luther selbst zum Gebrauch des Wortes „necessitas": „Optarim sane aliud melius vocabulum dari in hac disputatione quam hoc usitatum Necessitas, quod non recte dicitur, neque de divina, neque humana voluntate" (WA 18, 616, Anm.1): „Ich wünschte freilich, in dieser Disputation ein anderes besseres Wort zur Verfügung zu haben als dieses üblicherweise gebrauchte Wort ‚Notwendigkeit', was sich weder zur Bezeichnung des göttlichen noch zur Bezeichnung des menschlichen Willens eignet".

werden, während durch die Kraft des freien Willens [des Menschen] geradezu keiner errettet würde, sondern wir alle miteinander verloren gingen.

Da sind wir auch gewiss und sicher, dass wir Gott gefallen, nicht durch das Verdienst unseres Werkes, sondern durch die Huld seiner Barmherzigkeit, die uns zugesagt ist, und, wenn wir weniger tun oder böse handeln, dass er es uns nicht zurechnet, sondern väterlich vergibt und bessert. Das ist der Ruhm aller Heiligen in ihrem Gott."[33]

Über das, was der Mensch ist und vermag, lässt sich offenbar nicht reden, ohne dass die schwierigsten Fragen der Gotteslehre aufbrechen. Wenn Gott, was Luther gegen Erasmus mit aller Leidenschaft des Herzens und aller Schärfe des Geistes vorbringt, in seiner Allmacht alles in allem wirkt, wirkt er dann nicht nur das Heil, sondern auch das Unheil? Nicht nur den Glauben, sondern auch den Unglauben? Nicht nur das Gute, sondern auch das Böse? Oder aber: Ist Gott nicht vom Bösen fernzuhalten? Ist das Böse denn nicht allein dem Menschen und dessen Willen zuzuschreiben, der also – jedenfalls ein ganz klein wenig – frei sein muss: die Freiheit haben muss, entweder das Gute oder aber das Böse zu wählen? So wurde es in einer langen philosophischen und theologischen Traditionskette, in die Erasmus sich einfügt, immer wieder vertreten.

Der Gedankengang scheint so stimmig, dass es nach Luthers Tod auf evangelischer Seite nochmals – bei Melanchthon! – zu einem Rückgriff auf die von Erasmus zur Diskussion gestellte These kam, der Wille habe die winzige Fähigkeit, sich der Gnade und dem Heil zuzuwenden oder es zurückzuweisen. Daraus erwuchs der sogenannte „synergistische Streit", der in der Konkordienformel geschlichtet wurde[34]. Die Streitfrage ist, wie gesagt, ob der Mensch an seinem Heil in irgendeiner Weise mitwirkt – oder auch nur: wie er am Heilsempfang beteiligt wird. Doch muss gefragt werden, welches Interesse den späten Melanchthon dazu bringt, in der Art und Weise die Beteiligung am Heilsempfang zum Thema zu machen, wie er es getan hat. Ist der Glaube, wie für Luther, Selbstvergessenheit, so kommt ein solches Interesse überhaupt nicht auf.

Die Behauptung einer menschlichen Fähigkeit, sich der angebotenen Gnade zuzuwenden oder sich von ihr abzukehren, wie sie sich beim späten Melanchthon findet, ist inkonsequent. Denn die von Melanchthon lebenslang entschieden durchgehaltene Unterscheidung von Gesetz und Evangelium hat ja ihre Pointe darin, dass sie dazu anleitet, das Handeln Gottes vom Handeln des Menschen zu unterscheiden. Im Bereich des Gesetzes kann auch der Sünder äußerlich so handeln, dass seine Werke dem menschlichen Zusammenleben dienen

---

[33] WA 18, 783,17–39 (De servo arbitrio; 1525 [Übersetzung im wesentlichen nach BRUNO JORDAHN, in: Martin Luther, Ausgewählte Werke, hg. v. GEORG MERZ, Bd. 1 der Ergänzungsreihe, München ³1954, 243–246]).

[34] Formula Concordiae, Art. 2 (BSLK 776–781). Vgl. WALTER SPARN, Begründung und Verwirklichung. Zur anthropologischen Thematik der lutherischen Bekenntnisse, in: Bekenntnis und Einheit der Kirche. Studien zum Konkordienbuch, hg. v. MARTIN BRECHT und REINHARD SCHWARZ, Stuttgart 1980, 129–153.

und deshalb gut zu nennen sind, auch wenn sie vor Gott – der im Unterschied zum Menschen das Herz ansieht (1Sam 16,7) – nichts taugen, das heißt: mein Dasein nicht begründen und rechtfertigen können.

So sehr Luther und Melanchthon die „allgemeine" Humanität, die Humanität auch der Nichtchristen als Geschenk von Gottes inkognito wirkender Erhaltungsgnade dankbar wahrnehmen, so sehr widersprechen sie dieser Humanität, wo und wenn sie versucht, ins Absolute auszugreifen. Denn sie sehen den Menschen als den, der die Rechtfertigung seines Daseins nicht selbst besorgen, der sein Herz nicht selbst ergründen, der seine Schuld sich nicht selbst vergeben und von der Angst vor der Zukunft sich nicht selbst befreien kann. Von eben dieser Sorge – und mit ihr von seiner Verzweiflung und seiner Hybris, seiner Vermessenheit, in der er seine Endlichkeit verkennt – muss der Mensch befreit werden. Dies aber geschieht nicht durch das Gesetz, sondern allein durch das Evangelium, durch das Gottes Geist den Glauben schafft und „von außen her" das Herz umwendet, erneuert – so, dass ich meiner Endlichkeit entsprechen und in einer Weltlichkeit leben kann, die nicht mehr von Ewigkeitsgelüsten und Heilsansprüchen belastet und erdrückt wird, sondern Sinn und Geschmack fürs Endliche gewinnt.

Dem starrsinnigen und verblendeten Menschen scheint diese Befreiung eine Kränkung seiner Eigenliebe zu sein. Das ist sie denn auch in der Tat – jedenfalls in dem Sinne, in dem die mit Luther und Melanchthon in Wittenberg lebende Elisabeth Cruciger betet: „den alten Menschen kränke, dass der neu leben mag" (EG 67,5), d.h.: den alten Menschen gib in den Tod, damit der neue leben kann. Der neue Mensch kann zwischen dem Glauben, nämlich der Gewissheit, dass Gott für ihn sorgt, und seinem Werk, seinem eigenen Handeln, mit dem er selber sorgen muss, „als wäre kein Gott da"[35], unterscheiden. In solcher Unterscheidung kann und darf dann auch die Arbeit der Psychoanalyse als Werk genommen und geschätzt werden. Die Aufhellung des Unbewussten muss dann nicht, wie Freud es tat, allein vom Gott „Logos", von der menschlichen Vernunft erwartet werden,[36] sondern darf in den Glauben gestellt sein, weil der menschliche Gott in sein Eigentum gekommen ist und es deshalb keine Kränkung, sondern die herrlichste Befreiung ist, nicht selbst Herr im eigenen Hause sein zu müssen.

3 Die „Erb"-Sünde

Unfrei ist der Wille, wie schon hervorgehoben, nicht im Bezug auf die innerweltliche Handlungs- und Entscheidungsfreiheit des Menschen, auf jenes liberum arbitrium, das Luther sowie das von Melanchthon verfasste Augsburger Bekennt-

---

[35] WA 15, 373,3 (Der 127. Psalm ausgelegt an die Christen zu Riga in Livland; 1524).
[36] SIGMUND FREUD, Die Zukunft einer Illusion, GW (s.o. Anm. 15) 14, (325–380) 378f.

nis (Artikel 18) durchaus lehren und bekennen. Unfrei ist der Wille jedoch im Bezug auf den *Existenzgrund* des Menschen, sofern dieser durch des Menschen Unwesen – durch die Sünde, den Unglauben – bestimmt ist. Alea iacta est, der Würfel ist gefallen – wie denn der Sünder bekennen muss: „Siehe, ich bin in sündlichem Wesen geboren, und meine Mutter hat mich in Sünden empfangen" (Ps 51,7). Für die gesamte Tradition einschließlich Luthers und des Augsburger Bekenntnisses (im Artikel 2) ist dieser Vers die klassische Belegstelle für die sogenannte „Erb"-Sünde – eine Stelle, die so anstößig und modernem Empfinden offenbar so unerträglich ist, dass sie im neuen Evangelischen Gesangbuch stillschweigend getilgt worden ist.[37] So ist nun in der Liturgie und damit im öffentlichen Bewusstsein der Gemeinde jener Stolperstein beseitigt, der überhaupt zu Nachfragen und zum kritischen Nachdenken Anlass geben könnte. Dass dies nötig ist, steht außer Frage. Denn der Psalmtext und das Wort „Erbsünde" hat sich seit Augustin in der Theologie- und Frömmigkeitsgeschichte mit biologistischen Vorstellungen verbunden, indem die Weitergabe der Erbsünde ausschließlich im Zeugungsakt lokalisiert wurde.

Damit aber ist der Sachverhalt verfälscht. Luther erfasst ihn genau. In seinem „Bekenntnis" von 1528 betont er, der Wortlaut heiße „nicht: meine Mutter hat mit Sünden mich empfangen, sondern: Ich, Ich, Ich bin in Sünden empfangen"[38]. Obwohl der Grammatik nach „meine Mutter" als Subjekt und das „Ich" als Objekt steht, dreht Luther in seiner Erklärung die Reihenfolge um, damit die Subjekthaftigkeit, Personalität und Unvertretbarkeit meiner selbst in meinem Sündersein außer allem Zweifel bleibt: „Meine Mutter hat mich in Sünden getragen [...,] das heißt, dass ich [!] im Mutterleibe aus Sündensamen bin gewachsen, wie das die Bedeutung des hebräischen Textes ist"[39].

Die große Passage, die in dieser scharfen Hervorhebung der Ich-Haftigkeit der Ursünde in deren Totalität und Radikalität gipfelt, bekräftigt die konstitutive Verbundenheit der Erbsünde mit dem unfreien Willen:

> „Denn ich bekenne und weiß aus der Schrift zu beweisen, dass alle Menschen von einem Menschen, Adam, gekommen sind und von diesem durch die Geburt mit sich bringen und erben den Fall, Schuld und Sünde, die dieser Adam im Paradies durch des Teufels Bosheit begangen hat, und dass so mit ihm alle miteinander in Sünden geboren werden, leben und sterben und des ewigen Todes schuldig sein müssten, wenn nicht Jesus Christus uns zu Hilfe gekommen wäre und solche Schuld und Sünde als ein unschuldiges Lämmlein auf sich genommen, für uns durch sein Leiden bezahlt hätte und noch täglich für uns einsteht und für uns eintritt als ein

---

[37] EG 727.

[38] WA 26, 503,31f.

[39] WA 26, 503,30–34. Luther bleibt ansonsten in seiner Lehre von der Erbsünde allerdings weitgehend im Rahmen traditioneller Vorstellungen (vgl. PAUL ALTHAUS, Die Theologie Luthers, Gütersloh ⁶1983, 144; BERNHARD LOHSE, Luthers Theologie in ihrer historischen Entwicklung und in ihrem systematischen Zusammenhang, Göttingen 1995, 268f).

treuer, barmherziger Mittler, Heiland und einziger Priester und Bischof unserer Seelen.

Hiermit verwerfe und verdamme ich als lauter Irrtum alle Lehren, die unsern freien Willen preisen, als solche, die dieser Hilfe und Gnade unseres Heilandes Jesus Christus geradewegs widerstreben. Denn weil außer Christus der Tod und die Sünde unsere Herren und der Teufel unser Gott und Fürst ist, kann da keine Kraft noch Macht, keine Klugheit noch Verstand sein, womit wir Gerechtigkeit und Leben uns könnten bereiten oder erstreben, sondern müssen verblendet und gefangen, des Teufels und der Sünde eigen sein, so dass wir tun und denken, was ihnen gefällt und wider Gott und seine Gebote ist.

So verdamme ich auch sowohl die neuen wie die alten Pelagianer, welche die Erbsünde nicht wollen lassen Sünde sein, sondern ein Gebrechen oder Fehler. Aber weil der Tod über alle Menschen hin gehet, kann die Erbsünde nicht ein Gebrechen, sondern muss eine äußerst große Sünde sein, wie der heilige Paulus sagt: ‚Der Sünde Sold ist der Tod' [Röm 6,23] und nochmals: ‚Die Sünde ist des Todes Stachel' [1Kor 15,56]. So spricht auch David, Ps. 51[,7]: ‚Siehe, ich bin in Sünden empfangen, und meine Mutter hat mich in Sünden getragen.'"[40]

Das dreifache expressive „Ich, Ich, Ich" des Bekenntnistextes ist nicht zu überhören. Schärfer kann die Subjektivität, Unvertretbarkeit und Zurechnungsfähigkeit des sündigen „Ich" nicht herausgestellt werden. Was den Begriff „Erbsünde" betrifft, so ist allerdings besser und unmissverständlicher von der „Ursünde" zu reden – entsprechend der üblichen lateinischen Begrifflichkeit „peccatum originale" oder „originis": Sünde des Ursprungs. „Ursprung" versteht Luther zwar auch als historischen Anfang, vor allem aber im Sinne einer Grundbestimmung, die jeden Menschen charakterisiert: Jeder findet sich immer schon in der Ursünde vor; *gleichwohl ist jeder für sie verantwortlich*. So sagt Luther, dass wir die Ursprungssünde „von unseren Eltern her" mitbringen; doch wird sie „uns nicht weniger zugerechnet, denn als hätten wir sie selbst getan"[41].

4 Vom Teufel geritten

Mein Wille ist wie der aller Menschen – faktisch unentrinnbar – immer schon unfrei und gefangen. Der Mensch ist ein Reittier, das in jedem Fall geritten wird – entweder vom Teufel oder aber von Gott. Eine Neutralität ist in Heilsfragen für Luther nicht denkbar.

„So ist der menschliche Wille in eine Mitte gesetzt wie ein Lasttier; wenn Gott darauf sitzt, will er und geht, wohin Gott will [...]. Wenn der Satan

---

[40] WA 26, 502,25–503,31 (Vom Abendmahl Christi. Bekenntnis; 1528).

[41] WA 17 II, 282,14–21 Festpostille; 1527 (Evangelium am Tage Mariä Empfängnis. Luk 11,27f.). Vgl. WA 42, 121,19 (zu Gen 3,6): „Wie es der Teufel damals getan hat, so tut er es heute noch."

darauf sitzt, will er und geht, wohin der Satan will. Und es liegt nicht in seinem freien Ermessen, zu einem der beiden Reiter zu laufen oder ihn zu suchen, sondern die Reiter selbst kämpfen darum, ihn festzuhalten und zu besitzen."[42]

Zugleich aber – und dies widerstrebt zutiefst unserer landläufigen Logik – ist diese unentrinnbare Notwendigkeit und Faktizität keineswegs nur ein fremdbestimmtes Sündigen-Müssen, ein Schicksal oder Verhängnis. Die Sünde ist vielmehr zugleich, ja gleichursprünglich die ureigene Tat eines jeden Menschen. Deshalb ist er schuldig und muss sich verantworten. So wäre es der äußerste Grad der Sünde, sagt Luther in seiner Auslegung der Geschichte vom Sündenfall, Gott die Schmach anzutun und ihm zuzuschreiben, dass er der Urheber der Sünde sei.[43] Dem entspricht Artikel 19 des Augsburger Bekenntnisses: „Von der Ursache der Sünde wird bei uns gelehrt: Wiewohl Gott der Allmächtige die ganze Natur geschaffen hat und erhält, so bewirkt doch [allein] der verkehrte Wille in allen Bösen und Verächtern Gottes die Sünde, wie es denn der [ureigene] Wille des Teufels und aller Gottlosen ist, der sich in dem Augenblick, in dem Gott seine Hand abzieht [oder: abgezogen hat], von Gott weg dem Argen zuwendet [oder: zugewendet hat], wie Christus Joh 8[,44] sagt: ‚Der Teufel [wie auch jeder Gottlose] redet Lügen aus seinem Eigenen.'"[44]

Zwar steht es dem Menschen nicht frei, nicht zu sündigen; er kann nicht anders. Aber er tut es zugleich willentlich, selbstbestimmt, autonom, und ist deshalb für die Sünde verantwortlich – nicht nur für diese oder jene konkrete Tat- oder Gedankensünde, sondern für die Erbsünde, die Ursünde. Sie ist eine „Synthese von Schicksal und Schuld".[45]

---

[42] WA 18, 126,23–28 (De servo arbitrio; 1525). Vgl. aaO. 129,7f.; 159,32–37; 248,34–38. Zur Geschichte des Bildes vgl. REINHUBER, a.a.O. (s.o. Anm. 23) 46 Anm. 135: Schon die Scholastik kannte das Bild vom Reittier, benutzte es aber im Sinne einer Kooperation des Tieres (freier Wille) mit dem Reiter (Gnade); vgl. ALFRED ADAM, Die Herkunft des Lutherwortes vom menschlichen Willen als Reittier Gottes, LuJ 30/1963, 25–34.

[43] „Hic ultimus gradus peccati est Deum afficere contumelia et tribuere ei, quod sit autor peccati" (WA 42, 134,8f.; zu Gen 3,13).

[44] BSLK 75,1–11; vgl. die Variante ebd. Z.19–22 mit Zitat Hos 13,9: „O Israel, dein Verderben ist aus dir, aber deine Hilfe steht allein bei mir". Dies entspricht folgendem Merksatz aus einer anonymen Bereimung des Augsburger Bekenntnisses: „Vom freien Willen weiß der Christ, / dass dieser nicht vorhanden ist – / zum Guten nämlich! Doch zum Bösen / ist er vorhanden stets gewesen."

[45] WERNER ELERT, Morphologie des Luthertums Bd. 1, München ³1965, 25; vgl. REINHUBER, a.a.O. (s.o. Anm. 23) 220, Anm. 606.

Von der *Monade* zum *subjektiven Geist:* Leibniz, Hegel

Burkhard Tuschling (Marburg)

Leibniz' Metaphysik ist Substanzmetaphysik, die Substanz ist Monade – das ist so allgemein bekannt, daß es scheinbar kaum lohnt, darüber zu reden. Was es bedeutet, ist entschieden weniger trivial. Denn was es systematisch impliziert, wird vielfach übersehen. Daß Leibnizens Monadologie ein subjektiver Idealismus ist, kann noch ohne weiteres zugegeben werden. Denn schließlich gehört es zum Bekannt-Trivialen, daß die Monade vorstellend, ein ‚vorstellendes Wesen‘ ist. Daß sie darüber hinausgehend der Grundbegriff einer komplexen, höchst differenzierten Theorie ist, ja, daß es überhaupt eine Theorie der Subjektivität bei Leibniz geben, daß ein Weg von der Leibnizschen *Monade* zu Hegels *subjektivem Geist* führen könnte, ist nicht evident. Genau dies zu zeigen, ist das Ziel meines Beitrags. Um es zu erreichen, will ich

- *erstens* Leibniz' Konzeption für sich genommen vorstellen;
- *zweitens* diejenigen ihrer Momente exponieren, in denen sich eine Idee der Subjektivität manifestiert, die weit über die traditionelle – üblicherweise ‚Leibniz-Wolffsche‘ genannte, last not least aber auch über die cartesianische und die Lockesche – Metaphysik und Psychologie hinausweist;
- *drittens* schließlich deutlich machen, daß Leibniz' Konzeption der Subjektivität Voraussetzungen für Hegels Begriff und Theorie des *subjektivem Geistes* geschaffen hat, i.e. die Frage aufwerfen, ob einige und ggf. welche Momente der Leibnizschen Idee der Subjektivität in Hegels Begriff des Begriffs und des Geistes wiederkehren, d.i. darin ihren Platz finden, auch wenn sie von Hegel nicht unter ausdrücklichem Bezug auf Leibniz aufgenommen worden sind. [1]

---

[1] Damit will ich NB. nicht behaupten, daß Hegel Leibnizsche Momente affirmativ aufgenommen hat. Die expliziten Bezüge auf Leibniz in Hegels *Enzyklopädie der philosophischen Wissenschaften*, in der der *subjektive Geist* begründet wird und systematisch situiert ist, sind äußerst sparsam und eher negativ. Meine These ist deshalb nicht historisch-rezeptionsgeschichtlich intendiert, sondern systematisch orientiert: ich möchte zeigen, daß Leibniz' Begriff der Substanz als Subjekt einige Momente enthält, die dann von Hegel – völlig unabhängig von Leibniz – entwickelt worden sind.

I.

1.1 Die *Substanz* oder *Monade* ist nach Leibniz
- Einheit
- Eins[2]
- einfach[3].
- Dieses Sein des Eins-Seins ist nicht abstraktes Eins-Sein, sondern Vielheit in der Einheit, Einheit in der Vielheit – „**une multitude dans l'unité ou dans le simple.** ... il faut que dans la substance simple il y ait une pluralité d'affections et de rapports quoyqu'il n'y en ait des parties."[4]
Die Substanz ist also – kantisch gesprochen – *Einheit des Mannigfaltigen*, d.h. insbesondere:
- eine Mannigfaltigkeit vorübergehender „Zustände" oder *Perzeptionen.*

1.2 Die *Perzeption* ist der innere Zustand der Monade, der die äußeren Gegenstände *repräsentiert*.[5]

1.3 Von ihr muß die *Apperzeption* unterschieden werden, die das *Bewußtsein* oder die reflexive Erkenntnis dieses inneren Zustands [d.i. der Perzeption] ist.[6]

1.4 *Bewußtsein* wird[7] nicht allen Seelen zuteil, und denen, die des Bewußtseins fähig sind, auch nicht ständig. Das *‚Ich denke'*, das *Bewußtsein* oder *Reflexion* muß nicht – wie etwa John Locke behauptet[8] – all unsere Perzeptionen begleiten.

1.5 Die Substanz ist nie ohne Perzeptionen.[9] Doch nur eines Bruchteils ihrer Perzeptionen wird sie sich bewußt – eine große Zahl von **petites perceptions** – oder **perceptions insensibles**[10] – ist und bleibt ggf. auch ständig *unbewußt.*

---

[2] „*Monas* est un mot Grec qui signifie l'Unité ou ce qui est un."
(*Principes de la Nature et de la Grace*, § 1, GP VI 598)

[3] „La *Substance* est ... simple ou composée. La *Substance simple* est celle qui n'a point des parties. *La composée* est l'assemblage des substances simples *ou des Monades.*" (ib.)

[4] *Monadologie* § 13.

[5] *Principes* § 4, GP 6.600.

[6] „... la *Perception* qui est l'état interieur de la Monade representant les choses externes, et l'*Apperception* qui est la *Conscience*, ou la connoissance reflexive de cet état interieur ..." (ebd.). – Hervorhebungen hier und im Folgenden vom Verf. B.T.

[7] ebd.

[8] Vgl. dazu etwa die einige Fußnoten weiter unten aus *Essay* II.27.11 zitierte Passage.

[9] Vgl. ib. § 21 und die in der übernächsten Fußnote zitierte Passage aus Nouveaux Essais, Préface, V 46.

[10] Nouveaux Essais, Préface, V 48 u.ö.

1.6 Es gibt also in jedem Augenblick eine Unendlichkeit von nicht bewußten Perzeptionen in uns – und damit ein *Denken ohne Bewußtsein und Reflexion*[11], und es gibt Wesen ohne jedes Bewußtsein – „des Monades toutes nues"[12].

1.7 *Perzeption* und *Bewußtsein*, *Perzeption* und *Wahrnehmung* oder *Apperzeption* sind also wesentlich voneinander **verschieden.** Darin haben sich die Cartesianer[13] [14] – und John Locke[15] [16] – fundamental geirrt, daß sie Perzeptionen, deren man sich nicht bewußt ist, geleugnet und die unendliche Fülle unbewußter Perzeptionen von der Betrachtung ausgeschlossen haben.

1.8 Die Einheit der Vielheit in der Substanz ist mithin gedankliche – denkende, gedachte – Einheit der ständig wechselnden Zustände oder Perzeptionen, die *Idealität der Perzeptionen* der Substanz.

1.9 Die *Substanz* ist also Einheit der unendlichen Mannigfaltigkeit ihrer Perzeptionen – *absolute Einheit des Unbewußten und des Bewußtseins.* Nur dies ermöglicht ihr und bedeutet:

Die Substanz ist – oder erzeugt – *erstens* die Einheit des Mannigfaltigen der einzelnen Perzeption[17], die sie in sich – in ihren alles umfassenden Begriff [18] – aufnimmt.

Sie ist *zweitens* die absolute Einheit der Unendlichkeit der – bereits in sich unendlich mannigfaltigen – Perzeptionen, und zwar sowohl der ihr bewuß-

---

[11] „D'ailleurs, il y a mille marques, qui font juger, qu'il y a à tout moment une infinité de *perceptions* en nous, mais sans apperception et sans reflexion, c'est à dire des changements dans l'ame même dont nous ne nous appercevons pas, parce que les impressions sont ou trop petites et en trop grand nombre ou trop unies ..." (V 46).

[12] Monadologie § 24.

[13] „... la *Perception* qu'on doit bien distinguer de l'apperception ou de la conscience ... Et c'est **en quoy les Cartesiens ont fort manqué, ayant compté pour rien les perceptions dont on ne s'apperçoit pas.**" (ib. § 14); vgl. auch *Principes* § 4, GP 5.600.

[14] „IX. Quid sit cogitatio.
Cogitationis nomine, intelligo illa omnia, quae nobis consciis in nobis fiunt, quatenùs eorum in nobis conscientia est." (Descartes, Principia philosophiae I 9)

[15] „... to find wherein personal identity consists we must consider what *person* stands for – which, I think, is a thinking intelligent being that has reason and reflection and can consider *itself as itself, the same thinking thing* in different times and places; which it does **only by that consciousness which is inseparable from thinking and ... essential to it:** it being *impossible for any one to perceive without perceiving that he does perceive.*" (John Locke, *An Essay Concerning Human Understanding* II.27.11)

[16] „Il semble que nostre habile Auteur pretend qu'il n'y a rien de **virtuel** en nous et même rien dont nous ne nous appercevions tousjours actuellement; ..." (NE V 45).

[17] „L'état passager qui enveloppe ... une multitude dans l'unité ..." (Mon. § 14).

[18] Vgl. dazu unten I.5. und I.7.

ten als auch der unbewußten, d.i. der infinité de *perceptions* **en nous,** ... sans apperception et sans reflexion, die à tout moment ... en nous[19], in uns sind.

Drittens schließlich ist die Einheit der Perzeptionen in der Substanz zugleich

(i) die Einheit eines jeden Individuums, d.h. individuelle Einheit überhaupt oder principium individuationis; d.h.

(ii) die Einheit in allem, was ist jeweils für sich genommen – distributive Einheit aller Objektivität; d.h. wiederum:

(iii) die Einheit der individuellen Naturen und der Einen Natur insgesamt, kollektive Einheit, Einheit der Welt, die in den Perzeptionen einer jeden Substanz auf spezifische Weise zum Ausdruck kommt:
Que chaque substance singulière *exprime* tout l'univers à sa manière, et que *dans sa notion tous* ses evenemens *sont compris* avec toutes leurs circonstances et toute la suites des choses extérieures[20] –

Der Grund dieses Einsseins und der Fähigkeit der Substanz, diese drei Einheiten (i) – (iii) zu sein und zu konstituieren, ist ihre Natur.

2 Die Substanz oder Monade ist ursprüngliche Aktivität.

2.1 Diese Aktivität ist *Spontaneität,* das Wesen, die Natur oder **der Begriff der Substanz:** „La *Substance* est *un Estre capable d'Action*"[21], ein des Handelns fähiges Wesen, d.h. mit ursprünglicher, und zwar durchgängiger, unablässig wirksamer und prozessierender Aktivität begabt.

2.2 Kraft dieser ihrer Natur ist sie ständig in actu, durchgängige Aktivität, Aktuosität, ενεργεια. Diese Spontaneität ist aber nicht ziellos, sondern zielgerichtet – sie ist εντελέχεια und αυτάρκεια, auf ihre eigene Vervollkommnung gerichtet, aber auch allein aus sich selbst heraus – spontan – fähig, ihr Ziel oder ihre Bestimmung zu erreichen[22].

2.3 Eben deshalb ist die *Substantialität,* das Einssein, die Einheit der Vielheit, die Identität Substanz nicht einfach vorhanden, sie **ist erzeugt,** und zwar

---

[19] NE V 46.

[20] Discours de Métaphysique (1686), § 9, Titel, reproduziert in der zweisprachigen Ausgabe der philosophischen Schriften Leibnizens, Bd. I, hrsg. von Hans Heinz Holz, Darmstadt 1985, p. 76. – vgl. auch Monadologie § 56.

[21] *Principes de la Nature et de la Grace* § 1, erster Satz.

[22] „On pourroit donner le nom d'*Entelechies* à toutes les substances simples ou monades creées, car elles ont en elles une certaine perfection (έχουσι το εντελες), il y a une suffisance (αυτάρκεια) qui les rend sources de leurs actions internes et pour ainsi dire des Automates incorporels." (Monadologie § 18)

selbst-erzeugt, aus eigener Spontaneität – Voraussetzung und Resultat eigener ursprünglicher Aktivität.

2.4 Eo ipso ist sie die *Idealität, Virtualität* ihrer Perzeptionen, der unbewußten wie der bewußten.

3 Qua 2.1.–2.4. ist die Substanz source de [ses] actions[23], und eben dadurch *causa sui* ihrer eigenen Identität, ja der Individualität[24] und der Identität[25] alles Seienden.

4 Eben dadurch ist sie *Ich.* Denn – ebenfalls qua 2.1. bis 2.4. – ist sie absolute Spontaneität und durchgängige Reflexivität. Denn sie ist Urheberin von *Actes reflexifs,* qui nous font penser à ce qui s'appelle *Moy,* et à considerer que cecy ou cela est en *Nous:* et c'est ainsi qu'en pensant à nous, nous pensons à l'Etre, à la substance, au simple ou au composé, à l'immateriel et à Dieu même, en concevant que ce qui est borné en nous, est en luy sans bornes. Et ses **Actes Reflexifs fournissent les objets principaux de nos raisonnemens."** (Monadologie § 30). – So begriffen ist die Substanz *Ich,* **Quelle** oder **Ursprung** allen Denkens, aller Begriffe von Objekten – und, was in der zuletzt zitierten Passage fast explizit wird – **aller Objektivität.**

5 Die *Substanz* ist *vollständiger, alle ihre Bestimmungen in sich einschließender Begriff.*[26]

6 Die *Substanz* ist[27] *Subjekt*[28].

---

23 Monadologie § 18.

24 „car il faut savoir que chaque ame garde toutes les impressions précedentes et ne sauroit se mypartir de la manière qu'on vient de dire: **l'avenir dans chaque substance a une parfaite liaison avec le passé, c'est ce qui fait l'identité de l'Individu."** [Noveaux Essais II.1.12, GP V.104]"

25 Vgl. auch NE II.27.14:
„Un Estre immateriel ou Esprit *ne peut estre depouillé* de toute perception de son existence passé. *Il luy reste des impressions de tout ce qui luy est jamais arrivé* et il a même des presentimens de tout ce qui luy arrivera: mais ces sentimens sont le plus souvent **trop petits** pour estre distinguables, et **pour qu'on s'en apperçoive, quoyqu'ils pourroient peutestre se developper un jour. Cette continuation et liaison de perceptions fait le même individu reellement,** mais les **apperceptions** (c'est à dire lorsqu'on s'apperçoit des sentimens passés) prouvent encor une identité morale, et font paroistre l'identité réelle." (NE II.27.14, GP 5.222)

26 Vgl. dazu den weiter oben und unten zitierten Titel von *Discours de Métaphysique* (1686), § 9; ferner „... chaque substance ... est ... un miroir vivant perpetuel de l'univers" (*Monadologie* § 56);
und insbesondere das folgende:
„la nature d'une substance individuelle ou d'un **estre complet est d'avoir une notion si accomplie qu'elle soit suffisante à comprendre et à en faire déduire tous les predicats du sujet à qui cette notion est attribuée."** (Discours de Métaphysique § 8)

7   Die *Substanz* ist *absoluter Begriff.* Denn sie enthält nicht nur – wie im Beleg zu I.5. [Discours de Métaphysique § 8] gesagt – all ihre eigenen [vergangenen, gegenwärtigen und zukünftigen] Bestimmungen, sondern drückt, wie ebenfalls schon zitiert, alles andere, das All oder Universum aus.[29] Sie repräsentiert damit nicht nur, wie dort gesagt, *tous* ses evenemens, alles, was ihr jemals zukommt, sondern schließt es in ihren Begriff ein – *dans sa notion tous* ses evenemens *sont compris* avec toutes leurs circonstances et toute la suite des choses extérieures –, und zwar mit unerbittlich deterministischer Konsequenz:

„... Dieu voyant la notion individuelle ou heccéité d'Alexandre, y voit en même temps le fondement et la raison de tous les predicats qui se peuvent dire de luy veritablement ... Aussi quand on considere bien la connexion des choses, on peut dire qu'il y a de tout temps dans l'ame d'Alexandre **des restes de tout ce qui luy est arrivé**, et les **marques de tout ce qui luy arrivera, et même des traces de tout ce qui se passe dans l'univers,** quoyqu'il n'appartienne à Dieu de les reconnoitre toutes." (Discours § 8)

So ist die Monade und mit ihr „die Leibnizische Philosophie ... der vollständig entwickelte *Widerspruch.*"[30]

II.

Die spezifischen Leistungen, systematischen Dimensionen, Funktionen und Implikationen des von Leibniz entwickelten Begriffs des Substanz-Subjekts werden noch deutlicher, wenn man die verschiedenen Momente dieses Begriffs als Kontrapunkte gegen den Empirismus, die phänomenologische Psychologie und den „way of ideas" von Descartes und Locke begreift.

---

[27] Qua 2.1–2.3, qua 3.–5. und kraft ihrer logisch-epistemologischen Funktion als Begriff für sich genommen und im Urteil.

[28] „Il faut donc considerer ce que c'est que d'estre attribué veritablement à un certain sujet. Or il est constant que toute predication veritable a quelque fondement dans la nature des choses, et lorsqu'une proposition n'est pas identique, c'est à dire lors que le predicat n'est pas compris expressement dans le sujet, il faut qu'il y soit compris **virtuellement,** et c'est que les Philosophes appellent **in-esse,** en disant que **le predicat est dans le sujet.** Ainsi il faut que le terme du sujet enferme tousjours celuy du predicat, en sorte que celuy qui entendroit parfaitement la notion du sujet, jugeroit aussi que le predicat luy appartient. Cela estant, nous pouvons dire que **la nature d'une substance individuelle** ou d'un estre complet **est d'avoir une notion si accomplie qu'elle soit suffisante à comprendre et à en faire déduire tous les predicats du sujet** à qui cette notion est attribuée. Au lieu que l'accident est un estre dont la notion n'enferme point tout ce qu'on peut attribuer au sujet à qui on attribue cette notion." (Discours de Métaphysique § 8)

[29] Que chaque substance singulière *exprime* tout l'univers à sa manière, et que *dans sa notion tous* ses evenemens *sont compris* avec toutes leurs circonstances et toute la suite des choses extérieures" (Discours de Métaphysique (1686), § 9, Titel)

[30] Hegel, *Enzyklopädie der philosophischen Wissenschaften,* § 194, GW 20.204[25f.]

1   Dem Empirismus-Sensualismus Lockes stimmt Leibniz zunächst einmal zu, allerdings nur, um ihm – mit einem kategorischen *Excipe!* – sogleich radikal zu widersprechen:

„L'experience est necessaire, je l'avoue, afin que l'ame soit determinée à telles ou telles pensées, et afin qu'elle prenne garde aux idées qui sont en nous; mais le moyen que l'experience et les sens puissent donner des idées? L'ame a-t-elle des fenêtres, ressemble-t-elle à des tablettes? est-elle comme la cire? Il est visible que tous ceux qui pensent ainsi de l'ame, la rendent corporelle dans le fonds. On m'opposera cet axiome receu parmy les Philosophes, que **rien n'est dans l'ame qui ne vienne des sens.** Mais il faut excepter l'ame même et ses affections. **Nihil est in intellectu, quod non fuerit in sensu,** *excipe:* **ipse intellectus.** Or l'ame renferme l'estre, la substance, l'un, le même, la cause, la perception, le raisonnement, et quantité d'autres notions, que les sens ne sauroient donner."

und er fährt, Locke ironisierend, fort:

„Cela s'accorde assés avec vostre Auteur de l'Essay, qui cherche la source d'une bonne partie des idées dans la reflexion de l'esprit sur sa propre nature."[31]

Damit und mit der Entfaltung der Momente des Begriffs des Substanz-Subjekts wird der systematische Primat des reinen Denkens, des reinen Verstandes vor der Sinnlichkeit und Erfahrung, zugleich auch der Primat der Idealität vor der Materialität begründet.

2   Dieser Primat ist zugleich auch die Apriorität von Grundbegriffen[32] und Grundsätzen oder Prinzipien[33].

3   Diese Apriorität bedeutet epistemologisch: *erstens* die Unabhängigkeit der Geltung dieser Begriffe und Grundsätze von Sinnlichkeit und Erfahrung;

---

[31]   NE II.1.2., GP V 100f.

[32]   vgl. nochmals die schon zitierte Aufzählung in NE II.1.2., V 100:
„Or l'ame renferme l'estre, la substance, l'un, le même, la cause, la perception, le raisonnement, et quantité d'autres notions, que les sens ne sauroient donner."
oder die etwas anders lautende Passage aus dem ersten Brief an Königin Sophie Charlotte, GP VI 503:
„Cette conception de **l'Estre et de la Vérité** se trouve donc **dans ce Moy et dans l'Entendement** plustost que dans les sens externes et dans la perception des objets exterieurs. On y trouve aussi ce que c'est qu'affirmer, nier, douter, vouloir, agir. [dieser Satz ist fast Wort für Wort eine Wiedergabe von **Descartes, Meditatio II 8:** *quid igitur sum? res cogitans; quid est hoc? nempe dubitans, intelligens, affirmans, negans, volens, nolens, imaginans quoque et sentiens.*] **Mais surtout on y trouve la force des consequences du raisonnement,** qui sont une partie de ce qu'on appelle **la lumière naturelle.**"

[33]   „Nos Differens sont sur des sujets de quelque importance. Il s'agit de savoir, **si l'ame en elle même est vuide entierement comme des Tablettes, où l'on n'a encor rien écrit (Tabula Rasa)** suivant Aristote et l'Auteur de l'Essay, **et si tout** ce qui y est tracé **vient uniquement des sens et de l'experience,** *ou* si **l'ame contient originairement les principes de plusieurs notions et doctrines** que les objets externes reveillent seulement dans les occasions, comme je le crois avec Platon et même avec l'Ecole ..." (NE, Préface, V 42).

zweitens ihre Notwendigkeit und Allgemeinheit, d.h. ihre notwendige Wahrheit und Allgemeingültigkeit.

4 Sie bedeutet ontologisch-epistemologisch gesehen den Ursprung dieser Begriffe und Grundsätze aus dem reinen Denken und ihr kontinuierliches, wenngleich *virtuelles*[34] – d.h. unbewußtes und nur gelegentlich[35] aktualisiertes, zu Bewußtsein gebrachtes – *Präsentsein im reinen Verstand*.- Dies wird insbesondere herausgearbeitet gegen Locke's ,FROM EXPERIENCE'[36], den behaupteten Ursprung aller Begriffe aus Erfahrung und sinnlich vermittelten impressions.

5 Eben damit verliert ,idea' die Bedeutung und den Status, den sie bei Descartes und Locke hat. Sie ist nicht mehr irgendein Vorstellungsinhalt, nicht Resultat sinnlicher Eindrücke, entsteht und vergeht auch nicht mit dem Kommen und Gehen der Vorstellungen. Auf die das Buch II der Nouveaux Essais eröffnende Frage des Lockeaners Philalèthe „N'est il pas vray que l'idée est l'objet de la pensée?" entgegnet Théophile/Leibniz: „Je l'avoue, pourveu que vous ajoutiés que c'est un objet immediat interne, et que cet objet est une expression de la nature ou qualité des choses. Si l'idée estoit la *forme* de la pensée, elle naistroit et cesseroit avec les pensées actuelles qui y répondent; mais en estant *l'objet*, elle pourra estre anterieure et posterieure aux pensées."[37]. Die in der Seele ursprünglich enthaltenen Begriffe sind also anterieure aux pensées, d.h. sie gehen allem empirischen Denken vorher. Daher versteht Leibniz solche apriorischen Begriffe, den Stoikern, den Mathematikern oder Scaliger folgend als „*Prolepses ... Notions communes* (κοινάς εννοίας) ... *Semina aeternitatis*". Sie bezeichnen etwas Ewiges, Göttliches. Sie werden bei Gelegenheit von den äußeren Gegenständen in uns nicht erzeugt, sondern „nur erweckt", reaktiviert und aktualisiert[38], wie Leibniz in explizitem Anschluß an Platon annimmt.[39]

---

34 Vgl. dazu erneut NE Préface, V 45.
  „Il semble que nostre habile Auteur pretend qu'il n'y a rien de **virtuel** en nous et même rien dont nous ne nous appercevions tousjours actuellement; ..."
35 Etwa bei Bedarf: vgl. dazu den nächstfolgenden Abschnitt 5.
36 John Locke, *An Essay Concerning Human Understanding* II.1.2.
37 GP V 99.
38 NE, Préface, V 42.
39 Doch ist die Leibnizsche Idee eher aristotelisch als platonisch, denn sie ist „notion individuelle ou hecceité" [Discours § 8], eine Neufassung des aristotelischen το τί ήιν είναι oder, wie Leibniz gelegentlich etwas genant erklärt, ein Ansatz, „de rehabiliter en quelque façon l'ancienne philosophie et de rappeler postliminio les **formes substantielles** presque bannies ..." [Discours § 11]. Auf Platon bezieht sich Leibniz in Auseinandersetzung mit Locke vor allem, um den Apriorismus gegen den Empirismus Lockes zu unterstreichen, den er – im Kontext des pseudoaristotelischen *Nihil est in intellectu* – Aristoteles zuschreibt, weshalb er Locke eher Aristoteles, sich selbst eher Platon zuordnet; vgl. dazu auch V 41.

6 Eben damit kommt dem *Ich* – erneut: ebensowohl ontologisch als auch e-pistemologisch – fundamentale Bedeutung zu. Denn es ist

6.1 *erstens* der erste und grundlegende Begriff des reinen Verstandes[40];

6.2 *zweitens* nicht eine, sondern *die* Substanz[41];

6.3 *drittens* enthält es alle weiteren Grundbegriffe in sich[42], ist also qua I.5. und I.7. alles in sich enthaltender und aus sich entwickelnder – absoluter – Begriff;

6.4 *viertens* ist es qua I. 2.1.–2.4. die alle Perzeptionen *übergreifende Einheit und Idealität*, und qua I.1.9. ist das *Ich*, dieses *Substanz-Subjekt* (I.6.) *absolute Einheit des Unbewußten und des Bewußtseins;*

6.5 *fünftens* erzeugt es, erneut qua I.1.9. die dort exponierten drei Einheiten (i)-(iii). Qua (i) und (ii) erfüllt das *Ich* die im kantischen Sinne transzendentale Funktion, den individuellen *objets sensibles*, denen „Cette *pensée de moy ... adjoute* quelque chose"[43], Objektivität, d.h. Gegenständlichkeit, und den involvierten Begriffen Gegenstandsbezug und damit Wahrheit zu verleihen. Indem das *Ich* in ein und demselben Prozeß nicht nur die individuelle Einheit (i) und die distributive Einheit der Objekte (ii), sondern uno actu auch die übergreifende und alles – in sich als Subjekt und in sich als

---

40 Vgl. an Sophie Charlotte, VI 501f:
„... outre **le sensible et l'imaginable** il y a ce qui n'est qu'*intelligible*, comme estant l'*objet du seul entendement*, et tel est l'objet de ma pensée quand je pense à moy même. Cette *pensée de moy* [1], *qui m'apperçois* [2] des *objets sensibles*, et *de ma propre action qui en re-sulte* [3], *adjoute* [4] quelque chose aux objets des sens [5]. Penser à quelque couleur [6] et considerer [6] qu'on y pense, ce sont deux pensées [6] tres differentes [6], autant que la couleur même [6] differe de moy [6] qui y pense. [6] Et comme je conçois que d'autres Estres peuvent aussi avoir **le droit de dire moy**, ou qu'on pourroit le dire pour eux, c'est par là que je conçois ce qu'on appelle **la substance** en general [7], et c'est aussi *la consideration de moy même*, **qui me fournit d'autres notions de metaphysique**, comme *de cause, effect, action, similitude* etc., et même celles *de la Logique* et *de la Morale* [8]. Ainsi on peut dire **qu'il n'y a rien dans l'entendement, qui ne soit venu des sens, excepté l'entendement même ou celuy qui entend.**[9]"

41 Vgl. dazu den Kontext [7] der eben zitierten Passage VI 501f:
„c'est par là que je conçois ce qu'on appelle **la substance** en general"

42 Vgl. dazu die in Fn. [32] zitierten Passagen V 100f, VI 503 und aus VI 501f, Fn. [40], den Kontext [8]: „c'est aussi *la consideration de moy même*, **qui me fournit d'autres notions de metaphysique**, comme *de cause, effect, action, similitude* etc., et même celles *de la Logique* et *de la Morale*"

43 Vgl. ebd. die Kontexte [1]-[4], [5] und [8].

Objekt oder Universum – einschließende Einheit (iii) erzeugt, fungiert es als spekulative Vernunfteinheit oder als *Idee* im Hegelschen Sinne.[44]

7   All diese Funktionen erfüllt das Ich als Substanz-Subjekt, insofern es qua I.5.–I.7. und qua II.6.3. der vollständige Begriff ist, aus dem alle ihm als Subjekt zukommenden Bestimmungen deduziert werden können. So ist *Ich* die Basis nicht nur von allem, was in diesem oder jenem Menschen – „in uns" – geschieht[45], obwohl schon in dieser cartesischen, von Locke spätestens in II 27 des Essay übernommenen These eine Apriorität, Notwendigkeit und Allgemeinheit/Allgemeingültigkeit des *self* oder *Ich* behauptet wird, die dem ebenso dogmatisch behaupteten Empirismus widerspricht und ihn aufhebt. Das *Ich* ist nach Leibniz viel mehr: es ist Grundstruktur und prozessierende Aktivität in allem, was ist; auch in dem, das des Bewußtseins nicht fähig ist, wofür wir aber *Ich* sagen können[46]. So ist das *Ich* Grund aller Identität, Objektivität und Individualität – das aristotelische τί ἤιν εἶναι, Kants „höchster Punkt, an den man die Transzendentalphilosophie ... nach ihr die Logik heften"[47] muß, um sie dann auch wiederum daraus deduzieren zu können; ja, dieses Ich als Substanz-Subjekt ist, wie in II.6.5. skizziert, Hegels absolute Idee.
Soviel zur Logik des Begriffs, des Ich. Nun zu seiner Realisierung, die qua I.2.1. und 2.2., I.3. und I.4. Selbstverwirklichung ist und im Prozeß kontinuierlicher Spontaneität-Aktuosität des Substanz-Subjekts weitere essentielle Implikate des Begriffs des Ich manifestiert:

8   Anders als in der empirischen Faktizität des Bewußtseins, aus der heraus Descartes das *cogito* oder die *res cogitans*[48] entwickelt; anders auch als im

---

[44] Vgl. dazu *Enzyklopädie der philosophischen Wissenschaften* § 82 und §§ 213–215.

[45] Descartes, Principia I 9: „**Cogitatio**nis nomine intelligo illa omnia, quae **nobis consciis in nobis fiunt, quatenus eorum in nobis conscientia est.**"

[46] Vgl. erneut Kontext [7] in der oben zitierten Passage aus VI 501f, insbesondere dies: „comme je conçois que d'autres Estres peuvent aussi avoir *le droit de dire moy*, ou qu'on pourroit le dire pour eux, c'est par là que je conçois ce qu'on appelle *la substance* en general".

[47] *Kritik der reinen Vernunft*, B 134, Anmerkung.

[48] Vgl. Decartes, Meditatio II: „Adeo ut, omnibus satis superque pensitatis, denique statuendum sit **hoc pronuntiatum *Ego sum, ego existo*** quoties a me profertur, vel mente concipitur, **necessario esse verum.** (AT VII 25$_{10-13}$) „Quid autem nunc, ubi suppono deceptorem aliquem potentissimum, &, si fas est dicere, malignum, datâ opera in omnibus, quantum potuit, me delusisse? Possumne affirmare me habere vel minimum quid ex iis omnibus, quae jam dixi ad naturam corporis pertinere? Attendo, cogito, revolvo, nihil occurrit; fatigor eadem frustra repetere. Quid verò ex iis quae animae tribueam? **Nutriri vel incedere?** Quandoquidem jam corpus non habeo, haec quoque nihil sunt nisi figmenta. **Sentire?** Nempe etiam hoc non fit sine corpore, & permulta sentire visus sum in somnis quae deinde animadverti me non sensisse. **Cogitare? Hîc inve-

‚FROM EXPERIENCE'[49] Lockes, der, sich selbst widersprechend, die operations of the mind als von der Sinnlichkeit spezifisch verschiedene Quelle der *ideas of reflection* annimmt und damit malgré lui den mind als apriorische und von der Sinnlichkeit unabhängige Quelle von Ideen und Erkenntnis behauptet[50]; wird das Subjekt bei Leibniz – wie in I. und II.1.–7. gezeigt – radikal neu und nichtempirisch konzipiert. Die für die prozessierende Spontaneität und Selbstverwirklichung der ursprünglichen Subjektivität zentralen und dem empiristischen Ansatz entgegengesetzten Momente seien hier nochmals rekapituliert:

- Das **Substanz-Subjekt Ich** ist, wie in I.5.–7. gezeigt, *Begriff,* und zwar nichtempirischer Begriff, d.h. alles Empirische übergreifendes Ansichsein (in Hegelscher Terminologie ausgedrückt). Das bedeutet in concreto: das Ich ist in aller Veränderung seiner Perzeptionen oder Zustände, seines Unbewußten oder seines Bewußtseins mit sich identisch bleibende prozessierende Struktur – nicht zufälliges Sammelsurium von ideas oder – Humisch gesprochen – *„nothing but a bundle or collection of different perceptions* which succeed each other with an inconceivable rapidity, and are in a perpetual flux and movement."[51].
- Reflexivität, die bei Descartes noch völlig fehlt und bei Locke nur impressions und ideas empirisch begleitendes Nachdenken sein soll, wird dominantes Bestimmungsmoment und definiens des Ich als prozessierender Struktur[52].
- Eben damit ist diese Reflexivität nicht einfaches, empirisch zufälliges ‚An sich selbst Denken', sondern ursprüngliches und durchgängiges Tun, Spontaneität, wie in I.2.2. gezeigt, εντελέχεια und αυτάρκεια – ein Kontinuum von Akten des Ich.
- Diese Akte sind nicht primär, sondern allenfalls akzidentell Sprechakte – kein pronuntiatum wie das *cogito* oder *ego sum, ego existo* Descartes'[53], auch keine ursprüngliche Erkenntnis[54].

---

nio: cogitatio est; haec sola a me divelli nequit. Ego sum, ego existo; certum est. Quandiu autem? Nempe quandiu cogito; nam forte etiam fieri posset, si cessarem ab omni cogitatione, ut illico totus esse desinerem. Nihil nunc admitto nisi quod necessrio sit verum; sum igitur praecise tantùm res cogitans, id est mens, sive animus, sive intellectus, sive ratio, voces mihi priùs significationis ignotae. Sum autem res vera, & vere existens; sed qualis res ? Dixi, cogitans."[AT VII 27,2–17]

[49] John Locke, *An Essay Concerning Human Understanding* II.1.2.
[50] Was Leibniz gentlemanlike und zugleich genüßlich ironisiert: s.o. II.1.
[51] Hume, Treatise of Human Nature I iv.6. Of Personal Identity.
[52] *„Actes reflexifs,* qui nous font penser à ce qui s'appelle *Moy,* et à considerer que cecy ou cela est en *Nous:* et c'est ainsi qu'en pensant à nous, nous pensons à l'Etre, à la substance, au simple ou au composé, à l'immateriel et à Dieu même, en concevant que ce qui est borné en nous, est en luy sans bornes. Et ses Actes Reflexifs fournissent les objets principaux de nos raisonnemens." (Monadologie § 30)
[53] Vgl. Fn. [48].

- Sie sind vielmehr nichtverbal, vor- oder unbewußte Akte ursprünglicher Aktivität.
- Ihre Funktion ist auch nicht das Nach-Denken, sondern eher das Vor-Denken, d.h. zuallererst und durchgängig ist es die intellektuelle Konstitution und das aktuelle Erzeugen von
  ** Einheit [s.o. I.1.ff]
  ** aller Individualität und Identität[55], d.h. auch der Identität seiner selbst;
  ** aller Objektivität [s.o. I.1.9., I.4. und II.6.5.]

9 In dieser seiner prozessierenden Struktur und Manifestation fungiert das Ich, wie wiederholt gesagt und belegt, als Begriff. Daß dies nicht nur deklarative Nominaldefinition, sondern Realdefinition ist, ergibt sich aus der Betrachtung dieses Ich in der Ausübung seiner Funktionen, in der sich seine Selbstrealisierung als Begriff manifestiert:
- Indem das Ich seine unendlich vielen „Zustände" oder Perzeptionen in seinen Begriff aufnimmt, also in sich „begreift" oder sie aus sich selbst als Begriff – dieser „**notion si accomplie qu'elle soit suffisante à comprendre et à en faire déduire tous les predicats du sujet** à qui cette notion est attribuée." – entwickelt, deduziert;
- indem es eben dadurch jene *parfaite liaison* der Zukunft *avec le passé* erzeugt, die in jeder Substanz die Identität des Individuums ausmacht[56];
- indem es eben dadurch alles, indem es es in den Zustand der Virtualität transformiert und so das Kontinuum der *parfaite liaison,* die alle Identität ausmacht, zustande bringt;
- und insofern nichts von alledem jemals verloren geht, sondern alles in dieser Virtualität aufgehoben wird und so erhalten bleibt[57]; so daß es unter geeigneten Bedingungen auch re-aktualisiert werden kann[58];

---

[54] „**haec cognitio, *ego cogito, ergo sum,* est omnium prima et certissima**, quae cuilibet ordine philosophanti occurrat. (Descartes, Principia Philosophiae I.7., AT VIII.1 7$_{7-9}$).

[55] S.o. I.1.9. und II.6.5. und das folgende:
„il faut savoir que chaque ame garde toutes les impressions précedentes ... *l'avenir dans chaque substance a une parfaite liaison avec le passé, c'est ce qui fait l'identité de l'Individu.*" (NE II.1.12., GP V 104)

[56] Vgl. vorstehende Fußnote.

[57] „il faut savoir que *chaque ame garde toutes les impressions précedentes ... l'avenir dans chaque substance a une parfaite liaison avec le passé, c'est ce qui fait l'identité de l'Individu.* Cependant le souvenir n'est point necessaire ny même tousjours possible, à cause de la multitude des impressions presentes et passées qui concourent à nos pensées presentes, car je ne crois point qu'il y ait dans l'homme des pensées dont il n'y ait quelque effect au moins confus ou quelque reste mêlé avec les pensées suivantes. *On peut oublier bien des choses, mais on pourroit aussi se ressouvenir* de bien loin *si l'on estoit ramené comme il faut.*" (Leibniz, Nouveaux Essais sur l'Entendement II.1.12, GP 5.104)

- indem es schließlich eben darin sein eigenes, aktuell empirisches Bewußtsein und die Unendlichkeit seiner unbewußten Perzeptionen übergreifend sich betätigt und dabei nicht mechanischen Gesetzen, nicht den „loix des causes efficientes", sondern seinen eigenen Gesetzen der Spontaneität, den „loix des causes finales"[59], folgend die Vielheit der unendlichen Mannigfaltigkeit zur Einheit seiner selbst bringt;

  erweist sich das Unbewußte in seinen ontologischen, epistemologischen und psychischen Funktionen als unentbehrlicher Bestandteil der fundamentalen, alles in sich aufnehmenden und es in sich übergreifend aufhebenden Subjektivität, des Ich. Es ist damit mehr und anderes als das inferiore Es, als bloße Leiblichkeit. Es ist – eher stärker noch als das Bewußtsein – reine Idealität, in genau derjenigen Bedeutung, die in Abschnitt III im Kontext von § 403 der Hegelschen *Enzyklopädie der philosophischen Wissenschaften* noch genauer zur Sprache kommen wird. In dieser Idealität/ Virtualität des Unbewußten und allein in der Vereinigung des Bewußtseins mit ihm durch Negation und Virtualisierung des empirisch Gewußten und Erlebten verwirklicht sich das Ich – nicht nur als numerische Identität, sondern als kantisch-transzendentale ursprünglich-synthetische Einheit und als hegelsch-spekulative, alles andere übergreifende Vernunfteinheit, d.i. als der alles in sich vereinigende Begriff.

- Indem es nun eo ipso et uno actu – in ein und demselben Akt das All oder Universum, die Welt in diesen seinen kontinuierlichen Akten „in sich ausdrückt" oder „repräsentiert", „stellt" das Subjekt oder Ich die Welt nicht nur in seinem Inneren „vor". Vielmehr „drückt" sich das Universum in dieser allumfassenden Idealität/Virtualität des Ich „aus". Dieses sein in der Unendlichkeit der einfachen Substanzen oder Monaden Ausgedrückt-sein ist, erneut uno actu, das Sein des Universums. Dieses sein Sein ist nichts anderes als dieses – durch Gott und in unendlicher Vervielfältigung durch die geschaffenen Substanzen[60]– Gedacht- und in prozessierender Aktivität von allen Substanzen Ausgedrückt-werden.

---

[58] „Un Estre immateriel ou Esprit *ne peut estre depouillé* de toute perception de son existence passé. *Il luy reste des impressions de tout ce qui luy est jamais arrivé* et il a même des presentimens de tout ce qui luy arrivera: mais ces sentimens sont le plus souvent **trop petits** pour estre distinguables, et **pour qu'on s'en apperçoive, quoyqu'ils pourroient peutestre se developper un jour. Cette continuation et liaison de perceptions fait le même individu reellement,** mais les **apperceptions** (c'est à dire lorsqu'on s'apperçoit des sentimens passés) prouvent encor une identité morale, et font paroistre l'identité reelle." (NE II.27.14, GP 5.222)

[59] Principes § 3; vgl. auch NE Préface, V 65.

[60] Vgl. dazu Discours de Metaphysique § 9, GP IV.434:
„De plus toute substance est comme un monde entier et comme un miroir de Dieu ou bien de tout l'univers, qu'elle exprime chacune à sa façon ... Ainsi l'univers est en quelque façon multiplié autant de fois qu'il y a des substances, et la gloire de Dieu est redoublée de même par autant de representations toutes differentes de son ouvrage. On peut mêdme dire que

• Dieses Denken, Ausdrücken, Ausgedrückt- und Gedacht- – d.h. durch ursprüngliche Begriffe in den vielen Einheiten oder Monaden bestimmt, geordnet, objektiviert und begriffen – Werden ist die Substantialität, Aktuosität, Spontaneität und Idealität des Ich, die als universal-nichtempirische, nichtbewußte, sondern alles umfassende und in dieser Funktion absolute Subjektivität mit der Unendlichkeit der Monaden, dem unendlich vervielfachten Universum, das ihr Objekt ist, und schließlich mit dem Einen, dem absoluten (göttlichen) Denken, das dieses Universum durch sein Denken erschaffen hat und erhält, identisch ist.

10   Diese Identifikation des Ich als Subjekt mit der Welt, dem All oder Universum der Objektivität ist in der Tat „der vollständig entwickelte *Widerspruch*."[61], eben dadurch auch ein radikal neuer Begriff des Subjekts. Vorläufig abschließend seien hier nur noch die systematischen Implikationen rekapituliert, die dieser Begriff entfaltet. So etwa

10.1 *philosophisch*: das Subjekt ist nicht das, als was es sich selbst in seinem und anderen in deren Bewußtsein erscheint. Die Seele, der Geist, das Subjekt, das Ich erschöpft sich nicht in seinen empirischen Erscheinungen. Was dem Menschen von seinem Seelenleben bewußt wird, ist nur ein Bruchteil dessen, was er an sich ist. Ob er sich seiner selbst überhaupt bewußt wird und wie dies geschieht [angemessen oder unangemessen] hängt, wie schon Kant klar gesehen hat, allein von empirischen Bedingungen ab und ist insofern ganz zufällig. Deshalb ist das Subjekt auch nicht – jedenfalls nicht nur und nicht primär – Phänomen, sondern mehr und anderes als das, was sich in seinen Erscheinungsformen zeigt. Nicht also die Phänomenologie des Geistes, sondern sein Begriff – der sein Ansichsein, sein empirisches Erscheinen, sein Bewußtsein und sein viel reicheres und ontologisch wie epistemologisch und psychologisch fundamentales Unbewußtes übergreift und in seinem Selbst, dem Ich, vereinigt – ist die Wahrheit des Subjekts.

10.2 *epistemologisch*: Dieser Begriff ist die Voraussetzung für die Ausübung der kantisch-transzendentalen Funktionen der Erzeugung der Einheit des

---

toute substance porte en quelque façon le caractère de la sagesse infinie et de la toute puissance de Dieu, et l'imite autant qu'elle en est susceptible. Car elle exprime quoyque confusement tout ce qui arrive dans l'univers, passé, present ou à venir, ce qui a quelque ressemblance **à une connoissance infinie**; et comme toutes les autres substance expriment cellecy à leur tour et s'y accomodent, on peut dire qu'elle **étend sa puissance sur toutes les autres à l'imitation de la toute-puissance du Createur**."

[61] Hegel, *Enzyklopädie der philosophischen Wissenschaften*, § 194, GW 20.204$_{25f.}$

Mannigfaltigen unserer Vorstellungen (Perzeptionen) und ihrer Gegenstände – der in I.1.9. und II.6.5. skizzierten Einheiten (i) und (ii).

10.3 *ontologisch-kosmologisch:* Er ist auch – wie ebd. gezeigt – die Voraussetzung oder der absolute Grund[62] der Einheit des Universums, die im Kontinuum der unendlich vielen **multitude[s] dans l'unité ou dans le simple** (Monadologie § 13), i.e. in der Unendlichkeit der Perzeptionen der einfachen Substanzen, eben dadurch unendlich vervielfältigt[63], zum Ausdruck kommt und sich darin realisiert. So ist der Begriff des Subjekts der Begriff einer Welt. Ja, das Subjekt **ist** die Welt – es ist eben „der vollständig entwickelte *Widerspruch.*"[64],

10.4 **psychologisch:** Dieser radikal neue Begriff des Subjekts – das sein Ansichsein und sein Fürsichsen, seine unbewußten Aktivitäten und Dispositionen [Begriffe, Gedanken, Prinzipien, Bedürfnisse, Triebe, Neigungen, Willensakte] übergreift, sie negierend-virtualisierend in sich aufhebt und vereinigt, gleichzeitig Substanz und Subjekt, Subjekt und Objekt als „vollständig entwickelte[r] Widerspruch" ist – ist die Grundlage für alles Begreifen, jede Analyse der Psyche und damit für jede Therapie; dies allerdings nur dann, wenn die in diesem Begriff sich manifestierende Dialektik nicht geleugnet, sondern ihrerseits begriffen und theoretisch, wo möglich auch praktisch aufgehoben wird.

Mit alldem hat Leibniz' Konzeption der Subjektivität systematisch Außerordentliches zu bieten. Vieles, wenn nicht das Meiste davon war Leibniz selbst sicher nicht bewußt. Hier sollte nur stichwortartig gezeigt werden, welche vielfältigen Möglichkeiten diese Konzeption enthält, und insbesondere, welche systematischen Voraussetzungen sowohl für Kants transzendentalen Ansatz als auch für Hegels spekulativen Begriff damit geschaffen worden sind.

---

[62] „Es ist ein alter Satz, der dem **Aristoteles** fälschlicherweise so zugeschrieben zu werden pflegt, als ob damit der Standpunkt seiner Philosophie ausgedrückt seyn sollte; **nihil est in intellectu, quod non fuerit in sensu;** es ist nichts im Denken, was nicht im Sinne, in der Erfahrung gewesen. Es ist nur für einen Misverstand zu achten, wenn die speculative Philosophie diesen Satz nicht zugeben wollte. Aber umgekehrt wird sie ebenso behaupten: **nihil est in sensu, quod non fuerit in intellectu,** – in dem ganz allgemeinen Sinne, daß der **Nus** und in tieferer Bestimmung **der Geist** die Ursache der Welt ist ...".
(Hegel, *Enzyklopädie der philosophischen Wissenschaften*, § 8 A, GW 20.48$_{9-16}$.)
[63] Vgl. erneut Discours de Metaphysique § 9, GP IV.434.
[64] Hegel, *Enzyklopädie der philosophischen Wissenschaften*, § 194, GW 20.204$_{25f.}$

III.

Hegel schließt sich in seiner Entwicklung der Begriffe des Absoluten, des Begriffs, der Idee oder des Ichs und des Geistes programmatisch sicher nicht an Leibniz an. Es sind zuallererst Kant, Fichte und Schelling, mit denen sich auseinandersetzend Hegel schließlich zu seiner eigenen Position gelangt ist. Insbesondere die systematische Exposition des *subjektiven Geistes* – die *Anthropologie*, die enzyklopädische *Phänomenologie des Geistes* und die *Psychologie* – läßt nicht (jedenfalls nicht prima vista) erkennen, daß Leibniz hier überhaupt eine Rolle gespielt haben könnte. Die Entwicklung des Geistes von seiner Unmittelbarkeit und seinem Naturverhaftetsein[65] als *Seele*, vom *Empfinden* über das *Selbstgefühl* hin zur *wirklichen Seele*, dem „höheren" Erwachen des Geistes[66] zum *Ich* als Subjekt von *Bewußtsein* und *Selbstbewußtsein*, schließlich zum *allgemeinen Selbstbewußtsein*, zu *Vernunft, Geist, Intelligenz* und *Wille* – zu alledem gibt es bei Leibniz kein Gegenstück. Insbesondere fehlt bei Leibniz – für den der Satz vom ausgeschlossenen Widerspruch oberstes Prinzip allen Denkens und Seins ist – die Dialektik als Prinzip des Fortschreitens in der Entwicklung des Begriffs.

Die systematische Darstellung des *subjektiven Geistes* jedenfalls kann daher hier nicht das Thema sein. Der Weg „Von der Monade zum subjektiven Geist" ist ganz sicher kein rezeptionsgeschichtlicher Weg gewesen. Was also kann dann überhaupt noch tertium comparationis sein? Um dem Leser eine Antwort auf diese Frage anzubieten, werde ich im folgenden versuchen zu zeigen, daß sich in Hegels Exposition und Entwicklung des Geistes durchaus Momente finden, in denen das, was ich oben als Besonderheiten und spezifische Leistungen von Leibniz' Konzeption und Differenzierung vorgestellt habe, aufgenommen und in der Regel auch weiterentwickelt worden ist. Dazu beziehe ich mich insbesondere auf den Kontext der §§ 401 und 403 der *Enzyklopädie* sowie auf die korrespondierenden Kommentare Hegels in den von Erdmann nachgeschriebenen *Vorlesungen*.

In § 403 der 3. Ausgabe der *Enzyklopädie* von 1830 wird *die fühlende Seele* als über das Empfinden hinausführende Stufe der Entwicklung der Seele eingeführt. Daß diese Stufe im Fortgang der Entwicklung des *subjektiven Geistes* auch nach Hegels eigener Einschätzung nicht ohne weiteres begreiflich ist, ergibt sich schon daraus, daß dieser in seinem Wortlaut kaum veränderte Paragraph 1827 noch „*die träumende Seele*" überschrieben war, auch den Studenten im Wintersemester 1827/28 so präsentiert wurde und erst 1830 „*Die fühlende Seele*" überschrieben worden ist. In der Vorlesung wird Hegel dann allerdings deutlicher,

---

[65] „Der Geist in die Natur versenkt ist das erste ... Der Mensch als Naturgeist ist Seele ... sein Verwickeltsein mit der Natur ... Der Geist sofern er nur seiend ist ...“
(G.W.F. Hegel, Vorlesungen über die Philosophie es Geistes, Berlin 1827/28, nachgeschrieben von J.E. Erdmann, hrsg. v. F. Hespe und B. Tuschling, Hamburg 1994, p. 20$_{522-530}$ [künftig mit der Abkürzung >Erd< zitiert.

[66] Enz$_1$ § 328.

was die Spezifik und die Tiefe der Schwierigkeiten des Begreifens betrifft: „Dieses Kapitel der Anthropologie ist überhaupt das schwerste, weil es das dunkelste ist."[67] Und im selben Kontext deutet sich zumindest an, woraus die Schwierigkeit resultiert:

> „Die Seele ist den Unterschied in sich setzend und das, was sie von sich unterscheidet, ist zunächst nicht Objekt, sondern daß sie sich urteilt: sie ist Subjekt und ihr Objekt ist ihre Substanz, ihr ganzer Inhalt, das **ist** sie. Es ist also die empfindende Seele, als solche ist sie Bestimmen, daß die Seele in ihr selber sich von ihr unterscheidet."[68]

Noch prägnanter und zugleich radikaler expliziert Hegel den Sachverhalt unmittelbar zuvor:

> „Wenn wir etwas vergessen haben, so sind wir zweierlei: das Eine, was wir an uns sind, und das Andere, das Bewußtsein, diese Macht über uns. Es ist so eine Teilung vorhanden, und der Fortgang der Totalität ist eben dies Sichteilen. Die empfindende Totalität ist zunächst nur Eine. Wir kommen so in das Feld der **Verdoppelung der Persönlichkeit**, dann der an sich seienden Person und dann des freien Subjekts. – cf. Anmerkung"[69]

Folgt man diesem Hinweis auf den Text der *Enzyklopädie*, den übrigens auch die Studenten während der Vorlesung vor sich hatten, so ergibt sich: das „Sich urteilen" der Seele und die „Teilung" in Ansichsein und Bewußtsein – in An-uns-sein und diese Macht über uns – ist dort im § 403 weder 1827 noch 1830 zu finden, von der **Verdoppelung der Persönlichkeit** gar nicht zu reden. Das „Urteilen" ist – von dem nur 1830 in §§ 407/8 auftretenden *„Selbstgefühl"* einmal abgesehen – wie schon 1817 allein dem Werden der Seele zum Ich vorbehalten, und zwar als dasjenige,

> „in welchem das Subject Ich ist, gegen in Object, als eine ihm äußere Welt, so daß es aber in derselben unmittelbar in sich reflectirt ist, ... das **Bewußtseyn**."[70]

oder

> „Das höhere Erwachen des noch an sich seienden Geistes zum Ich, welches so Denkendes und Subject für sich und zwar bestimmt seines Urtheils ist ..."[71]

1830 schließlich heißt es in demselben § 412:

> „Diß Fürsichseyn der freien Allgemeinheit ist das höhere Erwachen der Seele zum **Ich**, der abstracten Allgemeinheit insofern sie **für** die abstracte Allgemeinheit ist, welche so **Denken** und **Subject** und zwar bestimmt Sub-

---

[67] Erd 88$_{77f.}$

[68] Erd 88$_{72-76}$

[69] Erd 88$_{65-71}$

[70] *Enzyklopädie der philosophischen Wissenschaften* (1817), § 328.

[71] *Enzyklopädie* (1827) § 412, GW 19.316$_{5-9}$.

ject seines Urtheils ist, in welchem es die natürliche Totalität seiner Bestimmungen als ein Object, eine ihm **äußere** Welt, von sich ausschließt
und sich darauf bezieht, so daß es in derselben unmittelbar in sich reflectirt
ist, – das **Bewußtseyn.**"[72]

In der Vorlesung dagegen arbeitet Hegel die – schon 1817 als „Gegensatz der subjectiven Seele gegen ihre Susbtantialität" pointierte – Tätigkeit des Geistes systematisch verschärft von Anfang an und durchgängig heraus; u.a. wie folgt:

> „Der Mensch als Naturgeist ist Seele ... [der] Geist, sofern er nur seiend
> ist. – Das ist der erste Teil: Anthropologie. Schon hier wird es zum **Bruch**
> kommen zwischen der Seele und ihrem Sein. Der Geist ist noch in seiner
> Leiblichkeit befangen. (... in sein Verwickeltsein mit der Natur).

> Das zweite ist dann die Phänomenologie des Geistes. Dieser Bruch treibt
> sich fort bis dazu, daß die Seelenhaftigkeit sich reinigt, so daß die Subjek-
> tivität für sich seiend wird, das ist dann das Ich ..."[73]

Und erneut ist es die *Enzyklopädie* von 1817, die die hier sich vollziehende vor-
bewußte und der Anthropologie immanente Entgegensetzung, Teilung, Ur-
Teilung – diese Genese des Fürsichseins – in aller Radikalität markiert:

> „Die **subjective** Seele bricht aber als solche diese unmittelbare, substan-
> tielle Identität des Verhältnisses mit ihrem besondern natürlichen Seyn.
> Ihre Entgegensetzung, aber als eine Identität zugleich, ist ein Verhältniß
> des **Widerspruchs**; ein Zustand der **Zerrüttung**, in welchem, da in diesem
> Verhältnisse die beyden unterschiedenen als Wirkliche gegeneinander sind,
> die leibliche Wirklichkeit zur Wirklichkeit der Seele wird, oder umgekehrt
> die Seele ihre eigene Wirklichkeit zur leiblichen macht.

> Diß Verhältniß ist der Zustand der **Verrücktheit** überhaupt."[74]

Wie ist dieser Bruch der Seele mit ihrem Sein zu verstehen, der die Verrücktheit
nicht nur als eine zufällige Deformation der Seele zur Folge hat, sondern sie anscheinend als eine im Begriff des Geistes als Seele angelegte Option oder Disposition exponiert? Ist dieser Bruch nur der Extremfall der Zerrüttung, oder hat er
essentielle, für die Entwicklung der *Seele* zum *Ich* und zum *Bewußtsein* konstitutive Bedeutung? Daß das Letztere der Fall ist, ergibt sich unzweideutig aus dem
Text der *Enzyklopädie* in ihren drei Ausgaben. Die für das Begreifen dieses
Bruchs wohl wichtigsten Explikationen finden sich in den Ausgaben von
1827/1830 in § 403 A sowie auf der – nur 1830 eigens thematisierten – Stufe des
Selbstgefühls (§§ 407/8), auf der dann auch der Begriff der Geisteskrankheit oder
Verrücktheit deduziert wird.

In § 403 wird

---

[72] *Enzyklopädie* (1830) § 412, GW 20.421$_{5-11}$.

[73] Erd 20$_{525-537}$.

[74] *Enzyklopädie* (1817) § 321

„das fühlende Individuum" als „die einfache **Idealität,** Subjectivität des Empfindens" eingeführt mit der Zielsetzung, „daß es seine Substantialität, die nur **an sich** seyende Erfüllung als Subjectivität **setzt,** sich in Besitz nimmt, und als die Macht seiner selbst für sich wird ... diß ihr in der nur substantiellen Totalität erst formelle Fürsichseyn ist zu verselbstständigen und zu befreien."[75]

Es ist also das Fürsichsein, das sich in den Formen des „Bruchs", der Entgegensetzung, des Sich-in-Besitz-Nehmens und der Selbstbemächtigung durchsetzt und sich auf dieser Stufe des Vor-Bewußtseins als eine erste Form des Seins des Selbst oder des werdenden Subjekts manifestiert. Und genau hier wird das Moment aktualisiert, das wir als fundamentales Konstituens der Subjektivität oder des Ich als Substanz-Subjekt bei Leibniz kennengelernt hatten: die Virtualität.[76] Dies allerdings in einer Form, die weit über Leibniz hinausführt, indem die in Leibniz' Konzeption nur implizite Funktion der Subjektivität, sich selbst in ihrer empirischen Aktualität übergreifend zu negieren, diese Aktualität zu virtualisieren und so aufzuheben, als eine erste Form des Fürsichseins des Subjekts – eben als „die einfache **Idealität,** Subjectivität des Empfindens" – auf den Begriff gebracht wird.

Hegel exponiert diese Aktuosität und durchgängige Aktivität des Substanz-Subjekts als fühlende Seele so: die einfache **Idealität,** Subjektivität des Empfindens tritt als absolut Einfaches der nur **an sich** seyende[n] Erfüllung gegenüber, trennt sie denkend – doch N.B. in der Regel noch nicht oder vor-bewußt – von sich ab. Zunächst ist diese Erfüllung, wie Hegel in der Vorlesung 1827/28 vorträgt, nur zufällig und mit dem Empfindenden unmittelbar identisch:

> „Als Empfindung ist die Seele wohl Totalität, aber noch zufällige Totalität, noch nicht für sich. Der Standpunkt, dem die empfindende Totalität zugeht, ist das Bewußtsein. Die Seele ist nur noch der Spielball der Veränderungen, in ihr wie in der Monade entwickeln sie sich, oder man mag sie als von außen kommend nehmen, kurz: ich bin eine *zufällige Erfüllung*".[77]

Hegel stimmt damit David Hume, ohne ihn zu nennen, ausdrücklich zu: ich bin – der Mensch, „the rest of mankind" ist -„*nothing but a bundle or collection of different perceptions...*"[78]. Doch wie Leibniz dem von Locke zum Dogma erhobenen **Nihil est in intellectu, quod non fuerit in sensu** zustimmt, nur um ihm gleich anschließend mit seinem *excipe:* **ipse intellectus** fundamental zu widersprechen, negiert auch Hegel die Humesche These gleich anschließend, und zwar ebenso radikal; oder besser gesagt: Hegel zeigt, daß das von Hume so emphatisch geleugnete und als Erfindung von *some metaphysicians of this kind* diskreditierte *Self* sich selbst als *bundle* negiert, die negierten Empfindungen oder perceptions

---

[75] *Enzyklopädie* (1830), 403, GW 20.401₄₋₉.

[76] Vgl. dazu *Enzyklopädie* (1827), GW 19. ...... und (1830) GW 20.401₁₃.

[77] Erd 87₄₉₋₅₄.

[78] Hume, Treatise of Human Nature I iv.6. Of Personal Identity.

in seiner einfachen Idealität virtuell erhaltend aufhebt und so, sich selbst negierend **und** uno actu verwirklichend – tätig wird. Hegel fährt direkt anschließend fort:

> „Daß das Subjekt rein einfach für sich wird, unterschieden von der Erfüllung, die Herrschaft darüber, – das ist das Ziel, daß das Subjekt den Reichtum seiner Totalität in Besitz nimmt. Daß wir etwas sind, etwas in uns ist, dadurch ist es noch nicht in unserm Besitz. z.B. in Krankheiten weiß der Mensch fremde Sprachen zu sprechen und dergl., die er längst vergessen. Daß wir dessen mächtig sind, müssen wir es **aus diesem Schacht, der wir sind, vor unser Bewußtsein**, unsere Vorstellung, **bringen**. Der Mensch ist empfindende Totalität, aber noch nicht die Macht darüber. **Daß die Seele zu dieser Macht komme, dazu fängt sie an, sich zu differenzieren, sich zu bestimmen und ihr Ziel ist: Ich.**"[79]

Dieses Werden des Fürsichseins als erste Stufe der Selbstverwirklichung des Subjekts[80] ist der Prozeß, für den Virtualität konstitutiv ist. Das Subjekt ist fundamental negativ tätig, es negiert das, was im Empfinden oder im Bewußtsein[81] als Reales vorhanden ist, transformiert es in „die einfache **Idealität**, Subjectivität des Empfindens", die es selbst ist, und zwar so, „daß es seine Substantialität, die nur **an sich** seyende Erfüllung als Subjectivität **setzt**, sich in Besitz nimmt, und als die Macht seiner selbst für sich wird ..."[82] Daß diese prozessierende Negativität mit der Virtualisierung identisch ist, ergibt sich wiederum aus dem Text der *Enzyklopädie* selbst:

> „Nirgend so sehr als bei der Seele und noch mehr beim Geiste ist es die Bestimmung der **Idealität**, die für das Verständniß am wesentlichsten festzuhalten ist, daß die Idealität **Negation** des Reellen, dieses aber zugleich **aufbewahrt**, *virtualiter* erhalten ist, ob es gleich nicht existirt. Es ist die Bestimmung, die wir wohl in Ansehung der Vorstellungen, des Gedächtnisses vor uns haben. Jedes Individuum ist ein unendlicher Reichthum von Empfindungsbestimmungen, Vorstellungen, Kenntnissen, Gedanken u.s.f.; aber Ich bin darum doch ein ganz **einfaches, – ein bestimmungsloser Schacht, in welchem alles dieses aufbewahrt ist, ohne zu existiren.** Erst wenn ich mich an **eine** Vorstellung erinnere, bringe ich sie aus jenem Inneren heraus zur Existenz vor das Bewußtseyn."[83]

Im Rückblick auf Leibnizens Konzeption werden hier Kontinuität und Bruch deutlich: wie bei Leibniz ist es die teleologische εντελέχεια und **αυτάρκεια** des Substanz-Subjekts, das einfache Einheit ist, die hier aktiv wird und diese seine

---

[79] Erd 87₅₄–88₆₄.

[80] Noch vor dem Ich als Bewußtseinssubjekt, aber zugleich darauf bezogen als das Ziel, dem die empfindende Totalität zugeht, dem aber eo ipso auch das noch fundamentalere Ich, dessen Natur der Begriff und das selbst „das innerste konzentrierte Wesen, die Wurzel des Geistes ... die Freiheit, Ich, Denken" [Erd 12₃₃₅₋₃₃₇] ist, zugrundeliegt.

[81] das hier antizipiert wird

[82] Vgl. dazu erneut *Enzyklopädie* (1830), 403, GW 20.401₄₋₉.

[83] *Enzyklopädie* § 403 A, (1830), GW 20.401₁₀₋₁₉.

Einheit selbst herstellt. Diese Aktivität, die bei Leibniz nur angedacht wird, wird von Hegel unter Pointierung der ihr immanenten Widersprüche[84] begreiflich gemacht: das Subjekt negiert sich selbst – nämlich sein eigenes Empfinden. Es verarbeitet[85] seine Empfindungen, Erlebnisse, Gefühle, indem es sie negierend aufhebt, in sich aufbewahrt – *in sich,* dem Ich, diesem **bestimmungslose[n] Schacht, in welchem alles dieses aufbewahrt ist, ohne zu existiren.** Es negiert also seine „zufällige Erfüllung", die „Veränderungen", deren „Spielball" sie ist, die sich „in ihr wie in der Monade entwickeln"[86]. So sich selbst negierend, negiert das Ich die in seinem Erleben oder in seinem Bewußtsein aktuellen, d.h. eben „realen" Inhalte, macht sie ideell, virtualisiert sie dadurch und erhält sie zugleich – aber eben nur ideell-virtuell, nicht aktuell: Sie **existiren** also nicht, sind nicht in uns und sind es doch. Denn *sie sind* in uns als **diesem Schacht, der wir sind.** Sie *sind nicht* in uns, weil sie nicht für uns als bewußtes Subjekt sind. Um wieder zu sein, in uns zu sein, real zu sein, müssen diese Inhalte aus jenem Inneren heraus zur Existenz vor das Bewußtseyn[87] gebracht werden: dies aber müssen wir selbst tun oder ich [bringe]sie aus jenem Inneren heraus zur Existenz vor das Bewußtseyn. Die Realität ist und ist nicht erhalten, aktuell negiert, virtuell affirmiert und in die allumfassende Einfachheit und Idealität des Subjekts – in den tiefen **Schacht** des *Ich* – aufgenommen. Eo ipso ist es auch dieses selbe Subjekt, das sein unbewußtes, vorbewußtes oder bewußtes Erleben negierend verarbeitet, das das Negiert-Virtualisierte auch aktualisieren und damit wieder aus jenem Inneren heraus zur Existenz vor das Bewußtseyn bringen und damit zur aktuellen Realität machen kann.

All die stimmt mit Leibniz' Konzeption der übergreifenden Subjektivität überein und widerspricht ihr. Denn Leibniz hätte den Widerspruch, den er selbst – so wie er das seinerseits Locke entgegenhält – begeht, als Konstituens der Wirklichkeit und der Wahrheit nicht akzeptiert und eben deshalb auch nicht begriffen. Es ist jedoch eben diese Einsicht – das Erkennen und Zulassen des Wi-

---

84 Zur begrifflichen Grundlegung des Widerspruchs der sich von sich selbst unterscheidenden Seele mit sich selbst vgl. nochmals die folgende Passage:
„Die Seele ist den Unterschied in sich setzend und das, was sie von sich unterscheidet, ist zunächst nicht Objekt, sondern daß sie sich urteilt: sie ist Subjekt und ihr Objekt ist ihre Substanz, ihr ganzer Inhalt, das **ist** sie. Es ist also die empfindende Seele, als solche ist sie Bestimmen, daß die Seele in ihr selber sich von ihr unterscheidet." (Erd 88$_{72-76}$).

85 Dies ist ein auch von Hegel – und zwar höchst spezifisch und erhellend – benutzter Terminus:
„Die **Krankheit** des Subjects in dieser Bestimmung [sc. des Selbstgefühls: s. dazu den vorhergehenden § 407] ist, daß es gegen sein verständiges Bewußtseyn im Selbstgefühle und damit in der **Besonderheit** einer Empfindung verharren bleibt, welche es nicht zur Idealität zu verarbeiten und zu überwinden vermag."
[*Enzyklopädie* (1827) § 408, GW 19.310$_{19-22}$]; vgl. auch denselben § 408 in der Fassung von 1830.

86 Vgl. erneut Erd 87$_{49-54}$.

87 Vgl. erneut *Enzyklopädie* § 403 A, (1830), GW 20.401$_{10-19}$.

derspruchs als essentiellen Bestandteils der Wirklichkeit[88] –, die das Begreifen ermöglicht. Eben damit geht Hegel, von der Monade als der *„zufällige[n] Erfüllung"* ausgehend, aus ihr heraus, schreitet über Leibniz' Konzept hinausgehend zum Fürsichsein des Subjekts, zum Ich als allumfassenden, sich selbst realisierenden Begriff fort.

Damit ist die Widerspruchsstruktur jedoch noch nicht erschöpfend exponiert; ich füge noch hinzu: das Subjekt oder das empfindende Individuum **ist** identisch mit der *„zufällige[n] Erfüllung"*[89] des Empfindens, und es ist **nicht** damit identisch. Ich **bin** diese *Erfüllung,* und zugleich gilt: ich bin dieser **bestimmungslose Schacht, in welchem alles dieses** – virtuell – **aufbewahrt ist, ohne zu existiren.** Ich bin also diese *Erfüllung* und zugleich etwas davon wesentlich Verschiedenes, eben dieser tiefe **Schacht.** Und indem ich das letztere bin, negiere ich das erstere, und zwar durch meine eigene Aktivität, die die Negativität ist, die Aktualität oder das „Reelle" zur Idealität zu verarbeiten, d.h. aufzuheben, wodurch es *„virtualiter* erhalten ist, ob es gleich nicht existirt."[90]

Mehr noch: diese Nichtexistenz oder bloße Virtualität des Realen kann wieder rückgängig gemacht, wieder „zur Existenz vor das Bewußtseyn."[91] gebracht werden. Auch dieses Moment stimmt mit dem Leibnizschen Konzept nicht nur überein; Leibniz hat es, wie oben gezeigt, emphatisch und als systematisch – d.h. ontologisch, epistemologisch und psychologisch – für alle Subjektivität, für das Ich, für die Individualität und die Identität des Subjekts grundlegend behauptet.[92] Den ebenso grundlegenden Widerspruch allerdings, der das Fortschreiten der Seele von ihrem unmittelbaren Versenktsein in die Natur und ihr Empfinden über das *Selbstgefühl* zu ihrem freien Fürsichsein als *Ich, Vernunft* und *Geist* bestimmt und regiert, und dessen Aufhebung in der übergreifenden Einheit des Begriffs die wesentliche Leistung des *Ich* ist, hat Leibniz selbstverständlich ignoriert. Hegel dagegen hat ihn, ebenso selbstverständlich, pointiert und herausgearbeitet; u.a. wie oben schon einmal zitiert:

> „Daß das Subjekt rein einfach für sich wird, unterschieden von der Erfüllung, die Herrschaft darüber, – das ist das Ziel ... Daß wir dessen mächtig sind, müssen wir es **aus diesem Schacht, der wir sind, vor unser Bewußtsein,** unsere Vorstellung, **bringen.** Der Mensch ist empfindende Totalität, aber noch nicht die Macht darüber. **Daß die Seele zu dieser Macht komme, dazu fängt sie an, sich zu differenzieren, sich zu bestimmen und ihr Ziel ist: Ich."**[93]

Dieses Sich-selbst-Differenzieren, Sich-von-sich-Unterscheiden, sich zu etwas anderem machen als sie zunächst ist: diese auf sich selbst bezogene Aktivität, die

---

[88] Hier der Seele und generell aller Wirklichkeit.
[89] Vgl. dazu erneut Erd 87₄₉₋₅₄.
[90] Vgl. erneut *Enzyklopädie* § 403 A, (1830), GW 20.401₁₀₋₁₉.
[91] Ebd.
[92] s.o. II. 10.1.–4.
[93] Erd 87₅₄–88₆₄.

Negativität ist – nämlich die kontinuierliche Tätigkeit, das ihr gegenwärtige Reale zur Idealität und Virtualität zu transformieren, wodurch es „aufbewahrt ist, ohne zu existiren", um es schließlich, womöglich, auch noch zu reaktualisieren –, ist die der Seele wesentliche, ständig zu bewältigende Aufgabe.

Alldem immanent ist noch ein weiterer – oben en passant schon notierter – Widerspruch: Wie Leibniz Locke zunächst zustimmt, um ihm dann zu widersprechen, stimmt Hegel Hume mit derselben Zielsetzung zu: die Seele, der Mensch ist zunächst – „*nothing but a bundle or collection of different perceptions* ...*"*[94]. Aber diese seine Substantialität der Empfindungen-Perzeptionen nimmt er, sie als die Macht und Herrschaft darüber in den Status der Virtualität versetzend und damit negierend, auch in Besitz. Er nimmt sich selbst in Besitz und macht sich dadurch zu jenem Selbst, dessen Existenz Hume so emphatisch leugnet. Eben dadurch wird er – wie Hegel, auch darin mit Leibniz in prinzipieller Übereinstimmung, zeigt – Subjekt, in aller Veränderung mit sich identisch bleibendes, ja, diese Identität selbst hervorbringendes Individuum. Und wie bei Leibniz erweist sich diese prozessierende Virtualisierung – d.i. Negation durch Idealisierung – des Realen als das durchgängige Movens der Selbsterzeugung des Fürsichseins des Ich, das eben dadurch wird, was es seinem Begriff nach sein soll und, an sich oder eben, nach seinem Begriff, immer schon ist: diese Einfachheit, dieses alles andere aus sich ausschließende Eins, das doch all das, was es negiert, **eo ipso und uno actu** virtuell in sich enthält, wodurch es eben „aufbewahrt ist, ohne zu existiren".

Auch hier macht sich in Hegels Begriff des *subjektiven Geistes* auf der Stufe der *Seele*, des im *Selbstgefühl* und im *Ich des Bewußtseins* werdenden *Fürsichseins* ein von Leibniz gegen den Empirismus Descartes's und Lockes herausgearbeitetes Systemmoment als unverzichtbar geltend: Die oben exponierte sich-selbst-negierende Aktivität, die gerade in ihrer gegen sich selbst gerichteten Negativität der Idealisierung und Virtualisierung des präsenten Erlebens Selbstverwirklichung ist, ist kein Zufall, sondern Konsequenz der **„notion si accomplie qu'elle soit suffisante à comprendre et à en faire déduire tous les predicats du sujet** à qui cette notion est attribuée.", die **„la nature d'une substance individuelle"**[95], also des Substanz-Subjekts ist: es ist der ***Begriff*** in der Hegelschen Bedeutung des Wortes, das τό τί ἠν εἶναι aller Subjektivität, das hier sich selbst negierend und eo ipso selbst erzeugend manifestiert. Die „*zufällige Erfüllung*"[96], die ich bin, wird ohne weiteres (z.B. ohne bewußtes) Zutun – ohne mein Zutun also und dennoch durch mich selbst, durch mein eigenes Tun – transformiert in die Idealität. So wird sie Totalität des Empfindens, die mir angehört und über die ich, prinzipiell jedenfalls, verfügen kann – zum ***Ich***.

Dieses ***Ich*** aber ist mehr als die first person singular der Analytischen Philosophie des 20. Jahrhunderts; mehr auch als das *Ich* des Bewußtseins und Selbst-

---

[94]   Hume, Treatise of Human Nature I iv.6. Of Personal Identity.
[95]   Leibniz, Discours de Métaphysique § 8.
[96]   Erd 87$_{49-54}$.

bewußtseins der *Phänomenologie des Geistes*. Denn es ist „**ein bestimmungsloser Schacht, in welchem alles dieses aufbewahrt ist, ohne zu existiren**"[97], zugleich ist es Bewußtsein und Selbstbewußtsein; schließlich ist es die Aktivität, all dieses „**aus diesem Schacht, der wir sind, vor unser Bewußtsein**, unsere Vorstellung, **bringen**. Der Mensch ist empfindende Totalität, aber noch nicht die Macht darüber. **Daß die Seele zu dieser Macht komme, dazu fängt sie an, sich zu differenzieren, sich zu bestimmen und ihr Ziel ist: Ich.**"[98]

In dieser unendlichen Aktivität erweist sich die Leibnizsche εντελέχεια und αυτάρκεια als das, als was es von Leibniz nur deklariert, aber nicht expliziert worden war: als der alles in sich vereinigende, alle Entgegensetzungen von Realität und Idealität, Aktualität und Virtualität, Empfinden und Denken, Unbewußtem und Bewußtsein negierende und dadurch übergreifende absolute Begriff, *Ich.*

---

[97] *Enzyklopädie* § 403 A, (1830), GW 20.401$_{10-19}$.
[98] Erd 87$_{54}$–88$_{64}$.

Spontaneität und sittliche Freiheit bei Kant und Fichte

Klaus Düsing (Köln)

Eine heute weit verbreitete, in sich variantenreiche Ansicht besagt, daß der menschliche Wille, wenn man ein solches Vermögen überhaupt annimmt, nicht frei sei; er gilt entweder als wesentlich bestimmt durch Determinanten des ihn umgebenden sozialen Systems; oder seine vermeintlich selbständigen Entschlüsse sind prädeterminiert, wie eine andere Meinung lautet, durch die Gene; oder solche bewußten Entschlüsse sind, wie Gehirnphysiologen erklären, zuvor schon vollständig vorgeprägt durch vorangehende unbewußte Gehirnvorgänge, so daß deren Bewußtwerden gar keinen eigenständigen Entschluß mehr darstellt. Diese und ähnliche Einwände lassen sich subsumieren unter einen allgemeinen, freilich nicht notwendig mechanistischen Determinismus der Ereignisse, dem auch Entschlüsse und Handlungen als Naturereignisse unterworfen sind. Für oder wider solche Ansichten ist in neuerer und neuester Zeit eine Fülle von Untersuchungen entstanden, die sich vielfach Spezialaspekten wie bestimmter Bewegungs- und Handlungsfreiheit, Wahlfreiheit, Entscheidungsfreiheit, persönlicher Verantwortung oder politischer Freiheit widmen und diese teils akzeptieren, öfter freilich bestreiten. Doch fehlt in diesen Debatten[1] eine eingehendere Auseinandersetzung mit den klassischen Theorien der Freiheit insbesondere Kants und des deutschen Idealismus, die nicht nur Spezialaspekten, sondern dem grundsätzlichen Problem der Willensfreiheit gelten. Die Kantische Theorie setzt sich dabei prinzipiell auch mit Bestreitungen der Willensfreiheit, vor allem mit dem allgemein-deterministischen Einwand auseinander. – So sollen hier nun die besonderen Vorzüge grundsätzlicher Einsichten und Argumentationen der Kantischen Lehren hervorgehoben werden, die den Anfang und das Fundament der klassischen idealistischen, aber auch späteren Freiheitstheorien bilden; dabei wird sich zeigen, daß Kant mehrere Freiheitstheorien vertrat, deren Wandlungen mitbetrachtet werden sollen. Sodann sei die erste idealistische, aber noch nicht spekulativ-metaphysische Fortsetzung solcher Kantischen Lehren beim früheren Fichte untersucht. Er geht wie Kant vom vernünftigen, aber endlichen Subjekt des Wollens und Handelns aus. In Kants und Fichtes Theorien werden sich jeweils auch verschiedene Probleme und Schwierigkeiten zeigen. Zum Schluß sei

---

[1] Vgl. zur Diskussion bis 1980 *U. Pothast: Die Unzulänglichkeit der Freiheitsbeweise. Zu einigen Lehrstücken aus der neueren Geschichte von Philosophie und Recht.* Frankfurt a.M. 1980. Er ist gegenüber Theorien der Willensfreiheit skeptisch. Zur kritischen Betrachtung neuerer Bestreitungen von Willensfreiheit sei der Verweis erlaubt auf die Darstellung des Verf.s: *Fundamente der Ethik. Unzeitgemäße typologische und subjektivitätstheoretische Untersuchungen.* München 2005, 111ff. u.ö. Vgl. auch zur Problematisierung verschiedener neuerer Auffassungen *J.R. Searle: Rationality in Action.* Cambridge, Mass. und London 2001. Bes. 275–298 u.ö.

daher eine an diese Theorien anknüpfende, ihre Schwierigkeiten möglichst vermeidende Theorie ethischer Willensfreiheit skizziert, die wohl auch jenen modernen Einwänden standhalten kann.

I. Kants Theorien der Freiheit

Kants bekannte Theorie des Verhältnisses von Sittengesetz und Freiheit in der *Kritik der praktischen Vernunft* ist nur der Endpunkt einer längeren Entwicklung, in der er auch andersartige Versuche zu einer Freiheitstheorie unternahm. Diese kommen systematisch teilweise der Theorie des frühen Fichte nahe. Später ließ Kant, ohne sich ausführlicher darüber zu äußern, von diesen Versuchen ab, wohl weil verschiedene Annahmen in ihnen vor der kritischen Restriktion der Erkenntnis keinen Bestand hatten.

Grundvoraussetzung aber für alle diese Freiheitstheorien ist die Zurückweisung eines universalen, kosmologischen Determinismus; denn er macht menschliche Freiheit zum bloßen Schein oder zur Illusion. Die Zurückweisung dieser Freiheitsbestreitung geschieht in Kants berühmter Auflösung der dritten Antinomie auf der Grundlage der transzendentalidealistischen Unterscheidung von Erscheinung oder sinnlicher Welt in Raum und Zeit einerseits und Ding an sich oder intelligibler Welt andererseits. Danach läßt sich die Thesis, nicht alles geschehe aus reiner Naturkausalität, einiges geschehe aus Freiheit, gedanklich durchaus vereinbaren mit der Antithesis, alles geschehe nur nach streng gesetzlich geregelter Naturkausalität.[2] Denn dieser strenge, gesetzlich geregelte Determinismus gilt nur für Erscheinungen in Raum und Zeit oder für die sinnliche Welt, in ihr allerdings lückenlos. Damit läßt sich nun widerspruchsfrei der Gedanke verbinden, daß in der Welt der Dinge an sich oder in der intelligiblen Welt unzeitliche Kausalität aus Freiheit stattfindet als Selbstanfang, als selbst unzeitliche, nicht durch eine vorausgehende Begebenheit bestimmte Verursachung von Geschehnissen. Hieraus ergibt sich scheinbar paradoxerweise, daß ein Mensch, obwohl sein psychologisch bestimmtes Beschließen und Handeln nach Kant dem lückenlosen Mechanismus der Naturkausalität in Raum und Zeit unterworfen sind, doch frei sein, nämlich über intelligible Kausalität verfügen kann. Erwiesen wird damit gegenüber dem universalen Determinismus nur die Denkbarkeit der Freiheit in der intelligiblen Welt auch angesichts strenger, ununterbrochener Naturkausalität in Raum und Zeit. Nicht erwiesen ist bisher, ob es Freiheit etwa im Willen der Menschen wirklich gibt; nicht erwiesen ist ferner, wie Freiheit als intelligible Kausalität innerlich möglich ist, weil dies Einsicht in die intelligible Welt und ihre Verknüpfungen verlangte, die nach Kant die menschlich-endliche Erkenntnis übersteigt. So ist nur aufgezeigt, daß Freiheit nicht

---

[2] Zu den historischen Hintergründen der dritten Antinomie vgl. *H. Heimsoeth: Zum kosmotheologischen Ursprung der Kantischen Freiheitsantinomie.* In: Kant-Studien 57 (1966), 206–229.

unmöglich ist auch bei vollständig und apodiktisch in der Welt der Erscheinungen geltender Naturkausalität. – Diese Auflösung der dritten Antinomie und dieser Erweis der Denkbarkeit der Freiheit beruhen auf der transzendentalidealistischen Unterscheidung von Erscheinung und Ding an sich, von sinnlicher und intelligibler Welt. Nur diese Unterscheidung rettet nach Kant die Freiheit gegen den universalen strengen Determinismus. Es wird sich zeigen, daß diese Grundunterscheidung von letztlich platonischer, aber kritisch umgedeuteter Herkunft essentiell für Kants Freiheitstheorie ist, aber auch manche ihrer Schwierigkeiten verursacht.

Zunächst sei Kants Theorie des Verhältnisses von Sittengesetz und Freiheit in der *Grundlegung zur Metaphysik der Sitten* skizziert, die Kant später nicht beibehält. Wenn man sie aufrechterhalten könnte, enthielte sie durchaus theoretische Vorteile gegenüber der Lehre der *Kritik der praktischen Vernunft*.[3] Kant will einerseits zeigen, daß über die Auflösung der dritten Antinomie hinaus dem menschlichen Willen wirklich Freiheit zukommt, weil dieser sich des Sittengesetzes als eines absolut verpflichtenden bewußt ist, und andererseits darlegen, daß der Wille sich dieses Sittengesetzes nur bewußt werden kann, wenn er wirklich frei ist. Hiermit aber droht ein „Zirkel" zwischen beiden Behauptungen, den Kant durch eine schwierige und komplexe Beweisführung zu vermeiden sucht.[4] Er setzt an bei der Grundfrage, wie der kategorische Imperativ, der die Formel des Sittengesetzes und das Prinzip aller ethischen Pflichten ausdrückt, als synthetischer praktischer Satz a priori möglich und gültig ist, d.h. warum eigentlich das Sittengesetz als Prinzip der Deontologie für uns gültig und verpflichtend ist. Dies hat eine reine „Deduktion", eine apriorische Rechtfertigung der Gültigkeit des kategorischen Imperativs zu zeigen. Der kategorische Imperativ ist nämlich nicht analytisch in unserem Wollen enthalten, da wir uns auch dagegen entscheiden können. Daraus läßt sich entnehmen, daß verschiedene Arten von Eudämonismen, Hedonismen oder Utilitarismen nicht analytisch falsch sind, sondern nur wegen ihrer Inkongruenz mit jenem Sittengesetz. Dieses aber muß als für uns gültig eigens erwiesen werden. Soll nun nicht das Sittengesetz auf die Freiheit und die Freiheit wieder auf das Sittengesetz zurückverweisen, wie es in jenem „Zirkel" geschieht, so muß ein vom Bewußtsein des Sittengesetzes unab-

3 Zur folgenden Darlegung der Kantischen Freiheitstheorien sei der Hinweis auf die Untersuchung des Verf.s erlaubt: *Spontaneität und Freiheit in Kants praktischer Philosophie*. In: *Ders.: Subjektivität und Freiheit*. Untersuchungen zum Idealismus von Kant bis Hegel. Stuttgart-Bad Cannstatt 2002. 211–235 (zuerst ital. In: Studi Kantiani VI, 1993, 23–46); zur Forschungsübersicht vgl. dort Anm. 3 (*Subjektivität und Freiheit*. 215ff Anm.). Vgl. ferner die kommentierende Darstellung von D. Schönecker: Kant: Grundlegung III. Die Deduktion des kategorischen Imperativs. Freiburg/München 1999, 147–195, 224–233, 276–316.

4 Vgl. *I. Kant: Grundlegung zur Metaphysik der Sitten*. In: *I. Kants gesammelte Schriften*. Hrsg. von der Preußischen (Deutschen) Akademie der Wissenschaften. Berlin 1910ff IV, 450, 453, zum Beweis 447ff.

hängiger Grund angegeben werden, warum dem menschlichen Willen Freiheit zukommen kann.

Dieser vom Bewußtsein des Sittengesetzes unabhängige Grund besteht nach Kants Auffassung in der *Grundlegung* in der „reinen Selbsttätigkeit" und Spontaneität des reinen Ich oder der Vernunft.[5] Diese konstituiert spontan und intellektuell reine Vernunftideen; darin ist das konstituierende Subjekt selbst intellektuell und über alle Sinnlichkeit erhoben; Kant folgert, damit gehört es zur „Verstandeswelt", d.h. zur intelligiblen Welt. Als solches muß es sich jedenfalls notwendig ansehen und denken, auch wenn ihm intelligible Erkenntnis seines Daseins in der intelligiblen Welt aus Gründen der Erkenntnisrestriktion verwehrt ist. Nun gibt es auch in der intelligiblen Welt – ebenso wie in der sinnlichen – Kausalität, nämlich gesetzmäßige Verknüpfung von Ursache und Wirkung. Diese muß unzeitliche und unräumliche, d.h. intelligible Kausalität sein; und solche Kausalität ist die Freiheit als spontaner Selbstanfang. Diejenigen Subjekte, die in der intelligiblen Welt Kausalität aus Freiheit vollziehen, sind Einzelne als reine Intelligenzen, die außer über ihre Apperzeption zugleich über einen freien Appetitus oder Willen verfügen. Kant nimmt hiermit für diese intelligible Welt den Leibnizschen Pluralismus der Monaden auf, wohl weil Freiheit jeweils nur von einzelnen Subjekten ausgeübt werden kann. Dieser Pluralismus ist nicht selbstverständlich, wie Fichtes späterer Monismus der intelligiblen Welt zeigt, aber im Begriff des endlichen, intelligiblen, einzelnen Subjekts der Freiheit und Autonomie begründet, das sich als unter seinesgleichen existierend weiß.

Das Verhältnis von Ursache und Wirkung in der intelligiblen Welt ist nun gesetzmäßig; Freiheit ist keineswegs Gesetzlosigkeit. Diese Gesetzmäßigkeit läßt sich noch näher charakterisieren; sie ist für einen freien, endlichen Willen das Sittengesetz. Dieses ist für ihn nur ein Sollen, weil es nicht analytisch in seinem Wollen enthalten ist, aber ein absolutes, unbedingtes Sollen, das sich ein freier Wille seiner Bestimmung gemäß als intelligibles Subjekt zu eigen macht, der nach der gesetzmäßigen Kausalität der intelligiblen Welt tätig sein will. Dadurch bringt er auch Wirkungen in der Sinnenwelt hervor; denn die intelligible liegt der sinnlichen Welt zugrunde. So ist das Sittengesetz gültig und der kategorische Imperativ deduziert, d.h. gerechtfertigt, weil das reine intellektuelle Ich sich durch reine Spontaneität der Vernunft in die intelligible Welt versetzt und sich in ihr denkt, weil ferner die Kausalität in dieser Welt selbst intelligibel, d.h. Kausalität aus Freiheit ist und die Gesetzmäßigkeit dieser Verknüpfung von Ursache und Wirkung das Sittengesetz darstellt, das für intelligible, aber endliche Willenssubjekte ein absolutes Sollen bedeutet. Die Gültigkeit des Sittengesetzes und des kategorischen Imperativs muß danach also nicht bloß intuitiv einleuchten und akzeptiert werden; sie ist durch diesen Argumentationsgang nach Kants Anspruch in der *Grundlegung* bewiesen.

---

[5] Vgl. *Grundlegung*. IV, 451f.

Der kategorische Imperativ als synthetischer praktischer, d.h. ein Sollen ausdrückender Satz a priori ist also gerechtfertigt und gültig durch ein Drittes, das den endlichen Willen und das Sittengesetz verbindet. „Der *positive* Begriff der Freiheit schafft dieses Dritte"[6], wie Kant etwas unbestimmt sagt. Kant unterscheidet hierbei – und auch sonst – verschiedene Bedeutungen von Freiheit. Der positive Begriff der Freiheit meint die intelligible Kausalität und die bestimmte, gesetzmäßige Verursachung aus sich selbst im Unterschied zum negativen Begriff der Freiheit als Unabhängigkeit des Wollens vom bestimmenden Einfluß sinnlicher Neigungen und Begehrungen. Zugrunde liegt solchen unterschiedlichen Bedeutungen von Freiheit – wie auch in den folgenden idealistischen Freiheitstheorien – ein prinzipieller Freiheitsbegriff; bei Kant ist es der transzendentale Begriff der Freiheit als absoluter Selbstanfang, als Verursachung, der keine andere bestimmende Ursache vorausgeht. Die intelligible Welt nun als ein Ganzes vernünftiger Wesen und spezifischer: die positiv verstandene Kausalität aus Freiheit in ihr als gesetzmäßige und autonome, zugleich von selbst anfangende Verknüpfung von Ursache und Wirkung bedeuten offenbar jenes rechtfertigende Dritte, das den endlichen, spontanen Willen und das Sittengesetz verbindet.

Doch sind mit diesem komplexen Beweisgang zur Rechtfertigung der Gültigkeit des kategorischen Imperativs zwei letztlich metaphysische Probleme verbunden: Zum einen wird als rechtfertigendes Drittes die intelligible Welt und die intelligible Kausalität in ihr namhaft gemacht, die selbst nach der kritischen Restriktion nicht erkennbar sind; d.h. etwas selbst nicht Erkennbares soll den synthetischen Zusammenhang zweier praktischer Sachverhalte, nämlich des Sittengesetzes und des endlichen Willens, erklären. Damit verliert die Argumentation, wenn sie im Rahmen der kritischen Philosophie bleiben soll, entscheidend an Beweiskraft. Zum anderen sieht sich das reine Ich schon aufgrund seiner vernünftigen Spontaneität in der Bildung von Ideen als existierendes Mitglied der intelligiblen Welt und als Teilnehmer an ihrer Kausalität aus Freiheit an. Dies ist zwar, wie Kant betont, keine Erkenntnis der intelligiblen Existenz des Ich, aber doch ein notwendiger Gedanke. Damit geht Kant weiter als in der Auflösung der Paralogismen in der *Kritik der reinen Vernunft*. Dort kritisiert Kant die vermeintliche Cartesianische Erkenntnis, daß das Ich, das ein rein denkendes ist, selbständig, nämlich als Substanz existiert. Aus der Kritik folgt für ihn in bezug auf das rein denkende Ich, daß es als reine, ursprünglich synthetische Einheit der Apperzeption nur Prinzip der logischen Formen ist; über die Existenz des Ich in der intelligiblen Welt, auch wenn dies nur ein notwendiger Gedanke sein soll, ist damit nichts ausgemacht.[7] Daß das reine Ich sich kraft seiner intellektuellen

---

[6] *Grundlegung.* IV, 447; vgl. auch 458.

[7] Dies jedenfalls dürfte der Sinn von Kants nicht immer ganz eindeutigen Äußerungen zum reinen ‚Ich denke' sein. Kant spaltet in seiner eigenen Theorie Descartes' oberste Gewißheit des cogito-sum auf in die reine Apperzeption als Prinzip der Logik, in der dann aber prinzipiell keine Existenz enthalten oder gedacht ist, und in ein unbestimmt empirisches ‚Ich denke' als geschehenden psychischen Akt, der inhaltlich noch nicht näher bestimmt

Spontaneität in die intelligible Welt versetze und sich in dieser offenbar als existierend denke, ist ein metaphysischer Gedanke. Innerhalb der kritischen Philosophie ist er nur zu rechtfertigen durch die praktische Vernunft, d.h. durch das Bewußtsein des Sittengesetzes; diese Auffassung führt, wie sich zeigen wird, zur Lösung in der *Kritik der praktischen Vernunft*. Aber dann gibt es keinen vom Bewußtsein des Sittengesetzes unabhängigen Grund mehr, der das reine Ich sich in die intelligible Welt versetzen läßt; von einem solchen unabhängigen Grund aber, nämlich der reinen vernünftigen Spontaneität des denkenden Ich, ging Kant für seinen Beweisgang in der *Grundlegung* aus.

Diese metaphysischen Implikationen von Kants Freiheitstheorie in der *Grundlegung* sind nicht zufällig; sie gewinnen plastischere Konturen, wenn man sie vor dem Hintergrund der Bruchstücke einer früheren metaphysischen Freiheitstheorie Kants betrachtet, wie man sie seinen Reflexionen und Lehren der siebziger Jahre entnehmen kann. Dort gehören sie zu einer Subjekttheorie, die zwar noch metaphysisch ist, aber nicht mehr eine traditionelle Metaphysik der Seele, sondern eine Metaphysik des reinen Ich darstellt. Auch diese frühere Freiheitslehre sei hier nur in ihren Grundzügen skizziert. In ihr vertritt Kant ausdrücklich die Auffassung, die in der *Grundlegung* noch latent vorhanden zu sein scheint, daß reine Selbsttätigkeit und Spontaneität des Ich schon als solche Freiheit bedeuten: „Freiheit ist eigentlich nur die Selbsttätigkeit, deren man sich bewußt ist".[8] Ferner erklärt Kant: „Dadurch, daß das Subjekt libertatem absolutam hat, weil es sich bewußt ist, beweiset es, daß es nicht subjectum patiens, sondern agens sei ... Wenn ich sage, ich denke, ich handele etc., dann ist entweder das Wort: Ich falsch angebracht, oder ich bin frei."[9] Dies klingt wie ein Fanfarenstoß des beginnenden Idealismus; aber Fichte z.B. kannte diese Äußerungen nicht. Dem Ich als solchem also kommt reine Spontaneität und damit absolute Freiheit zu; es ist selbst Prinzip seines Denkens und Handelns, d.h. autonom und nicht anderem unterworfen oder nachgeordnet. In dieser absoluten Freiheit gründet

ist, aber Existenz unmittelbar in sich enthält. Hierzu mag der Hinweis auf die Darlegung des Verf.s erlaubt sein: *Cogito, ergo sum? Untersuchungen zu Descartes und Kant*. In: Wiener Jahrbuch für Philosophie 19 (1987), 95–106; vgl. auch vom Verf.: *Das reine ,Ich denke' und die Kategorien in Kants „Kritik der reinen Vernunft"*. In: *Scienza e conoscenza secondo Kant. Influssi, temi, prospettive*. Hrsg. von A. Moretto. Padova 2004. 79–100, bes. 91ff.

8   Akademieausgabe XVII, 462 (Refl. 4220). Die Schreibweise und Interpunktion werden normalisiert.

9   *I. Kant: Vorlesungen über die Metaphysik*. Hrsg. von C.H.L. Poelitz. Erfurt 1821. Nachdruck: Darmstadt 1964. 206. Vgl. auch ebenda: „Das Ich beweiset aber, daß ich selbst handele; *ich* bin ein Prinzip und kein Principiatum." Vgl. ferner XVII, 464f (Refl. 4225), XVII, 182 (Refl. 5441). Die erste grundlegende Interpretation dieser Bestimmungen zur Ich-Metaphysik im Zusammenhang mit der späteren Ich-Theorie verfaßte schon 1924 *H. Heimsoeth: Persönlichkeitsbewußtsein und Ding an sich in der Kantischen Philosophie* (zuerst 1924). Wiederabdruck in: *Ders.: Studien zur Philosophie Immanuel Kants. Metaphysische Ursprünge und ontologische Grundlagen*. Kant-Studien. Ergänzungsheft 71. Köln 1956. 227–257.

offenbar die praktische Freiheit des Willens. Diese besteht für Kant damals in der Möglichkeit, sich bloß sinnlich oder sich rein intellektuell zu bestimmen; also auch bloß sinnliche Entscheidungen beruhen beim Menschen letztlich auf Freiheit. Eine solche Auffassung nimmt erst der späte Kant in Reaktion auf damalige Freiheitsdebatten wieder auf.

Die absolute Freiheit ist nun unmittelbarer Inhalt des Bewußtseins des Ich von sich selbst; sowie es seiner inne ist, weiß es sich als frei. Dasselbe gilt für die praktische Freiheit des wollenden Ich. Die Vorstellungsweise aber solchen Selbstbewußtseins des Ich bestimmt Kant auf eine Weise, die man, wenn man von der *Kritik der reinen Vernunft* ausgeht, gewiß nicht erwarten würde. Die Vorstellung des Ich von sich „ist eine Anschauung, die unwandelbar ist"[10]. Sie ist unwandelbar, dem Wechsel der Zeit nicht unterworfen, weil sie dem reinen, intelligiblen Ich gilt. Diese Anschauung ist also intellektuelle Anschauung, was Kant auch ausdrücklich hervorhebt: „Die Wirklichkeit der Freiheit können wir nicht aus der Erfahrung schließen. Aber wir haben doch nur einen Begriff von ihr durch unser intellektuelles inneres Anschauen (nicht den inneren Sinn) unserer Tätigkeit, welche durch motiva intellectualia bewegt werden kann."[11] Das Ich ist seiner reinen Spontaneität, das wollende Ich seiner Willensfreiheit bewußt, sowie es seiner selbst unmittelbar bewußt ist. Solches unmittelbare Bewußtsein seiner selbst aber ist Anschauung; und es ist intellektuelle Anschauung, nicht etwa innerer, zeitbestimmter Sinn, weil nicht das sinnliche, sondern das intellektuelle Ich seiner selbst in seiner Freiheit bewußt ist. Auch dies ist eine Vorwegnahme der frühidealistischen Freiheitstheorie, wie sie insbesondere der frühe Fichte vertrat, ohne daß dieser von solcher Kongruenz wußte. Kant denkt jedoch die Selbstbeziehung in der intellektuellen Anschauung nicht nach dem Modell der Subjekt-Objekt-Beziehung als korrelativer Beziehung zweier gleichgewichtiger, jeweils schon thematischer Instanzen, sondern offenbar, wie man interpretieren kann, als thematische unmittelbare Einheit und Ganzheit eines intellektuellen Fürsichseins noch vor Aufspaltung in solche Instanzen.

Daß diese Bestimmungen Kants über Spontaneität, Freiheit und intellektuelle Selbstanschauung des Ich zu einer Metaphysik des reinen Ich gehören, ersieht man am deutlichsten aus der Erklärung, dies Ich sei einfache Substanz: „Also drückt das Ich das Substantiale aus ... Dieses ist der einzige Fall, wo wir die Substanz unmittelbar anschauen können."[12] Und in einer etwa gleichzeitigen Reflexion aus den siebziger Jahren heißt es: „Der Verstand selber (ein Wesen, das Verstand hat) ist einfach. Es ist Substanz. Es ist transzendental frei."[13] Das intellektuelle Ich schaut sich als selbständig existierendes Wesen in der intelligiblen

---

[10]   XVII, 465 (Refl. 4225).
[11]   XVII, 509 (Refl. 4336). Vgl. auch Kants Rede von „unseren intellektualen Anschauungen vom freien Willen" (XVII, 467, Refl. 4228).
[12]   *I. Kant: Vorlesungen über die Metaphysik* (s. Anm. 9). 133. Vgl. auch Kants Äußerung: „Ich ist die Anschauung einer Substanz" (XVII, 572, Refl. 4493).
[13]   XVII, 707 (Refl. 4758).

Welt, d.h. nach alter Bestimmung als Substanz an; und als Substanz ist es nach dieser Konzeption auch metaphysisch erkennbar. Diese Charakterisierungen weisen zurück auf Descartes und Leibniz. Fichte bestreitet dagegen im wesentlichen die Substantialität des rein tätigen Ich; für ihn ist Substanz freilich nicht Grundkategorie, sondern eine erst nach schwierigen Ableitungen erreichbare Relationskategorie. Auch für ihn aber ist ein freies, sich intellektuell anschauendes Ich ein selbständig existierendes Mitglied der intelligiblen oder moralischen Welt.

Diese Freiheitstheorie der siebziger Jahre, soweit man sie rekonstruieren kann, steht im Gesamtrahmen der Unterscheidung von sinnlicher und intelligibler Welt, wie Kant sie öffentlich und in prinzipieller Bedeutung zum ersten Mal in der Dissertation von 1770: *De mundi sensibilis atque intelligibilis forma et principiis* vortrug. Das reine, absolut freie und praktisch freie Ich gehört zur intelligiblen Welt, die für Kant auch die moralische Welt ist. Diese intelligible Welt galt Kant in der Dissertation von 1770 noch als erkennbar. Die kritische Wende in bezug auf die Erkenntnis der intelligiblen Welt oder der Welt der Dinge an sich vollzog sich nicht mit einem Schlage, sondern in mehreren Schritten. Am längsten, nämlich mindestens bis in die Mitte der siebziger Jahre hielt Kant an der rationalen Psychologie in der von ihm modernisierten Form einer Metaphysik des reinen und freien Ich fest, das er als intellektuell erkennbar ansah. Doch auch nach der vollzogenen kritischen Wende finden sich bei ihm Versatzstücke aus dieser früheren Lehre, die freilich selten in den Kontext der Theorie von der kritischen Restriktion passen. Dies gilt offensichtlich auch von den metaphysischen Bestandteilen in der Beweisführung der *Grundlegung* zur Deduktion oder Rechtfertigung der Gültigkeit des kategorischen Imperativs. Diese Bestandteile werden jedoch entwicklungsgeschichtlich als reduzierte Fortsetzungen jener früheren Freiheitstheorie Kants verständlich. Dies bedeutet allerdings auch, daß die Beweisführung in der *Grundlegung* lediglich eine Übergangsposition darstellt. Eine vollständig mit der kritischen Restriktion konforme Theorie des Verhältnisses von Sittengesetz und Freiheit stellt erst die *Kritik der praktischen Vernunft* auf.

In dieser späteren Theorie der Freiheit in der *Kritik der praktischen Vernunft* geht Kant weder mehr von der intellektuellen Anschauung, deren wir als endliche und zugleich sinnliche erkennende Wesen nicht fähig sind, noch von der Gleichsetzung von reiner Spontaneität mit Freiheit aus; auch ist für ihn das Ich nicht mehr als Substanz erkennbar. Dies alles hatte Kant auch schon in der *Grundlegung* nicht mehr vorausgesetzt. Darüber hinaus nimmt Kant nun nicht mehr – wie noch in der *Grundlegung* – an, daß das reine Ich sich kraft seiner Spontaneität oder Selbsttätigkeit als solcher schon in die intelligible Welt versetze, kann also auch keinen Beweis mehr führen für die Gültigkeit des Sittengesetzes im Ausgang von diesem von ihm früher als notwendig erachteten Gedanken; und dann fungiert auch die intelligible Welt und die intelligible Kausalität aus Freiheit nicht mehr als ein Rechtfertigungsgrund, der selber nicht erkennbar ist.

Offenbar in Anspielung auf diesen Beweisversuch in der *Grundlegung* erklärt Kant in der *Kritik der praktischen Vernunft*, daß „an die Stelle dieser vergeblich gesuchten Deduktion des moralischen Prinzips" nun „umgekehrt" die Begründung trete, daß es „selbst zum Prinzip der Deduktion eines unerforschlichen Vermögens"[14] werde, der Freiheit. Kant hält also jenen Beweisgang der Deduktion oder Rechtfertigung des kategorischen Imperativs – wohl aus den angegebenen kritischen Gründen – nicht mehr für möglich; statt dessen ermöglicht für ihn nun das Bewußtsein des Sittengesetzes eine Deduktion oder Rechtfertigung der Annahme der Freiheit für den menschlichen Willen. Diese Deduktion der Freiheit geht aus von Kants in der *Kritik der praktischen Vernunft* neu formulierter Lehre vom „Faktum" oder „gleichsam" einem „Faktum der Vernunft"[15]. Damit ist nicht ein empirisches bestimmtes Faktum gemeint. Das Sittengesetz ist vielmehr nach Kant noematischer Inhalt einer ursprünglichen, von selbst einleuchtenden, vernünftigen, nämlich allgemeinen Evidenz des sittlichen Bewußtseins, die Kant hier „Faktum" nennt; es drängt sich geradezu von selbst auf, so daß niemand ihm Zustimmung, Respekt und Sich-Verpflichtetwissen in Entscheidungen versagen kann. Da dieses Sittengesetz uns nun nichts Unmögliches gebietet – jedenfalls wird es so nicht vorgestellt, da es also nicht als Absurdität, sondern als sinnvolle Aufforderung an unsere Willensbestimmungen und Handlungen verstanden wird, müssen wir ihm in unseren Intentionen und Tätigkeiten prinzipiell auch gemäß sein können; d.h. wir müssen uns aufgrund dieses Bewußtseins des Sittengesetzes als frei ansehen. So ist der synthetische Satz a priori: „Der endliche menschliche Wille ist frei" für unsere Selbstkonzeption gerechtfertigt durch das ursprüngliche und selbst nicht weiter deduzierbare Bewußtsein des Sittengesetzes.

Da auf diese Weise der Argumentationsgang der *Grundlegung* verabschiedet wird, stellt sich erneut die Frage, wie denn der dort erwähnte „Zirkel" vermieden werden kann, nämlich daß wir Freiheit um des Bewußtseins des Sittengesetzes willen annehmen, für das Bewußtsein des Sittengesetzes aber wiederum Freiheit voraussetzen müssen. Diesen drohenden „Zirkel" vermeidet Kant nun durch die Unterscheidung der Hinsichten der „ratio cognoscendi" und der „ratio essendi".[16] Ursprünglich ist als reine Evidenz des sittlichen Bewußtseins vom Ein-

---

[14] *Kritik der praktischen Vernunft*. Riga 1788. 82, vgl. 83.

[15] *Kritik der praktischen Vernunft*. 56, 72, 74, 81, 96 u.ö. Vgl. zu dieser Lehre bes. *D. Henrich: Der Begriff der sittlichen Einsicht und Kants Lehre vom Faktum der Vernunft*. In: *Die Gegenwart der Griechen im neueren Denken*. Festschrift für H.-G. Gadamer. Hrsg. von D. Heinrich u.a., Tübingen 1960, bes. 110ff. Einwände gegen Kants Lehre weist zurück *K. Konhardt: Faktum der Vernunft? Zu Kants Frage nach dem eigentlichen Selbst des Menschen*. In: *Handlungstheorie und Transzendentalphilosophie*. Hrsg. von G. Prauss. Frankfurt a.M. 1986. 160–184.

[16] Vgl. *Kritik der praktischen Vernunft*. 5 Anm. – Die von Kant aufgestellte „Tafel der Kategorien der Freiheit" (ebd. 117ff) enthält keine Explikation des Freiheitsbegriffs selbst, sondern spezifischere Bestimmungen der Maximen, der Sollensformen und der Pflichtarten in bezug auf den Willen der Person.

leuchten des Sittengesetzes auszugehen. Dieses bildet die „ratio cognoscendi" der Freiheit, d.h. der Annahme, daß ein in dieser Weise wollendes Bewußtsein sich als frei anzusehen hat, da es sonst dem Sittengesetz nicht gemäß sein könnte. Andererseits aber ist die Freiheit die „ratio essendi" des Sittengesetzes, genauer: des Bewußtseins des Sittengesetzes; wir können uns des Sittengesetzes als eines absolut, aber nicht absurd verpflichtenden nur bewußt werden, wenn wir voraussetzen, daß wir wirklich frei *sind*. Dies ist freilich keine theoretische Erkenntnis, sondern eine notwendige Annahme in praktisch-sittlicher Absicht. – In diesen Hinsichtenbestimmungen liegt Kants endgültige Lösung des Verhältnisses von Sittengesetz und Freiheit. Auch hierin bleiben metaphysische Bestandteile erhalten, etwa bezüglich freier Handlungen der Unterschied von Möglichkeit und Wirklichkeit, den Kant in seiner theoretischen Philosophie subjektiviert, die Annahme der Wirklichkeit intelligibler Kausalität aus Freiheit für uns sowie die Annahme, daß wir Mitglieder der intelligiblen Welt sind. Doch sind diese Bestandteile nun ausnahmslos im ursprünglichen Bewußtsein des Sittengesetzes und d.h. in der praktischen Vernunft verankert; eine theoretische Erkenntnis wird darüber weder beansprucht, noch ist sie für die sittliche Praxis notwendig.

Diese vom Argumentationsaufwand her eher einfache Lösung ist, wie gezeigt, das Endprodukt vorangehender theoretisch durchaus komplexerer Versuche, Sittengesetz und Freiheit in ihrer Gültigkeit für den menschlichen Willen allererst herzuleiten. Kant verzichtete auf sie, weil sie sich offenbar der kritischen Restriktion nicht hinreichend anpassen ließen. Doch bringt diese Lösung der *Kritik der praktischen Vernunft* ebenfalls eine Reihe von Problemen mit sich. Erstens muß nun die Gültigkeit des Sittengesetzes als ursprüngliche, sich von selbst aufdrängende Evidenz vorausgesetzt werden; gegen andersartige Ethik-Ansätze sind allenfalls Verteidigungen aufgrund der strengen Allgemeinheit des Sittengesetzes möglich, aber kaum ostensive Beweise. Zweitens hat Kant nicht, was er im Ansatz der siebziger Jahre anzustreben schien, eine Begründung des Sittengesetzes und der Freiheit in der Struktur des reinen Ich geliefert. Drittens identifiziert Kant in der *Kritik der praktischen Vernunft* wie schon in der *Grundlegung* den freien mit dem sittlichen Willen, was die Frage aufwirft, ob der moralisch böse Wille nicht frei und damit auch nicht verantwortlich ist. Die vierte Frage ergibt sich aus dem theoretischen Fundament von Kants Ethik; jede Ethik muß auf einem theoretischen Fundament aufbauen, auch wenn sie ursprünglich praktischen Prinzipien folgt. Dies ist bei Kant, wie erwähnt, die transzendentalidealistische Unterscheidung von Erscheinung und Ding an sich. Ein Problem aber besteht darin, daß Kant Kausalität in der Natur und in der Welt der Erscheinungen ganz deterministisch-mechanistisch auffaßt; die Gesetze der Newtonschen Mechanik gelten ihm dafür als exemplarisch. Auch angesichts von Organismen ist dem menschlich-endlichen Verstand nur solcher Mechanismus erkennbar. Dies gilt sogar für menschliche, psychische Motivationen und Handlungen. Als Erscheinungen in Raum und Zeit sind sie der Naturkausalität, d.h. letztlich dem Paradigma des Mechanismus unterworfen. Sie werden von Kant mit der „Freiheit eines Bratenwenders"[17] verglichen. Daher muß eigentliche Kausalität aus Freiheit als rein intelligibel gedacht und solcher Naturkausalität diametral entgegengesetzt werden. Wenn aber die Weisen von Naturkausalität nicht mehr nach dem Muster des Mechanismus und der Newtonschen Mechanik konzipiert werden, ist auch eine andere Freiheitsbestimmung und eine andere Bestimmung des Verhältnisses von Freiheits- und Naturkausalität möglich, die nicht bei der diametralen Entgegensetzung verbleibt und die daher auch – anders als Kants Theorie es zuläßt – nähere Bestimmungen ermöglicht, wie sich spezifisch bestimmte, freie Entschlüsse und ein freier Charakter im empirischen, psychologisch beobachtbaren Charakter auswirken. – Auf einige dieser Fragen geht die nun zu erörternde Freiheitstheorie des frühen Fichte ein.

II. Die Theorie der sittlichen Freiheit beim frühen Fichte

Unmittelbar nach Erscheinen der *Kritik der praktischen Vernunft* beginnt eine lebhafte Debatte über Freiheit, die zu frühidealistischen Entwürfen führt. Sie geht aus von Kants Bestimmung, daß „ein freier Wille und ein Wille unter sittlichen Gesetzen einerlei"[18] sei. Da sich dann der Wille nicht zu andersartigen Entscheidungen bestimmen könne, folge daraus, wie Carl Christian Erhard Schmidt schließt, ein „intelligibler Fatalismus". Dieser Auffassung widerspricht Reinhold, der sich gegen die Unmöglichkeit der Freiheit unsittlicher Handlungen wendet. Auch Schiller ist wenig später der Auffassung, daß der Wille zu sittlichen und unsittlichen Handlungen frei ist, was sich dann auch für ästhetische Freiheit etwa eines erhabenen Verbrechers als bedeutsam erweist. Reinholds Lehre wird dagegen von Leonhard Creuzer getadelt, weil ein freier Wille, der kontradiktorisch entgegengesetzte Handlungen beschließen könne, einen Widerspruch impliziere. Die Alternative, der intelligible Fatalismus dagegen sei praktisch unbefriedigend. Der späte Kant reagiert offenbar auf diese Debatte. Er konzipiert eine Freiheit zum Bösen; der Wille bleibt die praktische Vernunft selbst; die Willkür dagegen ist frei zu sittlich guten oder bösen Handlungen, die in der Erscheinungswelt stattfinden. Aber „die Freiheit der Willkür ... kann nicht durch das Vermögen der Wahl, für oder wider das Gesetz zu handeln ... definiert werden –

---

[17] *Kritik der praktischen Vernunft.* 174, vgl. auch 177.

[18] *Grundlegung.* IV, 447. Die folgenden Stellungnahmen finden sich gesammelt in: *Materialien zu Kants ,Kritik der praktischen Vernunft'.* Hrsg. von R. Bittner und K. Cramer. Frankfurt a.M. 1975, bes. 241–301. Diese Freiheitsdebatte im Spannungsraum zwischen Kants Lehre und frühidealistischen Theorien kann noch weiter erhellt werden. Vgl. zur frühen Position Reinholds K. *Ameriks: Kant and the Fate of Autonomy.* Problems in the Appropriation of the Critical Philosophy. Cambridge 2000. 96–112; zur Diskussion um den „intelligiblen Fatalismus" vgl. G. *Wallwitz: Fichte und das Problem des intelligiblen Fatalismus.* In: Fichte-Studien 15 (1999), 121–145 (s. auch unten Anm. 20).

wie es wohl einige versucht haben"[19], womit Kant auf die damalige Debatte anspielt; denn dies sind nicht zwei gleichberechtigte Möglichkeiten für eine Wahl; vielmehr sollen wir nur dem Sittengesetz folgen. Kant skizziert damit zumindest eine Präzisierung seiner Position. Zuvor schon geht auch der frühe Fichte auf diese Debatte ein. In seiner Rezension[20] jenes Werkes von Creuzer hebt er hervor, daß die Freiheit eines Willens, der sich zu sittlichen oder zu unsittlichen Handlungen bestimmt, deshalb nicht widersprüchlich zu sein braucht. Systematisch setzt Fichte allgemeine Freiheit über den Satz vom Grund – und damit, wie man ergänzen sollte – über den Satz vom ausgeschlossenen Dritten hinaus; aus diesem prinzipiellen, nicht aus einem moralphilosophischen Grund ist die Freiheit des reinen Ich Grundlage kontradiktorisch entgegengesetzter möglicher Entscheidungen, aber nicht selbst davon tangiert. Diese Freiheit ist dann „absolute Selbsttätigkeit" oder reine Spontaneität, wie Fichte sie in seiner eigenen Theorie dem Prinzip des reinen, absoluten Ich als Tathandlung oder als reines Tun zuschreibt.

Im Ausgang von dieser Debatte kommt nach Fichte also dem reinen, absoluten Ich Freiheit in allgemeinem Sinne als reine Selbsttätigkeit zu. Diese bildet nun die prinzipielle Grundlage für die Freiheit des sittlich sich selbst bestimmenden Ich. Solche sittliche Freiheit und das damit verbundene Bewußtsein des Sittengesetzes können aber nicht einfach angenommen werden; sie müssen vielmehr aus Prinzipien hergeleitet werden. Dies geschieht detailliert in Fichtes *System der Sittenlehre* von 1798. Diese Ethikbegründung gehört freilich systematisch nicht mehr zum Entwurf der *Grundlage der gesamten Wissenschaftslehre* von 1794/95, sondern zum Entwurf einer *Wissenschaftslehre nova methodo* von 1796–1799. In ihm geht Fichte nicht mehr von drei getrennten Grundsätzen, sondern von einem einzigen Prinzip des in sich bereits endlichen Ich aus; ferner werden theoretische und praktische Wissenschaftslehre nicht mehr getrennt abgehandelt. Diese Änderungen wirken sich auch auf die Herleitung des Bewußtseins von Sittlichkeit und Freiheit des Ich aus. Eine solche Herleitung sieht Fichte als notwendig an, da man in der philosophisch-systematischen Theorie nicht einfach wie Kant das Bewußtsein des Sittengesetzes als ein Faktum der Vernunft annehmen könne. Fichte bezieht sich damit nur auf Kants endgültige Lösung, nicht auf die vorherigen, und er geht auf das sich ergebende obengenannte erste Problem ein, nämlich daß die Gültigkeit des Sittengesetzes in dieser Lösung nicht bewiesen ist. Die systematische Herleitung in einer „Deduktion" bedeutet

---

[19] I. Kant: Metaphysik der Sitten. VI, 226. Vgl. aus den Vorarbeiten dazu XXIII, 248f.
[20] Vgl. *J.G. Fichte-Gesamtausgabe.* Abt. I, Bd 2. Hrsg. von R. Lauth und H. Jacob. Stuttgart-Bad Cannstatt 1965. 7–14. Fichte rezensiert das Werk von L. *Creuzer: Skeptische Betrachtungen über die Freiheit des Willens.* Giessen 1793 (Nachdruck: Hildesheim 1978). Vgl. zu diesen Zusammenhängen und zu Fichtes Creuzer-Rezension F. *Fabbianelli: Impulsi e libertà.* „Psicologia" e „trascendentale" nella filosofia pratica di J.G. Fichte. Genova 1998. 132–143; ebenso ders.: *Antropologia trascendentale e visione morale del mondo.* Il primo Fichte e il suo contesto. Napoli-Milano 2000. 107–130.

dabei sowohl Ableitung als auch Rechtfertigung; es soll durch die Herleitung gezeigt werden, daß das Sittengesetz und seine Gültigkeit sich notwendig aus der Struktur des endlichen Selbstbewußtseins ergibt. Damit erörtert Fichte auch das obengenannte zweite Problem, das Kant offengelassen hat, nämlich die Verankerung des Bewußtseins des Sittengesetzes in der Struktur des endlichen Selbstbewußtseins.

Das Ich ist nun nach Fichte ursprünglich Wille. Sowie es seiner selbst inne wird, findet es sich als wollend; denn „das praktische Ich" ist „das Ich des ursprünglichen Selbstbewußtseins"[21]. Das praktische Ich oder der Wille aber ist per se endlich; ihm kommt nur eine spontane Tätigkeit zu, die sich gegen einen Widerstand richtet.[22] Dieser Widerstand ist das Nicht-Tätige, das nicht von der Art des Ich ist, damit der gegebene Stoff oder spezifischer das Objektive, demgegenüber das spontan tätige Ich dann das Subjektive ist. Die Tätigkeit gegen das Widerständige, Gegenständliche nimmt auf diese Weise die Gestalt der kausalen, praktischen Wirksamkeit überhaupt an; das Objektive soll dadurch ins Bewußtsein des Ich aufgenommen und wesentlich Werk des Ich werden. Dem Ich kommt hierbei nach Fichte Tendenz zu absoluter Selbsttätigkeit zu, die, wenn das Ich sich ihrer bewußt wird, schon als Freiheit in allgemeinem Sinne angesehen wird; aber es ist darin, daß es bloß eine solche Tendenz ist, auch begrenzt. Es ist als auf Anderes bezogenes, kausal wirksames, praktisches Ich nicht unmittelbar eins mit dem Objekt. Ein ideales Ich, das unmittelbare Einheit von Subjekt und Objekt wäre, gilt Fichte hier als undenkbar. Im endlichen Ich müssen immer schon Subjekt und Objekt unterschieden und als selbständige Bestandteile aufeinander bezogen werden. Nur so kann es erfaßt werden und erfaßt es sich selbst. Fichte folgt dabei dezidiert dem Modell der Selbstbeziehung als Subjekt-

---

[21] J.G. Fichte: Grundlage des Naturrechts. § 1 Corollar; s. J.G. Fichte: Ausgewählte Werke in sechs Bänden. Hrsg. von F. Medicus. Bd II. Leipzig 1912. Nachdruck: Hamburg 1962. 25. – Fichte erklärt später in einem Brief an Reinhold (1800): „Mein System ist vom Anfang bis zum Ende nur eine Analyse des Begriffs der Freiheit". (J.G. Fichte: Briefwechsel. Hrsg. von H. Schulz. 2 Bde. Leipzig 1925, II, 206).

[22] Vgl. hierzu und zum Folgenden J.G. Fichte: Das System der Sittenlehre, s. Ausgewählte Werke. Bd. II. 395–547. Zur Freiheitslehre des frühen Fichte, insbesondere in der Sittenlehre vgl. H. Heimsoeth: Fichte. München 1923. 133ff, 149ff; M. Ivaldo: Libertà e ragione. L'etica di Fichte. Milano 1992, bes. 7ff, 145–192 (zur Deduktion des Sittengesetzes 156ff); C. Cesa: Introduzione a Fichte. Roma-Bari 1994, bes. 44–75; C. De Pascale: Etica e diritto. La filosofia pratica di Fichte e le sue ascendenze kantiane. Bologna 1995. 130–144; G. Zöller: Bestimmung zur Selbstbestimmung. Fichtes Theorie des Willens. In: Fichte-Studien 7 (1995), 101–118; K. Hammacher: Transzendentale Theorie und Praxis. Zugänge zu Fichte. Fichte-Studien. Supplementa 7. Amsterdam, Atlanta 1996. 139–158; L. Fonnesu: Metamorphosen der Freiheit in Fichtes ‚Sittenlehre'. In: Fichte-Studien 16 (1999), 255–271; er hebt die Bestimmungen von materialer und formaler Freiheit hervor, wobei die entscheidende die materiale, objektkonstituierende, letztlich sittliche Freiheit ist; M. Vetö: De Kant à Schelling. Les deux voies de l'Idéalisme allemand. 2 Bde. Grenoble 1998/2000. Bd. 1. 403–414. – Zur Freiheitslehre des späteren Fichte in der Wissenschaftslehre von 1801 vgl. W. Janke: Fichte. Sein und Reflexion – Grundlagen der kritischen Vernunft. Berlin 1970. 259–274.

Objekt-Beziehung. Diese Beziehung ist freilich nicht symmetrisch; in der Kausalität soll das tätige Subjektive vielmehr auf das Objektive einwirken, das es sich damit aneignet.

Da diese Subjekt-Objekt-Beziehung der praktischen Wirksamkeit ursprünglich Selbstbeziehung des wollenden Ich ist, muß dieses ihrer als seiner eigenen inne sein. Das Ich weiß von sich als tätigem und wollendem aber unmittelbar und spontan, nämlich in intellektueller Anschauung. Diese Selbstanschauung ist intellektuell, weil das Ich darin ein rein tätiges unabhängig von der Passivität seiner Sinnlichkeit ist. – Die Kongruenzen zu Kants früherer Freiheitslehre aus den siebziger Jahren sind nicht zu übersehen. Dem reinen Ich kommt Selbsttätigkeit und Spontaneität als allgemeine Freiheit und in seinem Wollen praktisch-kausale Freiheit zu; seiner selbst als freien Wesens in beiderlei Bedeutung ist es in intellektueller Anschauung inne. Es betrachtet sich darin zugleich als intelligibles Wesen oder als Intelligenz, die, wie sich noch zeigen wird, zur intelligiblen Welt gehört und die sich als existent in der intelligiblen Welt ansieht.

Die Herleitung des Sittengesetzes und des Bewußtseins des Ich von diesem Sittengesetz erfolgt nun hinsichtlich des systematischen Argumentationsaufwandes in einem Handstreich: Das Ich, das sich in seiner kausalen Selbsttätigkeit und in seiner dadurch bestimmten Subjekt-Objekt-Beziehung intellektuell anschaut, erfaßt darin unmittelbar seine eigene Identität in den aufeinander bezogenen Instanzen. Diese Identität des Ich als eines selbsttätigen wird begrifflich und gesetzmäßig erfaßt, und das darin zu denkende Gesetz ist nach Fichte schon das Sittengesetz. Dieses ist also zuerst und zunächst das Gesetz der Identität des autonom wollenden Ich, welches in genauerer Bestimmung nur als ein einzelnes Ich gedacht werden kann. Konkreter vorgestellt bedeutet das Sittengesetz offenbar eine Identitätsstabilisierung des Ich in der Mannigfaltigkeit seiner Erlebnisse, Entschlüsse, Handlungen oder Maximen. Es gewinnt allgemeine Bedeutung erst dadurch, daß das wollende Ich sich immer auf ein Objektives, eine Welt bezieht, die allerdings vom Ich und im Ich vorgestellt wird, und in dieser Welt auf eine Intersubjektivität[23], in der alle Personen auf gleichartige Weise ein solches Identitätsgesetz entwerfen, das dann für jede einzelne gleichermaßen, d.h. für alle gilt. Die Freiheit des praktisch wirksamen Ich wird damit spezifischer zur sittlichen Freiheit; sie wird zur kausalen Selbsttätigkeit des gesetzmäßig und allgemeingesetzlich sich bestimmenden, seine Identität wahrenden Ich in einer intelligiblen, intersubjektiven, moralischen Welt.

---

[23] Vgl. hierzu E. Düsing: Intersubjektivität und Selbstbewußtsein. Behavioristische, phänomenologische und idealistische Begründungstheorien bei Mead, Schütz, Fichte und Hegel. Köln 1986, bes. 240ff, 260–272, auch 272–289; dies.: Sittliche Aufforderung. Fichtes Theorie der Interpersonalität in der WL nova methodo und in der Bestimmung des Menschen. In: Transzendentalphilosophie als System. Die Auseinandersetzung zwischen 1794 und 1806. Hrsg. von A. Mues. Hamburg 1989. 174–197. – Später vertrat Fichte im Prinzip einen Monismus der intelligiblen Welt.

So hat Fichte in seiner Deduktion des Sittengesetzes, auf deren Wege zunächst allgemeine und sodann sittliche Freiheit des Ich deduziert wurden, versucht zu zeigen, daß das Sittengesetz nicht bloß als eine gegebene Evidenz in einem „Faktum der Vernunft" anzunehmen, sondern durch seine Herleitung zugleich als gültig zu rechtfertigen ist. Er hat ferner dadurch eine bestimmte Begründung des Sittengesetzes in der Struktur des praktischen Selbstbewußtseins aufgezeigt. Freilich ist die Durchführung dieser Deduktion, verglichen etwa mit Kants plastischeren Einsichten und Argumentationen, doch des öfteren formal. Es bleiben jedenfalls gewichtige Probleme bestehen: Zum einen folgt Fichte hinsichtlich der Selbstbewußtseinsstruktur dem wenig differenzierten Modell der Selbstbeziehung als Subjekt-Objekt-Beziehung. Die Unmöglichkeit, diesem Modell reichhaltigere Bestimmungen abzugewinnen, verschuldet z.T. den formalen Charakter der Beweisführung. Zum anderen nimmt Fichte eine intellektuelle Anschauung des reinen und des sittlichen Ich an, ohne sie grundsätzlich etwa gegenüber Kants kritischer Restriktion zu verteidigen; auch Kant war ja früher von ihr ausgegangen, hatte sie dann aber aus kritischen Gründen nicht mehr als eine Fähigkeit menschlicher Erkenntnis und menschlicher Selbstgegenwärtigkeit angesehen. Schließlich übernimmt Fichte ohne Problemerörterung die Kantische Unterscheidung von sinnlicher und intelligibler Welt und die Versetzung des praktisch wirksamen und sittlichen Ich in die intelligible Welt und schreibt damit die Fragen fort, die sich schon bei Kant ergaben.

III. Sittengesetz und Freiheit auf der Grundlage des Selbstbewußtseinsmodells voluntativer Selbstbestimmung

Die genannten Probleme lassen sich lösen, und ebenso lassen sich moderne Einwände gegen eine Freiheitslehre beachten durch eine an jene klassischen Ansätze anknüpfende, aber zugleich neue Lehre von menschlicher Freiheit auf dem Boden der Theorie der Selbstbewußtseinsmodelle.[24] Auch davon sei hier nur eine Skizze gegeben. – Wie Aristoteles verschiedene Bedeutungen des Seienden konzipierte, die untereinander einen analogen Sinn aufweisen, so muß man auch Freiheit in durchaus unterschiedlichen Bedeutungen betrachten, die untereinander analog sind oder eine „Familienähnlichkeit" aufweisen, die sich aber nicht auf eine einzige Bedeutung zurückführen lassen. Unbeschadet dessen läßt sich eine dominante Bedeutung von Freiheit ausmachen. Die verschiedenen Freiheitsbedeutungen können nun weitgehend in der Ordnung einer Stufenleiter beschrieben und erfaßt werden. Auf solche Weise läßt sich die strikte Entgegensetzung von sinnlicher und intelligibler Welt, sinnlich-natürlicher und intelligibler Kausa-

---

24 Zu dieser Theorie sei der Hinweis auf die Darlegung des Verf.s erlaubt: *Selbstbewußtseinsmodelle*. Moderne Kritiken und systematische Entwürfe zur konkreten Subjektivität. München 1997, zum Modell der voluntativen Selbstbestimmung als dem strukturreichsten einzelnen Selbstbewußtseinsmodell vgl. 229–255.

lität vermeiden. Diese Vermeidung beginnt schon auf dem Felde der Naturkausalität, die in heutiger Physik keineswegs mehr generell nach Newtonscher deterministischer Mechanik bestimmt wird. Ferner muß man in der Natur ein „zufälliges" Zusammentreffen verschiedener Ereignisse konzedieren, das von jedem der einzelnen Ereignisse her nicht prädeterminiert ist. Damit ist natürlich noch keine Bedeutung von Freiheit erreicht. Doch tritt darüber hinaus dann im Reich des Lebendigen Bewegungsfreiheit als Fähigkeit zu nicht determinierter, ungehinderter Ortsveränderung eines Organismus und in komplexerer Wirksamkeit instinktgeleitete Freiheit als unwillkürliche Instinktbestimmung eines Tiers zu vorher nicht vollständig festgelegten Aktionen oder Reaktionen auf.

Beim Menschen kann sich, auch hierüber hinausführend, eine Freiheit, nämlich Nichtfestgelegtheit unwillkürlichen, noch nicht ausdrücklich reflektierten, aber bewußten, alltäglichen Verhaltens einstellen. Die nächsthöhere Stufe ist dann die reflexive Wahlfreiheit, die für jemanden darin besteht, daß er aufgrund von Überlegung und Übersicht über bestimmte eigene Möglichkeiten, ohne vorher festgelegt zu sein, eine davon auswählt. Für Kant dagegen fällt auch Wahlfreiheit, wenn sie sich nicht auf wahre Freiheit gründet, noch unter das Kausalmuster des deterministischen Naturmechanismus. Noch höhere oder komplexere Formen von Freiheit sind die ästhetische, die ethische und die rechtlich-politische Freiheit. Die ästhetische Freiheit führt den Menschen in phantasievoller, assoziationsreicher Betrachtung auf die Fülle oder auch Defizienz seiner Möglichkeiten und damit auf sich selbst zurück. Die rechtlich-politische Freiheit bildet sich als formale Selbständigkeit und Entscheidungsmöglichkeit des Bürgers erst im Laufe der Geschichte aus und löst sich von der ethischen Freiheit ab, bleibt jedoch korrelativ auf sie bezogen. Die ethische Freiheit aber stellt die grundlegende menschliche Willensfreiheit dar, die sich aus der Struktur des praktischen Selbstbewußtseins als solchen ergibt und von deren Genesis nun ein Abriß vorgestellt sei. – Aus dieser Stufenbeschreibung läßt sich schon ersehen, daß Naturkausalität nicht nach dem Paradigma deterministischer Newtonscher Mechanik aufzufassen ist und daß daher menschliche Freiheit erstens nicht notwendig als das strikte Gegenteil zu Naturkausalität und zweitens nicht notwendig als rein intelligible Kausalität gedacht werden muß. Sie ist zwar geistige und nicht bloß physische Kausalität, steht aber den Weisen von Naturkausalität und natürlicher Freiheit nicht diametral entgegen.

Nun kann man ethische Freiheit nicht einfach annehmen, schon weil sie heute in vielen Theorien bestritten wird. Es werden psychologistische, soziologistische, radikaler physikalistisch-materialistische oder medizinisch-gentheoretische Einwände gegen Freiheit vorgebracht. Die vielleicht gefährlichsten Bestreitungen aber, die teilweise Grundbestandteile jener Einwände aufnehmen, werden gegenwärtig mit gehirnphysiologischen Argumenten untermauert. Sie besagen entweder ganz generell, der Geist sei eigentlich nichts als das Gehirn; dann wird ein dogmatischer, weder empirisch noch philosophisch hinreichend begründbarer Materialismus oder Physikalismus vertreten[25]; oder sie folgern aus bestimmten, zuerst von Benjamin Libet durchgeführten Experimenten, der Mensch sei nicht frei. In den Experimenten wird, zusammenfassend gesagt, nachgewiesen, daß einer einfachen Beschlußfassung bestimmte Gehirnprozesse als unbewußtes Bereitschaftspotential kurzzeitig vorangehen. Daraus zog man, nicht freilich Libet, die Konsequenz, daß in diesen unbewußten Prozessen des Bereitschaftspotentials sich bereits der vollständige Entschluß forme, der daher schon vor der Bewußtwerdung vorhanden sei; deshalb gebe es keinen freien, bewußt sich entschließenden Willen. Diese Folgerung ist viel debattiert worden; zwei Einwände sind aber m.E. schlagend: Erstens läßt sich bei komplexeren Beschlüssen nach längeren vorherigen Reflexionen und Überlegungen und möglicherweise zeitlich davon abgetrennten Handlungen eine derartige Entstehung des Beschlusses aus ganz unbewußten Prozessen schwerlich hinreichend nachweisen. Zweitens wird der jeweilige noematische, zugleich kausal wirksame Inhalt eines Beschlusses sowie die Frage, ob und inwiefern er in den unbewußten vorbereitenden Prozessen im Gehirn und in der bewußten Vorstellung eigentlich derselbe sei, gänzlich übergangen. Entscheidend ist bei diesem zweiten Einwand einerseits, daß die mentalen Vorstellungsinhalte, z.B. sittliche Pflichten, und die ihnen entsprechenden geistigen Leistungen nicht einfach auf bestimmte Gehirnprozesse reduziert werden können, auch wenn diese ihnen als conditio sine qua non zugrunde liegen; jene Leistungen und ihre noematischen Vorstellungsinhalte beruhen vielmehr prinzipiell auf der nicht physikalistisch einzuebnenden Grundfähigkeit des Selbstbewußtseins. Andererseits kann man schwerlich bewußte und unbewußte Prozesse in atomisierten Messungen hart einander entgegensetzen, wie dies in jenen Versuchen geschieht. Es handelt sich im Zustand klaren Wachbewußtseins um einen vielfältig verschachtelten unbewußten – halbbewußten – bewußten kontinuierlichen Prozeß, wie man ihn auch aus zahlreichen Parallelfällen, z.B. aus dem Formulieren längerer Sätze, bei denen man am Anfang das Ende noch nicht genau weiß, oder etwa aus dem aktuellen Zeiterleben mit halbbewußten oder unbewußten Horizonten, wie Husserl es bestimmte, ersehen kann. In allen diesen Fällen und ebenso beim Bereitschaftspotential für Entschlüsse zeigt sich, daß es um mehrdimensionale verschachtelte Prozesse des Bewußtwerdens geht. Durch nichts ist erwiesen, daß *bloß* unbewußte Gehirnprozesse, der noematische Inhalt mag sein, welcher er wolle, das bewußte Erleben prädeterminieren; dies gilt auch vom Bereitschaftspotential für Entschlüsse. Aus Li-

---

[25] Zur ausführlicheren Auseinandersetzung mit modernen Varianten des Materialismus mag der Hinweis auf die Erörterung des Verf.s erlaubt sein: *Einleitung: ,Subjektivität' in gegenwärtiger und in klassischer deutscher Philosophie.* In: *Ders.: Subjektivität und Freiheit* (s. Anm. 3). 7–32, zur Auseinandersetzung damit sowie mit psychologistischer und soziologistischer Subjektivitätskritik vgl. auch vom Verf.: *Selbstbewußtseinsmodelle* (s. Anm. 24). 27–96. Die Diskussion über Libets Versuche wird vom Verf. ausführlicher erörtert in: *Fundamente der Ethik* (s. Anm. 1). 112ff, die Freiheitstheorie ebd. 169–185. Vgl. auch oben in der Einleitung 10ff.

bets Versuchen ergibt sich somit offensichtlich kein Beweis gegen Willensfreiheit.

Willensfreiheit und ethische Freiheit sind nun abhängig von einem praktischen Selbstbewußtsein. Selbstbewußtsein kann aber nicht im Reichtum seiner Strukturmannigfaltigkeit durch das dürre Geripp der Selbstbeziehung als Subjekt-Objekt-Beziehung hinreichend bestimmt werden. Selbstbewußtsein ist vielmehr nur in einer Skala von mehreren Selbstbewußtseinsmodellen zu erfassen, die von einem rudimentären, bloß horizonthaften Seiner-inne-Sein bis zur komplexen, vielseitigen voluntativen Selbstbestimmung reichen. Der Fortgang durch diese Modelle bedeutet jeweils eine Sinnzunahme von Selbstbewußtsein. Das differenzierteste, komplexeste einzelne Selbstbewußtseinsmodell ist das genannte der voluntativen Selbstbestimmung. Diese Weise der Selbstbeziehung entsteht, wenn ein Selbst sich grundlegend als zukünftiges bestimmt, etwa einen Lebensplan für sich entwirft. Dann bezieht es sich thematisch und ausdrücklich auf sich selbst in seinem entworfenen Zustand in der Zukunft, ist hierbei aber seiner in der Gegenwart durchaus plastisch inne und schließt in den Entwurf seiner selbst auch die selbstbezügliche Erinnerung an wesentliche eigene Erlebnisse und in der Vergangenheit zugewachsene Eigenschaften ein. So ist die voluntative Selbstbestimmung eine Gesamtselbstbeziehung von drei zeitlich und inhaltlich unterschiedenen Instanzen des Selbst, des zukünftigen, gegenwärtigen und vergangenen Selbst, die je schon Selbstbeziehung enthalten; und diese Gesamtselbstbeziehung ist von praktischer Bedeutung für die weitere Lebensführung.

Diese voluntative Selbstbestimmung ist eine Selbstbeziehung des einzelnen konkreten Selbst. Damit das allgemeine Prinzip der Sittlichkeit aus ihr genetisch entwickelt werden kann, ist nun eine grundlegende Idealisierung erforderlich. Aufgrund dieser wird von aller Konkretion der Erlebnisinhalte und ihrer Kontexte, aber auch von den spezifischen Erlebniszeitbestimmungen der Vergangenheit, Gegenwart und Zukunft abgesehen; zurück bleibt eine allgemeine gegebene Mannigfaltigkeitsbasis von Erlebnissen überhaupt, auf die sich die voluntative Gesamtselbstbeziehung des Selbst und die durch sie bezogenen Instanzen des Selbst synthetisch richten. Diese gegebene Mannigfaltigkeitsbasis und das reine Daßsein des Gegebenseins von Erlebnissen ist seine nicht abstreifbare Faktizität. Das Selbst bleibt in dieser Gesamtselbstbeziehung und dieser Faktizität ein einzelnes, begrenztes, das seiner in solcher Einzelheit nur bewußt ist unter gleichartigen einzelnen, begrenzten Personen, die ebensolche voluntative Selbstbestimmung ausüben; es ist per se kein solus ipse. So sieht das Selbst sich in seiner Selbstbeziehung und seiner Faktizität in Gemeinschaft mit anderen Personen, die jeweils diese gleichartige selbstbezügliche Tätigkeit vollbringen. Daher entwirft es eine ideale ethische Gemeinschaft, in der die Personen einander wechselseitig als selbständige und prinzipiell gleiche achten und anerkennen und miteinander ihre jeweilige voluntative Selbstbestimmung zustande bringen. Dies ist der Bedeutungsgehalt des Prinzips der Sittlichkeit, der demjenigen des Kantischen Reichs der Zwecke nahekommt; es wird freilich nicht als reine intelligible Welt konzipiert; ebensowenig werden die Personen als rein intelligibel gedacht, da ihnen wesentlich Faktizität eignet. Sie sind jedoch wie bei Kant Selbstzwecke oder von eigener selbstzentrierter Humanität und Menschenwürde. Dies gilt es heute hervorzuheben angesichts des wieder um sich greifenden Darwinismus in der Ethik, nach dem der Mensch auch nur ein Tier ist, und des Sozialdarwinismus, nach dem nur das stärkere Tier ein Lebensrecht hat. Diesem noematischen Prinzip der Sittlichkeit, nämlich der idealen ethischen Gemeinschaft, kommt nun Allgemeingültigkeit zu; es gilt für alle voluntativ sich selbst bestimmenden Personen als Richtmaß für ihre Gesinnungen, Maximen, Entschlüsse und Handlungen. So wird das Prinzip der Sittlichkeit nicht einfach als Evidenz oder „Faktum der Vernunft" angesetzt, sondern aus der Struktur des Selbstbewußtseins, genauer: der voluntativen Selbstbestimmung entwickelt, jedoch ohne die Formalismen und Simplifizierungen des Modells der Selbstbeziehung als Subjekt-Objekt-Beziehung und ohne die diametrale Entgegensetzung von sinnlicher und intelligibler Welt.

Aus dieser idealen voluntativen Selbstbestimmung, deren noematischer Gehalt die ideale ethische Gemeinschaft ist, ergibt sich nun unmittelbar sittliche Freiheit. Sie ist keine bloße Wahlfreiheit, sondern eine unabhängige, autonome Entscheidung für das Wollen der ethischen Gemeinschaft und dieses spontane Wollen selbst mit seinen kausalen Folgen. Damit aber ist ebensosehr das Gegenstück möglich, nämlich daß der Wille – entgegen dem essentiellen Sinn der idealen voluntativen Selbstbestimmung – sich auch zum moralisch Bösen entscheiden kann, das dezidiert in der Nichtachtung, ja Verachtung der Person des Anderen und der eigenen Person liegt. Auch für diese Perversion sittlicher Subjektivität ist der Einzelne verantwortlich. Aber sowenig wie in Kants Theorie steht es dem Sich-Entscheidenden frei, zwischen Sittlichkeit und antiethischer Bosheit etwa als gleichberechtigten Möglichkeiten zu wählen.

Die sich aus der voluntativen Selbstbestimmung ergebende sittliche Freiheit ist aber nur real und existent für das praktische, sich entschließende oder Maximen setzende Selbst. Ob solche Freiheit auch theoretisch erweisbar dem Selbst wirklich zukommt, bleibt hier – ähnlich wie bei Kant – offen. Entschiedener als bei Kant sei hier jedoch betont, daß derartige theoretische Untersuchungen den spezifischen Sinn ethischer Freiheit und voluntativer Selbstbestimmung, wie er selbstbewußtseinsimmanent konzipiert wird, offensichtlich gar nicht erreichen. Die Freiheit des Selbst ist in ihrer eigentlichen, dem Selbst angemessenen Bedeutung genuin sittlich und muß als real existierendes Implikat angenommen werden, wenn voluntative sittliche Selbstbestimmung des Selbst zustande kommt. Theoretische Vorbedingung für die Annahme solcher praktischen Realität ethischer Freiheit ist nur, daß diese Auffassung nicht theoretisch widerlegt werden kann, was, wie oben bei den Einwänden gegen Freiheit angedeutet, wohl kaum gelingen dürfte. – So läßt sich im Ausgang von der Theorie der Selbstbewußtseinsmodelle durchaus eine an Kant und Fichte anknüpfende, moderne Veränderungen berücksichtigende Lehre von Sittlichkeit und Freiheit entwickeln, die dort offen gebliebene Probleme einer Lösung zuführt.

Fichtes Freiheitsbegriff (*Sittenlehre* von 1798 und 1812, *Anweisung zum seligen Leben*)

Wilhelm Metz (Freiburg)

In einem Brief aus dem Jahre 1795 schreibt Fichte:

> „Mein System ist das erste System der Freiheit; wie jene Nation [die französische] von den äußern Ketten den Menschen losreist, reist mein System ihn von den Fesseln der Dinge an sich, des äußern Einflußes los, die in allen bisherigen Systemen, selbst in dem Kantischen mehr oder weniger um ihn geschlagen sind, u. stellt ihn in seinem ersten Grundsatze als selbständiges Wesen hin. Es ist in den Jahren, da sie mit äußerer Kraft die politische Freiheit erkämpfte, durch innern Kampf mit mir selbst, mit allen eingewurzelten Vorurtheilen entstanden; nicht ohne ihr Zuthun; ihr valeur war, der *mich* noch höher stimmte, u. jene Energie in mir entwickelte, die dazu gehört, um dies zu fassen. Indem ich über ihre Revolution schrieb, kamen mir gleichsam zur Belohnung die ersten Winke u. Ahndungen dieses Systems".[1]

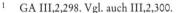

Diese Briefstelle ist in mehrfacher Hinsicht beachtlich. Erstens zeigt sie uns, daß Fichte, dessen Wissenschaftslehre eine reine Vernunftwissenschaft ist, sich zugleich mit einer ‚Vernunft in der Wirklichkeit' (hegelsch formuliert) in Harmonie weiß. Wenn es auch bei Fichte bis in sein Spätwerk hinein niemals zu dem Hegelschen Urteil kommen wird „Was vernünftig ist, das ist wirklich; und was wirklich ist, das ist vernünftig"[2], so kann die Überzeugung des frühen und späten Fichte durchaus in die Formel gefaßt werden „Die Vernunft *strebt* nach ihrer (geschichtlichen) Verwirklichung, und die (geschichtliche) Wirklichkeit *strebt* nach der Vernunft"[3]. Es ist daher eine verstellende Verkürzung, Fichtes System nur als Antwort auf philosophie-interne „Probleme" zu verstehen und den Weltbezug dieses Denkens außer acht zu lassen[4]. Einer Kantischen Unterscheidung

---

1 GA III,2,298. Vgl. auch III,2,300.

2 G.W.F. Hegel, Werke in zwanzig Bänden, Frankfurt 1970f, 7.24.

3 Siehe den Artikel des *Verf.* „Die Weltgeschichte beim späten Fichte", in. Fichte-Studien Bd. 1, Amsterdam-Atlanta 1990, 121f.

4 Man denke an die weit verbreitete These, Fichtes Philosophie des Ich sei ein Lösungsvorschlag für das „Problem" des Selbstbewußtseins. Siehe dazu z.B. Dieter Henrich, Fichtes ursprüngliche Einsicht, in: Subjektivität und Metaphysik. Festschrift für Wolfgang Cramer. Frankfurt 1966, 188–232, Jürgen Stolzenberg, Fichtes Begriff der intellektuellen Anschauung. Die Entwicklung in den Wissenschaftslehren von 1793/94 bis 1801/02, Stuttgart 1986. Karen Gloy, Selbstbewußtsein als Prinzip des neuzeitlichen Selbstverständnisses. Seine Grundstruktur und seine Schwierigkeiten, in: Fichte-Studien Bd. 1., 41–72. Weiter unten soll dargelegt werden, daß das von Fichte gedachte absolute Ich nicht das Selbstbewußtsein ist und somit auch nicht zur Lösung des Problems des Selbstbewußtseins konzipiert worden ist.

folgend haben wir es bei Fichte nicht mit einer Philosophie dem „Schulbegriff", sondern dem „Weltbegriff" nach zu tun, die dasjenige bedenken will, „was jedermann notwendig interessiert"[5]. Wenn daher bestimmten Fichte-Interpretationen einer untergegangenen Ideologie, nämlich des Marxismus, darin beizupflichten ist, daß der Weltbezug des fichteschen Denkens als für seine Philosophie entscheidend anzuerkennen ist[6], so ist gegen diese Interpretationen doch folgendes hervorzuheben. Die Übereinstimmung, in der Fichte die innerste Tendenz seiner Philosophie mit den Postulaten der französischen Revolution, vor allem ihrer jakobinischen Phase, erblickt, muß zur Autonomie der philosophischen Vernunft nicht im Widerspruch stehen. Auch ist es höchst fraglich, Fichte zum Sprachrohr einer bestimmten Klasse zu erklären, will er doch den *Menschen* als solchen von jedem äußeren Einflusse losreißen. Es ist ein und dieselbe Vernunft, die sich nach Fichtes Einsicht in der Transzendentalphilosophie selbst erfaßt und in der geschichtlichen Welt danach strebt, sich ihre Wirklichkeit zu geben. Indem das fichtesche Denken ‚in der Welt' ist, ist die Vernunft dieses Denkens gleichwohl ‚bei sich'.

Zweitens bezeugt die angeführte Briefstelle eindrücklich Fichtes Selbstverständnis von seiner Philosophie; gilt sie ihm doch als die erste Philosophie der Freiheit, die streng genommen selbst in Kant höchstens einen Vorläufer besitzt. Obwohl der junge Fichte in einem Brief an seine Braut von sich bekannt hatte, durch Kants *Kritik der praktischen Vernunft* in eine „neue Welt"[7] versetzt worden zu sein, weil Kant erstmals die Freiheit gegen den Determinismus gerettet habe, erscheint demselben Fichte wenige Jahre später auch Kants Philosophie noch in den ‚Fesseln der Dinge an sich' befangen. Kants Philosophie ist von Fichte prinzipiell verwandelt worden, weil Fichte die Freiheit zum Prinzip auch der theoretischen und damit zum ersten Grundsatz der ganzen Philosophie[8] gemacht hat. Erst dadurch, so Fichte, ist die Freiheit überhaupt denkerisch erreicht. Es ist die Freiheit in absoluter Bedeutung, die entweder als Prinzip der ganzen Philosophie auftritt oder letztlich noch verkannt wird. Obwohl der Weltbezug des fichteschen Denkens sowie seine rechts- und geschichtsphilosophischen Lehren für das Freiheits-Thema von höchstem Belang sind, soll im folgenden der Blick auf die Freiheit gerichtet werden, die Fichte im Horizont von Sittlichkeit und Religion näher expliziert hat.

---

5   Kant, Kritik der reinen Vernunft, A 839, B 867, Fußnote.
6   Siehe zu dieser Thematik das Buch von Manfred Buhr und Domenico Losurdo, Fichte- die Französische Revolution und das Ideal vom ewigen Frieden, Berlin 1991. Sehr ergiebig ist auch die Aufsatzsammlung *Revoluzione francese e filosofia classica tedesca*, hrsg. v. Domenico Losurdo, Napoli 1993.
7   GA III,1,167.
8   So begründet Fichte in seiner *Sittenlehre* von 1798 den Satz, „dass unsere Freiheit selbst ein theoretisches Bestimmungsprinzip unserer Welt" ist (GA I,5,77).

Welche Freiheit, so lautet die Hauptfrage der folgenden Untersuchung, hat bei Fichte den Rang des Prinzips inne? Die Beantwortung dieser Frage dürfte für ein Gesamtbild seiner Philosophie nicht ohne Bedeutung sein.

Im folgenden soll zuerst anhand der Sittenlehren von 1798 und 1812 die von Fichte gedachte Freiheit und ihr Zusammenhang mit der Sittlichkeit betrachtet werden (Teil 1 und 2). Im 3. Teil gilt es, anhand der *Anweisung zum seligen Leben* diejenige Freiheit herauszustellen, die mit den Weltansichten der niederen und höheren Moralität sowie der Religion verbunden ist. Weil das *System der Sittenlehre* von 1798 das letzte große Werk des Jenenser Systems ist, die *Anweisung zum seligen Leben* von 1806 in größter Nähe zur *Wissenschaftslehre* von 1804 steht und die *Sittenlehre* von 1812 für die letzte Phase des fichteschen Denkens beispielhaft ist, werden die folgenden Erörterungen versuchen, den Freiheitsbegriff von Fichtes Gesamtphilosophie, bezogen auf Sittlichkeit und Religion, in den Blick zu bekommen.

1. Teil
Der Freiheitsbegriff im *System der Sittenlehre* des Jahres 1798

In der *Sittenlehre* von 1798 begegnet uns die Freiheit auf den verschiedenen Ebenen des Systems; sie ist mit dem Prinzip der Sittlichkeit bereits untrennbar verbunden und empfängt in den weiteren Ableitungen eine sukzessiv konkretere Bestimmtheit. Die von Fichte gedachte Freiheit ist weder einfach die Wahl- bzw. Willkürfreiheit – weil sie mit einer Notwendigkeit zusammengeschlossen wird – noch kann sie als bloße Selbstbestimmung, die von der Wahlfreiheit abgegrenzt werden könnte, charakterisiert werden. In Fichtes *Sittenlehre* wird ein Freiheitsbegriff entfaltet, der sich einer einfachen Definition entzieht, weil eine Synthesis von Notwendigkeit und Freiheit zu denken aufgegeben ist; dies könnte als ein spekulativer Freiheitsbegriff bezeichnet werden[9].

---

[9]　Zu Fichtes Freiheitsbegriff siehe auch das Buch von Faustino Fabbianelli, Impulsi e Libertà, „Psicologia" e „trascendentale" nella filosofia pratica di J.G. Fichte, Genova 1998. In der Fichte-Forschung wird nicht selten der Begriff „spekulativ" zur Bezeichnung des Denkens von Schelling und Hegel verwendet, um von ihnen das „transzendentalphilosophische" Denken Kants und Fichtes abzugrenzen, z.B. in Marco Ivaldo, I Principi del Sapere. La visione trascendentale di Fichte. Napoli 1987. Von anderen Autoren wird der Begriff "spekulativ" jedoch zur Bezeichnung einer Grundfigur metaphysischen Denkens überhaupt gebraucht, dem Fichtes Denken zuzuzählen ist. Siehe z.B. Gaetano Rametta, Le strutture speculative della dottrina della scienca. Il pensiero di J.G. Fichte negli anni 1801–1807, Genova 1995. Die letztere Verwendung des Begriffs "spekulativ" finden wir auch bei C.A. Scheier, z.B. in den Aufsätzen „Einigende Offenheit – ein Motiv europäischen Denkens", in: L'Europa multiculturale. Das multikulturelle Europa, Akten der XXIV. Internationalen Tagung deutsch-italienischer Studien, Meran 11.–13. Mai 1998, hrsg. R. Cotteri, Meran 1999, 623–630; sowie „Wissenschaft und Technik – ein Januskopf", in: Kaltblütig –

Die Freiheit wird zuerst auf der höchsten, nämlich der Prinzipienebene gedacht, wenn Fichte im ersten Hauptstück seines *Systems der Sittenlehre* eine Deduktion des Prinzips der Sittlichkeit vorlegt[10]. Diese Deduktion geht vom absoluten Ich aus, welches Fichte als denjenigen Punkt bestimmt, in dem das Subjektive und das Objektive, das Handelnde und das Behandelte Eins sind. Diese ursprüngliche Einheit kommt als solche niemals zum Bewußtsein; sie ist der Grund des Bewußtseins, der dieses erst ermöglicht, ohne aber in es zu fallen. Denn durch die Bewußtseinsform, in die das absolute Ich aufzunehmen ist, tritt die Trennung des subjektiven vom objektiven ein. „Auf den mancherlei Ansichten dieser Trennung des subjectiven und objectiven, und hinwiederum, der Vereinigung beider, beruht der ganze Mechanismus des Bewusstseyns" (GA I,5,21), wie Fichte im Beginn seiner *Sittenlehre* hervorhebt. In diesen Sätzen kommt scharf zum Ausdruck, daß das von Fichte gedachte absolute Ich *nicht* das Selbstbewußtsein ist.

Durch die Bewußtseinsform oder, wie Fichte auch sagt, durch die Reflexion wird das absolute Ich bzw. die Absolutheit des Ich aufgespalten, in ein ‚objektives Ich' und ein ‚subjektives Ich' entgegen gesetzt. Das objektive Ich ist das Selbst, dessen wir uns im Selbstbewußtsein bewußt werden; das subjektive Ich ist das Bewußtsein selber. In beiden Gestalten der Ichheit muß sich jedoch erstens der Charakter des absoluten erhalten; zweitens sind beide als entgegengesetzte ebenso miteinander zu vereinigen. Das objektive Ich oder die verobjektivierte Absolutheit des Ich bestimmt Fichte als Wollen. „Ich finde mich selbst, als mich selbst, nur wollend" (a.a.O., 37). Dieses Wollen als die unmittelbare Gestalt des objektiven Ich wird weiterbestimmt zur „Tendenz zur Selbstthätigkeit um der Selbstthätigkeit willen" (a.a.O., 45).

Das objektive Ich mit dem subjektiven Ich zu vereinigen bedeutet, das ursprüngliche Bewußtsein der besagten Tendenz aufzuzeigen. In der ursprünglichen Bewußtmachung bzw. produktiven Reflexion[11] wird die absolute Tendenz zu einer intelligenten; sie kommt unter die Botmäßigkeit des Begriffs; „und dadurch erst wird sie eigentliche Freiheit" (a.a.O., 48). Das Bewußtsein ist nicht der bloße Zuschauer des objektiven Ich und die hier gedachte Reflexion macht nicht nur explizit, was ohne sie schon da wäre, sondern die besagte Tendenz wird durch die produktive Reflexion in eine intelligente *verwandelt* und dadurch in eigentliche Freiheit umgeschaffen. „Freiheit" bedeutet hier eine „Kausalität durch den blossen Begriff" (a.a.O., 51), schlechthin ein Sein an sich anzuknüpfen, ohne selber in einem Sein zu gründen.

Philosophie von einem rationalen Standpunkt. Festschrift für Gerhard Vollmer, hrsg. von Wolfgang Buschlinger und Christoph Lütge, Stuttgart 2003, 81–89.

[10] Vgl. zu dieser Thematik den Aufsatz des *Verf.*, Der oberste Deduktionsgrund der Sittlichkeit. Fichtes Sittenlehre von 1798 in ihrem Verhältnis zur Wissenschaftslehre, in: Fichte-Studien Bd. 11, 147–159.

[11] Zum Begriff der „produktiven Reflexion" vgl. *Verf.*: Die produktive Reflexion als Prinzip des wirklichen Bewußtseins, in: Fichte-Studien Bd. 20, 69–99.

Das Bewußtsein der absoluten Tendenz zur Selbsttätigkeit um der Selbsttätigkeit willen kann aber nur dann als die subjektive Form der ursprünglichen Absolutheit des Ich angesehen werden, wenn es selber durch nichts außer ihm bestimmt ist. Das aber ist es nach Fichte nur als Denken. Die Vereinigung des objektiven und subjektiven Ich entwickelt Fichte zur Synthesis von objektivem (Sitten-)Gesetz und subjektivem freien Denken.

> „Wenn du dich frei denkst, bist du genöthigt, deine Freiheit unter ein Gesetz zu denken; und wenn du dieses Gesetz denkst, bist du genöthigt, dich frei zu denken; denn es wird in ihm deine Freiheit vorausgesetzt, und dasselbe kündigt sich an, als ein Gesetz für die Freiheit" (a.a.O., 64).

Der Grundgedanke der fichteschen Deduktion des Prinzips der Sittlichkeit läßt sich ins Kürzeste gewendet so umschreiben. Die ursprüngliche Absolutheit und Subjekt-Objektivität des Ich kommt *als solche* niemals zum Bewußtsein; sie wäre aber nicht die Absolutheit *des Ich*, wenn sie nicht in bestimmter Form ursprünglich immer schon zum Bewußtsein gekommen wäre. Dieses ursprüngliche Bewußtsein des Ich *von* seiner Absolutheit ist nun genau das Bewußtsein der Sittlichkeit. – Im Zuge dieser Deduktion ist folgender Freiheitsbegriff hervorgetreten. Das Gesetz der Sittlichkeit ergeht an die Freiheit und setzt sie voraus. Die Freiheit ist vom Prinzip der Sittlichkeit schlechthin untrennbar, da sie die subjektive Seite des in die Bewußtseinsform eintretenden absoluten Ich ist, die mit der objektiven Seite, dem Gesetz, synthetisch vereinigt ist.

Die hier gedachte Freiheit ist daher keine absolut gesetzte Wahlfreiheit, weil sie vielmehr mit der Objektivität des Ich, dem Gesetz, in Wechselbestimmung steht. Ebenso wenig genügt der Begriff der Selbstbestimmung; denn das Sittengesetz evoziert keine selbstbestimmten Handlungen gemäß einer ‚automatischen' Notwendigkeit, sondern ist das Gesetz der Freiheit, das nur *für uns* ist, wenn auf es reflektiert wird. Fichte rechtfertigt in diesem Zusammenhang Kants Begriff der Autonomie:

> „[...] der ganze Begriff unsrer nothwendigen Unterwerfung unter ein Gesetz entsteht lediglich durch absolut freie Reflexion des Ich auf sich selbst in seinem wahren Wesen, d.h. in seiner Selbstständigkeit. [...] Sonach ist es das Ich selbst, das sich in dieses ganze Verhältniß einer Gesetzmäßigkeit bringt, und die Vernunft ist sonach in jeder Rücksicht ihr eignes Gesetz" (a.a.O., 67).

Das *System der Sittenlehre* aus dem Jahre 1798 enthält Fichtes konkrete Ethik, in der zuletzt die allgemeinen und besonderen Pflichten des Menschen nach seinem natürlichen Stande und seinem besonderen Berufe abgeleitet werden. Indem Fichte den Begriff des endlichen, natürlichen und leiblichen Ich entwickelt, wird der Begriff des absoluten bzw. reinen Ich von dem des empirischen Ich immer schärfer unterschieden. An einer späteren Stelle bemerkt Fichte:

> „Unsere Sittenlehre ist sonach für unser ganzes System höchst wichtig, indem in ihr die Entstehung des empirischen Ich aus dem reinen genetisch

gezeigt und zuletzt das reine Ich aus der Person gänzlich herausgesetzt wird. Auf dem gegenwärtigen Gesichtspunkte ist die Darstellung des reinen Ich das Ganze der vernünftigen Wesen, die Gemein[d]e der Heiligen" (a.a.O., 229/30).

Jedes individuelle Ich hat eine besondere Bestimmung und Aufgabe, die seinen unverwechselbaren Ort innerhalb der später so genannten ‚Synthesis der Geisterwelt' und die Grenzen seiner Persönlichkeit im wahrsten Sinne ‚definiert'. Wie auf der Prinzipienebene davon gesprochen wurde, daß die Tendenz zur absoluten Selbsttätigkeit ursprünglich reflektiert und zur Freiheit umgeschaffen wird, so gilt auch vom fichtesch gedachten individuellen Ich, daß es sich durch Reflexion auf den Standpunkt der Sittlichkeit und damit zur Freiheit erheben muß, um seinen Ort im Ganzen der Geisterwelt einnehmen zu können. Das individuelle Ich wird aber von Fichte in einer Verhaftetheit an den Naturtrieb erblickt, der zwar, anders als bei Kant, kein dem Ich fremder Trieb, sondern eine bestimmte Erscheinungsform dessen ist, was Fichte als Urtrieb denkt, der wiederum mit der oben angesprochenen Tendenz zur absoluten Selbsttätigkeit zusammen gesehen werden muß. Gleichwohl ist die Verhaftetheit an den Naturtrieb ein Zustand der Unfreiheit des Menschen. Hinsichtlich des individuellen Ich, das in der Naturverhaftetheit gedacht wird, deckt Fichte den folgenden Zirkel auf. Der Mensch wird sich seiner Bestimmung als Vernunftwesen und darin seiner Freiheit nur im Angesicht des Sittengesetzes bewußt[12]. Das Sittengesetz aber *ist* nur für den Menschen, wenn auf es reflektiert wird und sich der Mensch aus freien Stücken zum Reflexionsstandpunkt der Sittlichkeit erhebt. Die von Fichte gedachte Naturverhaftetheit bedeutet aber gerade das ‚träge' Ausbleiben der den Menschen umschaffenden Reflexion. Zwar soll sich das empirische Ich des Menschen durch produktive Reflexion befreien, sich in ein freies und sittliches Ich umschaffen. Doch dazu muß es schon frei sein. Vom natürlichen, an seinen Naturtrieb verhafteten Menschen behauptet Fichte, daß er zwar

„seinem ursprünglichen Wesen nach [...] frei ist, und unabhängig von der Natur" [hier wird die prinzipielle Freiheit angesprochen, W.M.], [und] so soll er immer aus diesem Zustande sich losreißen; und *kann* es auch, wenn

---

12 Eine Schlüsselstelle zu diesem Sachverhalt ist der Zweiten Einleitung in die Wissenschaftslehre zu entnehmen, wo über das Selbstbewußtsein des Menschen von sich als einem freien Vernunftwesen ausgeführt wird: „Dies geschieht nur lediglich durch Aufweisung des SittenGesetzes in uns, in welchem das Ich als Etwas über alle ursprüngliche Modification durch dasselbe, erhabenes vorgestellt, in welchem ihm ein absolutes, nur in ihm und schlechthin in nichts anderm begründetes Handeln angemuthet, und es sonach als ein absolut Thätiges charakterisiert wird. In dem Bewusstseyn dieses Gesetzes [...] ist die Anschauung der Selbstthätigkeit und Freiheit begründet; ich werde mir durch mich selbst als etwas, das auf eine gewisse Weise thätig seyn soll, gegeben, ich werde mir sonach durch mich selbst als thätig überhaupt gegeben; ich habe das Leben in mir selbst, und nehme es aus mir selbst. Nur durch dieses Medium des SittenGesetzes erblicke ich *mich*, und erblicke ich mich dadurch, so erblicke ich mich nothwendig , als selbstthätig [...]. Diese intellectuelle Anschauung ist der einzige feste Standpunkt für alle Philosophie" (GA I,4,219).

man ihn als absolut frei betrachtet: aber ehe er durch Freiheit sich losreißen kann, muß er erst frei seyn. Nun ist es gerade seine Freiheit selbst,
welche gefesselt ist [welche Fessel nur durch produktive Reflexion gelöst
werden könnte, W.M.]; die Kraft, durch die er sich helfen soll, ist gegen
ihn im Bunde" (a.a.O., 184).

Fichte rechtfertigt diesbezüglich sogar den lutherisch-calvinschen Begriff des
servum arbitrium, des verknechteten Willens:

> „Diejenigen sonach, welche ein *servum arbitrium* behaupteten, und den
> Menschen als einen Stock und Klotz charakterisirten, der durch eigne
> Kraft sich nicht aus der Stelle bewegen könnte, sondern durch eine höhere
> Kraft angeregt werden müsste, hatten vollkommen recht, und waren con-
> sequent, wenn sie vom *natürlichen Menschen* redeten, wie sie denn thaten"
> (a.a.O., 184f).

Für den Übergang zu Freiheit und Sittlichkeit, der doch immer schlechthin erfolgen soll, spielt die von Fichte gedachte Aufforderung und näher das Vorbild
in der Erziehung sowohl des Einzelnen als auch des ganzen Menschengeschlechts eine entscheidende Rolle. Letztlich bleibt aber etwas Unableitbares zurück, das Fichte klar vor Augen hat und das wir als ‚Geheimnis der Freiheit' bezeichnen könnten. Es bleibt nämlich unbegründbar, warum in dem einen Menschen die Absolutheit des Ich durch produktive Reflexion in das Bewußtsein
aufgenommen wird und in dem anderen nicht. Die Wiedergeburt zur Sittlichkeit
geschieht schlechthin, weil sie eine letztlich unmittelbare Manifestation des
absoluten Ich im endlichen Ich darstellt.

Daß der Begriff der Wahlfreiheit nicht der einzige und letzte ist, der für eine
Begründung des Übergangs zur Sittlichkeit zureichen könnte, wird besonders
deutlich, wenn auf Fichtes Lehre von der heroischen Denkart geblickt wird, die
uns in der späten *Sittenlehre* von 1812 erneut begegnet, wo sie durch den Begriff
des „Enthusiastischen" erläutert wird[13]. Fichte denkt nämlich in seiner frühen
Sittenlehre zwischen Naturverhaftetheit und wahrer Sittlichkeit noch eine mittlere Reflexion. Der Trieb der Ichheit nach absoluter Selbständigkeit kann in einem
Individuum als „blinder Trieb" zum Bewußtsein kommen, dergestalt nämlich,
daß der individuelle Wille dem reinen Trieb der Ichheit nicht unterstellt, sondern
mit ihm *verwechselt* wird. Das Prinzip der Sittlichkeit wird auf diese Weise radikal verfälscht, weil die vom Sittengesetz geforderte Vernunftherrschaft zur ge-
setzlosen Oberherrschaft *dieses* Individuums verstellt wird. Die Charaktere dieser heroischen Denkart, in denen das ‚tätig Allgemeine' auf dunkle und verstellende Weise zur Manifestation kommt, sind für Fichte gerade die gefährlichsten
Menschen, weil sie gewissermaßen die Kraft der Sittlichkeit ohne deren Inhalt
besitzen; die ‚Vernunft' oder gar die ‚Vorsehung' wird von ihnen mit ihrem indi-

---

[13] Vgl. GA II,13,360.

viduellen Herrschaftsanspruch identifiziert und damit die Sittlichkeit in ihr absolutes Gegenteil verkehrt[14].

Die Erhebung zur wahren Sittlichkeit charakterisiert Fichte als die vollkommen durchgeführte Reflexion:

> „Der Mensch hat nichts weiter zu thun, als jenen Trieb nach absoluter Selbstständigkeit, der als blinder Trieb wirkend einen sehr unmoralischen Charakter hervorbringt, zum klaren Bewußtseyn zu erheben; und dieser Trieb wird *durch diese bloße Reflexion* sich in demselben in ein absolut gebietendes Gesetz verwandeln. [...] Der Mensch weiß nun, daß er etwas schlechthin soll" (a.a.O., 176).

Wie jedoch wird dieser sittliche Wille an ihm selbst charakterisiert? Wie steht es um seine Freiheit? Von dem sittlichen Menschen gilt, daß er seinen Willen gänzlich dem Sittengesetz unterstellt und ihm gegenüber nichts Eigenes mehr besitzt. Fichte spricht davon, dass der „Wille des Sittengesetztes" der „Wille des moralisch guten Menschen selbst" ist (a.a.O., 271). Daraus fließt bei Fichte eine Pflicht, die es in dieser Form bei Kant nicht gibt, nämlich die Pflicht, „Sittlichkeit zu verbreiten und zu befördern"[15]:

> „Der Wille des moralisch guten Menschen ist der Wille des Sittengesetzes selbst. Nun will dieses die Moralität aller vernünftigen Wesen: sonach muß der moralisch gute dasselbe wollen. [...] Mithin wird er nothwendig aus allen seinen Kräften diesen seinen nothwendigen Willen zu realisiren suchen" (a.a.O., 276).

Zur sittlichen Freiheit gehört die Aufgabe jeglichen Eigenwillens und die völlige Hingabe an das Allgemeine, welches bei Fichte jedoch durchaus konkret gedacht wird; besitzt doch in der später so genannten ‚Synthesis der Geisterwelt' jedes Individuum über seine allgemeine Bestimmung als Vernunftwesen hinaus eine

---

[14] Eine postmoderne Verdächtigung und Denunziation der ‚Metaphysik' als totalitäres Denken behauptet letztlich, daß sich in der Metaphysik ein partikulärer Standpunkt zu einem universellen erklärt und damit totalitär wird. Siehe hierzu Wolfgang Welsch, Unsere postmoderne Moderne, Freiburg 1997,181. Auch wenn die Erfahrung des Totalitarismus sich auf die nachmetaphysische Moderne bezieht, werden doch in der wissenschaftlichen Diskussion der Gegenwart immer wieder Rückbezüge auf die metaphysischen Denker der abendländischen Tradition konstruiert, die so gesehen gewissermaßen zu jenen ‚gefährlichsten Menschen' werden oder doch von ihnen nur schwer zu unterscheiden sind, die bei Fichte der mittleren Reflexion zugeordnet werden. Siehe zu dieser Thematik umfassend den Aufsatz von Heribert Boeder, Is Totalizing Thinking Totalitarian?, Translated by Marcus Brainard, in: Pierre Adler, Marcus Brainard, and Dirk Effertz, eds., In memoriam David Rapport Lachterman. Graduate Faculty Philosophy Journal 17, no. 1–2, New York 1994, 299–312.

[15] Das Einzige, an das bei Kant gedacht werden könnte, ist die in seiner Religionsschrift gedachte Pflicht des Menschen, in ein ethisches Gemeinwesen, d.h. in eine Kirche einzutreten. Diesbezüglich spricht er von einer „Pflicht von ihrer eigenen Art"(Die Religion innerhalb der Grenzen der bloßen Vernunft, 3. Stück, Erste Abteilung, II; Kants Schriften, hrsg. von der Preußischen Akademie der Wissenschaften. Berlin 1913. VI,97).

besondere und unverwechselbare Bestimmung, die erst sichtbar werden läßt, *wer* dieses Individuum sei[16].

Trotz des oben exponierten Zirkels zwischen sittlicher Notwendigkeit und freier Reflexion – die auch so gefaßt werden kann: Es ist schlechthin sittlich geboten und somit notwendig, daß auf das Sittengesetz reflektiert werde, welche Notwendigkeit aber wiederum nur für uns *ist*, wenn bereits reflektiert wird – trotz dieses Zirkels kann Fichte in seiner frühen *Sittenlehre* die Erhebung zur Sittlichkeit als freie Wahl bestimmen, wenn er z.B. schreibt:

> „Jeder wird gerade dadurch, daß seine ganze Individualität verschwindet, und vernichtet wird, reine Darstellung des Sittengesetzes in der Sinnenwelt; eigentliches reines Ich, durch freie Wahl, und Selbstbestimmung" (a.a.O., 231).

Diese freie Wahl kann aber nur dann wahrhaft und ‚kräftig' zur Sittlichkeit führen, wenn in ihr das tätige Allgemeine, die Vernunft bzw. der ‚Wille des Sittengesetzes' schon präsent ist. Dieser Wille ist, trotz aller Vorbereitung in der Zeit, nur schlechthin gegenwärtig. Denn er macht bei Fichte den Anfang, und erst dank dieses Anfangs vermag die Freiheit in das Leben einzugreifen, um es schöpferisch zu verwandeln. Die Wahlfreiheit ist auch ihrer höchsten Bedeutung nach mit der vernünftigen Notwendigkeit synthetisch vereinigt und nur deshalb eine wahrhaft ‚energische' Freiheit[17].

2. Teil
Der Freiheitsbegriff in der *Sittenlehre* aus dem Jahre 1812

In seiner Sittenlehre aus dem Jahre 1812 führt Fichte an einer markanten Stelle aus:

> „Also – bleibt es freilich bei dem auch sonst häufig ausgesprochenen Satze: durch sich kann der Mensch nichts thun: sich nicht sittlich machen, sondern er muß es erwarten daß das göttl[iche] Bild in ihm herausbreche. Dieser Glaube u. diese Meinung [dass er selbst etwas tun könne, W.M.] ist vielmehr das sichere Zeichen, daß es noch nicht herausgekommen sey, u. das gröste Hinderniß dagegen: denn es ist Widersetzlichkeit gegen das

---

[16] So schreibt Fichte in seiner WL nova methodo: „Um uns selbst zu finden, müssen wir die Aufgabe denken, uns auf eine gewisse Weise zu beschränken. Diese Aufgabe ist für jedes INDIVIDUUM eine andere und dadurch eben erst wird bestimmt, *wer* dieses INDIVIDUUM eigentlich sei" (Ausgabe Felix Meiner, Hamburg 1982, 241).

[17] Siehe zum System der Sittenlehre und zur Freiheitsthematik auch das Buch von Marco Ivaldo, Libertà e ragione. L'etica di Fichte, Milano 1992. Ebenso den Aufsatz von M. Ivaldo, Die systematische Position der Ethik nach der *Wissenschaftslehre nova methodo* und der *Sittenlehre* von 1798, in: Fichte-Studien Bd. 16, 237–254. In diesen Arbeiten finden sich eine Fülle weiterer Literaturangaben.

wahre Leben. Aller eitle Stolz abgeschlagen. Rein erkennen, daß in uns als eigne Kraft garnichts gutes ist" (GA II,13,340).

Diese Sätze überraschen *prima vista* in einer Philosophie der Freiheit; scheinen sie doch eher zu einer christlichen Gnaden- und Prädestinationslehre zu passen. Es soll im folgenden versucht werden, die Einsicht Fichtes, die in den zitierten Sätzen niedergelegt ist, aus dem gedanklichen Zusammenhang der späten *Sittenlehre* zu verstehen[18]. Welcher Begriff von Freiheit, so lautet die Frage, wird in der *Sittenlehre* des Jahres 1812 konzipiert? Welche Bedeutung kommt dieser Freiheit für das zu, was Fichte als die ,Sittlichkeit' eines Menschen charakterisiert? Schließlich gilt es zu prüfen, ob der Freiheitsbegriff der *Sittenlehre* des Jahres 1812 mit dem *System der Sittenlehre* von 1798 übereinstimmt, oder ob wir es in beiden Sittenlehren mit einem unterschiedlichen Freiheitsbegriff zu tun haben? Sollte das letztere der Fall sein, wird der hier vorliegende Unterschied genau zu bestimmen sein[19].

Fichtes *Sittenlehre* des Jahres 1812 beginnt mit einem Satz, der den Grundsatz der ganzen Sittenlehre bildet und deswegen in ihr nicht weiter begründet werden kann noch soll; dieser das Prinzip der Sittlichkeit darstellende Satz lautet: „[...] der Begriff sey Grund der Welt: mit dem absoluten Bewusstseyn, daß er es sey. (mit dem Reflex dieses Verhältnisses)"(a.a.O., 307). Fichtes *Sittenlehre* hat es, ihrem Selbstverständnis nach, mit nichts anderem als der vollständigen Analyse dieses Satzes zu tun, die den ganzen Gehalt der Sittlichkeit erschöpfen soll.

Der gedankliche Aufbau der *Sittenlehre* verläuft, im Bilde gesprochen, von oben nach unten. Der Begriff, der als ein *singulare tantum* erscheint, wird daraufhin betrachtet, wie er sich im individuellen Ich manifestiert und in concreto als dessen Sittlichkeit darstellt. Die erste Bestimmung, die Fichte entwickelt, ist die eines Bildes, welches schlechterdings nicht als Abbild oder Nachbild charakterisiert werden kann, sondern als vorgängig zu allem Sein. Den Begriff als den Grund der Welt zu behaupten impliziert demnach ein absolut selbständiges Bild anzunehmen; Fichte spricht diesbezüglich auch von „Geisterwelt"(a.a.O., 309). Für die Sittlichkeit ist der „Geist, das erste; u. wahre, aus dem [folgt, W.M.] erst die Welt" (a.a.O., 308).

Die weiterführende Analyse wendet sich dem zweiten Teil des Grundsatzes zu, der zur These vom Grundsein des Begriffs den Reflex hinzufügt. Der Begriff ist der Grund der Welt mit dem Bewußtsein, daß er es sei. Durch diese Aufnahme des ganzen Verhältnisses in die Form des Bewußtseins wird das Grundsein des Begriffs weiterbestimmt, nämlich als ein sich selbst bestimmen zur Causali-

---

[18] Zum Gesamtkontext der Sittenlehre von 1812 in Fichtes Spätphilosophie siehe das Buch von Dirk Schmid, Religion und Christentum in Fichtes Spätphilosophie 1810–1813, Berlin/New York 1995, vor allem 34f.

[19] Zu Fichtes Denken im Jahre 1812 siehe auch den Aufsatz von Johannes Brachtendorf, Der erscheinende Gott – Zur Logik des Seins in Fichtes Wissenschaftslehre 1812, in: Fichte-Studien Bd. 20, 239–251.

tät („ein übergehen von Nicht Kausalität des Begriffs zu seiner Kausalität" (a.a.O., 311)), welches eine reale und ideale Selbstbestimmung in Einem ist.

Bereits an dieser frühen Stelle schärft Fichte etwas ein, was für die ganze *Sittenlehre* und darüber hinaus für seine gesamte Transzendentalphilosophie entscheidend sein dürfte. Der seinen Reflex mit sich führende Begriff ist als schlechthin überindividuell und als ein einziger zu denken; dem so gedachten Begriff soll die Kausalität, das Grundsein zuerkannt werden. Der Begriff tritt also bei Fichte als das *tätige Allgemeine* auf, nicht als ein Allgemeines, das etwa durch Abstraktion aus den individuellen Ichen gewonnen wäre. Die Ansicht, der zufolge der Begriff nur Grund ist „vermittelst einer denkenden, u. kräftigen Substanz, etwa in den Menschen" (a.a.O., 313), bedeutet für Fichte seinen Gedanken „grob misverstehen" (ebd.). „Wie", so hält Fichte dagegen, „wenn nicht das Ich [das] Bewußtseyn, sondern das Bewußtseyn das Ich hätte, u. aus sich erzeugte?". „Wie wenn der Begriff[,] von dem wir reden[,] es selbst wäre, der die Form des Bewußtseyns, u. in ihm die Form eines Ich, einer denkenden, und kräftigen Substanz annähme: müsten wir nicht erst zusehen, wie er dies machte, diese Verwandlung erlitte, u. drum fürs erste die Formel [des Grundsatzes] buchstäblich nehmen?" (ebd.)

Der Gesamtaufriß der *Sittenlehre* ist dem entsprechend folgendermaßen verfaßt. Der Begriff, den Fichte als das Bild Gottes bestimmt, kommt zu seiner Erscheinung und Darstellung in jenem Ganzen der vernünftigen Wesen, das in früheren Werken als die Synthesis der Geisterwelt gedacht wurde. Das Ich als individuelles hat sich zum einen, wie Fichte in dieser späten *Sittenlehre* scharf hervorhebt, in die Allgemeinheit des Begriffs aufzuheben, um rein das Leben des Begriffs zu sein. Zum anderen stellt sein Ort in der „Gemeinde", wie hier die Synthesis der Geisterwelt bezeichnet wird, gerade seinen individuellen Charakter dar, der als sittlicher gänzlich in den Begriff erinnert, doch gerade dadurch als individueller zugleich aufbewahrt ist.

> „Soviel aber ist klar, daß, da diese Gemein[d]e ein aus solchen Individuen zusammengesetztes organisches Ganzes ist, jedes Individuum seinen Antheil an jenem Seyn, u. Leben der Gemein[d]e haben werde, worin schlechthin kein anderes ihm gleich ist [...]" (a.a.O., 353).

Es soll im folgenden nicht die Gesamtsicht der späten *Sittenlehre* expliziert werden; vielmehr ist allein die Frage zu klären, welcher Freiheitsbegriff in diesem Werk zugrundegelegt und exponiert wird. Die Freiheit erscheint in der *Sittenlehre* 1812 auf verschiedenen Ebenen.

Auf der höchsten Ebene wird die Freiheit dem Begriff selbst zuerkannt. Denn der Begriff, sofern er in die Form des Bewußtseins eintritt, ist Leben, und zwar „ein absolut *freies* Leben, lebendig sich zu äußern, oder auch nicht"(a.a.O., 314). Das Leben wird von Fichte als ein schöpferisches gesehen; es ist das „Vermögen sich selbst innerlich zu bestimmen, u. zufolge dieser Selbstbestimmung Grund zu seyn, absolut schöpferischer eines Seyns außer sich" (a.a.O., 316). Der

Begriff der Freiheit steht hier für das ursprüngliche Grundsein des Begriffs, sofern es im Element des Bewußtseins, d.i. mit seinem Reflexe gesetzt ist.

Da Fichte die Einheit von realer und idealer Selbstbestimmung, d.i. die Identität von Sehen und Leben als „Ich" definiert, ist die Freiheit zugleich die Grundbestimmung des Ich. Mit einer Formulierung, die an die *Sittenlehre* von 1798 erinnert, legt Fichte den Begriff des Ich so dar: „Kraft, der ein Auge eingesezt ist, und von ihr unzertrennlich, Kraft eines Auge[s]: Charakter des Ich, u. der Geistigkeit" (a.a.O., 318).[20]

Die auf der Prinzipienebene gedachte Freiheit ist demnach eben sosehr der Grundcharakter des Ich und daher unverlierbar dem Ich zu eigen. Ichheit und Freiheit sind Wechselbegriffe. Die Freiheit ist demnach zuerst und zuhöchst die ursprünglich-schöpferische, ebenso reale wie ideale Selbstbestimmung, die mit der Wahlfreiheit, der ‚Freiheit der Indifferenz', wie Fichte sie nennt, nicht in Eins fällt.

Innerhalb der *Sittenlehre* des Jahres 1812 wird die Freiheit als Selbstbestimmung jedoch einmal dem Ich zuerkannt, und zwar in Abgrenzung gegen den reinen Begriff; zum anderen aber wird diese Selbstbestimmung des Ich wieder in den Begriff zurückgenommen und gänzlich in ihm fundiert. Die beiden entgegengesetzt scheinenden Ansichten oder Formulierungen werden aber letztlich synthetisch vereinigt, welche Vereinigung die reichste Bestimmung des Freiheitsbegriffs ist. Zum einen also – und das ist die, gegenüber der ersten Bestimmung auf der Prinzipienebene, zweite Fassung des Freiheitsbegriffs – unterscheidet Fichte das Ich, dem die Freiheit zukommt, von dem Begriff. Der Begriff, obzwar Grund, erhält erst im wollenden Ich seine Kausalität und wird erst im ebenso erkennenden wie wollenden Ich zum Grund einer objektiven Welt.

> „[...] das Ich mit seinem idealen Leben, und seiner realen objektiven Kraft [ist] nichts andres, [...], als das Leben des begründenden Begriffs selbst. Es ist nicht etwas an sich, u. ein eignes Leben; sondern es ist nur dieses Begriffs Leben, u. Kraft. Nun führt freilich der Begriff als solcher sein ideales Leben bei sich, nicht aber seinen realen Effekt. Um diesen ihm zu geben, dazu ist die Freiheit des Ich da. – Das Ich drum, als freies, u. selbstständiges betrachtet, es ist dies aber nur als Kraft der Selbstbestimmung, ist dazu da, um dem Begriffe seine Kausalität zu verschaffen: lediglich dazu. Dies ist seine Bestimmung, der Zwe[c]k seines Daseyns: es soll wollen" (a.a.O., 322).

Die Konkretisierung des Begriffs zur Ichform verschafft ihm seine Kausalität; die Bestimmung des Ich, konkret die Bestimmung des Menschen ist genau dies, das Leben und die Kraft des Begriffs zu sein. Die Freiheit des Ich besteht darin, den reinen Begriff in reale Kausalität zu überführen; die Freiheit *ist* dieser Übergang.

---

[20] Im *System der Sittenlehre* von 1798 lesen wir den Satz: „Es werden *Augen* eingesetzt dem Einen" (GA I,5,48, Fußnote).

An einer späteren Stelle wird deutlich, daß der Begriff erst mittels des Ich zum Grund einer objektiven Welt wird:

> „[...] der Begriff an sich ist reines Bild, in sich geschlossen, u. vollendet: nur dadurch, daß er im Bewußtseyn ein Leben bekommt, ein Ich wird, erhält er ein Abbild: seine IchForm drum ist der Grund, daß er bekommen muß eine Objektivität, Abbild: u. man kann drum überhaupt sagen: das Ich ist der Grund einer objektiven Welt, und einer Zeitfüllung durch sie" (a.a.O., 351).

Dieses Verhältnis, daß der Begriff mittels des Ich eine reale Kausalität erhält und zum Grund einer objektiven Welt wird, läßt sich jedoch in zwei Richtungen lesen, einmal so, daß dem Begriff durch das Ich etwas zuwächst, was er außerhalb der Ichform nicht besitzt (falls wir von einem solchen „außerhalb" überhaupt sprechen wollen). Zum anderen aber so, daß die Freiheit des Ich nur eine wahre Freiheit ist, *wenn* das Ich gänzlich und allein das Leben des Begriffs ist – wenn es, kantisch formuliert, die Pflicht um der Pflicht willen erfüllt –, wohingegen ein individuelles Ich, das vom Begriff unterschieden, gewissermaßen getrennt, weil nicht in ihn erinnert ist, in welchem somit das Leben des Begriffs nicht zum Durchbruch gekommen ist, auch keine eigentliche Freiheit besitzt, sondern nur ein Bild derselben.

Die dritte These zur Freiheit, die wir in der *Sittenlehre* des Jahres 1812 finden, ist dementsprechend die Negierung jeglicher Freiheit außerhalb des Grund-Verhältnisses des Begriffs. Dies bedeutet, daß die Wahlfreiheit zumindest von der so bestimmten Prinzipienebene auszuschließen ist, wie an vielen Stellen eindringlich unterstrichen wird.

Der Zirkel nämlich, den Fichte diesbezüglich zum Vorschein bringt, ist der folgende. Wenn die wahre Freiheit des Ich nur gegeben ist, wo es rein das Leben des Begriffs ist, so kann es keine freie Entscheidung für (oder gegen) dieses Leben geben – ebenso wenig wie ein Wille zum guten Willen gedacht werden kann, weil ein Wille zum guten Willen selber schon der gute Wille ist. Es gibt kein Gutes ‚vor‘ ihm.

Ob Fichte in seiner *Sittenlehre* 1812 zureichend dargelegt hat, wie und warum sich die eine Ichheit als ein System vieler individueller Iche darstellt, und des weiteren, warum das individuelle Ich zum sittlichen Ich überhaupt in einen Gegensatz geraten kann, – diese Fragen sollen jetzt nicht diskutiert werden. Den besagten Gegensatz zur Sittlichkeit beschreibt Fichte dahingehend, daß das Ich nicht das Leben des Begriffs ist, sondern das bloße Bild dieses Lebens.

> „Den Gegensatz näher beschreiben. –. Das *blosse* Bild, das todte, tritt heraus als Ich: das Ich drum als machend seine eigne Zeit: für jetzt, da wir noch kein eigenthümliches Princip seiner Zeitfüllung haben, eine leere Zeit, ohne Leben, Wollen u. Thun. Phänomen, *Gleichgültigkeit*, Erstorbenheit für das Gute" (a.a.O., 349).

Das Ich erscheint hier gewissermaßen in einer Position, die die Stelle der objektiven Welt ist, ein bloßes Bild des Lebens, nicht aber das Leben des Begriffs selbst. Wie aber denkt Fichte den Übergang von der Unsittlichkeit zur Sittlichkeit, d.i. die Erinnerung aus dem bloßen Bilde in das Leben des Begriffs? Dieser Übergang – und das ist der Punkt, auf den es hier ankommt – verdankt sich nicht der Wahlfreiheit. Im Gegenteil: Die Freiheit der Indifferenz ist ‚im Prinzip' für das Entstehen der Sittlichkeit bzw. des guten Willens unvermögend, weil erst mit der Sittlichkeit die wahre Freiheit eintritt.

> „Es zeigt sich drum hier, was ohnedies sich versteht, u. bekannt ist, daß keiner sich selbst sittlich machen kann, sondern daß er es eben werden muß, schlechtweg: daß diese Wiedergeburt eben so wenig ein Werk der Freiheit ist, als das der ersten Geburt"(a.a.O., 336).

Wie das Entstehen der Sittlichkeit des Ich als ein ‚Durchbruch des Begriffs' und nicht eigentlich als Folge einer Wahl gedacht wird, so wird noch viel schärfer die Sittlichkeit, sofern sie an ihr selbst betrachtet wird, als eine Selbstaufgabe des Ich an das Leben des Begriffs charakterisiert. Dadurch ist es Fichte in der ihm eigenen Radikalität möglich, die Sittlichkeit als einen ewigen und unabänderlichen Willen zu bestimmen. Denn das Ich ist das Prinzip der Zeit; wenn es rein erscheint als das Leben des Begriffs, so erscheint seinerseits der Begriff als Prinzip aller Zeit im Ich. Und nur diese Erscheinung ist die der Sittlichkeit.

> „Ein solches Ich könnte doch im Verfolg der Zeit seinen Willen ändern? Freilich, wenn es der Wille des Ich wäre! Aber es ist die Erscheinung des absolut Einen, ewig sich gleichen Begriffs, der in gar keiner Zeit ist. – Würde der Wille einmal geändert, so wäre dies nur ein Beweiß, daß er nie dagewesen wäre, sondern man nur, durch einen Irrtum des Urtheils es sich eingebildet hätte (a.a.O., 345)."[21]

In Fichtes später *Sittenlehre* lassen sich demnach drei Ansichten der Freiheit herausheben. Auf einer höchsten Ebene wird die Freiheit *ungeschieden* dem Begriff und dem Ich zuerkannt; ihr Begriff ergibt sich aus der Analyse des obersten Grundsatzes der *Sittenlehre*. Sowie jedoch das individuelle Ich vom Begriff unterschieden wird, kommt es zu einer in sich gedoppelten Ansicht der Freiheit. Diese nämlich wird zum einen als eine Kausalität gedacht, die allein dem Ich, hinge-

---

[21] Vgl. hierzu den ersten Brief des Johannes im Neuen Testament, wo es an einer Stelle heißt: *Ex nobis prodierunt, sed non erant ex nobis. Nam, si fuissent ex nobis, permansissent utique nobiscum: sed ut manifesti sint quoniam non sunt omnes ex nobis*". „Sie [die Antichristen und Ungläubigen] sind von uns ausgegangen, aber sie waren nicht von uns. Denn wenn sie von uns gewesen wären, so wären sie ja bei uns geblieben; aber es sollte offenbar werden, dass sie nicht alle von uns sind" (1,2,19). Diese ganze Thematik ist von Augustinus in einem seiner letzten Werke überhaupt, nämlich in *De dono perseverantiae. Liber ad Prosperum et Hilarium secundus*, eingehend behandelt worden. Abgedruckt in: Aurelius Augustinus, Schriften gegen die Semipelagianer, hrsg. von Adalbero Kunzelmann, Sebastian Kopp und Adolar Zumkeller, Würzburg 1954f, 328f. In dieser Ausgabe findet der Leser einen überaus kenntnisreichen und eingehenden Kommentar.

gen dem Begriff nur mittels der Ichform zukommt. Zum anderen aber gibt es eine wahrhafte Freiheit nur innerhalb des von Fichte exponierten Grund-Verhältnisses; die in der Getrenntheit vom Begriff und somit in der Unsittlichkeit bestehende Wahlfreiheit ist nur der Schein und das kraft- und leblose Bild der Freiheit. Viertens und schließlich werden diese beiden Unteransichten von der Freiheit, die gleichsam abwechselnd das Ich oder den Begriff zum Prinzip der Freiheit erklären, synthetisch miteinander vereinigt.

Denn das sich selbst Vernichten des Ich in das Leben des Begriffs ist keine mystische Versenkung oder passive Hingabe in theoretischer und praktischer Bedeutung; die von Fichte gedachte Hingabe vollzieht sich vielmehr in der freien und sich selbst vollkommen klaren sittlichen Tätigkeit bzw. ist diese Tätigkeit selbst.

Wie die Geschichte, auf deren Thematik in der späten *Sittenlehre* kurz eingegangen wird, als eine göttliche Erziehung des Menschengeschlechts gesehen wird, die aber gerade auf die freie Selbsterziehung des Menschen abzielt und sich in dieser vollendet, so kommt das fichtesch gedachte ,Leben des Begriffs' zu seinem Durchbruch und zu seiner Erscheinung nur *in* der Freiheit des Ich und *als* dessen Freiheit. Während in der geschichtsphilosophischen Sicht die göttliche Erziehung und die menschliche Selbsterziehung in einem zeitlichen Nacheinander erscheinen, muß in bezug auf die Sittlichkeit die schlechthinnige Simultaneität von Gott und Mensch beachtet werden. Die folgende Textstelle bringt Fichtes Position präzise zum Vorschein:

> „Daß der Mensch nichts sey, und daß, wiefern er eine Realität hat in der Erscheinung, diese eitel u. lauter Unsittlichkeit, Sünde und Verderben sey, daß keiner, sowenig er sich in der Sinnenwelt selbst gebähren konnte, sich gebähren kann, zur sittl., sondern, daß es durch die Kraft des Begriffs oder Gottes geschehen muß; [...] darüber also ist kein Streit", nämlich, wie wir hinzufügen können, mit der traditionellen Sittenlehre des Christentums. Fichte fährt aber unterscheidend fort: „Gott aber wirkt gemäß den Gesetzen der Erscheinung eines Ich, denn nur im Begriffe tritt er ein, nicht als ein unbegreifliches, mechanisch wirkendes Ding, welches zu denken wahre Abgötterei ist, u. Lästerung. Das Grundgesetz aber eines Ich ist Freiheit: was Gott wirkt, oder der Begriff, muß drum unmittelbar erscheinen, als gewirkt durch eigne Freiheit (ohnerachtet man freilich wissen soll [wie Fichte in Klammern einfügt], daß dies nur Erscheinung sey, nicht Wahrheit) (a.a.O., 348)."

Daraus ergibt sich für Fichte, daß die gesamte Sphäre göttlichen Erscheinens von Klarheit und Begreiflichkeit geprägt ist; dem Menschen wird bei Fichte kein *sacrificium intellectus* zugemutet.

> „Ferner: die Bestimmungsgründe der Freiheit sind Begriffe, Vorstellungen, Belehrungen, die mit der Bestimmung der Freiheit gleichfalls in einem begreiflichen Zusammenhange stehen müssen. Dies nun müßte man den Menschen sagen: du mußt scheinen an dir selbst zu arbeiten (oder auch du

musst eben an dir selbst arbeiten) auf verständige Art; dann arbeitet an dir Gott, u. treibt in dir sein Werk" (ebd.).

Das Leben des Begriffs und das Erscheinen Gottes steht mit der freien Eigenwirksamkeit des sittlichen Menschen nicht in Konkurrenz, sondern ist als diese gerade da; lebt doch das Ich das Leben des Begriffs selbst. Die Einsicht, die der späten *Sittenlehre* zugrunde liegt und nicht auf dieses Werk, nicht einmal auf Fichtes Philosophie eingeschränkt ist, ist die der ungeschiedenen Einheit des Absoluten mit dem endlichen Ich[22]. Nur wenn die vollkommene Durchsichtigkeit und Begreiflichkeit der Erscheinung Gottes bei Fichte beachtet wird – welche Erscheinung das Ich seiner Bestimmung nach selbst ist –, kann die späte *Sittenlehre* als eine Philosophie der Freiheit begriffen werden.

Zwischen den *Sittenlehren* von 1798 und 1812 besteht zum einen eine prinzipielle Übereinstimmung, die darin liegt, daß in beiden Werken keine absolut gesetzte Wahlfreiheit gedacht wird. In beiden Werken muß die Freiheit mit der Notwendigkeit synthetisch vereinigt werden, die 1798 als das Sittengesetz und die 1812 als Durchbruch des Begriffs bestimmt wird. Diese Übereinstimmung hat zur Folge, daß Fichte in seinem späteren Werk bezüglich der angewandten Sittenlehre auf sein gedrucktes Werk einfach verweist, d.h. er schenkt sich die erneute Ableitung der allgemeinen und besonderen Pflichten des Menschen seinem natürlichen Stande und seinem Berufe nach. Zum anderen aber darf eine unterschiedliche Akzentuierung nicht unterschlagen werden. In dem späten Werk wird die Sittenlehre mit der Gotteslehre verbunden, und die sittliche Wiedergeburt wird nicht von der Wahlfreiheit, sondern von dem Erscheinen Gottes her gedacht und als ,Durchbruch des Begriffs' bestimmt. In dem Jenenser Werk hingegen führt Fichte, wie oben bereits zitiert wurde, aus, daß jeder „gerade dadurch, daß seine ganze Individualität verschwindet und vernichtet wird, reine Darstellung des Sittengesetzes in der Sinnenwelt [wird]; eigentliches reines Ich, durch *freie Wahl* und Selbstbestimmung" (GA I,5,231; H.v.Vf.). Daß dieser Unterschied aber auch nur einer der Akzentuierung und der Perspektive ist, wird daraus klar, daß die Erscheinung Gottes, von der 1812 die Rede ist, in concreto das Ich selbst *ist*, sowie im frühen Werke von 1798 die genannte freie Wahl nur dann wahrhaft und ,kräftig' zur Sittlichkeit führt, wenn in ihr das tätige Allgemeine, der Wille des Sittengesetzes schon präsent ist. Dieser Wille ist genauso wenig in der Zeit wie der 1812 gedachte Begriff; der genannte Wille ist nur

---

[22] Siehe das berühmte Hegel-Wort aus seiner Einleitung zur *Phänomenologie des Geistes*: „Sollte das Absolute durch das Werkzeug uns nur überhaupt nähergebracht werden, ohne etwas an ihm zu verändern, wie etwa durch die Leimrute der Vogel, so würde es wohl, *wenn es nicht an und für sich schon bei uns wäre und sein wollte*, dieser List spotten [...]" (G.W.F. Hegel, Werke in zwanzig Bänden, Frankfurt 1970f, 69; H.v.Vf.). Heidegger hatte zu Recht darauf hingewiesen, daß die entscheidende, oben kursiv geschriebene These, „in einem Nebensatz versteckt" ist (Holzwege, Hegels Begriff der Erfahrung, Frankfurt 1970,126.) Hegels These umschreibt Heidegger durch die Formel „das Absolute in seiner Parusie bei uns" (a.a.O., 127).

schlechthin da, weshalb die Wahlfreiheit, die 1798 erörtert wird, in der sittlichen Vernunftnotwendigkeit gegründet sein muß, um das Leben des Menschen schöpferisch verwandeln zu können. Darin aber, wie das tätige Allgemeine, das im sittlichen Willen gegenwärtig ist, gedacht und an ihm selbst charakterisiert wird, geht die späte *Sittenlehre* über das frühere Werk hinaus, indem sie explizit die Sittenlehre mit der Gotteslehre verbindet.

3. Teil
Die Freiheit in Fichtes *Anweisung zum seligen Leben*

Die ungeschiedene Einheit des Absoluten mit dem endlichen Geist, die als Seligkeit auf der Stufe der Religion gefunden und gelebt werden kann und soll, ist die Grundeinsicht von Fichtes *Anweisung zum seligen Leben*[23]. Das Absolute ist das Sein, welches als unser Wissen da ist. Das Wissen ist das Dasein des Absoluten selbst; zwischen beide tritt keine sie trennende Scheidewand.

> Der „Trieb, mit dem Unvergänglichen vereinigt zu werden und zu verschmelzen, ist die innigste Wurzel alles endlichen Daseyns. [...] Dieses Bedürfniß [nach dem wahrhaftigen Leben, W.M.] ist nun immer, und unter jeder Bedingung, zu befriedigen: unaufhörlich umgiebt uns das Ewige und bietet sich uns dar, und wir haben nichts weiter zu thun, als dasselbe zu ergreifen. [...] Der wahrhaftig Lebende hat es ergriffen, und besitzt es nun immerfort, in jedem Momente seines Daseyns ganz und ungetheilt, in aller seiner Fülle, und ist darum seelig in der Vereinigung mit dem Geliebten; unerschütterlich fest überzeugt, dass er es in alle Ewigkeit also genießen werde, – und dadurch gesichert gegen allen Zweifel, Besorgniß, oder Furcht" (GA I,9,60).

Sowohl der Begriff „Seligkeit" als auch seine nähere Explikation nehmen Bestimmungen auf, die bei den Kirchenvätern und in der Theologie des Hochmittelalters den *beati* im *lumen gloriae* vorbehalten wurden.[24] Bei Fichte wird jedoch

---

[23] Zur *Anweisung zum seligen Leben* siehe das Buch von Harmut Traub, Johann Gottlieb Fichtes Populärphilosophie 1804–1806, Stuttgart-Bad Cannstatt 1992; den 8. Band der Fichte-Studien, der den Titel trägt „Religionsphilosophie". Zur Religionsphilosophie des frühen Fichte; Jean Christophe Goddard, La destination religieuse de l'homme, in: Fichte-Studien Bd. 11, 161f; Wolfgang Janke, Vom Bilde des Absoluten. Grundzüge der Phänomenologie Fichtes, Berlin/New York 1993, besonders 502f; Edith Düsing, Sittliches Streben und religiöse Vereinigung. Untersuchungen zu Fichtes später Religionsphilosophie, in: Philosophisch-literarische Streitsachen. Bd. 3: Religionsphilosophie und spekulative Theologie. Der Streit um die göttlichen Dinge (1799–1812), hrsg. von Walter Jaeschke, Hamburg 1994, 98–128; Christoph Asmuth, Das Begreifen des Unbegreiflichen. Philosophie und Religion bei Johann Gottlieb Fichte 1800–1806, Stuttgart-Bad Cannstatt 1999, besonders 67f.

[24] Siehe zu dieser Thematik *Verf.*, ‚Freiheit' bei Thomas von Aquin?, in: Antike Weisheit und moderne Vernunft. Heribert Boeder zugeeignet, hrsg. v. Arnim Regenbogen, Osnabrück

die Seligkeit in strenger Gegenwärtigkeit gedacht. Hier und jetzt kann und soll der Mensch die ganze Seligkeit an sich bringen; tut er es nicht, wird sie ihm auch nicht im Grabe zuteil. Ein bloßes sich begraben Lassen ersetzt nicht jene Unterscheidung des Menschen von sich selbst, die hier und jetzt zu erbringen ist und die Seligkeit an uns kommen läßt. Wie aber gelangt der Mensch zur Seligkeit und welche Rolle spielt dabei die Freiheit?

Die transzendentalphilosophische Grundeinsicht, die allen Erörterungen der *Anweisung zum seligen Leben* zugrunde liegt, besagt, daß „das Bewusstseyn, oder auch, Wir selber [...] das göttliche Daseyn [sind], und schlechthin Eins mit ihm" (a.a.O., 99). Indem das göttliche Sein als das Bewußtsein ‚da‘ ist und in die Bewußtseinsform eintritt, wird es in eine Welt verwandelt, die die Reflexion in unendliche Gestalten weiter aufspaltet:

> „Im Bewußtseyn verwandelt das göttliche Leben sich unwiederbringlich in eine stehende Welt: ferner aber ist jedes wirkliche Bewußtseyn ein Reflexionsakt; der Reflexionsakt aber spaltet unwiederbringlich die Eine Welt in unendliche Gestalten, deren Auffassung nie vollendet werden kann, von denen daher immer nur eine endliche Reihe ins Bewußtseyn eintritt. Ich frage: wo bleibt denn also die Eine, in sich geschlossene und vollendete Welt, als das eben abgeleitete Gegenbild des in sich selber geschlossenen göttlichen Lebens? Ich antworte: sie bleibt da, wo allein sie ist – nicht in einer einzelnen Reflexion, sondern in der absoluten und Einen Grundform des Begriffes; welche du niemals im wirklichen unmittelbaren Bewußtseyn, wohl aber in dem, darüber sich erhebenden, Denken wiederherstellen kannst; eben so, wie du in demselben Denken, das, noch weiter zurückliegende, und noch tiefer verborgene, göttliche Leben, wiederherstellen kannst" (a.a.O., 100).

Neben dieser ersten Spaltung, die das göttliche Leben in eine stehende Welt verwandelt, denkt Fichte eine zweite Spaltung, die nicht das Objekt und in seiner Totalität die Welt betrifft, „sondern nur die Reflexion auf das Objekt" (a.a.O., 104). Mit dieser zweiten Spaltung kommt es zu fünf möglichen Welt-Ansichten – vergleichbar den Bewußtseinsstufen der Hegelschen *Phänomenologie des Geistes*. Diese Weltansichten unterschieden sich daraufhin voneinander, was in einer jeden als das eigentlich Seiende gilt. Die erste Weltansicht hält nur das für wahrhaft seiend, was in die Sinne fällt. Und wenn es eine Art von Religion schon innerhalb dieser ersten Weltansicht geben sollte, so hat es diese Religion bloß mit einem Gott zu tun, der unser sinnliches Wohlsein befördert und zu diesem Zwecke sogar einen Vertrag mit dem Menschen schließt (vgl. a.a.O., 151). „Die zweite, aus der ursprünglichen Spaltung möglicher Ansichten der Welt, hervorgehen-

---

1996, 267f. Die Gewißheit der *beati*, immerfort in der Seligkeit beharren zu werden, wird von Thomas unzählige Male hervorgehoben; sie hat ihren Grund in der Notwendigkeit, mit der die *beati* dank des *lumen gloriae* Gott anhangen: *„Sed voluntas videntis Deum per essentiam, de necessitate inhaeret Deo, sicut nunc ex necessitate volumus esse beati"* (Summa Theologiae, Prima Pars, qaestio 82, Artikel 2, corpus articuli).

de Ansicht, ist die, da man die Welt erfasset, als ein Gesetz der Ordnung, und des gleichen Rechts, in einem Systeme vernünftiger Wesen" (a.a.O., 107). Diese zweite Weltansicht läßt sich durch die Begriffe des Rechts und der niederen Moralität umschreiben. Die Sinnenwelt, die für die erste Ansicht das eigentlich Seiende ist, erscheint hier und in allen folgenden Weltansichten lediglich in abgeleiteter Position, nämlich als die Sphäre der freien Handlungen, die gemäß dem Gesetz erfolgen sollen. In der dritten Weltansicht der höheren Moralität ist zwar ebenfalls ein Gesetz das eigentlich Seiende, welches aber hier nicht ein die Handlungen bloß ordnendes ist, "sondern vielmehr ein das neue, und schlechthin nicht vorhandene, innerhalb des vorhandenen *erschaffendes* Gesetz" (a.a.O., 109). Hinsichtlich der dritten Weltansicht macht Fichte deutlich, wie die untergeordneten Ansichten dieser höheren integriert, in ihr, hegelsch formuliert, zu Momenten herabgesetzt sind:

> „Die Ableitungsleiter dieser dritten Weltansicht, in Absicht der Realität, ist daher diese: Das wahrhaft reale und selbstständige ist ihr das Heilige, Gute, Schöne; das Zweite ist ihr die Menschheit, als bestimmt, jenes in sich darzustellen; das ordnende Gesetz in derselben, als das Dritte, ist ihr lediglich das Mittel, um, für ihre wahre Bestimmung, sie in innere und äußere Ruhe zu bringen; endlich die Sinnenwelt, als das Vierte, ist ihr lediglich die Sphäre, für die äußere, und innere, niedere und höhere, Freiheit und Moralität: – lediglich die Sphäre für die Freiheit, sage ich; was sie auf allen höhern Standpunkten ist, und bleibt, und niemals eine andere Realität an sich zu bringen vermag" (a.a.O., 109f).

Das auf die Hervorbringung des Heiligen, Guten und Schönen in der Welt ausgehende ‚schaffende Gesetz' „will die Menschheit [...] zu dem machen, was sie, ihrer Bestimmung nach, ist, – zum getroffenen Abbilde, Abdrucke, und zur Offenbarung – des innern göttlichen Wesens" (a.a.O., 109). Von dieser dritten Weltansicht ist nach Fichte jedoch die Religion als vierte Weltansicht zu unterscheiden, da erst auf der Stufe der Religion das Göttliche als solches erkannt wird. Das Göttliche, das an sich schon in der höheren Moralität am Werke ist, wird für uns auf der Stufe der Religion eigens offenbar. Die Religion ist

> „die klare Erkenntniß, daß jenes Heilige, Gute und Schöne, keineswegs unsre Ausgeburt, oder die Ausgeburt eines an sich nichtigen Geistes, Lichtes, Denkens, – sondern, daß es die Erscheinung des innern Wesens Gottes, in Uns, als dem Lichte, unmittelbar sey, – sein Ausdruck, und sein Bild, durchaus und schlechthin, und ohne allen Abzug, also, wie sein inneres Wesen herauszutreten vermag in einem Bilde" (a.a.O., 110).

Auf die Frage, welche Gotteserkenntnis der so gedachten Religion zueigen ist, macht Fichte eine Unterscheidung. Die theoretische Erkenntnis kommt eigentlich nur zu einem leeren Begriff, da sie von Gott nur aussagen kann, „daß er absolut sey, von sich, durch sich, in sich" (ebd.), was, nach Fichte, nichts weiter ist als die „an ihm dargestellte [...] Grundform unsers Verstandes"(ebd.). Darüber hinaus ist diese Charakterisierung des Wesens Gottes nur negativ; sie gibt nicht eigentlich an, wie wir Gott denken, sondern nur, wie wir ihn nicht denken sollen.

> „*Dieser* Begriff von Gott ist daher ein gehaltloser Schattenbegriff; und indem wir sagen: Gott ist, ist er eben für uns innerlich Nichts, und wird gerade, durch dieses Sagen selber, zu Nichts" (a.a.O., 111).

Das göttliche Leben ist in der fichtesch gedachten Religion auf eine ganz andere Weise gegenwärtig; Kants Unterscheidung, daß wir theoretisch Gott nicht erkennen, aber im Horizont der praktischen Vernunft einen Grund haben, an Gott zu glauben, wird hier von Fichte verwandelnd aufgenommen.

> „Nun aber tritt Gott dennoch [...] außer diesem leeren Schattenbegriffe, in seinem wirklichen, wahren, und unmittelbaren Leben, in uns ein; oder strenger ausgedrückt, wir selbst sind dieses sein unmittelbares Leben" (ebd.). „In dem, was der heilige Mensch thut, lebet und liebet, erscheint Gott nicht mehr im Schatten, oder bedeckt von einer Hülle, sondern in seinem eignen, unmittelbaren, und kräftigen Leben; und die, aus dem leeren Schattenbilde von Gott unbeantwortliche Frage: *was* ist Gott, wird hier so beantwortet: er *ist* dasjenige, was der ihm ergebene und von ihm begeisterte *thut*. Willst du Gott schauen, wie er in sich selber ist, von Angesicht zu Angesicht? Suche ihn nicht jenseit[s] der Wolken; du kannst ihn allenthalben finden wo du bist. Schaue an das Leben seiner Ergebenen, und du schauest Ihn an; ergieb dich selber ihm, und du findest ihn in deiner Brust" (a.a.O., 111f).

Wenn Fichte von dieser vierten Weltansicht, die als Religion oder seliges Leben das Hauptthema der ganzen *Anweisung* ist, noch eine fünfte Weltansicht abhebt, die er als die „Wissenschaft" bezeichnet[25], so zeichnet sich diese vor der Religion durch eine noch höhere Klarheit aus.

> „Sie, die Wissenschaft, geht über die Einsicht, *dass* schlechthin alles Mannigfaltige in dem Einen gegründet, und auf dasselbe zurückzuführen sey, welche schon die Religion gewährt, hinaus, zu der Einsicht des Wie dieses Zusammenhangs: und für sie wird genetisch, was für die Religion nur ein absolutes Faktum ist" (a.a.O., 112).

Diese Spaltung in fünf Weltansichten ist mit jener ersten Spaltung gleichursprünglich, die das göttliche Leben in eine stehende Welt unendlich mannigfaltiger Gestalten verwandelt. Beide Spaltungen sind in der Bewußtseinsform bzw. in der produktiven Reflexion begründet und gehen einer jeden Wahlfreiheit voraus. Die fünf Weltansichten können von uns nicht *erfunden*, sondern nur *gefunden*

---

25 Wie bei Hegel tritt der Begriff „die Wissenschaft" als ein *singulare tantum* auf. ‚Die' Wissenschaft ist die Philosophie, und zwar in der jeweils ganz konkreten Bedeutung, die sie im Denken Fichtes oder Hegels besitzt. ‚Die' Wissenschaft ist also bei Fichte nichts anderes als die Wissenschaftslehre und bei Hegel die von ihm selber ausgeführte Wissenschaft vom Absoluten.

werden. Daher ist es sogar möglich, daß einige Menschen unmittelbar in einer höheren Weltansicht sein können.

> „Wie durch ein Wunder, finden, durch Geburt und Instinkt, einige begeisterte und begünstigte, ohne ihr eigenes Wissen, sich in einem höheren Standpunkte der Weltansicht; welche nun von ihrer Umgebung eben so wenig begriffen, als von ihrer Seite, sie dieselbe zu begreifen vermögen. In diesem Falle befanden, von Anbeginn der Welt an, sich alle Religiosen, Weisen, Heroen, Dichter, und durch diese ist alles Große, und Gute in die Welt gekommen" (a.a.O., 106).

Wie Fichte in seinen *Grundzügen des gegenwärtigen Zeitalters* ein ‚ursprüngliches Normal-Volk‘ annimmt, von dem die Bildung der anderen Völker einst ausgegangen sein soll[26], so denkt er in seiner *Anweisung zum seligen Leben* Menschen, die geradezu in einer höheren Weltansicht geboren werden. Die Weltansicht dieser besonderen Menschen verdankt sich nicht ihrer Freiheit, sondern einem besonderen Los.

Wie aber steht es um die Adressaten der *Anweisung zum seligen Leben*, denen der Lehrer der Wissenschaftslehre die fünf Weltansichten vor Augen führt und die er zum Standpunkt der Religion bzw. der Seligkeit erheben will? Fichte räumt hier der Freiheit einen Spielraum ein; wir können zwar die fünf Weltansichten nicht erschaffen, uns aber in Freiheit zu ihnen als uns möglichen Ansichten verhalten. Jedoch wird sich auch von dieser Freiheit erweisen, daß sie nur in einer Synthesis mit der Notwendigkeit von Bedeutung sein kann. Diese Notwendigkeit besteht in der eigenen Gegenwart des göttlichen Lebens, von der diejenigen ergriffen werden, die schließlich die Seligkeit an sich bringen. So schreibt Fichte in seiner fünften Vorlesung über den Menschen, der sich zur ‚Wissenschaft‘ als der fünften Weltansicht zu erheben bestimmt ist:

> „Der wahrhaftige und vollendete Mensch soll durchaus in sich selber klar seyn: denn die allseitige, und durchgeführte Klarheit, gehört zum Bilde und Abdrucke Gottes. Von der andern Seite aber kann freilich keiner diese Anforderung an sich selber thun, an den sie nicht schon, ohne alles sein Zuthun, ergangen, und dadurch selbst ihm erst klar und verständlich geworden ist" (473).[27]

Die tiefsten Ausführungen zur Freiheitsthematik sind in der achten Vorlesung der *Anweisung zum seligen Leben* niedergelegt. Hier geht es um die Frage, wie der Gedanke einer wahrhaften Freiheit mit dem Satze, daß nur Gott und seine

---

[26] Siehe I,8,299.

[27] Vgl. Hegels Ausführungen in seiner Vorrede zur zweiten Ausgabe seiner Enzyklopädie der philosophischen Wissenschaften: „Die Philosophie ist damit ganz dem freien Bedürfnis des Subjekts anheimgegeben; es ergeht keine Art von Nötigung dazu an dasselbe, vielmehr hat dies Bedürfnis, wo es vorhanden ist, gegen Verdächtigungen und Abmahnungen standhaft zu sein; es existiert nur als eine innere Notwendigkeit, die stärker ist als das Subjekt, von der sein Geist dann ruhelos getrieben wird, ‚daß er überwinde‘ und dem Drange der Vernunft den würdigen Genuß verschaffe" (Werke, 8,37f).

Erscheinung das wahre Reale sind, zusammengedacht werden kann. Wie kann letztlich die Freiheit des Ich aus Gott abgeleitet und begriffen werden?

> Das Reale des göttlichen Seins „setzt daher durch sein Daseyn eine, von ihm, in seinem innern Wesen völlig unabhängige Freiheit, und Selbstständigkeit seines Genommenwerdens; oder der Weise, wie es reflectirt werde: und nun dasselbe noch schärfer ausgedrückt: das absolute Seyn stellt in diesem seinem Daseyn sich selbst hin, als diese absolute Freiheit und Selbstständigkeit, sich selber zu nehmen, und als diese Unabhängigkeit von seinem eignen innern Seyn; es erschafft nicht etwa eine Freiheit außer sich, sondern es Ist selber, in diesem Theile der Form [seines Erscheinens, W.M.], diese seine eigne Freiheit außer ihm selber; und es trennt in dieser Rücksicht allerdings Sich in seinem Daseyn – von Sich – in seinem Seyn, und stößt sich aus von sich selbst, um lebendig wieder einzukehren in sich selbst" (a.a.O., 145).

Das göttliche Sein ist da als „ein selbständiges und freies Ich"(ebd.), dessen Freiheit aber unter der Bestimmung steht, in das göttliche Leben zurück- und einzukehren. Denn würde das Ich an seiner Selbständigkeit und Freiheit in der Weise festhalten, daß es diese in einem Gegenüber zum göttlichen Leben fixierte, so würde gerade die Trennung vom Göttlichen und somit die Unseligkeit befestigt werden. Die höchste Bestimmung der Freiheit und damit des Menschen kann daher nur sein, sich selbst in das göttliche Sein aufzuheben. Da jede Weltansicht und jeder Glaube mit einem Affekt, mit einer Liebe verbunden ist, spricht Fichte von einer Liebe des Menschen zu seiner Freiheit und Selbständigkeit, die aber einer „weit heiligeren Liebe, und einem weit beseeligenderen Glauben, Platz zu machen" (a.a.O., 146) bestimmt ist.

Daß Fichte keine absolut gesetzte Wahlfreiheit zum Prinzip seiner Philosophie erhoben hat, sondern eine Freiheit, die mit einer Notwendigkeit vereinigt ist, wird in der *Anweisung zum seligen Leben* plastisch offenbar. Denn die Einkehr in das selige Leben ist zwar keine ‚automatische‘, sondern eine in Freiheit zu vollziehende; andernfalls wäre eine ‚Anweisung‘ gar nicht möglich. Aber die Freiheit in ihrer höchsten Bedeutung vermag nichts mehr, als sich angesichts der eigenen Gegenwart des göttlichen Lebens selbst zu vernichten und aufzuheben. Damit ist die Grenze ihres Vermögens genau bestimmt.

> „So wie durch den höchsten Akt der Freiheit, und durch die Vollendung derselben, dieser Glaube [an die eigene Selbständigkeit, W.M.] schwindet, fällt das gewesene Ich hinein in das reine göttliche Daseyn, und man kann der Strenge nach nicht einmal sagen: daß der Affekt, die Liebe, und der Wille dieses göttlichen Daseyns die Seinigen würden, indem überhaupt gar nicht mehr Zwei, sondern nur Eins, und nicht mehr zwei Willen, sondern überhaupt nur noch Einer und eben derselbe Wille Alles in Allem ist. So lange der Mensch noch irgend etwas selbst zu seyn begehrt, kommt Gott nicht zu ihm, denn kein Mensch kann Gott werden. Sobald er sich aber rein, ganz und bis in die Wurzel, vernichtet, bleibt allein Gott übrig, und ist Alles in Allem. Der Mensch kann sich keinen Gott erzeugen; aber sich

selbst, als die eigentliche Negation, kann er vernichten, und sodann versinket er in Gott" (a.a.O., 149).

Wie in der Theologie des Hochmittelalters, namentlich bei Thomas von Aquin, über die *beati* im *lumen gloriae* ausgeführt wird, daß von ihnen jenes selige *non posse peccare* auszusagen ist, in dem die freie Selbsttätigkeit des geschaffenen Geistes mit einer seligen Notwendigkeit verbunden ist – von der dann gilt, daß die Seligen nicht von Gott abfallen können, eben so wenig, wie es uns im Stand des gegenwärtigen Lebens möglich sein könnte, nicht glückselig sein zu wollen[28] –, so charakterisiert Fichte den Vollzug des seligen Lebens auf eine ganz vergleichbare Weise, nur daß er ihn für das gegenwärtige Leben seinem ganzen Inhalte nach behauptet. Das letztere zeigt die epochale Verwandlung gegenüber dem mittelalterlichen Denken und seiner Religion. Gerade weil Fichte hervorhebt, daß Gott dasjenige *ist*, „was der ihm Ergebene und von ihm Begeisterte *thut*" (a.a.O., 111), gerade weil er die Bestimmung des Menschen als dessen Selbstvernichtung in Gott charakterisiert, so hat er doch keine mystische Versenkung, nicht einmal eine Askese im Sinne der Alten Welt im Blick; vielmehr *ist* Gott gerade im freien und seligen *Tun* des Menschen gegenwärtig, welche Gegenwart auf der Stufe der Wissenschaft noch einmal eigens intuiert werden soll. Indem der Mensch sich zur Weltansicht der Religion erhebt, wird er nicht in seiner Tätigkeit stillgestellt, sondern im Gegenteil zur Tätigkeit ganz neu entbunden.

> In dem Menschen, der in das göttliche Leben eingekehrt ist, „ist keine Furcht über die Zukunft, denn ihn führt das absolut seelige ewig fort derselben entgegen; keine Reue über das Vergangene, denn inwiefern er nicht in Gott war, war er nichts, und dies ist nun vorbei, und erst seit seiner Einkehr in die Gottheit ist er zum Leben gebohren; inwiefern er aber in Gott war, ist recht und gut, was er gethan hat. Er hat nie etwas sich zu versagen, oder sich nach etwas zu sehnen, denn er besitzt immer und ewig die ganze Fülle alles dessen, das er zu fassen vermag. Für ihn ist Arbeit und Anstrengung verschwunden; seine ganze Erscheinung fließt, lieblich und leicht aus, aus seinem Innern, und löset sich ab von ihm ohne Mühe. Um es mit den Worten eines unsrer großen Dichter zu sagen: Ewig klar, und spiegelrein und eben, / Fließt das zephyrleichte Leben / Im Olymp, den Seeligen dahin. / Monde wechseln und Geschlechter fliehen – / Ihrer Götterjugend Rosen blühen, / Wandellos im ewigen Ruin" (a.a.O., 174).

Der in dieser Untersuchung exponierten These, daß bei Fichte *keine* absolut gesetzte Wahlfreiheit gedacht wird, weil die Freiheit unter einer Vernunftbestimmung erblickt oder, wie in der *Anweisung zum seligen Leben*, als die eigene Äußerlichkeit des göttlichen Lebens gedacht wird, weshalb ihre innerste Bestimmung ist, in dieses göttliche Leben ein- und zurückzukehren, – dieser These entspricht auch die Hauptthese der fichteschen Philosophie der Weltgeschichte, auf

---

[28] Vgl. Anm. 24.

die abschließend kurz geblickt sei. In den *Grundzügen des gegenwärtigen Zeitalters* erscheint das Schema der Fünffachheit in Gestalt der fünf Hauptepochen der Weltgeschichte, die als der Weltplan a priori erkannt werden können. Die Freiheit des Menschen, sofern er als Menschheit auf seinem Weg durch die Jahrtausende betrachtet wird, kann den Weltplan nicht erfinden oder abändern, sondern nur durch eigene Einsicht und Freiheit verwirklichen. Daher ist eine solche Betrachtung der Weltgeschichte selber eine religiöse Sicht, wie Fichte im Rückblick auf seine Darlegungen eigens hervorhebt:

> „[...] es war ein religiöses Denken [das die Weltgeschichte im Lichte eines a priori erkennbaren Weltplanes betrachtete, W.M.]; alle unsere Betrachtungen waren religiöse Betrachtungen, und unsere Ansicht, und unser eignes Auge in dieser Ansicht, religiös" (GA I,8,386).

In einem seiner letzten Werke, nämlich der *Staatslehre* von 1813 wird die Grenze der Freiheit angesichts der Weltgeschichte scharf gezogen:

> Die „Erscheinung Gottes als Erdenleben ist nichts anderes, als jenes Reich Gottes; Gott aber erscheint nicht vergeblich, macht nicht einen mislingenden Versuch des Erscheinens; also kommt es sicher zu diesem Reich Gottes, und kann nicht nicht zu ihm kommen" (SW, IV,581/2). Die Freiheit, wie Fichte hervorhebt, bleibt „darum Freiheit"; „es ist ihr keine Zeit gegeben, sie kann in dem Leeren sich abtreiben, und das Rechte aufhalten; darin gilt ihr Recht: aber irgend einmal, wie lange es auch dauern möge, kommt es dennoch zu dem Rechten" (ebd.)

Und schließlich finden wir die Synthesis von Freiheit und Notwendigkeit in Fichtes *Staatslehre* mit klarer Entschiedenheit ausgesprochen:

> „Die Freiheit *muß*, nur nicht dieses oder jenes Freiheit, sondern die Freiheit überhaupt: der Rechte wird sich schon finden" (ebd.).

Die in dieser Untersuchung begründete These soll nicht besagen, daß Fichte einen eingeschränkten Begriff der Freiheit konzipiert hätte, der durch ein verwandeltes Denken überboten werden könnte oder gar sollte; vielmehr ist die wahre Freiheit gerade in der bezeichneten Synthesis auf unüberbietbare Weise gedacht. Wie die *Sittenlehre* von 1798 mit dem Hinweis eröffnet wird, daß das absolute Ich als solches niemals zum Gegenstand des Bewußtseins erhoben werden kann, weil es ‚vor‘ der Trennung des subjektiven und des objektiven zu denken ist, daß aber gerade dieser unerkennbare Grund des Bewußtseins sich im ebenso subjektiven wie objektiven Ich manifestiert und darstellt, so wird auch in der *Anweisung zum seligen Leben* „unser Sein in Gott" (GA I,9,111) als ein für die Reflexion Unerreichbares charakterisiert. Dieses Sein in Gott, „ohnerachtet es in der Wurzel immer das unsrige seyn mag, [bleibt] uns dennoch ewig – Fremd, und [ist] so, in der Tat und Wahrheit, *für uns selbst* Nicht Unser Seyn" (ebd.). Unser eigenes innerstes Sein ist der Reflexion unzugänglich: „Immer verhüllet die Form uns das Wesen; immer verdeckt unser Sehen selbst uns den Gegenstand, und unser Auge selbst steht unserm Auge im Wege" (ebd.). Die Lösung, die

Fichte in seiner *Anweisung* für diese Aporie gibt, besteht in einem Wechsel der Perspektive, der als Postulat formuliert wird:

> „[...] erhebe dich nur in den Standpunkt der Religion, und alle Hüllen schwinden; die Welt vergehet dir mit ihrem todten Princip, und die Gottheit selbst tritt wieder in dich ein, in ihrer ersten und ursprünglichen Form, als Leben, als dein eignes Leben, das du leben sollst, und leben wirst" (ebd.).

Wie die Reflexion die Freiheit nur in ihrer Grenze erblicken kann, so ist die Freiheit des seligen Lebens genau deshalb grenzenlos, weil sich dieses mit der Gottheit in Eins weiß. Die ungeschiedene Einheit des endlichen Geistes mit dem Absoluten ist der Reflexion unerreichbar, jedoch nicht der Wissenschaftslehre im Sinne Fichtes. In der von ihm gedachten Religion wird die Vereinigung mit dem Göttlichen gelebt und mit Liebe ergriffen. Wie bei Hegel der Verlust der abstrakten Freiheit uns gerade die konkrete Freiheit gewinnen läßt[29], so gilt in bezug auf Fichte, daß die Selbstaufgabe der Wahlfreiheit uns zu der Freiheit, die in Gott ist, und mit ihr zur unaussprechlichen Seligkeit leitet.

---

[29] Vgl. die Grundlinien zur Philosophie des Rechts, wo Hegel in der Einleitung seinen Freiheitsbegriff expliziert. Im Kapitel „Die Familie", besonders im Unterkapitel „Die Ehe" wird der Unterschied zwischen abstrakter und konkreter Freiheit besonders anschaulich (Werke, Bd. 7, z.B. § 162, S. 310f).

Freiheit bei Hegel

Adriaan T. Peperzak (Chicago)

In diesem Aufsatz versuche ich durch eine Gesamtskizze die Hegelsche Auffassung der Freiheit darzustellen, die er in seiner *Enzyklopädie der Philosophischen Wissenschaften* (1817, 1827, 1830) und den *Grundlinien des Rechts* (1820) entfaltet hat. Ich werde mich dabei auf die praktische Seite der Freiheit konzentrieren und nur wenig über ihre theoretische Realisierung sagen.[1]

Um die Diskussion über den Wert der Hegelschen Position zu stimulieren, möchte ich den Rahmen für meine Skizze etwas weiter setzen als denjenigen einer historisch korrekten Rekonstruktion. Ich habe dafür eine Perspektive gewählt, die Hegel selbst vertraut war: die Perspektive der christlichen Theologie.

Wir wissen, daß Hegel als Theologe angefangen hat und daß er sich bis zu seinem Tod immer wieder – und öfters auf polemische Weise – mit den Theologien seiner Zeit auseinandergesetzt hat. Wir wissen auch, daß er seine Philosophie als eine authentische Übersetzung des christlichen Glaubens in die konzeptuelle Sprache der „Weltweisheit"[2] ansah. Ich werde hier aber nicht die Genesis seiner Philosophie der Religion nacherzählen, wie aufschlußreich das auch sein könnte,[3] sondern nur eine Perspektive skizzieren, die mir für eine christliche Theologie der Freiheit fundamental scheint, um die Hegelsche Auffassung damit zu konfrontieren.

---

[1]   Die *Grundlinien der Philosophie des Rechts* (1820) werden hier zitiert als *Grundlinien*. Für die Belege, auf welche diese Zusammenfassung der praktischen Philosophie Hegels beruht, sei es mir erlaubt, auf die folgenden Veröffentlichungen zu verweisen: *Philosophy and Politics: A Commentary on the Preface of Hegel's Philosophy of Right*, Dordrecht, Nijhoff 1987 (im Folgenden zitiert als *Philosophy and Politics*); *Modern Freedom. Hegel's Legal, Moral, and Political Philosophy*, Dordrecht, Kluwer 2001 (hiernach zitiert als *Modern Freedom*); *Selbsterkenntnis des Absoluten. Grundlinien der Hegelschen Philosophie des Geistes* (Spekulation und Erfahrung II, 6), Stuttgart-Bad Cannstatt, Frommann-Holzboog 1987 (zitiert als *Selbsterkenntnis*); *Hegels praktische Philosphie. Ein Kommentar zur enzyklopädischen Darstellung der menschlichen Freiheit und ihrer objektiven Verwirklichung* (Spekulation und Erfahrung II, 19), Stuttgart-Bad Cannstatt, Frommann-Holzboog 1991 (zitiert als *Praktische Philosophie*).

[2]   Dieser Ausdruck, als synonym für Philosophie, findet sich, zum Beispiel, auf der Titelseite der Differenz-Schrift (Jena 1801), wo der Verfasser, Georg Wilhelm Friedrich Hegel, als „der Welweisheit Doktor" angedeutet wird. Vgl. GW 4, S. 3.

[3]   Die Entwicklung seiner Gedanken bis 1801 habe ich dargestellt in *Le jeune Hegel et la vision morale du monde*, La Haye, Martinus Nijhoff 1969.

1. Einige Bemerkungen zu einer christlichen Theologie der Freiheit

Eine christliche Theologie, die dem Ursprung der Freiheit nachspüren möchte, könnte mit dem Geheimnis der Trinität anfangen, weil die Freiheit, welche nach dem christlichen Glaubensbekenntnis durch Liebe ermöglicht wird, in der innergöttlichen Selbstmitteilung ihren Ursprung findet. Ich möchte die trinitarische Genealogie der Liebe hier aber voraussetzen, indem ich sogleich bei einem untergeordneten Punkte der theologischen Entfaltung ansetze. Die Liebe Gottes für die Menschen verbirgt und zeigt sich in der Schöpfung, aber sie spricht die Menschen an, indem sie sich durch Gottes Wort offenbart. In dem Menschen Jesus Christus ist das Wort aber nicht nur ein Anspruch, der Antwort verlangt, sondern auch ein dienendes Wort, das sich für die Freiheit und das Gelingen des menschlichen Lebens hingibt. Die dienende Liebe, die sich solchermaßen offenbart, setzt den Standard für das menschliche Verhalten zu Gott und den Menschen. Es verdient vertraut, gelobt, gedankt, befolgt und wiederholt zu werden, damit das Leben der Menschen auf eine ähnliche Weise gelebt und hingegeben werden kann. Weil der schöpferische Wille Gottes vollkommen ist, sollen die Menschen dasselbe wollen was Gott will. Wenn Liebe verlangt, daß alle Menschen selig werden, wird jeder Mensch, der bei Sinnen ist, wollen, daß der Wille Gottes geschehe. Solches Einverständnis – in glücklichen und schmerzlichen Tagen – ist aber nicht möglich ohne die Gnade. Indem die Menschen ihre Freiheit durch Einverständnis ihres Willens mit dem Willen Gottes erreichen, begnadigen sie selbst einander durch endliche, aber unbeschränkte Nächstenliebe. Ergebenheit und dienende Hingabe sind also wesentliche Aspekte der Grundhaltung, die das christliche Ideal auszeichnet. Aus ihnen folgt ein spezifischer Beitrag zur öffentlichen Organisation der menschlichen Welt: das Bestreben, die Liebe zur Hauptperspektive aller menschlichen Ordnungen zu machen. Es setzt weder voraus, daß wir miteinander verschmelzen, noch daß wir aufhören, selbst für unser Meinen und Handeln verantwortlich zu sein. Die Liebe zum Nächsten und Fernsten ist eine Art Dienst, die den geläufigen Egoismus durch eine bessere Orientierung überwindet. Weil mein eigenes, nicht von mir gewähltes Leben mir aber ebensosehr wie das Leben anderer anvertraut ist, bin auch ich einer derjenigen, für die ich (mit)verantwortlich bin. Ich selber bin mir auch ein Nächster.

Wenn jeder Mensch für jeden anderen (mit)verantwortlich ist, soll jeder innerhalb seiner begrenzten Möglichkeiten sich für das Gelingen jedes menschlichen Lebens einsetzen. Diese Pflicht kann in ein allgemeines Recht übersetzt werden, insofern das Gelingen alles menschlichen Lebens eine Reihe von Mindestbedingungen seiner Möglichkeit voraussetzt, wie z.B. Essen und Kleidung, gutes Wasser und gesunde Luft, zureichende Bildung und soziale Anerkennung. Die erste Maxime des Rechts muß deshalb sein, daß die Güter der Erde so verteilt sein müssen, daß kein Mensch dadurch von den Chancen eines freien und geglückten Lebens ausgeschlossen ist. Das Kriterium für die Verteilung der elementaren Güter kann also keinesfalls in den faktisch bestehenden Besitzverhältnissen liegen, wenn diese eine lebensbedrohende Armut verursachen. Ähnliches gilt für den Anteil an der Regelung der menschlichen Angelegenheiten durch juristische, wirtschaftliche und politische Einrichtungen. Daß dieses Ideal utopisch scheint, kann eingestanden werden, aber wenn es nicht einmal als alle Ordnungen orientierende Perspektive akzeptiert wird, müßte man feststellen, daß eine christlich inspirierte Politik unmöglich ist.

2. Hegel über Freiheit

Auch Hegel sieht die menschliche Freiheit als eine endliche Spiegelung der Freiheit des göttlichen oder absoluten Geistes. Was er Schöpfung oder Erschaffung nennt,[4] ist aber zugleich die Selbstentfaltung und Selbstverwirklichung des unendlichen Geistes in der ganzen Vielfältigkeit der logischen und zeit-räumlichen Gestalten des endlich-unendlichen Universums. Freiheit ist also diejenige Freiheit, die sowohl Gott als die menschlichen Individuen in ihrer Geistigkeit kennzeichnet und vereinigt. Während die Freiheit des unendlichen Geistes als solche durch nichts begrenzt ist, ist die endliche Freiheit der individuellen Menschen und ihrer Verbände zahlreichen Grenzen, Bedingungen und Widerständen unterworfen. Die Frage, die uns angeht, lautet deshalb: Wie können wir uns von solchen Einschränkungen und Abhängigkeiten befreien? Die endgültige Antwort Hegels scheint *prima vista* der oben zitierten christlichen Antwort ähnlich zu sein, indem auch er die höchst mögliche Freiheit im völligen Einigsein des individuellen Willens mit dem Willen des Absoluten sieht. Ob die Hegelsche Antwort tatsächlich mit der christlichen identisch ist oder ob die Ähnlichkeit vielmehr trügt, ist eine Frage, die manche Diskussionen veranlaßt hat, aber jedenfalls müssen wir zuerst genauer wissen, was Hegel unter Freiheit versteht.

3. Die Definition der Freiheit

Hegel entwickelt den abstrakten oder formellen Begriff der Freiheit im ersten Teil seiner Philosophie des Geistes. Während er im zweiten und dritten Teil seiner Analyse des Geistes dessen soziale, kulturelle und historische Verwirklichung entfaltet, konzentriert er sich im ersten Teil auf die Konstitution des menschlichen Individuums als Vereinzelung des göttlichen – absoluten und allumfassenden – Geistes.[5] Der menschliche freie Geist ist die höchste Gestalt und die Synthese aller Elemente, welche Hegel im körperlich-geistlichen Wesen des

---

[4] Vgl. *Enzyklopädie* (1830) (zitiert als *Enz*), §§ 567–568 und 383–384 und *Selbsterkenntnis*, S. 99–110 und 17–35.

[5] Vgl. *Enz* §§ 381–387 und *Selbsterkenntnis*, S. 17–37.

Menschen unterscheidet und mit einander verbindet.[6] Wie die Selbstentfaltung des göttlichen oder allgemeinen Geistes die ganze körperliche Natur, sowie die Gesamtheit der historischen Kulturen in sich einschließt, so umfaßt die vollständige Entwicklung des menschlichen Geists alle leiblichen, psychischen, bewußten, unbewußten und selbstbewußten, emotionellen, theoretischen und praktischen Möglichkeiten als Momente der freien Selbstbestimmung des Menschen. Die konkrete Freiheit umfaßt also das ganze Menschsein. Sie tut das aber nicht auf eine willkürliche Weise – Freiheit kann nicht zur Möglichkeit des freien Wählens reduziert werden – weil Freiheit nicht nur eine eigene Initiative, sondern auch Vernünftigkeit einschließt.[7] In diesem, noch ganz formalen Sinne, ist Hegel mit Kant einverstanden: Freiheit ist nicht dasselbe wie Willkür, weil sie die praktische Seite der Vernunft ist. Die spezifische Differenz, die den Menschen von allen Tieren unterscheidet, ist die Rationalität; das Wesen des vernünftigen Lebewesens (zōion logon echon, animal rationale) ist die Einheit der theoretischen Vernunft und des Willens.[8] Der Wille will sich selbst als ein vernünftiges Wollen, er weiß und will was die Vernunft denkt, und die Vernunft will nichts anderes als die vernünftige Verwirklichung ihrer selbst. Wenn ein bestimmter Wille etwas Unvernünftiges zu realisieren versucht, ist er seinem Wesen und Begriff untreu. Ein böser Wille ist unfrei, insofern er seine wesentliche Rationalität im Handeln bekämpft oder verdreht. Die Willkür, als Möglichkeit der Wahl, ermöglicht diese Untreue, so wie sie auch Treue ermöglicht.

Die Hegelsche Definition des freien Willens prolongiert die mittelalterliche Bestimmung der *voluntas*, die wir auch bei Kant finden: ihr Wesen schließt die Intelligenz (*intellectus*) ein. Obwohl Intelligenz und Wille in gewissen Hinsichten kontrastiert werden können, sind sie im Grunde dasselbe: vernünftig und frei. Die Worte „Freiheit" und „Vernunft" sind für Hegel synonym, obwohl wir sie meistens gebrauchen um entweder die theoretische (aber auch freie) Vernunft oder die praktische (aber auch vernünftige) Freiheit zu unterscheiden.

Hegel beweist die Freiheit der Intelligenz, indem er am Ende seiner Analyse des Selbstbewußtseins den Schluß zieht, daß wir, als intelligente Wesen, die Wirklichkeit erkennen wie sie ist.[9] Der Begriff, durch den wir das Sein der Objekte erkennen, fällt mit diesem Sein zusammen. In der wahren Erkenntnis ist die Wahrheit des Seins also identisch mit und ununterscheidbar vom wahren Begriff. Im Begreifen besitzt, oder vielmehr *ist* der Geist, was das Sein (in Wahrheit) ist. Die Erkenntnis befreit das erkennende Subjekt von seiner anfänglichen Abhängigkeit bezüglich des gegebenen Objekts, indem die Wahrheit des Objekts das Subjekt zu seiner eigenen Wahrheit befreit.

---

[6] Vgl. *Enz* §§ 387 und 480–481, *Selbsterkenntnis*, S. 45–57 und *Praktische Philosophie*, S. 20–23, 85–96.

[7] Vgl. *Enz* §§ 476–478; *Selbsterkenntnis*, S. 52–53; *Praktische Philosophie*, S. 69–82.

[8] Vgl. *Enz* §§ 440–444 und § 553; *Selbsterkenntnis*, S. 42–46, 56–57 und 83–86; *Praktische Philosophie*, S. 94–96; *Modern Freedom*, S. 168–173.

[9] Vgl. *Enz* §§ 438–439.

Die Freiheit des Willens folgt dem umgekehrten Weg, insoweit der Wille die noch abstrakte Vernünftigkeit seiner Idee zur seienden Wirklichkeit macht. Während die Intelligenz das Seiende zum „Seinigen" (dem Begriff) macht, macht der Wille das „Seinige" (seinen Begriff oder Plan) zum Seienden. Das Resultat der beiden Identifizierungen ist die Identität des „Seinigen" (oder Eigenen) und des „Seienden" (oder Noch-nicht-eigenen).[10] Vielleicht könnte man den Prozeß der beiderseitigen Identifizierung von Sein und Denken durch Intelligenz und Willen als eine fundamentale „Zueignung" charakterisieren. Das würde stimmen mit den weiteren Entwicklungen, die ich jetzt nachzeichnen werde. Jedenfalls bezeichnet die Identität des Eigenen und des Seins der Seienden, daß die wahre oder ideale Freiheit zusammenfällt mit dem vernünftigen Willen oder dem wollenden Denken des absoluten Geistes, der den menschlichen Geist und das Universum aufeinander abstimmt.

4. Die Verwirklichung der Freiheit

Die vernünftige Selbstbestimmung des menschlichen freien Geistes verwirklicht sich, indem sie sich in der realen – leiblichen, affektiven, selbstbewußten, sozialen, kulturellen und historischen – Welt Dasein gibt. Dieser Prozeß spiegelt den Prozeß der Selbstverwirklichung, durch den der absolute Geist, dessen Struktur Hegel in seiner Logik analysiert, sich in die Natur veräußert, um – mittels deren Humanisierung – sich selber als Gott in der Totalität des menschlichen All-Eins zu begreifen und zu genießen.[11] Die menschliche Verwirklichung der Freiheit geht aus von einer Art Naturalisierung und Verweltlichung, welche die Grundlage der ganzen weiteren Entwicklung bleibt. „Welt" ist Hegels Name für die veräußerlichende Objektivierung des menschlichen – freien und vernünftigen – Willens, die er darum auch „objektiven Geist" und „eine zweite [nämlich soziale] Natur" nennt.[12]

Eine wichtige Konsequenz des oben explizierten Begriffs der Freiheit liegt darin, daß ihre Konkretisierung in der Welt uns nur dann frei macht, wenn wir die Welt, so wie sie ist, als vernünftig begreifen und wollen können, weil sie nur dann mit unserem Wesen harmoniert. Das setzt aber voraus, (1) daß die reale Organisation der Welt und die Prozesse, durch welche sie beherrscht wird, vernünftig geregelt sind, und (2) daß wir selber redlich – d.h. in Übereinstimmung mit den Erfordernissen der Vernunft – orientiert und gesinnt sind. Nur dann

---

[10] Vgl. *Enz* §§ 443; *Selbsterkenntnis*, S. 43–44.

[11] Für meine Interpretation des Hegelschen Begriffs des Geistes, möge ich verweisen auf *Selbsterkenntnis*, S, 17–37, 83–90, 117–157 und *Modern Freedom*, S. 110–168 und 99–100.

[12] Vgl. *Grundlinien* § 4; *Modern Freedom*, S. 132 und „Der objective Geist als zweite Natur," in Hans-Christian Lucas, Burkhard Tuschling, Ulrich Vogel (Hrsg.), *Hegels enzyklopädisches System der Philosophie*, Stuttgart-Bad Canstatt, Frommann-Holzboog, 2004, S. 331–356.

können wir im konkreten Sinn des Wortes frei oder – wie Hegel auch sagt – „in der Welt zuhause" sein.

Nun ist es klar, daß weder wir selbst, noch die Welt so wie sie und wir faktisch sind, völlig rational sind und daß wir deshalb nicht mit dem bestehenden Zustand einverstanden sein können. Es gibt vielerlei kontingenten Ereignisse und Situationen, welche die Ausführung der besten Absichten unmöglich machen, aber solange solche Faktoren nicht die vernünftige Grundlage der objektiven Welt zerstören, müssen wir bedenken, daß Kontingenz und vorläufige Abweichungen vom Ideal wesentlich zur historischen Verweltlichung des Geistes gehören und deshalb hingenommen werden müssen als marginale Begleiterscheinungen, ohne welche keine einzige Welt sich bilden kann. Wenn die Ordnung der Welt im Grundsätzlichen vernünftig ist, dann müssen wir uns, als vernünftige Wesen, ihr anpassen, weil wir selber nicht frei sein können ohne die objektive und allgemeine Freiheit zu wollen. Wenn die bestehende Welt aber auf eine vernunftwidrige Weise institutionalisiert ist, z.B. im Falle eines despotischen Staats oder eines anarchischen Demokratismus, dann müssen wir versuchen, sie in eine bessere Ordnung umzugestalten, damit wir später wirklich frei sein können, indem wir ihren Gesetzen folgen. Obwohl Hegel die Französische und einige andere Revolutionen als notwendige Durchbrüche der Freiheit feierte, hat er keine explizite Theorie über die moralischen oder sittlichen Bedingungen einer Revolution entwickelt, aber sich vielmehr auf eine Mischung von konservativen Ratschlägen für die Praxis und einer fortschrittlichen Theorie des post-Napoleonischen Staats für die Orientierung der politischen Neugestaltung beschränkt. Ein aufmerksamer Leser seiner *Grundlinien der Philosophie des Rechts* (1820) muß blind sein um nicht zu sehen wie groß die Differenz ist zwischen der Hegelschen Darstellung der Idee des Staats, einerseits, und der historischen Realität von Preußen und den anderen Staaten seiner Zeit, andererseits.[13] Daß Hegel jedoch auf Gehorsamkeit den Gesetzen gegenüber besteht, hat seinen Grund in seiner Interpretation der Geschichte als unaufhaltsamen Fortschritts und in dem Vertrauen, daß der vollkommen vernünftige Geist am Ende siegen wird. Voraussehende Abstimmung des eigenen Willens auf den vernünftigen Gang Gottes in der Weltgeschichte macht frei, sogar in unglücklichen Zeiten, wenn Tirannei und Kriege die Oberhand haben.[14]

Im Lichte seines eschatologischen Vertrauens kann man verstehen, daß Hegel einen konservativen Standpunkt mit Bezug auf die faktische Welt einnimmt. Seiner Ansicht nach trug den damaligen Zustand den Entwurf des idealen Zustandes schon in sich, obwohl es eben nicht leicht war, die despotischen Aspekte der damaligen Europäischen Ordnung als Vorboten einer vollauf freien Welt anzusehen. Außerphilosophische, vielmehr pragmatische und diplomatische Motive haben Hegel dazu bewogen, den klaren Unterschied zwischen Ideal und Realität

---

[13] Vgl. *Philosophy and Politics* S. 15–31 and *Modern Freedom*, S. 509–510, 554–555, 558–560.
[14] Vgl. *Grundlinien* §§ 147 und 268; *Modern Freedom*, S. 389, 480–484.

öfters zu verschleiern,[15] aber es ist nicht so schwierig, seine Theorie über die gelungene Organisation einer vernünftigen und freien Welt von seinen durch Ort und Zeit bedingten Ratschlägen zu unterscheiden. Die letzteren brauchen uns nicht zu beschäftigen, wenn wir den spezifischen Charakter der Hegelschen Freiheitsauffassung herausstellen wollen. Dazu müssen wir vielmehr die von ihm analysierte Idee (oder die ideale Wahrheit) der sittlichen Welt nachzeichnen.

5. Recht

Die konkrete Verwirklichung der Freiheit umfaßt die Totalität aller individuellen und sozialen, historischen und kulturellen Realitäten, in denen der vernünftige Wille sich Dasein gibt und als wirklich frei offenbart. Die Freiheit ist nichts Statisches, sondern ein Sich-selbst-als-frei-setzen-und-wollen, das als solches anerkannt werden muß. Insofern die Freiheit sich zu einer existierenden Welt von Mitmenschen ausbildet, erscheint sie als *Recht*.[16] Recht ist die allumfassende Grundlage aller sozialen, wirtschaftlichen und politischen Institutionen und alles Verhaltens von Individuen zu einander. Wie wir sehen werden, kann diese Grundlage weder im Namen moralischer, religiöser oder philosophischer Überlegungen abgeschafft, noch durch ein tieferes Fundament der menschlichen Praxis ersetzt werden. Hegels ganze Theorie der praktischen Vernunft und Freiheit scheint sich in seiner Theorie des objektiven Geistes zu erschöpfen. Jedenfalls sind alle moralischen Verpflichtungen untergeordnete Momente der institutionalisierten Verfassung des Zusammenlebens, die Hegel als rechtlich charakterisiert. Pflichten sind nichts anderes als die Forderungen, die in allen Rechten enthalten sind. Personen sollen als freie Subjekte anerkannt werden, Verträge sollen erfüllt werden, die Bürger sollen den Staat verteidigen usw., weil die Person, der Vertrag und der Staat, als Instanzen des freien Willens, das Recht zu diesen Weisen des Verhaltens spezifizieren. Die allumfassende Rolle, die Hegel dem Recht zuschreibt, erklärt also weshalb die grundlegende und allumfassende Tugend für Hegel die *Rechtschaffenheit* (die Beschaffenheit oder der Habitus des Recht-tuns) ist.[17]

Weder Dienst noch Liebe fallen außerhalb des Rahmens des Hegelschen Begriff des Rechts. Man kann wählen, gewissen Menschen zu dienen, aber solche Wahl kann kein Alibi für die Nichterfüllung der allgemein geltenden Pflichten sein. Eine Pflicht zum Dienst ist nur da gegeben, wo ein höheres Recht, z.B. das Recht eines Krieg führenden Staats, sich das persönliche Recht des individuellen Eigentums oder Lebens unterordnen muß. Liebe dagegen gehört zum Bereich der Familie, wo sie sich in gegenseitiger Sorge äußert, aber die Pflichten sind

---

15 Vgl. zum Beispiel die Vorrede der *Grundlinien*, Absätze 4–10 und *Philosophy and Politics*, S. 20–24 und 52–82.

16 Vgl. *Grundlinien* §§ 1–29, zumal §§ 4 und 21–24, und *Modern Freedom* S. 186–222.

17 Vgl. *Grundlinien* § 150 und *Modern Freedom* S. 395–396, 453–454, 646.

auch dort durch gegenseitige Rechte bestimmt, und diese sind den Gesetzen der Gesellschaft und des Staates untergeordnet.

In ihrem aufschlußreichen Aufsatz „Genesis des Selbstbewußtseins durch Anerkennung und Liebe"[18] hat Edith Düsing ausgeführt, wie der junge Hegel die Liebe zum Zentrum seiner Philosophie machte und wie er diese Tendenz in seinen späten Vorlesungen über Religion wieder aufnimmt. Die eindringlichen, der mystischen Tradition ähnlichen Passagen Hegels, auf die Edith Düsing verweist, legen den Nachdruck auf die gefühlte, aber auch zu begreifende *unio mystica* des Menschen mit Gott, aus der eine ursprüngliche Liebe der Menschen untereinander natürlicherweise folgen muß. Eine Frage, die mich bei der Lektüre der späteren Vorlesungen über die Philosophie der Religion immer wieder beschäftigt, ohne daß ich bisher eine völlig befriedigende Antwort gefunden habe, lautet aber: Warum sagt Hegel in seiner Behandlung des praktischen Teils der christlichen Religion so wenig – oder fast nichts – über die Nächstenliebe? Und warum zeigt er kaum ein Interesse an der Bedeutung der „Philanthropie" für die Zivilisation der Welt? Obwohl er Nächstenliebe und Philanthropie mal nennt, sieht er für sie keine organische Funktion im öffentlichen Leben und kaum eine Rolle in der Entwicklung des moralischen Privatlebens.

Wie dem auch sei, um besser zu verstehen wie Recht in der Welt erscheint, müssen wir den Charakter seiner Hauptgestalten näher bestimmen.

6. Person und Eigentum

Die erste oder unmittelbare Gestalt des Rechts ist das Recht der einzelnen Person (d.h. des individuellen Willens, der sich als vernünftig und frei setzt und bestimmt), als solche anerkannt zu werden von anderen (die dazu auch Personen sein müssen).[19] Dieses Recht realisiert sich („es gibt sich Dasein"), indem eine einzelne Person eine natürliche Sache – ein Ding, ein Grundstück, ein Tier usw. – „ergreift", d.h. es zum eigenen Besitz und Eigentum macht. Indem die Hand das Ding oder das Tier ergreift, „legt" diese Person seinen Willen in eine natürliche Sache „hinein". Eine Hauptbedingung dazu ist aber, daß die Sache noch nicht zum Dasein eines andern Willens geworden ist, denn kein sich selbst in eine Sache setzender und eigentümlich materialisierter Wille kann in das Eigentum eines anderen Willens übergehen. Um das Eigentum des letzteren zu werden, muß der Wille des bisherigen Eigentümers sich aus seinem Eigentum zurückziehen.[20]

---

18 Vgl. Edith Düsing, „Genesis des Selbstbewußtseins durch Anerkennung und Liebe," in: Lothar Eley (Hrsg.), *Hegels Theorie des subjektiven Geistes*, Stuttgart-Bad Constatt, Frommann-Holzboog 1990, S. 244–279.
19 *Grundlinien* §§ 34–39 und *Modern Freedom* S. 223–232.
20 *Grundlinien* §§ 41–50 und *Modern Freedom* S. 234–263.

Eigentum ist die rechtliche Form des Besitzens. Jede Person hat das Recht, sich Sachen zuzueignen, die noch nicht Eigentum anderer sind. Es genügt, die noch nicht zugeeignete Sache als Eigentum zu wollen, aber, weil es deutlich sein muß, welche Sachen schon und welche noch nicht jemand zugehören, muß jeder sein Eigentum irgendwie als solches bezeichnen.

Eigentum ist das äußerliche, natürliche (oder „unmittelbare") Dasein, das die selbständige und freie Singularität der Personalität darstellt und offenbart. Die Wichtigkeit des Eigentums liegt freilich nicht in erster Linie in dem Nutzen, den man daraus ziehen kann, sondern in der Eigenheit der individuellen Person, die sich darin realisiert. Mehr als eine Habe ist Eigentum der konkrete Beweis, daß der Eigentümer ein sich selber bestimmendes Selbst ist, das über die natürliche Realität verfügen und sie so als Verkörperung seiner Autonomie zeigen und manipulieren kann. Diese primäre Bedeutung des Eigentums erklärt, warum Hegel das Eigentum (nicht nur von Dingen, sondern auch von Arbeit und Talenten) als Komponente der persönlichen Ehre sieht. Diejenigen, die nichts, selbst keine eigene Arbeit oder Expertise haben, können in der bürgerlichen Gesellschaft nicht zu Ehren kommen. Weil ihre Freiheit fast völlig abstrakt bleibt, sind ihre Rechte auch so abstrakt, daß man sie kaum ehren kann.[21]

Daß der primäre Sinn des Eigentums in der Darstellung der persönlichen Selbständigkeit liegt, erklärt auch, weshalb Hegel das Eigentum vor allem als individuelles oder Privateigentum sieht. Es gibt zwar einige „Sachen", die sich weder verteilen noch monopolisieren lassen, wie z.B. die Luft, aber fast alles andere kann zum Privateigentum werden.[22] Nach Hegel gibt es kein ursprüngliches Recht eines gemeinsamen oder allgemeinen Eigentums der Erde, weil er, wie wir sehen werden, die Menschheit nicht als ein durch einen allgemeinen Willen vereinigtes Subjekt von Rechten sieht. Jene Individuen, die zu spät kommen um sich „freie" Sachen zuzueignen oder die nicht das Glück hatten, durch Erbschaft Eigentum zu haben, können ihre Arbeit vermieten, und wenn das nicht möglich ist, haben sie ein gewisses, aber äußerst beschränktes „Notrecht" auf Lebensrettung und Betteln.[23]

Es ist nicht ganz klar warum Hegel die Idee eines gemeinschaftlichen Eigentums aller Menschen völlig abweist, aber wir werden sehen, welches Argument er für diese Weigerung gibt. Auch die Möglichkeit, daß eine Nation als solche Eigentümer sein könnte, z.B. des Bodens, scheint ihn nicht zu interessieren. Die privatisierende Besitzordnung des Kapitalismus seiner Zeit, die er verteidigt, paßt im Rahmen seines Systems, insofern das Verhältnis zwischen dem „subjektiven Geist" in der Gestalt des einzelnen Willens und den vielen natürlichen Sachen das Verhältnis des unendlichen Geistes, den die Logik entfaltet, zur Natur im Ganzen widerspiegelt. Wie der kohärente Geist am Ende der Logik in das rei-

---

[21] Vgl. *Grundlinien* §§ 35–36, 40, 57, 206 und *Modern Freedom* S. 454, 464.

[22] *Grundlinien* §§ 46, 52, 62 und *Modern Freedom* S. 237–238.

[23] *Grundlinien* §§ 127–128 und *Modern Freedom* S. 354–357 und 464.

ne Auseinander eines atomistisch aufgefaßten Natur zerfällt, um dieses Auseinander allmählich in einen organischen Kosmos umzuformen, so zerfällt der menschliche Geist in der Gestalt des Willens beim Übergang zur zweiten Natur in einen Atomismus von Privateigentümern, die der in ihnen schon wirksame allgemeine Geist allmählich zur organischen Einheit eines sozialen Kosmos zusammenfügen muß.

7. Die bürgerliche Gesellschaft

Die Entwicklung der Ebene des individualistischen (und in diesem Sinne abstrakten) Rechts zur rechtlichen Organisation des Zusammenlebens hat zwei Aspekte: (1) ein intersubjektiver oder interpersonaler, und (2) ein gemeinschaftbildender Aspekt. Wenn die einzelnen Personen einander respektieren, entsteht ein gesellschaftliches Geflecht von Beziehungen zwischen Eigentümern, deren Unternehmen durch allgemeine, sie verbindende Gesetze aufeinander abgestimmt sind. Die Hegelsche Theorie der „bürgerlichen Gesellschaft" entfaltet die Grundlinien des eigentümlichen und wirschaftlichen Aufeinanderangewiesenseins, insofern es durch Verträge und institutionalisiertes Zivilrecht geregelt ist.[24] Dieser Teil seiner Philosophie des Rechts läßt sich lesen als eine Konkretisierung derjenigen Dimension des Willens, die Rousseau mit dem Ausdruck „volonté de tous" (der Wille aller) bezeichnet hat. Insofern der freie Wille aber mit Rousseaus „volonté générale" übereinkommt, thematisiert Hegel ihn – zumal im „Staat" – als „den (im strikten Sinne) allgemeinen (oder allen gemeinsamen) Willen," der viele wollende Individuen in sich umfaßt, indem er sich in sie als organische Momente seiner selbst und der Gemeinschaft, die dadurch entsteht, vereinzelt.

Die soziale oder gesellschaftliche Dimension der Freiheit wird beherrscht durch die Verhältnisse, die sich zwischen Privateigentum, Arbeit, Austausch und Kontrakten ausbilden. Das Zivilrecht wird durch die Rechtspflege überwacht und Übertretungen werden gestraft. Die Einrichtungen, welche nötig sind um Anarchie zuvorzukommen, schaffen mannigfaltige Verbindungen und Pflichten, aber diese genügen nicht um sämtliche Teilnehmer zu Teilen eines Ganzen – z.B. eines Volkes – zusammenzufassen. Zwar zeigt auch die Hegelsche Entfaltung des sozialen, durch Verträge und Austausch vermittelten Lebens eine wachsende Zunahme von assoziativen Verbindungen, zumal in der Formation von gewerkschaftlichen Ständen und Korporationen, aber diese bleiben, als öffentliche Veranstaltungen, von privaten Verbänden getrennt und es gibt manche Individuen, deren Privatleben sich außerhalb solcher Verbände abspielt. Die Theorie der sozialen Verhältnisse zeigt hier eine Parallele mit der Hegelschen Philosophie der Natur, in der die anfängliche Zerstreuung sich am Ende zur unvollkommenen Synthese des animalischen Wesens entwickelt. Wir werden außerdem sehen, daß

---

[24] Vgl. für das Folgende *Grundlinien* §§ 182–256 und *Modern Freedom*, S. 422–474.

sogar Hegels Theorie der sittlichen Gemeinschaft ähnlicherweise mit einer unvollkommenen Synthese der menschlichen Praxis endet.

Das Prinzip der bürgerlichen Gesellschaft läßt offen wieviele Menschen an ihr teilnehmen können. Im Prinzip könnte sie alle Menschen ohne Unterschied umfassen – die bürgerliche Gesellschaft könnte also mit der ganzen Menschheit zusammenfallen, wie die Weltwirtschaft schon damals anzudeuten schien – aber mit Bezug auf diese Konsequenz zeigt Hegel eine merkwürdige Indifferenz. Die Gründe dieser Indifferenz liegen in seiner doppelten Überzeugung, daß (a) das soziale und wirtschaftliche oder gesellschaftliche Moment sich nicht zu einer einheitlichen Gemeinschaft ausbilden kann, wenn es nicht durch eine politische Organisation dazu aufgehoben wird – eine Überzeugung, die durch die Logik des Einen und Vielen und die Struktur des Begriffs unterbaut ist – und daß (b) die einzigen Gemeinschaften im strengen Sinn, welche die Objektivität des Geistes fordert, die *Familie* und das als *Staat* organisierte Volk sind.

8. Gemeinschaft

In der *Familie*[25] sind die gegenseitigen Rechte und Pflichten der vereinigenden Liebe völlig untergeordnet. Während Recht für Hegel sonst Respekt, strenge Pflicht und eine klare Distanz von Privatbesitzern einschließt, kommt seine Auffassung der Liebe einer Verschmelzung sehr nahe. In der Familie z.B. macht sie die Glieder zu „Accidenzen" einer einzigen Substanz, die zusammen eine einzige Person bilden.[26] Wie romantisch diese Interpretation der Liebe auch sein möge, einige ihrer Konsequenzen liegen darin, daß die Familie nur *ein* Vermögen haben und daß nur *eine* Person die Familie repräsentieren kann. Es wird niemand wundern, daß Hegel den Vater als die ideale Personifikation der ganzen Familie sieht.

Im *Staat* offenbart der Geist sich als der allgemeine und allen gemeinsame Wille, der sich als Willen eines ganzen Volkes will.[27] Dieser Wille organisiert die allumfassende Einheit der nationalen Gemeinschaft, indem er sie mittels einer hierarchischen Ordnung der verschiedenen „Mächte" institutionalisiert. Im Gegenzug zu den kontraktuellen Verhältnissen, welche die gesellschaftlichen Einrichtungen beherrschen, ist der Staat die Dimension, in der alle Differenzen zwar als solche respektiert, aber zugleich in die nationale Einheit aufgehoben sind. Alle Ordnungen, Projekte oder Aktivitäten die einen unversöhnbaren Streit veranlassen könnten, müssen abgewiesen werden. Die Gefahr eines Bürgerkrieges erklärt warum Hegel die Souveränität des Staates, die das Siegel seiner Einheit ist, nicht nur anderen Staaten gegenüber, sondern auch mit Bezug auf die eigenen

---

[25] Vgl. *Grundlinien* §§ 158–169 und *Modern Freedom*, S. 408–421.

[26] Mit bezug auf Hegels Definition der Liebe in § 158 der *Grundlinien*, vgl. *Modern Freedom*, S. 410–419.

[27] Vgl. *Grundlinien* §§ 257–329 und *Modern Freedom*, S. 475–574.

Einwohner und Einrichtungen betont.[28] Das Haupt des Staats soll nicht gewählt werden, weil es dann nur einen Teil der Bevölkerung und nicht das ganze Volk repräsentieren und verleiblichen würde. Auch eine wirkliche Teilung der Gewalten muß abgewiesen werden, weil die Rivalität zwischen ihnen, die dann fast unvermeidlich ist, das Prinzip eines Bürgerkrieges schon in sich trägt. Der Monarch und die Regierung sind also verantwortlich für alle Interessen und Handlungen des Volks als ein Ganzes, aber sie können und müssen die allgemeinen Gesetze der Verfassung respektieren und vieles an die untergeordneten Gewalten delegieren. Die Betonung der Einheit bedeutet nicht, daß Hegel sich für eine absolute Monarchie einsetzt. Er ist überzeugt, daß die Zeit vorüber ist, in der ein politischer Philosoph zwischen einer monarchischen, aristokratischen oder demokratischen Verfassung zu wählen hätte. Stattdessen sollte man sich jetzt fragen, wie alle drei, relativ berechtigten Momente der Staatsordnung sich in einem postrevolutionären und post-Napoleonischen Staat kombinieren lassen, damit sowohl die Vertreter des Volks und die sachverständigen Politiker, wie die Regierung ihren proportional gemäßen Anteil am politischen Gesamtwerk haben können.

Wenn eine vernünftige Verfassung das Staatsleben beherrscht und die Beteiligten ihre Aktivitäten auf eine rechtschaffene Weise ausüben, können und sollen die einzelnen Staatsbürger darin ihre individuelle Freiheit anerkannt wissen, weil die Politik durch dieselbe Vernunft als diejenige des allgemeinen Willens regiert wird. Innerhalb des öffentlichen Lebens gibt es genug Spielraum für die moralischen Anliegen und die selbstentworfenen Pläne der einzelnen Bürger. Die Opfer, die sie dem Staat darbringen müssen, sind zugleich Bedingungen für die eigene Möglichkeit, ein vernünftiges, und somit freies Leben zu führen.

9. Internationales Recht[29]

Die Einheit des freien Zusammenlebens, das die Bürger im nationalen Staat erlangen, stärkt die Kohäsion ihrer sozialen Verbindungen, aber es ist nicht klar, warum das kontraktuelle Netzwerk, das die bürgerliche Gesellschaft konstituiert, auf das wirtschaftliche und zivilrechtliche Leben einzelner Nationen beschränkt bleiben sollte. Schon lange vor Hegels Zeit haben sich der internationale Handel und ein internationales Privatrecht entwickelt, aber in Hegels Theorie des internationalen Rechts ist darüber nichts zu finden: sie beschränkt sich auf das politische Verhalten von Staaten gegen einander und ignoriert einfach alle

---

[28] Das ganze Kapitel über die Konstitution des Staates (§§ 270–329) ist durch den Begriff der Souveränität beherrscht, wie *Modern Freedom*, S. 574 zeigt, während Hegel auch die internationalen Beziehungen zwischen Staaten sosehr durch ihre Souveränität bestimmt, daß jede *politische* Aufhebung ihres kompetitiven Vielfältigkeit verhindert wird. Vgl. die nächste Note.

[29] Vgl. *Grundlinien* §§ 330–339 und *Modern Freedom*, S. 575–596.

Beziehungen einzelner Personen zu Personen anderer Staaten – obwohl die Prinzipien für ein internationales Privatrecht im ersten Abschnitt der Philosophie des Rechts schon klar formuliert sind. Das Resultat dieser befremdenden Inkonsequenz ist, daß der weltweite Verkehr zwischen einzelnen Personen in der praktischen Philosophie Hegels nicht konkret bestimmt und nicht einmal als ein Problem zugelassen wird. In der Theorie bleiben alle kontraktuellen und face-to-face Verhältnisse durch nationale Grenzen eingeschlossen, obwohl das natürlich keineswegs den wirklichen Verhältnissen entsprach. Die interpersonalen Beziehungen von Menschen als Mitgliedern der einen Menschheit bestehen nach Hegel deshalb eigentlich nicht, wenigstens nicht auf dem Niveau der konkreten Freiheit und des Rechts.

Das konkrete oder wirkliche Recht beschränkt sich auf das innere Staatsrecht und die politischen Verhältnisse zwischen Staaten. Außerdem bleibt das internationale Staatsrecht größtenteils abstrakt, indem es den Staaten zwar befiehlt einander zu respektieren, aber nicht imstande ist, diesen Respekt durchzusetzen. Weil die Staaten souverän sind, können sie nicht gezwungen oder gestraft werden, wenn sie z.B. einen ungerechten Krieg führen. Hegel akzeptiert die Abwesenheit von übernationalen Einrichtungen nicht nur als ein historisches Faktum; er versucht auch die Unmöglichkeit einer kosmopolitischen Organisation der Menschheit als solchen zu beweisen. Wäre ihm dieses gelungen, dann hätte er dargetan, daß die Freiheit der Menschen auf dem Niveau der vernünftigen Praxis die Grenzen des modernen Staates nicht übersteigen kann. Das würde heißen, daß die Menschheit weder eine rechtliche, soziale und sittliche Gemeinschaft ist, noch eine solche ausbilden kann, obwohl alle Einzelpersonen, Familien und Staaten sich respektvoll gegeneinander verhalten *sollen*. Wenn dieses Sollen nicht sanktioniert werden *kann*, wie Hegel meint, muß das als eine tragische, aber wesentliche Unvollkommenheit der praktischen Freiheit hingenommen werden.[30]

Der Nerv des Hegelschen Arguments ist der folgende. Als souverän, sind die Staaten Richter in eigener Sache. Sie müssen also selber entscheiden ob sie von anderen Staaten sosehr geschädigt oder erniedrigt sind, daß ein Krieg gerecht scheint. Weil es keinen überstaatlichen Gerichtshof gibt, können die solchermaßen motivierten Kriege nicht vermieden werden und ist es sogar schwierig (Hegel sagt sogar, daß es unmöglich ist) zu entscheiden, ob sie in Wahrheit legitim sind oder nicht.

Die Hegelsche Philosophie des Rechts endet also mit einem tragischen, fast apokalyptischen Fazit: ein endgültiger und garantierter Weltfrieden ist nicht möglich. Das Verhältnis zwischen den Staaten reproduziert auf dem höchsten Niveau des praktischen Lebens den *status naturae*, den Thomas Hobbes beschrieben hat, und innerhalb der Dimension des objektiven Geistes gibt es keine Möglichkeit, diesem Zustand definitiv zu entkommen. Die Menschheit bleibt verteilt in eine Mannigfaltigkeit von Nationen, die einander als potentielle Fein-

---

[30] Vgl. *Grundlinien* §§ 334–339 und *Modern Freedom*, S. 585–596.

de überwachen müssen. Sie können Allianzen schließen und hoffen, daß die mehr oder weniger zivilisierten Sitten der gewachsenen Tradition die schlimmsten Grausamkeiten verhindern werden, aber das Ideal einer friedlichen und freundlichen Menschheit, die sich für die Freiheit und das Wohlbefinden aller einsetzt, kann nicht gesichert werden. Es bleibt utopisch.

Die Beziehungen zwischen den einzelnen Menschen bleibt vermittelt durch die Staaten, denen sie zugehören. Ihr Patriotismus ist wichtiger als Solidarität mit den Armen oder Unterdrückten anderer Teile der Welt. Als Staatsbürger muß man die Fremden als Freunde oder Feinde betrachten je nachdem die Regierung der eigenen Nation ihre Nation zu Freund oder Feind der unsrigen erklärt.

Die praktische – d.h. die objektive, soziale, politische und weltgeschichtliche – Dimension des freien Geistes läßt keine vollauf gelungene Aufhebung der Zerstreuung und Entgegensetzung zu; der Trieb zur Einigung findet keine endgültige Befriedigung auf dem Niveau des Sittlichen.

Wie können wir diese Tragik des praktischen Lebens ertragen? Es gibt nur eine Art Trost: die *consolatio philosophiae*. Diese hat zwei Formen: (1) die religiöse Versöhnung, durch die wir die Welt als Offenbarung und Gegenwart Gottes *erfahren*, und (2) das wissenschaftliche *Begreifen*, das die Gegenwart Gottes in der Welt als seine notwendige Selbstentfaltung und zurückholende Wiedervereinigung des Entfalteten versteht.[31]

Religion und Philosophie enthalten dieselbe eine und allumfassende Wahrheit, aber die Weisen ihres Besitzes sind verschieden. Was der religiöse Mensch fühlt und sich beim Erzählen, Meditieren und Feiern vorstellt, erfaßt das philosophische Wissen mittels des menschlichen Wissens, in dem das sich selbst begreifende und wollende Leben Gottes sich nicht nur spiegelt, sondern selber lebt. Die spekulative Auslegung der Welt und ihrer Geschichte begreift den Geist in seiner notwendigen und unendlichen, aber sich veröffentlichenden Selbstbestimmung. Die Geschichte der Welt ist das große Zeugnis des Geistes, der seine Freiheit realisiert durch die endliche und unvollkommene Verwirklichung unserer sittlichen Freiheit und die unendliche *Theoria* des ganzen göttlich-menschlichen Geschehens. Die höchste und alle Freiheit realisiert sich als die unendliche Selbstbestimmung des Geistes in der Gesamtheit aller Teilnehmer am all-umfassenden und alles-bewegenden Theater des Universums.[32]

---

31 Vgl. *Grundlinien* §§ 343, 360; *Enz* § 552; *Modern Freedom*, S. 603–606, 635–640; *Selbsterkenntnis*, S. 79–85; *Praktische Philosophie*, S. 335–358.

32 Vgl. *Enz* §§ 552–555 und 564–577 und *Selbsterkenntnis*, S. 79–90 und 93–157.

10. Hegel und die christliche Tradition der Freiheit

Um die Hegelsche Idee der Freiheit mit der christlichen Tradition der Freiheit zu konfrontieren, könnte man versuchen beide Auffassungen auf ein oder einige Prinzipien zurückzuführen und diese dann mit einander zu vergleichen. Nachdem wir in der Einleitung die christliche Auffassung der Freiheit auf einige Grundgedanken reduziert haben, wäre es jetzt ratsam, die Hegelsche Philosophie der Freiheit ebenso auf einen oder einige Kerngedanken zurückzuführen. Die folgenden Indizien möchten dazu behilflich sein.

Was ist der einigende Gedanke, der die Hegelsche Perspektive bezüglich der Gestalten des objektiven und absoluten Geistes beherrscht? Meine Antwort auf diese Frage ist eine doppelte: 1. der Mensch ist autonom, aber 2. als solcher ist er ein Moment der unendlichen oder absoluten Autonomie Gottes. Die menschliche Freiheit ist die endlich-unendliche Autonomie, die sie auf endliche Weise mit dem unendlichen Absoluten teilt.

Indem Hegel mit Bezug auf die erste Konkretisierung der persönlichen Freiheit im Eigentum darauf weist, daß die Zueignung eines Teils der nichtmenschlichen Natur primär die Bedeutung hat eines materiellen, sichtbaren und zueigen gemachten Daseins des Willens, der sich selber will und bestimmt, und nur sekundär die Eroberung einer nützlichen oder dienlichen Sache ist, unterstreicht er die Idee der Autonomie als das eigentliche Geheimnis des persönlichen Rechts, das auch allen anderen Rechten zugrunde liegt.

Die Offenbarung dieses Geheimnisses läßt sich verfolgen in der Hegelschen Analyse der Formierung, des Gebrauchs, des Vertrags, des Verbrechens und der Strafe, der Handlung und der Bildung.[33] Immer liegt das grundlegende Moment im Selbst, das sich durch Selbstmotivierung und Selbstentäußerung als Selbstsetzung, Selbstbejahung und Selbstbestimmung offenbart und dafür Anerkennung und Respekt fordert.

Das höchste konkrete Recht eines menschlichen Individuums ist nach Hegel das Recht des Bürgers, der sich mit dem allgemeinen Willen eines gutverfaßten Staates identifiziert. An anderer Stelle habe ich versucht zu zeigen, daß Hegel gegen seine eigene Logik verstößt, indem er sich weigert, die Argumentation, die zur Notwendigkeit des Staates führt, *mutatis mutandis* auf dem höheren Niveau der internationalen Politik zu wiederholen.[34] Hätte er in Übereinstimmung mit seiner Logik bewiesen, daß die Identifizierung des einzelnen Willens mit dem allgemeinen Willen der ganzen Menschheit eine Möglichkeitsbedingung der höchsten menschlichen Freiheit ist, dann hätte er dargestellt wie die menschliche Praxis sich nur vollenden kann, indem die einzelnen Menschen den wirklich allgemeinen Willen des einzigen und einigenden Geistes, der sich in der Mensch-

---

[33] Vgl. *Grundlinien* §§ 56–57, 59–64, 71–80, 95–102, 108–113, 187 und *Modern Freedom*, S. 206–208, 258–260, 264–270, 284–291, 332–337, 241, 440–442.

[34] Vgl. "Hegel contra Hegel in his Philosophy of Right," in *Journal of the History of Philosophy* 32 (1994), S. 241–264. Siehe auch *Modern Freedom*, S. 577–594.

heit als solchen realisiert, als ihren eigenen Willen wollen. Dann hätte er auch die tragische Eschatologie der Praxis durch eine Philosophie der menschlichen Solidarität ersetzen müssen. Die solchermaßen sich entwickelnde Theorie hätte die wesentliche Gleichheit aller Menschen, die Hegel im abstrakten Recht verteidigt, über die relative Selbständigkeit der Staaten hinaus als eine noch kaum erfüllte aber notwendige Forderung zur Grundlage einer noch zu entdeckenden Organisation der ganzen Menschheit gemacht. Den andern Menschen gegenüber würde die wahre Freiheit sich dann realisieren, wenn ein Mensch in Wahrheit sagen kann: „Ich will was die vernünftige Freiheit der Menschheit will; als praktisches Wesen will und bin ich was der allgemeine Wille will. Ich bin nicht nur ein Preuße oder ein Berliner, sondern mehr als das: Ich bin die Menschheit, wie sie ihre Freiheit in mir Dasein gibt! Ich bin ein authentischer *Mensch*.“

Das zweite Moment der menschlichen, aber endlichen Autonomie offenbart sich nicht primär und radikal in dem äußerlichen und körperlichen Dasein der zugeigneten Natur, sondern vielmehr in der von Hegel als „unio mystica“ gedeuteten Einigung mit dem absoluten Geist, der nicht nur sich und alles andere bestimmt, sondern bei sich selber anfängt um sich in der Erschaffung und Befreiung des Universums zu vollenden. Der freie Mensch ist deshalb derjenige, dessen Wille nicht nur die ganze Menschheit, sondern auch den unendlichen Geist vertritt und ihn in der Welt vergegenwärtigt. Dieser einzelne Mensch darf sagen: „Ich bin (auf meine singuläre und spezifische Weise) nicht nur ein Mensch, sondern auch das Absolute. Als endlicher Geist bin ich zugleich Gott und Mensch.“

-----//-----

Die hier gebotene Interpretation der Hegelschen Rechtsphilosophie zeigt manche Parallelen mit der christlichen Auffassung der Freiheit. Der Charakter der in ihr herrschenden Selbstbestimmung ist aber grundsätzlich verschieden von der Ergebenheit des christlichen Verhaltens zu Gott – eine Ergebenheit, die identisch ist mit einer nicht verschmelzenden, sondern hochachtungsvollen Liebe zu jedem Nächsten und mir selbst.

Das erste Prinzip des Christentums ist nicht die Selbstbestimmung, denn diese ist einem vorhergehenden Anruf zur Hingabe untergeordnet. Christliche Freiheit ist primär Verantwortlichkeit für die richtige Antwort auf den Ruf, der jeden Menschen je schon zum Dienste gewidmet hat. Die ganze Schöpfung ist den Menschen durch Gottes Wort zugesprochen und alles in ihr provoziert zu jener Art der Sorge, die sich direkt in Hilfe und Dienst übersetzt. Die Verbundenheit mit den Anderen gehört zur inneren Konstitution jedes menschlichen Individuums und die unvermeidliche „Antwortlichkeit“ und Verantwortlichkeit bestimmen je schon das Vermögen, sich selbst zum Handeln oder Denken zu bewegen. Sogar die Selbstheit, die jeden Menschen als ein Du oder Ich bestimmt, ist einem gegeben als eine ungewählte und unweigerliche Aufgabe, für die man Sorge tragen muß.

Hegel respektiert den Aufgabecharakter des Ichs, indem er die Willkür der Vernünftigkeit des freien Willens unterwirft, aber sein Glaube an die Vernunft schätzt die Allgemeinheit und die Ganzheit höher als Ergebenheit und Sorge für jeden, der, ob nahe oder ferne, ein Nächster ist. Man kann das Hegelsche Denken über Freiheit nicht pauschal im Namen der christlichen Sensibilität verurteilen. Man könnte sogar versuchen, es im Rahmen der Theologie „aufzuheben," aber das Klima des monumentalen Denkens Hegels würde sich sicher ändern, wenn Recht und Sittlichkeit in einer unbegrenzten Philanthropie aufgehoben werden könnten. Würde das gelingen, dann würde die Ordnung des Menschenwesens einen andern Geist und eine liebenswürdigere Möglichkeit der „mystischen Einigung" offenbaren.

Freiheit und Anfang im Denken Schellings.

Wilhelm G. Jacobs (München)

In der ›Freiheitsschrift‹ äußert Schelling an mehreren Stellen seine Wertschätzung der Kantischen Lehre von der Freiheit. Er schreibt: „Ueberhaupt erst der Idealismus hat die Lehre von der Freiheit in dasjenige Gebiet erhoben, wo sie allein verständlich ist. Das intelligible Wesen [...] des Menschen [...] ist diesem zufolge außer allem Causalzusammenhang, wie außer oder über aller Zeit."[1] Im Kontext sagt er klar, daß er sich hier auf Kant bezieht. Gut ein Jahrzehnt zuvor schon greift er diese Lehre Kants auf und betont zugleich die Bedeutung der „Idee der *Autonomie* [...] die er [Kant] selbst als Princip seiner praktischen Philosophie aufstellt"[2]. Für Kant entsteht bei der Annahme einer nicht als Erscheinung auftretenden Freiheit die Frage, wie die durchgängige Kausalität in allen Erscheinungen und zugleich Freiheit gedacht werden könne. Dieser Frage stellt sich Kant in der dritten Antinomie in der ›Kritik der reinen Vernunft‹[3], bzw. wenn diese Frage auf das Weltganze geht in der vierten Antinomie[4].

Das Problem der angeführten Antinomien läßt sich mit Kant als dasjenige verstehen, wie Freiheit etwas anfangen könne. Dasjenige nämlich „in der Frage über die Freiheit des Willens, was die spekulative Vernunft von jeher in so große Verlegenheit gesetzt hat, ist eigentlich nur *transzendental*, und geht lediglich darauf, ob ein Vermögen angenommen werden müsse, eine Reihe von sukzessiven Dingen oder Zuständen *von selbst* anzufangen."[5] Wenn also für den Menschen oder, auf das Weltganze gesehen für Gott, Freiheit gedacht werden muß, so ist diese zu verstehen als das Vermögen anzufangen, und zwar ohne äußere Bestimmung, also als Selbstbestimmung. Das Problem der Freiheit ist bei Kant engstens mit dem des Anfangs verbunden.

---

[1] Schellings Schriften werden zitiert, soweit sie vorliegt, nach der Historisch-kritischen Ausgabe, hrsg. von Hans Michael Baumgartner (†), Wilhelm G. Jacobs, Jörg Jantzen, Hermann Krings (†) und Hermann Zeltner (†), Stuttgart 1976ff (Sigle: AA; Reihe I Werke, Bandzahl arabisch).
Im übrigen wird zitiert nach den Sämmtlichen Werken, hrsg. v. K. F. A. Schelling, Stuttgart und Augsburg 1856ff (Sigle: SW). Die Bände der 2. Abteilung werden wie üblich als Bde. XI–XIV ausgewiesen.
Hier: Philosophische Untersuchungen über das Wesen der menschlichen Freiheit und die damit zusammenhängenden Gegenstände. (Im folgenden: Freiheit.) SW VII, 383; vgl. 350–352.

[2] Allgemeine Uebersicht der neuesten philosophischen Litteratur. AA I,4 (hrsg. v. Wilhelm G. Jacobs und Walter Schieche, 1988) 123; in SW I unter dem Titel: Abhandlungen zur Erläuterung des Idealismus der Wissenschaftslehre; dort 397.

[3] KrV A 444–451; B 472–479.

[4] KrV A 452–455; B 480–483.

[5] KrV A 449; B 477.

Die Frage richtet sich darauf, wie ein freier Anfang gedacht werden könne. Daß die Selbstbestimmung eine sittliche sein soll, ist im kategorischen Imperativ geboten und für Kant fraglos. Die Frage richtet sich nicht auf den Kategorischen Imperativ, vielmehr auf die Fähigkeit jener Wesen, denen dieser bewußt ist, sich diesem gemäß zu bestimmen oder nicht. In der Auflösung der Antinomien zeigt Kant, daß sich transzendentale Freiheit des vernünftigen Wesens und Naturkausalität der Erscheinungen nicht widersprechen, eine positive Lösung des Problems zeigt er aber nicht. Das genügt für ein kritisches Unternehmen.

Nicht genügend ist diese Lösung, wenn man, wie Schelling es tut, systematisch denkt. Entsprechend kann Schelling schreiben: „Allein der Idealismus selbst [...] läßt uns, sobald wir in das Genauere und Bestimmtere eingehen wollen, in der Lehre der Freiheit dennoch rathlos."[6] Wo der Idealismus ratlos läßt, denkt Schelling weiter; er fragt, wie ein Anfang und damit Freiheit gedacht werden könne. Die Verknüpfung der Begriffe Freiheit und Anfang ist ihm durch Kant vorgegeben. Schelling übernimmt es, diesen Zusammenhang zu erörtern. Damit tritt für ihn die Frage nach der Wirklichkeit von Freiheit, d.h. die des Anfangs in den Vordergrund.

So ist es sinnvoll, zuerst Schellings Begriff des Anfangs zu erläutern. Sodann wird zu fragen sein, wie der Begriff zu denken sei, und schließlich ist die Wirklichkeit des im Begriff Gemeinten zu zeigen.

1. Der Begriff des Anfangs

Zu unserem Vorteil erläutert Schelling selbst den Gebrauch des Wortes Anfang. In der zweiten Vorlesung der ›Philosophie der Mythologie‹ kommt Schelling auf den Anfang des göttlichen Seins zu sprechen und sagt vom Anfang: „da ich dieses Ausdrucks mich hier zum ersten Male bediene, so will ich ihn auch erklären."[7] Weil Schelling den Ausdruck meint erklären zu müssen, ist das Wort Anfang offensichtlich nicht in seiner alltäglichen Bedeutung gemeint, wie wir sie verwenden, wenn wir sagen, wir hätten die Lektüre dieses Aufsatzes zu einer bestimmten Uhrzeit angefangen. Einen solchen Anfang nennt Schelling einen äußeren und fährt an der zitierten Stelle fort: „Sie sehen von selbst, daß hier nicht von einem äußern, sondern von einem *innern* Anfang [...] die Rede ist, der eben darum selbst nur als ein *ewiger*, d.h. als ein immer bleibender und immerwährender, gedacht werden kann, nicht als ein Anfang, der einmal Anfang ist und dann aufhört es zu seyn, sondern der immer Anfang ist, und heute nicht weniger Anfang ist, als er es vor undenklichen Zeiten war."[8] Ein äußerer Anfang ist in unserem Beispiel die Angabe des Zeitpunktes, an dem die Lektüre begann, während die Angabe des sachlichen Ausgangspunktes des Aufsatzes, nämlich Schellings

---

[6]   Freiheit. SW VII, 351.
[7]   Philosophie der Mythologie (Im Folgenden: My.). SW XII, 42.
[8]   My. SW XII, 42. Das erste Wort ist in SW als Anrede hervorgehoben.

Erläuterung seines Begriffes Anfang ein innerer ist. Während beim äußeren Anfang ein Zeitpunkt angegeben ist, so im zweiten der sachliche Anfang, der dem Aufsatz zu Grunde gelegt wird. Dieser Ausgangspunkt muß durch den ganzen Aufsatz hindurch gegenwärtig bleiben, damit in ihm Zusammenhang ist. Das Fortschreiten läßt ihn also nicht verschwinden, vielmehr hält es ihn fest.

Das Wort „Anfang" ist also hier, wie oft bei Schelling, nicht zeitlich zu verstehen. Es hat aber nur Sinn von einem Anfang zu reden, falls er der Anfang einer Folge ist, wenn auch keiner zeitlichen. Eine unzeitliche Folge kann man sich nicht vorstellen, weil Vorstellungen immer in der Zeit erscheinen; die unzeitliche Folge ist somit eine rein gedachte. In der dreizehnten Vorlesung der ›Philosophie der Mythologie‹ spricht Schelling dies deutlich aus: „Es versteht sich unstreitig von selbst, daß im bloßen Denken die Folge auch eine bloß noetische [ist], als solche aber ist sie die ewige und darum unaufhebliche."[9] Im reinen Denken findet eine noetische, vernünftig-sachliche Folge statt. Auf den Anfang folgt etwas; bei ihm kann man nicht bleiben, wenn er denn Anfang ist. In der Zeit verlassen wir den Anfang; seit man angefangen hat zu lesen, ist einige Zeit unwiederbringlich verflossen. Noetisch, wie Schelling sagt, ist der Anfang nicht nur ein Fortschreiten, sondern auch ein Bleiben. Wir handeln jetzt nach verflossener Zeit immer noch vom Begriff des Anfang, der nun entfaltet wird und damit Gegenstand des Aufsatzes bleibt.

Schelling hört bei philosophischen Termini stets deren lateinische und griechische Entsprechungen mit. Der noetische Anfang würde im Griechischen arche, im Lateinischen principium heißen. Schelling ist die Herkunft des Wortes arche von archein (herrschen) und die Verwandtschaft des Wortes principium mit princeps (Fürst) und primus (erster) durchaus bewußt. Schon 1800 bedient er sich statt des Wortes Prinzip der Worte „das Herrschende oder Erste"[10]. Das Prinzip oder der Anfang bestimmt – griechisch und lateinisch gedacht – die Folge und bleibt so in ihr gegenwärtig.

Seinen Begriff des Anfangs erläutert Schelling im angezogenen Zitat, wenn er von Gott spricht. Es ist aber nicht so, daß dieser Begriff ausschließlich von Gott gilt, vielmehr gilt er auch vom Menschen. Im Anschluß an Kants Lehre von der unzeitlichen Tat kann Schelling in der ›Freiheitsschrift‹ analog zu den zitierten Stellen aus der ›Philosophie der Mythologie‹ sagen, der Mensch sei „in den Anfang der Schöpfung (das Centrum) erschaffen. Die That, wodurch sein Leben in der Zeit bestimmt ist, gehört selbst nicht der Zeit, sondern der Ewigkeit an: sie geht dem Leben auch nicht der Zeit nach voran, sondern durch die Zeit (unergriffen von ihr) hindurch als eine der Natur nach ewige That. Durch sie reicht das Leben des Menschen bis an den Anfang der Schöpfung; daher er durch sie auch außer dem Erschaffenen, frei und selbst ewiger Anfang ist."[11] Im darauffol-

9   My. SW XI, 311. Vgl. 312.
10   System des transscendentalen Idealismus. AA I, 9,1 (hrsg. v. Harald Korten und Paul Ziche, 2005) 36; SW III, 346.
11   Freiheit. SW VII, 385f.

genden Satz räumt Schelling ein, daß „diese Idee der gemeinen Denkweise" unfaßlich „vorkommen mag".[12] Die Unfaßlichkeit verringert sich vielleicht, wenn man das Wort ewig nicht als Bezeichnung endloser Dauer, sondern als zeitlos, von der Zeit nicht betroffen liest, und wenn man festhält, daß die Tat diejenige des Menschen selbst ist.

Schellings Gedanke bedarf aber weiterer Erläuterung. Wir ziehen nochmals das Beispiel des Lesens eines Aufsatzes heran. Entsprechend dem schon zuvor Gesagten, ist ein solches Lesen nur möglich, wenn man die Gedankenentwicklung von Anfang an durch die Zeit hindurch festhält. Wenn dagegen das zweite Wort eines Satzes gelesen wird, so ist – um das Einfachste anzuführen – das erste schon vergangen; schon ein einfacher Satz, geschweige ein Aufsatz, wird nacheinander gelesen, jedoch im Geist durch die Zeit *hindurch* vernommen. Wir können erfahren, daß wir einen Gedanken über eine größere zeitliche Distanz festhalten, die Bedingung der Möglichkeit dieses Festhaltens ist selbst ein Identisches, nicht Zeitliches, das die Zeiterfahrung ermöglicht.

Was für einen Aufsatz gilt, denken Kant und Schelling für unser ganzes Leben. So wie wir einen Aufsatz als den einen identischen fassen, so ist die unzeitliche Tat Kants oder anders der Anfang Schellings unsere persönliche Identität, die zwar durch die Zeit hindurch währt, aber nicht selbst zeitlich ist; Schelling nennt sie ewig. Sie ist zugleich Anfang, weil nichts ihr voraus gedacht werden kann, das sie bestimmte, vielmehr ist sie diejenige, welche die einzelnen Handlungen bestimmt. In der ›andere[n] Deduktion der Positiven Philosophie‹ heißt es: „Ewig ist, dem nichts, auch nicht einmal der Gedanke zuvorkommen kann."[13] Insofern der Mensch ewiger Anfang ist, steht er außerhalb der Zeit und dem Kausalzusammenhang, in Schellings Worten, außer dem Erschaffenen. Er ist ohne jeden Abstrich Ursprung.

In späteren Jahren, in der zwanzigsten Vorlesung der ›Philosophie der Mythologie‹ bekräftigt Schelling seinen Anschluß an Kant in diesem Punkt geradezu emphatisch: „Gehen wir von hier nicht hinweg, ohne Kants Andenken zu feiern, dem wir es verdanken, mit solcher Bestimmtheit zu sprechen von einer nicht in das gegenwärtige Bewußtseyn hereinfallenden, ihm vorausgehenden, noch der Ideenwelt angehörigen Handlung," und nun zieht Schelling die Konsequenz, „ohne welche es keine Persönlichkeit, nichts Ewiges im Menschen, sondern nur zufällige, in ihm selbst zusammenhanglose Handlungen geben würde."[14]

Der Ort des Menschen ist das Zentrum, bzw. der Anfang der Schöpfung, durch die er selbst ewiger Anfang ist. Das Zentrum eines Kreises, der Mittelpunkt, ist derjenige Punkt, von dem aus der Kreis bestimmt – griechisch gedacht: beherrscht – ist. Der Mensch ist „in den Anfang der Schöpfung (das Zentrum) erschaffen", mit anderen Worten in den bestimmenden, beherrschenden Punkt der Schöpfung. Er hat einen Mittelpunkt, auf den er seine verschiedenen

---

[12] Freiheit. SW VII, 386.
[13] Andere Deduktion der Principien der positiven Philosophie. SW XIV, 341.
[14] My. SW XI, 483.

Erfahrungen, Zustände und Handlungen bezieht und sich so als identische Person versteht, und zwar über das rein theoretische, sich reflexiv auf sich beziehende Selbstbewußtsein hinaus.

Als erschaffen ist der Mensch zwar abhängig. „Aber Abhängigkeit hebt Selbständigkeit, hebt sogar Freiheit nicht auf", sagt Schelling und fährt fort, „Sie [nämlich die Freiheit] bestimmt nicht das Wesen, und sagt nur, daß das Abhängige, was es auch immer seyn möge, nur als Folge von dem seyn könne, von dem es abhängig ist; sie sagt nicht, was es sey, und was es nicht sey." Zur Erläuterung verweist Schelling auf die Organismen: „Jedes organische Individuum ist als ein Gewordenes nur durch ein anderes, und insofern abhängig dem Werden, aber keineswegs dem Seyn nach."[15] Der Mensch ist somit abhängig dem Werden nach; ist die Nabelschnur durchtrennt, so beginnt unser selbstständiges Leben. Auch als geistige Wesen sind wir abhängig, da wir nur dadurch frei werden, daß wir von anderen freien Wesen zu freier Selbstbestimmung aufgefordert werden, wie Schelling 1800 mit Fichte lehrt. Sobald wir uns aber als frei verstehen, sind wir auch frei, in der Sprache Schellings, im Zentrum und im Ursprung.

Das Wort „Centrum" klingt nach Mystik und Theosophie; die Frage ist, was dieses Wort präzise bezeichnet. Deutlich ist bisher, es werde behauptet, daß der Mensch, insofern er ins Zentrum erschaffen ist, frei gesetzt ist und sich als identische Person versteht. Da Schelling, wie schon angeführt, Kant zugesteht, daß „wir ihm den ersten vollkommenen Begriff der formellen Freiheit" verdanken, also den der Autonomie der Vernunft, welche die Form des Willens bestimmen will und die Schelling daher Allgemeinwillen nennt, so ist dieser Begriff als der der Autonomie, damit der Unableitbarkeit, ein Zentrum. Der Allgemeinwille soll den Eigenwillen bestimmen, der dem Allgemeinwillen selbständig gegenüber steht. Der Eigenwille kann nur als seinerseits selbständig gegenüber stehen und ist ebenfalls ein Zentrum. Im Menschen „ist der tiefste Abgrund und der höchste Himmel, oder beide Centra."[16] Damit unterscheidet sich die Konstitution des Menschen nur insofern von der Gottes, als das Band der beiden Willen in Gott unauflöslich, im Menschen dagegen auflöslich gedacht werden muß. Der Mensch findet seine Identität, indem er beide Willen zur Einheit erst bringt, den wahren Eigenwillen im Allgemeinwillen erkennt und vollzieht. Analog zu Kants Verhältnis von moralischem Gesetz und menschlichem Willen denkt auch Schelling eine Rangordnung der Willen oder der Centra. Das ranghöhere Zentrum, von dem her das andere zu verstehen ist, ist der Allgemeinwille. Von ihm her kann der Mensch seine Identität finden.

Es dürfte aus dem bisher Ausgeführten klar sein, daß ein Anfang, der bleibender, eigentlich sogar nicht einmal bleibender, sondern unzeitlicher Anfang ist, nur von einer vernünftigen Tat ausgesagt werden kann. Die Geschehnisse der Natur, die Schelling durchgängig kausal bestimmt sieht, haben im Wortgebrauch Schellings einen äußeren, aber keinen inneren Anfang. Wir erwarten, daß das

---

15 Freiheit. SW VII, 346.
16 Freiheit. SW VII, 363.

Frühjahr anfängt, und wissen, daß es durch die meteorologisch zu beobachtenden Notwendigkeiten herbeigeführt wird. Die Notwendigkeiten führen einen Anfang herbei, der sich erklären und – soweit die Daten erfaßbar sind – vorausberechnen läßt. Nichts Neues ist unter der Sonne. Wer genug Gesetze kennt und genügend Daten zu Verfügung hat, kann voraussehen, was kommt. Die Wettervorhersagen in den Medien kennen wir alle. Der Anfang des Frühjahrs ist erklärbar aus Notwendigkeit, nicht aus sich selbst.

Der wahre Anfang ist somit nur als freie Tat zu verstehen, wobei der Schellingsche Wortgebrauch Tat sich vielleicht an Kants Rede von der unzeitlichen Tat anschließt. Wie sich am Beispiel vom Thema eines Aufsatzes, das sich durch ihn hindurch erhält, gezeigt hat, verstehen wir bei genauem Hinsehen auch eine freie Tat, hier das Konzipieren oder Verstehen eines Aufsatzes, als Tätigkeit, die wir während des ganzen Konzipierens und Lesens leisten. Der zur Sprache kommende Gedanke liegt dem Aufsatz zu Grunde. Dieses zu Grunde Liegen dürfen wir mit Schelling sowohl als principium wie auch als fundamentum begreifen. Die verschiedenen Handlungen, in denen die Tat erscheint, haben in der Tat ihr principium, durch das sie sind, und ihr fundamentum, auf dem sie beruhen. So gesehen, ist die Tat sowohl ins Sein rufende, wie im Sein erhaltende Mächtigkeit, oder wie Schelling gewöhnlich sagt, Macht.

Eine Tat, die als principium und fundamentum gedacht wird, hat eine Folge. Das wurde schon gesagt. Im Begriff der freien Tat liegt auch, daß sie aus Vernunft und Einsicht hervorgeht; das ja gerade unterscheidet sie von Notwendigkeiten. Dann aber ist eine Tat auch nicht blindlings; „denn wo Actus [Tat] ist, da ist Anfang, Mittel und Ende."[17] Die Umkehrung lautet so: „*Ohne* Anfang und ohne Ende zu seyn, ist keine Vollkommenheit, sondern unvollkommen, ist Negation alles Actus".[18] Diese Sätze stehen im Zusammenhang einer Erörterung des Anfangs Gottes, und sie weisen zurück, daß man Gott als Actus, als Tat, denken könne ohne Anfang, Mittel und Ende, d.h. ohne Bewegung, griechisch: kinesis, also ohne Veränderung. Ein so konzipierter Gott wäre nach Schelling das Zerrbild Gottes, weil ihm mit der Bewegung das Leben genommen wäre.

Eine Konzeption, die er für ein Zerrbild halten mußte, stand Schelling schon früh vor Augen, die Spinozas in der Interpretation Jacobis. Die Substanz Spinozas in ihrem Verhältnis zu den Modi interpretiert Jacobi so, daß dem Veränderlichen ein unveränderliches Ewiges zu Grunde liegen müsse. Da dieses Ewige aber unveränderlich sei, könne es nicht als Schöpfer gedacht werden, weil sich durch den Akt der Schöpfung verändern würde. Also sei das Werden des Veränderlichen ebensowenig geworden als das Ewige.[19] Indem keine Schöpfung

---

[17] My. SW XII, 43.
[18] My. SW XII, 43.
[19] Vgl. Friedrich Heinrich Jacobi: Ueber die Lehre des Spinoza in Briefen an den Herrn Moses Mendelssohn. In: Werke, hrsg. v. Klaus Hammacher und Walter Jaeschke, Bd. I,1, hrsg. v. K. Hammacher und Irmgard-Maria Piske, Hamburg 1998, 93f.

gedacht werden kann, ist die Substanz Spinozas und damit auch deren Modi ohne causa finalis zu denken.

Dagegen denkt Schelling den Anfang als den eines Aktes. Dies wird schon dadurch deutlich, daß er dem Akt neben dem Anfang und Ende, nicht etwa eine Mitte, sondern ein „Mittel" zuschreibt. Ende ist hier also eindeutig als finis und Telos verstanden. Der Anfang geht auf ein Ziel, er will etwas erreichen und bedient sich der entsprechenden Mittel.

Nach diesen Erläuterungen läßt sich Schellings Wortgebrauch von Anfang so fassen: Anfang wird nicht zeitlich, sondern noetisch im Sinne von arche und principium verstanden. Die Rede vom Anfang ist die von freier Tat. Daher ist der Anfang auch nicht ohne sein Ende, sein Telos, zu verstehen. Dies gilt von jeglichem Anfang, von dem Gottes wie von dem des Menschen.

2. Das Denken des Anfangs

Es ist nun zu fragen, wie der so bestimmte Begriff des Anfangs gedacht werden könne. Diese Frage läßt sich auch so formulieren: Welche Stelle hat dieser Begriff im Ganzen des Denkens, bzw. welche systematische Stelle hat er? Es liegt auf der Hand, daß der Anfang, der freie Tat ist, nicht als verursacht gedacht werden kann. Wenn ihm etwas vorausläge, wäre er nicht der Anfang. Damit ist der Anfang nicht abzuleiten, seine Stelle ist die erste und oberste. Wenn man eine solche Stelle nicht ableiten kann, muß man sie suchen.

Schelling weiß um diese Schwierigkeit und beruft sich in der ›Darstellung der reinrationalen Philosophie‹, das ist in der vierzehnten Vorlesung der ›Philosophie der Mythologie‹, auf einen Vorgänger, dem sich dieses Problem schon gestellt hat, nämlich auf Platon, und zwar auf dessen Auslegung des Liniengleichnisses im sechsten Buch der ›Politeia‹[20], genauer auf den Schlußteil dieses Gleichnisses. Bekanntlich ist die Linie des Gleichnisses in zwei große Teile eingeteilt, den Bereich des Sichtbaren (horaton) und des Denkbaren (noeton). Der letzte, um den es hier geht, ist seinerseits eingeteilt in die Bereiche des einzelwissenschaftlichen Denkens, das von Hypothesen ausgeht, und des philosophischen Denkens, der Dialektik. Die Einzelwissenschaften gehen von Voraussetzungen aus, die sie nicht weiter befragen und begründen. Die Geometrie beispielsweise geht von ihren Axiomen aus und folgert aus ihnen. Sie fragt nicht, wie die Axiome zu begründen seien, sie setzt sie voraus. Damit sind ihr die Axiome Hypothesen. Die philosophische Dialektik geht von diesen Hypothesen aus und fragt nach deren Grund und Anfang, der nicht wieder als Hypothese gesetzt ist, nach dem Anhypotheton.

---

[20] My. SW XI, 323. Platon: Politeia 511 b–c. Dazu s. Franz, Albert: Philosophische Religion. Eine Auseinandersetzung mit den Grundlegungsproblemen der Spätphilosophie F.W.J. Schellings, Amsterdam Atlanta Würzburg 1992, 125–150.

Diese dialektische Methode ist nun nach Schelling diejenige, mit der er zum Anfang zu kommen sucht. Dazu müssen Hypothesen angenommen sein, die nun auf ihre Begründung und Ihren Anfang zu befragen sind. Dieser Anfang wird von Hypothesen, also von Setzungen des Bewußtseins aus gefunden, ist aber seinerseits keine Setzung des setzenden Bewußtseins, sondern setzt sich selbst. Insofern ist er ein Unbedingtes. Somit ist im Bewußtsein ein Unbedingtes zu suchen. Diese Suche erfordert eine prinzipielle Durchdringung des Bewußtseins, bzw. der Vernunft. „Es war", wie Schelling in einer späteren Vorlesung sagt, „die letzte nothwendige Wirkung der durch Kant eingeleiteten Krisis, daß dem menschlichen Geist endlich und zum ersten Mal die *rein rationale Wissenschaft* errungen war, in der nichts der Vernunft Fremdes Zutritt hatte,"[21] indem sie sich selbst kritisierte und durchdrang. Von dieser rationalen Wissenschaft sagt Schelling konsequent weiter, daß sie „von *der Vernunft selbst* erzeugt war", und er fährt fort: „Reine Vernunftwissenschaft ist sie sowohl vermöge dessen, woraus sie schöpft, als was in ihr das Schaffende ist."[22] Sie schöpft aus ihrer eigenen, in ihr liegenden Notwendigkeit. Der Gedanke wird durch diese, nicht durch den Willen des Denkenden vorangetrieben. Dieser denkt buchstäblich *nach*. Das Schaffende ist die Vernunft, weil sie nur das im reinen Denken Gesetzte denkt. Sie ist nicht wissende, d. i. sich auf etwas außer ihr beziehende Wissenschaft, sondern denkende, bzw. apriorische oder noch anders Wissenschaft der Möglichkeiten.[23]

Die platonisch-schellingsche Dialektik sucht das Anhypotheton, bzw. das Unbedingte. Sie kann es nach dem zuvor Gesagten nur im reinen Denken finden, wo es sich selbst voraussetzt. Unbedingt sind für Kant die Ideen, wobei die beiden der Welt und der Seele ihre Einheit in der Gottes finden. Schelling interpretiert diese Idee Gottes durchaus zutreffend in der zwölften und vor allem dreizehnten Vorlesung der ›Philosophie der Mythologie‹. Wenn pradizieren heißt, eines von allen möglichen Prädikaten einem Subjekt zuschreiben, so setzt jedes Urteil stillschweigend die Gesamtheit aller Prädikate, also aller Sachgehalte oder, wie Kant sagt, die omnitudo realitatis voraus. Diese Idee begreift, wie Schelling sagt, „*alles was zum Seyn gehört*, und da was zum Seyn gehört, wenn es überhaupt sich bestimmen läßt, dem *Seyn* voraus, also a priori bestimmt werden muß, so wird sich die Idee zu einem durchgängig a priori bestimmten Begriff zusammenziehen, der zufolge der bekannten Definition, nach welcher das Individuum das allseitig bestimmte Ding (res omnimode determinata) ist, zum Begriff von einem *einzelnen Gegenstand* wird, der, indem er so zu sagen den ganzen Vorrath des Stoffs für alle möglichen Prädicate der Dinge enthält, diese doch nicht bloß wie ein Allgemeinbegriff *unter* sich, sondern als Individuum *in* sich begreift."[24] Ein Allgemeinbegriff hat als Gattungsbegriff die Begriffe der ihm zugehörigen Speci-

---

[21] My. SW XI, 374f.
[22] My. SW XI, 375.
[23] Vgl. My. SW XI, 376.
[24] My. SW XI, 285f. Vgl. KrV A 575–577.

es unter sich, diese letztlich die einzelnen Dinge. Die omnitudo realitatis kann aber nicht auf diese Weise als Allgemeinbegriff gedacht werden, da sie kein Gattungsbegriff ist. Das hier von Kant und Schelling gedachte Individuum kann also die Totalität der möglichen Prädikate nur in sich enthalten, unterscheidet sich also dadurch von der Totalität selbst. Umgekehrt ist diese Totalität das Einzige, wodurch dieses Individuum zu bestimmen ist. Kant nennt es das transzendentale Ideal. Schelling ist sich wohl bewußt, daß er hier mit Kant die Möglichkeit, nicht die Wirklichkeit Gottes denkt.

Der Schritt, den Schelling über Kant hinaus tut, ist der, daß er die Realitates nicht in ihrer Unterschiedlichkeit, sondern in ihrer ihnen allen zukommenden Struktur denkt. Sie alle sind die Sachgehalte von Seiendem, weshalb Schelling ihre Gesamtheit auch „das Seiende" nennt, welches Wort er als singulare tantum braucht. Das erste in dieser Struktur zu Denkende ist, daß das Seiende Subjekt, Zugrundeliegendes, sei, dementsprechend, das zweite, daß es Objekt, und das dritte, daß es Subjekt-Objekt sei, denen als deren Einheit eine über ihnen stehende Potenz, Seele genannt, voranzudenken ist, kurz Schelling entwickelt hier die Struktur der Potenzen, die ihm die Potenzen, Dynameis des Seienden sind, damit aber auch seine Hypothesen.[25] Da diese keine Wirklichkeiten, sondern eben nur Möglichkeiten sind, sind sie das schlechthin Allgemeine. Für dieses fordert die Idee selbst etwas, „von *dem* es zu sagen, das *ihm* Ursache des Seyns [..] und in diesem Sinne es ist, und das *nur* wirklich, nur das Gegentheil alles Allgemeinen, also ein Einzelwesen, – das allerdings durch die Idee bestimmt, aber nicht durch diese, sondern unabhängig von ihr wirkliches *Ding* ist".[26] Dieses als wirklich zu denkende Ding – nicht im Sinne von Gegenstand, sondern in dem des wirklich Existierenden – setzt sich im reinen Denken selbst voraus. Auf diese Weise ist das Anhypotheton zu denken, wohlgemerkt in seiner Möglichkeit zu denken, nicht in seiner Wirklichkeit zu erkennen. Das Denken muß also den Potenzen eine reine Wirklichkeit vorausdenken, jene die in der unphilosophischen Sprache Gott heißt. Bis zu diesem Punkt bleibt die Reflexion im Denken, sie kann Wirklichkeit denken, aber nicht erkennen.

Auf diese Weise ist Gott als Anfang zu denken. Die weitere Frage ist, wie der Mensch als Anfang zu denken ist. Die Seele, die Schelling zunächst als Weltseele denkt, ist repräsentiert in den unterschiedlichen Wesen, die sie belebt, als höchste im Menschen. Als solche ist sie *„natura sua* das Gott Setzende,"[27] oder, wie Schelling an anderer Stelle ausführt, sie ist gegen ihn nicht Akt, der aus sich selbst ist, sondern Potenz.[28] Als Potenz ist die Seele in Gott verzückt, also gera-

---

25 Vgl. Jörg Ewertowski erläutert an den weitgehend parallelen Vorlesungen 10 und 11 der ›Philosophie der Offenbarung‹ diesen Gedanken ausführlich in: Die Freiheit des Anfangs und das Gesetz des Werden. Zur Metaphorik von Mangel und Fülle in F.W.J. Schellings Prinzip des Schöpferischen, Stuttgart-Bad Cannstatt 1999, 244–285.
26 My. SW XI, 292.
27 My. SW XI, 185.
28 Vgl. My. SW XI, 418f.

de nicht für sich selbst.[29] Sie hat somit kein Verhältnis zu sich und kann nicht Geist genannt werden. Dazu bedarf es einer Krisis, zu deutsch: einer Unterscheidung. Diese ist dann zu denken, wenn der Seele bewußt wird, daß sie zwei Möglichkeiten hat, Gott zu wollen, oder sich selbst zu wollen. In der Krisis muß sie sich zu sich selbst verhalten und entscheiden. Eine Entscheidung ist ein Wollen oder „That, reine That".[30] In der Entscheidung scheidet sich der Mensch von einer Möglichkeit, indem er eine andere ergreift. Er bestimmt sich selbst und hat damit ein Verhältnis zu sich selbst, er ist Geist. Nur dem Geist können wir eine Tat zuschreiben.

Selbstredend ist eine Tat frei oder reiner Akt; somit ist der Mensch „in der That *wie* Gott",[31] womit Schelling auf die Versuchungsgeschichte der ›Genesis‹ anspielt, wo die Schlange zu Eva sagt, „Gott weiß wohl, daß, sobald ihr davon [von den Früchten des Baumes] eßt, euch die Augen aufgehen werden und ihr wie Gott selbst sein werdet, indem ihr erkennt, was gut und was böse ist."[32] Schelling hat in seiner philosophischen Dissertation diesen Text als Mythos ausgelegt; das hat er nicht vergessen. Unentschieden ist der Mensch nicht frei, er weiß also auch nicht um gut und böse. Erst in der Entscheidung, im Wollen weiß er darum. Der in Gott Verzückte ist unentschieden, also nicht frei. Durch die Entscheidung entsteht „ein völlig Neues, [...] ein rein Entstandenes, das doch ewigen Ursprungs ist, weil es keinen Anfang *hat*, sondern sein selbst Anfang ist, *seine eigne That*, Ursache seiner selbst".[33] Jene Tat, welche die Summe oder besser die Quintessenz unseres Lebens ist, hat keinen Anfang, der sie bestimmte, sie ist Anfang. Wenn die Tat keinen Anfang hat, dann ist *sie* der Ursprung; das Wissen um die Alternative von gut und böse ist noch nicht der Ursprung. Der Anfang kann dann nur verstanden werden als der Wille, der sich äußern und daher die Alternative will, und so Tat, bzw. Entscheidung werden kann.

Der Geist ist nicht das Erste, das Erste, das principium, die arche ist der Anfang; der Geist ist das Verhältnis zu sich selbst. Annemarie Pieper erläutert dieses Verhältnis als eine Form von Identität, „die nicht schon besteht, sondern je und je hergestellt werden muß"[34]; würde das Selbstverhältnis schon bestehen, wäre die Freiheit eine Folge der Faktizität, die nur aus Notwendigkeit erklärt werden kann. Die Identität muß hergestellt, sie muß gewollt werden, und zwar ursprünglich. Selbstbewußtsein gründet in Freiheit und nicht umgekehrt. Darin ist der Mensch wie Gott. Wir sind kein Bündel von Einflüssen unserer Umwelt,

---

29 Vgl. My. SW XI, 185. Vgl. Jacobs, Wilhelm G.: Schelling lesen, Stuttgart-Bad Cannstatt 2004, 119–126.

30 My. SW XI, 419.

31 My. SW XI, 420.

32 Biblia sacra, Genesis 3,5.

33 My. SW XI, 420.

34 Pieper, Annemarie: Zum Problem der Herkunft des Bösen I: Die Wurzel des Bösen im Selbst (364–382). In: Höffe, Otfried, und A. Pieper (Hrsg.): F.W.J. Schelling. Über das Wesen der menschlichen Freiheit, Berlin 1995, 94.

nicht einmal die Folge unseres Selbstverhältnisses; wir sind wir selbst, weil wir wollen. Es ist Schellings Verdienst, jeder Theorie des Selbstbewußtseins den Grund gewiesen zu haben.

Es stellt sich sogleich die Frage, warum der Mensch nicht in der Verzückung, mythisch im Paradies, bleiben kann. Die Antwort ergibt sich daher, daß der Mensch Tat ist. Tat ist Anfang, Mittel und Ende, wie schon zitiert wurde. Ein Anfang bleibt nicht bei sich, er geht auf das Ende zu. Gefragt ist also nach dem Ende. Anfang und Ende sind Begriffe, die nur durcheinander gedacht werden können. Sie verstehen sich als Interpretamente von Tat und, da diese nur frei gedacht werden kann, als Momente des Vollzug von Freiheit. Freiheit *ist* nicht, sondern vollzieht sich, sie ist Bewegung. Sie geht auf etwas zu, bringt etwas hervor. Daher kann der Anfang auch als Mangel, der auf Erfüllung ausgeht, oder auch als Fülle, die sich verströmt, gedacht werden.[35] Als Ziel von Freiheit kann nichts anderes gedacht werden als Freiheit, und zwar andere Freiheit. Freiheit will sich nämlich selbst; Notwendigkeit und Zwang widersprechen und widerstreben ihr. Sie ist Tat aus sich selbst. Tat hat ein Ziel, ein Ende. Dieses Ende kann nicht ein mit Notwendigkeit Hervorgebrachtes sein; denn in dem, was niederer Natur ist, erfüllt sich Freiheit nicht. Sie erfüllt sich in Freiheit, die nicht anders als aus sich selbst zu denken ist und nicht etwa als notwendige Folge der ersten Freiheit. Andere Freiheit kann, eben weil sie Freiheit ist, nicht hervorgebracht werden. Die Tat, die auf andere Freiheit geht, ist Bejahung und Anerkennung anderer Freiheit. Hermann Krings drückt das so aus: „Das schlechthin Erfüllende für Freiheit ist die andere Freiheit."[36] Deshalb kann er weiter behaupten: „Der Begriff Freiheit ist [...] *ab ovo* ein Kommunikationsbegriff."[37] Das Ende freier Tat ist die Anerkennung anderer Freiheit. Damit hängen Anfang und Ende zusammen. Tritt hier nicht doch Notwendigkeit ein?

Freiheit ist Vollzug, sagten wir, Vollzug, der sich als Willensvollzug versteht. Der Wille hat ein Ziel, das er setzt, das sein soll. Das erfüllende Ziel ist die andere Freiheit, auf die sich die erste öffnet. Was frei ist, hat eine Alternative, die nämlich, sich zu verschließen, sich ausschließlich auf sich selbst zu beziehen. Eine Freiheit, die sich auf sich selbst bezieht, hat Angst um sich und muß für sich sorgen. Sie steht nicht, wie Schelling es formuliert, über sich. Sie ist nicht Herr über sich. Sie weiß, daß sie als Freiheit von sich selbst frei sein soll, wagt aber nicht den Vollzug. So bleibt sie im strikten Sinne un-frei. Naturgegenstände sind notwendig, ihnen die Freiheit im Wort unfrei abzusprechen ist überflüssig. Die Alternative, die um der Freiheit willen zu denken ist, generiert die Begriffe von gut und böse. Freiheit ist nicht aus der Sittlichkeit, sondern diese ist nur aus jener zu verstehen. Das, was für Freiheit sein soll, resultiert aus Freiheit und ist

---

[35] Ewertowski diskutiert ausführlich die Metaphorik von Mangel und Fülle in seinem Buch.

[36] Krings, Hermann: Art. Freiheit. In: Handbuch philosophischer Grundbegriffe, hrsg. v. Hermann. Krings, Hans Michael Baumgartner und Christoph Wild, Bd. 1, München 1973, 506.

[37] A.a.O. 507.

Freiheit. Nichts anderes soll sein. Freiheit ist das absolut Erste, ihr Vollzug ist das, was sein soll.

3. Die Wirklichkeit des Anfangs

Bisher hat sich die Argumentation im Kreis des reinen Denkens bewegt. Dieses reine Denken mißt die Möglichkeiten aus, von Wirklichkeit redet es nur als gedachter. Wirklichkeit erscheint selbstverständlich nur innerhalb der Denkmöglichkeiten. In der Nachfolge des immer wieder, gerade in der Spätphilosophie hochgelobten Kant ist Schelling eine naive Setzung von Wirklichkeit verwehrt. Aus dem Bewußtsein und seinen Möglichkeiten kann auch er nicht heraus. Wirklichkeit muß also im Bewußtsein selbst zu finden sein oder überhaupt nicht. Gleich in der ersten Vorlesung der ›Philosophie der Offenbarung‹ spricht Schelling von der „letzten verzweiflungsvollen Frage: warum ist überhaupt etwas? warum ist nicht nichts?"[38] Zu dieser Frage treibt der Mensch, der sieht, daß in der Natur alles seinen Kreislauf geht und nichts Neues geschieht, und der in der Geschichte, in der sich Freiheit realisieren sollte, ein „trostloses Schauspiel"[39] erblickt. Die Quintessenz lautet: *„alles* ist eitel, denn eitel ist alles, was eines wahrhaften Zweckes ermangelt." Die Frage ist also deshalb verzweiflungsvoll, weil kein Sinn und Zweck namhaft zu machen ist. Ist aber kein Zweck, kein Ende zu denken, so ist auch kein Anfang zu denken. Alles ist eitel, bzw. vergeblich. Der Mensch kann sich in dieser Welt nicht begreifen, er ist „selbst das Unbegreiflichste".[40] Daher stellt er die verzweiflungsvolle Frage.

Verzweiflungsvoll ist die Frage, weil das eitle Leben nur deshalb als eitel erscheinen kann, weil ein Bewußtsein vom wahren Zweck und damit auch vom wahren Anfang vorhanden ist. Wäre dies nicht, so würde man das Faktum als solches hinnehmen, aber nicht werten. Die Frage ist somit keine theoretische, sondern eine eminent praktische. Der Mensch stellt sie also aus seinem Freiheitsbewußtsein heraus. Er will die Eitelkeit nicht. Damit zeigt sich aber diejenige Realität, die Schelling als die wahre erkennt, das Wollen. „Wollen ist Urseyn,"[41] heißt es schon in der ›Freiheitsschrift‹. Schelling, der vielleicht schon manche Fehlinterpretation voraussah, erläutert das Ursein sogleich als „Grundlosigkeit, Ewigkeit, Unabhängigkeit von der Zeit, Selbstbejahung."[42] Darauf sind wir schon eingegangen. Das einzige Wirkliche, das wir unmittelbar kennen, ist unser Wille. Auch die Konstruktionen der negativen Philosophie sind schließlich vom Willen zur Wahrheit getragen. Wer nicht philosophieren will, kann es auch lassen.

---

38 Philosophie der Offenbarung (Im Folgenden: Off.). SW XIV, 7.
39 Off. SW XIV, 6.
40 Off. SW XIV, 7.
41 Freiheit. SW VII, 350.
42 Freiheit. SW VII, 350.

Schelling führt dieses Argument in der ›Philosophie der Offenbarung‹ fort. Er formuliert „Freiheit ist unser Höchstes, unsere Gottheit", in der ›Urfassung‹ heißt es „... unser und der Gottheit Höchstes",[43] und er fügt hinzu: „diese wollen wir als letzte Ursache aller Dinge."[44] Gewiß, aus Notwendigkeit können wir uns nicht als frei verstehen, also wollen wir Freiheit als letzte Ursache aller Dinge. Weil wir frei sein wollen – das steht Schelling fest – können wir uns nicht aus Notwendigkeit verstehen und wollen nicht den Zufall als letzten Grund begreifen. Wir wollen uns als frei begreifen und uns in Freiheit gründen. Deshalb ist der Übergang von der negativen zur positiven Philosophie nicht einer der Erkenntnis, sondern des Wollens. „Ein *Wille* muß es seyn [...] der mit innrer Nothwendigkeit verlangt, daß Gott nicht bloße Idee sey."[45] Es ist derjenige Wille, dessen sich „die letzte Verzweiflung"[46] bemächtigt; denn der Wille sieht sich, indem er nicht mehr in Gott verzückt ist, bei sich selbst und ermangelt der Erfüllung, die er im Zustand der Entzückung hatte. Die hier gedachte Erfüllung ist eine von Freiheit; diese aber ist, weil aus sich, unerschöpflich. So kann Schelling sagen: „Ich verlange [...] eine Seligkeit, worin ich aller Eigenheit [...] enthoben werde;"[47] Diese Seligkeit, wir sagen weniger emphatisch Erfüllung, ist nur überschwenglich zu denken.

Ein weiterer Aspekt ist noch zu nennen. Die verzweiflungsvolle Frage selbst zeigt aber auch eine Wirklichkeit, die des fragenden, wissen wollenden und sinnvoll leben wollenden Menschen. Dieser Wille ist zweifelsohne aus sich selbst, aber der Weltzusammenhang, in dem er sich findet, ist durch den Willen nicht erklärt, vielmehr erst im Handeln gesetzt. Der Wille findet sich in einer faktischen Welt. Dies wird durch die Frage, worauf Ewertowski aufmerksam macht, deutlich. Wenn man die „Möglichkeit, daß auch nichts sein könnte, in Betracht" zieht, so begreift man, „daß es keine Denknotwendigkeit gibt, derzufolge die Tatsache der Weltwirklichkeit erklärt werden könnte."[48] Wenn eine Denknotwendigkeit fehlt, so können wir die Welt, die wir in unserem Bewußtsein haben, entweder als zufällig oder als „Resultat eines freien Willensaktes"[49] verstehen. Diese Alternative erlaubt es, nach Zeichen von Sinn, der nur durch einen freien Willensakt zu erklären ist, im Leben zu suchen. Albert Franz resümiert: „Der Übergang von der negativen zur positiven Philosophie [...] ist [...] in gewisser Hinsicht die Ablösung der apriorischen Vernunftphilosophie durch die sich aposteriorisch verstehende Geschichtsphilosophie."[50] Es muß nach Zeichen gesucht

---

43 Urfassung der Philosophie der Offenbarung, hrsg. v. Walter E. Ehrhardt, Hamburg 1992. 79.

44 Off. SW XIII, 256.

45 My. SW XI, 565.

46 My. SW XI, 566.

47 My. SW XI, 567.

48 Ewertowski 348.

49 Ewertowski 349.

50 Franz 267.

werden, denn Sinn in der Bedeutung von Ende und Ziel ist eben auch erst dann, wenn das Ende erreicht ist, zu sehen. Erreicht ist das Ziel aber im Verlauf der Zeit erst am Ende. „Schellings Gottesbeweis ist also", wie Ewertowski formuliert, „*offen*: nur die gesamte Erfahrung und d.h. die abgeschlossene Menschheitsgeschichte könnte diesen Beweis vollenden."[51]

Diesen Beweis können wir nur dann, wie man vielleicht aufs Erste versucht ist, als kümmerlich schelten, wenn wir nicht bedenken, daß Gott als Freiheit gedacht ist. Er ist ebensowenig festzulegen wie wir. Der Vorteil eines solch offenen Denkens, das sich auf Zeichen stützt, ist es, Sittlichkeit nicht als unendlichen Progreß, an dem der Mensch sich abarbeitet, denken zu müssen. Ich füge einen Gedanken, den Richard Schäffler zu Kant ausführt, ein. Kant deutet die Französische Revolution „als Geschichtszeichen (signum rememorativum, demonstrativum, prognosticum)"[52], welche lateinischen Erläuterungen der christlichen Sakramentenlehre entnommen sind. Schäffler erläutert: „In der sittlichen Erfahrung werden verpflichtende Handlungsmöglichkeiten [...] auf unvergeßliche Weise denkwürdig (rememorativum), für eine sonst verborgene Tiefendimension der Ereignisse aufschlußreich (demonstrativum) und vor allem auf die Erfüllung einer Hoffnung vorausweisend (prognosticum). [...] Weil die sittliche Tat prognostisches Hoffnungszeichen ist, ist sie bleibend denkwürdig (rememorativ) und für die Deutung des Lebens und der Welt aufschlußreich (demonstrativ)."[53] Indem sittliches Handeln nicht nur Verdienst des jeweiligen Handelnden ist, sondern Hoffnungszeichen, übersteigt es die jeweilige Handlung auf die Freiheit hin, die wir mit Schelling als ihren Anfang und Ende gedacht haben. In diesem Sinne ist eine solche Handlung als Mittel zu verstehen; sie vermittelt Anfang und Ende in der Hoffnung auf endgültige Befreiung.

---

[51] Ewertowski 356f.

[52] Schäffler, Richard: Die Dialektik des praktischen Vernunftgebrauchs und die Ansätze zu einer philosophischen Pneumatologie bei Immanuel Kant. In: Ricken, Friedo und François Marty (Hrsg.): Kant über Religion, Stuttgart Berlin Köln 1992, 126. Zitiert ist Kant: Streit der Fakultäten. In: Kants gesammelte Schriften, hrsg. v. der Preußischen Akademie der Wissenschaften, Berlin 1907, Bd. VII, 84.

[53] Schäffler 127.

Die in Angst verlorene Freiheit bei Kierkegaard und Heidegger mit Ausblick auf Freud

Edith Düsing (Köln)

1. Einleitung zum Rätsel der Seelenangst bei Freud

Klassische *philosophische* Konzeptionen suchen die Möglichkeitsbedingung von Angst in der Geistseele selbst aufzufinden, den metaphysischen Horizont der Angst zu erhellen und vor dem Hintergrund der Seelen-Metaphysik psychosomatische Folgephänomene zu verstehen. *Empirisch-psychologische* Konzepte hingegen schätzen die Angst als Affektzustand im Dienst der Selbsterhaltung ein; sie wird pragmatisch bemessen an ihrer Funktion, den Organismus vor (Selbst-) Schädigung zu bewahren, ihn durch eine realitätsgerechte Angst vor drohenden Gefahren zu behüten oder aber durch absurde fiktive Ängste zu destabilisieren, die deshalb therapiebedürftig sind. Im *Angstproblem* treffen für Freud wichtigste Fragen zusammen; er nennt es „ein Rätsel, dessen Lösung eine Fülle von Licht über unser ganzes Seelenleben ergießen müßte". Ihn beunruhigt das Unzweckmäßige bei heftiger Angstentwicklung, die sich, statt das Ich zu schützen, lähmend auf Aktionen auswirkt; alle Vollzüge gelängen besser, käme statt Angst wache Anspannung auf (GW XI, 408f).[1] Freuds Bemerkung, die Angst sei das Grundproblem aller Neurosen, liegt nun die bedeutungsvolle Unterscheidung zwischen sinngerechter Realangst vor realer Gefahr und bloß neurotischer, eingebildeter Angst vor irrealer oder in hypochondrischer Erwartungshaltung übertriebener Gefahr zugrunde. Die traumatische Ursituation real erlebter, überwältigender Hilflosigkeit ist die Geburtsangst, deren Erinnerungsspuren, im *Unbewußten* des Ich gespeichert, für Freud in allen späteren schweren Ohnmachtssituationen wiederaufleben. Dazu stimmt, daß Angst mit Enge, des nähern Beengung im Atmen zu tun hat, die sich im Angstaffekt regelmäßig wiederherstellt. Jener erste Angstzustand ging, überaus beziehungsreich, wie Freud betont, in seiner tiefen-psychologischen Bedeutung aus der *Trennung* von der Mutter hervor, deren Schoß Sinnbild für das innige Sichzurücksehnen in beglückende grenzenlose Nähe bleibt, für das Paradies einer präambivalenten angstfreien Geborgenheit und Vereinigung (GW XI, 411). Sonach ist Trennungsangst die Urangst, deren Trauer Sehnen nach dem verlornen Antlitz ist (XIV, 167ff).

Die „alleinige Angststätte" ist für Freud das Ich, da nur das Ich Angst verspüren und produzieren kann (GW XV, 91f). Die Angstbereitschaft als solche ist biologisch wichtig, da das Ich sich mit Hilfe von Angstsignalen äußerer Real- und innerer Triebgefahren erwehrt, passiv durch Flucht oder aktive Gegenmaß-

---

[1] Freud wird zitiert in der Ausgabe: *Gesammelte Werke. Chronologisch geordnet*. Frankfurt a.M. 1999.

nahmen. Typisch für die davon abzuhebende unzweckmäßige, nämlich pathogene Angst der Neurose ist für Freud deren „Charakter von *Unbestimmtheit* und *Objektlosigkeit*"; der korrekte Sprachgebrauch nennt objektbezogene Angst *Furcht*, so erklärt er einstimmig mit Kierkegaards Abhebung der Furcht von Angst. Die *Panikattacke* oder der *Angstanfall* tritt aber nur *scheinbar* ohne Grund auf; biographisch entstandene erhöhte *Angstbereitschaft* löst durch unbewußt wahrgenommene Gefahrsignale einen Anfall aus; die unbewußt gefürchteten Auslöser sind dem Betroffenen unzugänglich. „Realgefahr ist eine Gefahr, die wir kennen, Realangst die Angst vor einer solchen Gefahr. Die neurotische Angst ist Angst vor einer Gefahr, die wir nicht kennen", deren, wie Freud meint, verdrängter Gehalt noch gesucht werden muß; die Bewußtwerdung des Verdrängten als einer *Triebgefahr* soll die Analyse lehren und dadurch die diffus waltende Angst bannen (XIV, 198f). Die dem sich ängstenden Ich zunächst *unbekannte Gefahr* soll ihm also als ein spezifischer, biographisch erworbener Angstinhalt des Es zu Bewußtsein gebracht werden. Für Freud besteht ein unbewußter triebdynamischer Zusammenhang von Libidoschicksal und Angstentwicklung im Ich, von sexueller Einschränkung und Ängstlichkeit (GW XIV, 425f). Frustrane Libido-Erregung, die nicht überwiegend durch Sublimierung beschwichtigt ist, tritt für ihn als exemplarische Angstquelle auf, nämlich anstelle schwindender Libido. Wie es überhaupt möglich ist, daß unbefriedigte Libido sich in Angst umwandle, deutet Freud mit seiner kühnen These an, der Angstneurotiker verschanze sich oder unternehme Fluchtversuche vor dem Anspruch seiner gefürchteten Libido; die Angstneurose erlösche, sobald die *Libidostauung* überwunden ist (GW XI, 416f). Die frei flottierende, unbestimmte Angst ist für Freud Kennzeichen einer Psychoneurose, in der die Kranken nicht zu sagen wissen, wovor sie sich ängstigen und ihre ungebundene Angst, die sich anfallsweise oder als Dauerzustand äußert, „durch sekundäre Bearbeitung mit den nächstliegenden Phobien, wie: Sterben, Verrücktwerden, Schlaganfall" verknüpfen (GW XI, 418). Bei der Zwangsneurose kann Angst ganz oder teilweise durch Symptombildungen ersetzt werden, z.B. durch steife stereotype Zeremonien, um Angstausbrüche zu verhüten. So produziert der Agoraphobe, dessen Phobie ihn vor seiner Angstentwicklung schützen sollte, ist er sich selbst überlassen, auf offner Straße einen Angstanfall; und will man einen Zwangsneurotiker daran hindern, nach einer Berührung die Hände zu waschen, so wird er die Beute von schier unerträglicher Angst (GW XI, 418ff; XIV, 175f, 200). Die freie *Selbstbewußtwerdung* der eignen, die Angst evozierenden Ohnmacht, der materiellen im Falle realer Gefahr, der psychischen, durch die Analyse aufzuklärenden, bei Triebgefahr, sei ein „Fortschritt in unserer Selbstbewahrung", da eine Gefahrensituation vorhergesehen wird (GW XIV, 198f). Therapeutisch gilt es, vage *Angst* in objektbezogene *Furcht* zu überführen und so Handlungsspielraum zu eröffnen.

Freud unterscheidet gemäß seiner Topologie des Ich drei Hauptarten der Angst, die den drei Abhängigkeiten des Ich korrelieren: die von der Außenwelt, vom Es und vom Über-Ich (GW XV, 92). Von drei Seiten bedrängt, sucht das Ich, die auf es einstürmenden Kräfte zu harmonisieren. Muß es sein Scheitern bekennen, „bricht es in Angst aus, Realangst vor der Außenwelt, Gewissensangst vor dem Über-Ich, neurotische Angst vor der Stärke der Leidenschaften im Es" (GW XV, 84f). Die Gefahr aus dem „Kessel brodelnder Erregungen", dem Es oder der Libido ist dabei eine innerliche und durchweg nicht bewußt erkannte (XV: 80, 91). Vor einer aus dem inneren entspringenden Gefahr kann man nicht weglaufen. Derjenige Anteil der Angst vor dem Über-Ich, der soziale Angst ist, repräsentiert noch den inneren Ersatz einer äußeren Gefahr; der andere Anteil des Gewissens ist endopsychisch (GW XIV, 177). Die *Angst vor dem Liebesentzug*, ein nicht unabhängig genug von der Liebe anderer Werden und an dieser Stelle infantiles Verhalten Fortsetzen, nennt Freud ein häufig festgehaltenes Relikt aus früherer Zeit psychischer Hilflosigkeit (GW XV, 95). Neurotiker halten überhaupt an einer frühern infantilen Stufe ihrer Angstbedingungen fest: Alleinsein, Dunkelheit, fremde Personen; motorische und psychische Hilflosigkeit erregt ihnen fatale Bedürfnisstauungen (GW XIV, 179, 200f). Beträchtlich ist als seelischer Anteil die Angst in Entstehung und Verlauf vieler Erkrankungen; auch sind seelische Auslöser für körperliche Angstäquivalente anzunehmen. Die vielgebräuchliche Psychopharmakotherapie bei patho-physiologischen Angstsyndromen vernachlässigt aber die seelischen Ursachen; Tranquilizer lindern einseitig lediglich die körperliche Symptomatik, nicht die innerliche psychische.[2]

Im Umkreis des deutschen Idealismus kommt das Angstproblem, ganz pathologiefrei, als Folgephänomen der als unendlich aufgefaßten Freiheit als unergründlicher Wesenstiefe des Ich in Blick. Hegel erklärt: „Der Mensch weiß seine Freiheit, seinen Geist mit Recht als ein Göttliches in viel höherem Sinne als alles Natürliche. Wenn der Mensch geistig ist, und der Geist frei, so ist in allem, auch was als das Schlechteste erscheint, der Geist, die Freiheit. In allem Menschlichen ist der unendliche Stempel des Geistes, die Freiheit enthalten." Sogar bei Hegel findet sich schon ein Hinweis, daß diese Freiheit auch problematisch, nicht nur triumphal ist. Das Bewußtsein der Freiheit eröffnet dem Menschen eine unerhörte Vielfalt möglicher Interessen, die ein „chaotischer Reichtum" werden können, so daß er zwischen inneren „Widersprüchen" „hin- und hergeworfen wird". Ja der Geist ist sich eben durch das Bewußtsein seiner Freiheit, die seine höchste *Bestimmung* ist, selbst „ein Rätsel geworden"![3]

---

2   Helmut Thomä/Horst Kächele: *Lehrbuch der psychoanalytischen Therapie*, 2. A Berlin etc. 1989, Bd. 2, 427ff.

3   *Vorlesungen über die Philosophie des Geistes*, Berlin 1827/28, *Nachschrift* von J.E. Erdmann, hrsg. von F. Hespe und B. Tuschling, Hamburg 1994: 4, 6.

2. Das Problem der Angst bei Kierkegaard

Für Kierkegaard ist das *Selbst*, wie für Fichte und Hegel, wesenhaft durch *Freiheit* und zu ihr hin bestimmt. Deshalb verliert es mit seinem Versinken in *Unfreiheit*, wie Kierkegaard in seiner Deutung der Angst zeigt, sich selbst. In der Angst als „verlorener" oder „gefesselter Freiheit" (BA 47f)[4] erweist sich für Kierkegaard, daß der Einzelne über die Konstitution seines Selbst nicht *autonom* verfügt, daß er die Gegensatz-Pole seiner Existenz nicht aus sich synthetisieren kann; ihr Ungleichgewicht, kenntlich durch *Angst* und *Verzweiflung* des Ich, läßt sich allein *theonom* aufheben. Bei Heidegger rückt ebenfalls die Angst, fundiert in der Sorge, zum Deutungsschlüssel für das Dasein auf. In der Angst zeigt sich für Heidegger die Unheimlichkeit des In-der-Welt-Seins; das durch Angst evozierte Nichtigkeitsbewußtsein eröffnet das Verstehen eines nie und nirgends Zu-Hause-Seins. Kierkegaards Angstbegriff, der im Ewigkeitshorizont metaphysischer Tradition steht, soll mit Heideggers radikaler Diesseitigkeits-Konzeption verglichen werden, die sich atmosphärisch Feuerbach verdankt.

Daß Kierkegaard das Problem der Angst und ihrer Schreckenstiefe *religionsphilosophisch* im Kontext des Sündenfalls und *ethisch* im Kontext der Differenz von Gut und Böse erörtert, verbindet ihn mit der philosophischen Tradition von Augustinus bis Schelling. Daß Kierkegaard eine kathartisch-positive Dimension der Angst eröffnet, die nicht bloß als Strafleiden zugezogen ist, sondern für den Menschen ein „dienender Geist" zum Erreichen seiner Bestimmung sein kann, macht das Besondere seiner *theologischen* und *teleologischen* Konzeption aus. Wie das Verzweifeln-Können bedeutet für Kierkegaard das Sich-ängsten-Können sowohl Auszeichnung des Menschen als auch äußerste Gefährdung. Nicht die Angst, wohl aber den *Tod* und die in *Todesangst* beklagte „Stummheit der Vernichtung", deutet Kierkegaard als Strafe für die menschliche Sünde, des näheren als Konkretion des auferlegten *malum metaphysicum*: die Zeitlichkeit des Daseins (BA 94f nota).

Ein Wort von J.G. Hamann, das annotativ den Abschluß des *Begriffs Angst* bildet, mag Kierkegaard in seiner teleologischen Konzeption der Angst bestärkt haben: „Diese Angst in der Welt ist eben der einzige Beweis unserer Heterogeneität ... Diese impertinente Unruhe, diese heilige Hypochondrie ist vielleicht

---

[4] Sogar Fichte spricht, im Kontext des Kampfes gegen Trägheit, Feigheit, Falschheit als Grundlaster unserer Natur, von der „Freiheit selbst, welche gefesselt ist", wenn das Sittengesetz keine hinreichend erschütternde Macht gegen die Trägheit des natürlichen Menschen gemäß Luthers *servum arbitrium* aufbringen kann (SW IV, 201). Diesen Hinweis verdanke ich Wilhelm Metz. (Fichte wird zitiert nach der Ausgabe der Bayerischen Akademie der Wissenschaften: GA und nach der I.H. Fichte-Ausgabe: SW.) – Kierkegaard wird zitiert in der Ausgabe: *Gesammelte Werke Sören Kierkegaard*, hrsg. von E. Hirsch etc., Düsseldorf/ Köln, und zwar mit folgenden Siglen: BA – *Der Begriff Angst*; EO I, II – *Entweder/Oder* Bd. I, II; KzT – *Die Krankheit zum Tode*; Tg – Tagebücher Bd. I–IV; UN I, II – *Abschließende Unwissschaftliche Nachschrift zu den Philosophischen Brocken* Bd. I, II; Wi – *Die Wiederholung*.

das Feuer, womit wir Opferthiere gesaltzen und vor der Fäulnis des laufenden Seculi bewahrt werden müßen."[5] Das Nichtigwerden aller innerweltlichen Seinsbezüge in der Angst – wie in der Melancholie und Hypochondrie – hat Heidegger betont, Kierkegaard vorgezeichnet; das Unbedeutsamwerden alles Pragmatischen und das Un-zu-Hause-Sein des Ich enthält für Kierkegaard jedoch, anders als für Heidegger zugleich ein über die Weltimmanenz und Endlichkeit Hinausgewiesensein. Ähnlich wie für Kant die *Reue*, das entschiedene Nichtwollen von etwas irreversibel Geschehenem, einen Hinweis auf den überzeitlichen Sinn des intelligiblen Charakters des Ich enthält, für den Kant ewiges Dasein postuliert, enthüllt für Kierkegaard die das freie Ich vernichtende Angst dem Ich dennoch eine dieser Nichtigkeit enthobene transzendente Wirklichkeit; inmitten angsterfüllter Unruhe eröffnet sich ihm in indirekter Präsenz das göttliche Unbedingte.

Der frühe Heidegger hingegen blendet entschieden schon die Frage nach einem Gott suchenden Bewußtsein, einem „ewigen Hinaus-Zu", überhaupt die Frage nach Ziel, Zweck oder Sinn des Daseins, als fundamentalontologisch irrelevant aus (GA Bd 20, 180ff, 207f).[6] Denn die Explikation grundlegender Bestimmungen des Daseins vollzieht sich für ihn „in der radikalsten Diesseitigkeit". Fragen wie die eines möglichen Lebens über den leiblichen Tod hinaus sind für Heidegger nichts als grundlose „ontisch-jenseitige Spekulation" (SuZ 248; GA Bd 20, 434). Auch z.B. Schelers platonisch-christliche Bestimmung des Menschen, theomorphes, „lebendiges Abbild Gottes" zu sein, weist Heidegger als durch eine Person-Idee fixierte Sichtweise zurück (GA 20, 180f; SuZ § 10). Solche traditionellen Versuche von Wesensbestimmungen des Menschen bleiben für Heidegger eigentlichen Seins vergessen, da sie die *essentia* der *existentia* zugrunde legen. Um aber jede *Verdinglichung* des menschlichen Selbst zu vermeiden, nimmt Heidegger als Fundamentalbestimmung die Existenz an (vgl. SuZ 42ff, 12ff).[7] – Kierkegaard hingegen entwickelt seine Konzeption der in Angst fallenden Geistseele vor christlich-theologischem Hintergrund; solchen metaphysischen Hintergrund sucht Heidegger ja gezielt auszuschließen. In Heideggers Konzeption des faktischen In-der-Welt-Seins ist das Selbst in der Jemeinigkeit des Sich-um-sich-Ängstens ganz auf sich als ein psychosomatisch verwesliches Wesen zurückgeworfen; eine Art von Versöhnung kann nur in vorbe-

---

[5] *Johann Georg Hamann Briefwechsel*, Bd. 4, hrsg. von A. Henkel, Wiesbaden 1959, 301f: Brief von Hamann an Herder vom 3. Juni 1781; von Kierkegaard zitiert in BA 168f nota.

[6] Heidegger wird zitiert nach der *Gesamtausgabe* (GA mit Bandzahl), Frankfurt a.M. 1979f und in Einzelwerken gemäß den Siglen: SuZ – *Sein und Zeit*, 12. Auflage Tübingen 1972; WM – *Was ist Metaphysik?*, 5. Aufl. Frankfurt a.M. 1949; HB – Brief über den ‚Humanismus‘, in: Platons Lehre von der Wahrheit. Mit einem Brief über den ‚Humanismus‘, 2. Aufl. Bern 1954.

[7] Schon Fichte sucht in seiner Zurückweisung, das Ich sei keine *res cogitans*, kein bloß Bestehendes, sondern lebendige *Tathandlung* (GA I/4, 200), der Verdinglichung des Selbst entgegenzuwirken; damit moraltheologisch kompatibel ist für Fichte das Sicherheben des Ich über die gesamte Zeitexistenz.

haltloser Bejahung eigenen Unbehaustseins und je eigener Todverfallenheit liegen.

Auf Kierkegaard geht die Unterscheidung zurück, die Heidegger aufnimmt, zwischen der *Furcht*, die sich auf etwas Bestimmtes bezieht, das im Vergleich mit der Kraft des Ich als übermächtig, bedrohlich, gefährdend erscheint, und der *Angst*, die auf etwas Unbestimmtes zurückgeht und ein überwältigendes, der Nichtigkeit, ja dem Nichts Ausgesetztsein heißt. Für Kierkegaard betrifft Angst jedoch nicht das In-der-Welt-Sein als solches, sondern in ihrer Tiefendimension ist Angst die Angst vor der Freiheit, insonderheit die Angst des Ich vor sich selbst als Urheber freier Taten, also vor dem Schuldigwerdenkönnen. Im Geist idealistischer Freiheitstheorie unterläuft Kierkegaard, wie vor ihm Kant und Schelling, die Annahme einer überkommenen Erbschuld;[8] anstelle eines äußeren Bestimmtwerdens muß eine originär böse Tat jedes Handelnden angenommen werden. Im Schuldigwerdenkönnen, das Imputabilität voraussetzt, erklärt Kierkegaard, wird der Einzelne als Einzelner in seiner persönlichen Freiheit „gesetzt" (BA 100). Angst bildet für Kierkegaard die psychologische Zwischenbestimmung, die den an sich unerklärlichen Sprung von der Unschuld zur Schuld in seiner rätselhaften Möglichkeit verstehbar macht (vgl. Tg III, 292). Das bedeutet, Angst ist nicht, wie z.B. bei Luther, Folge des unvordenklichen Faktums des Sündenfalls, sondern spezifisch psychologisch dessen *Ermöglichungsbedingung*, – so Kierkegaards originelle These.

Eine frühe Tagebuchaufzeichnung bekundet schon Kierkegaards originäre Sicht auf den tiefliegenden Zusammenhang von Angst, Freiheit und Schuld. „Es geht gern ein gewisses Ahnen allem, was geschehen soll, voraus; aber ebenso wie es *abschreckend* wirken kann, so kann es auch als *Versuchung* wirken, indem beim Menschen der Gedanke erwacht, er sei gleichsam durch Konsequenzen zu irgendetwas hingebracht, aber durch Konsequenzen, die er nicht beeinflussen kann. Deshalb muß man so vorsichtig sein mit Kindern, niemals das schlimmste glauben, niemals durch einen unzeitigen Verdacht, durch eine hingeworfene Bemerkung ([durch] einen Höllenbrand, der den Zunder ansteckt, welcher in jeder Seele ruht) ein ängstigendes Bewußtsein hervorrufen, wodurch unschuldige, aber wenig starke Seelen leicht versucht werden können, sich schuldig zu glauben, zu verzweifeln und damit den ersten Schritt zu tun, um zu dem Ziel zu kommen, welches die ängstigende Ahnung ankündigte – eine Äußerung, durch die dem Reich des Bösen Gelegenheit gegeben wird, mit seinem schlangenartig bannenden Auge die Seelen in eine Art geistiger Ohnmacht zu versetzen." Denn es gibt nach Kierkegaards Analyse eine gewisse Empfänglichkeit, die so stark ist, daß sie fast produktiv ist. „Alle Sünde beginnt mit Furcht [ogt]" (Tg II, 114f).

---

[8] Das Standardwerk zur Hamartiologie von Julius Müller: *Die christliche Lehre von der Sünde* (2 Bde, 3. Aufl. Breslau 1849) nimmt zur Charakteristik des Bösen, Kants „intelligibler Tat" und Schellings „Urdezision" nahe, die „Selbstentscheidung" jedes Menschen an, die ob der *„außerzeitlichen Existenzweise der geschaffenen Persönlichkeit"* außerhalb des irdischen Lebens liegen kann (Bd. II, 100, 496f).

In dieser Aufzeichnung finden sich schon maßgebliche Ideenfragmente zu Kierkegaards späterem Werk *Der Begriff Angst*: Das hinsichtlich von Ursache und Wirkung ambivalente Bedingungsgefüge der Komponenten Angst und Schuld, das zugleich Lockende und Schreckende im bangen Ahnen und Versuchtwerden durch ,süße Beängstigung' (BA 72), eine Art Ohnmacht (vgl. BA 60f, KzT 167ff) der in sich zusammensinkenden Freiheit bei ihrem Übergang vom Stand naiver Unschuld in den der Schuld, eine Disposition (bei Kant: „Hang"), die durch Furcht zur eignen morbiden – fast produktiv gesetzten – neuen Position wird. Angst ist also eine Übergangs- oder Zwischenbestimmung (BA 48) zum Schuldig-werden, – nicht jedoch im Sinne linearer Kausalität.[9] Kierkegaard betont, daß der qualitativ größtmögliche Sprung, nämlich der von Unschuld zu Schuld durch die Angst ebensowenig kausal erklärt wie ethisch gerechtfertigt ist, denn in Angst sei die Freiheit zwar gefesselt, jedoch nicht in Naturnotwendigkeit, sondern „in sich selbst" (BA 48). Oft genug hat man das Wesentliche der Erbsünde entwickelt, notiert Kierkegaard im Winter 1840/41, doch hat man dabei „eine Hauptkategorie fehlen lassen – es ist *Angst*"; Angst ist nämlich „eine Begierde nach dem, was man fürchtet, eine sympathetische Antipathie" (vgl. BA 39-42), die wie „eine fremde Macht", doch innerlich entspringend den Einzelnen erfaßt, ohne daß er sich davon loszureißen vermag. Diese „Begierde", die als ein Fremdes aus dem Dunkel der Seele selbst auftaucht, verweist voraus auf Freuds ichfremde und angstbesetzte Triebe, die im Unbewußten lauern. Indem die Angst den Menschen *ohnmächtig*, fast bewußtlos macht, ermangelt seinem Schuldigwerden anscheinend die Zurechenbarkeit; dieser Mangel aber ist ein betörender, trügerischer Schein.[10] Die Schuld, die mit dem qualitativen Sprung aus der Unschuld in der Angst hervorbricht, behält gleichwohl die Imputabilität (BA 60).

Im Begriff Angst entwirft Kierkegaard eine Typik von Bedeutungsmomenten der Angst, in denen sich das Elendgefühl der Ohnmacht des Wirkens einstellt: 1) Überwältigtsein von Angst vor einem unerbittlichen Schicksal; 2) Angst vor dem Bösen: niederschmetterndes Bewußtsein von Schuld ohne Hoffnung auf Sühne; 3) Angst vor der wahren Innerlichkeit, die in Humor und Ernst

---

9   Zu dieser Problematik vgl. Fichtes *Creuzer-Rezension* (SW VIII, 411–417). Auf das Bestimmen der „absoluten Selbsttätigkeit durch sich selbst (zum Wollen)", so argumentiert Fichte, kann der Satz des zureichenden Grundes gar nicht angewandt werden, denn das (durch Freiheit) *Bestimmende* und das (durch Kausalität äußerer Erscheinung) *Bestimmtwerdende* ist – wie Fichte in Aufnahme von Kants Auflösung der *Freiheitsantinomie* und Unterscheidung von intelligiblem und emprischem Charakter erklärt – in einer und derselben freien Person verankert. Es muß also unterschieden werden zwischen dem *Sichbestimmen* des Ich als freier Handlung und dem *Bestimmtsein* des erscheinenden Ich in seinem empirischen Zustande. – Zu Kants Lösung vgl. Heinz Heimsoeth: „Persönlichkeitsbewußtsein und Ding an sich in der Kantischen Philosophie", in ders.: *Studien zur Philosophie Immanuel Kants*. Metaphysische Ursprünge und ontologische Grundlagen, Köln 1956, 227–257.

10 Siehe Tg I, 284; vgl. auch Tg I, 337: Frg V A 71; ferner Tg III: 85ff, 250f, 292.

gründet; dem entgegen steht der Pedant, der in steifer formelhafter Orthodoxie Befangene, oder der Abergläubische, der durch die Macht der Objektivität, die er Fetischen verleiht, seine freie Subjektivität versteinern läßt; 4) die Angst vor dem Guten, z.b. das Dämonische als das in sich Verschlossene, das nur fatal unfreiwillig offenbar wird; dessen Abwehrposition: die Angst vor dem Guten wird erörtert als Weise des Selbstverlusts (BA 122ff); 5) das Leugnen des Ewigen im Menschen; solche dezidierte Verendlichung des Geistes gipfelt für Kierkegaard in der Angst vor dem Ewigen (BA 127, 157-160). Eine gegen Gottes Dasein polemische Verabsolutierung des Endlichen weist Kierkegaard zurück wie Kant einen dogmatischen Unglauben.

Im *Begriff Angst* bestimmt Kierkegaard die „objektive Angst" als den „Widerschein" menschlicher Verfehlungen weithin in der ganzen Welt, nämlich als das ängstliche Sehnen aller Kreatur (*Römer* 8, 19), vom knechtischen Joch der Hinfälligkeit loszukommen, oder als zitterndes „Mitbetroffensein" alles Lebendigen vom Mißbrauch der Freiheit (BA 56f). Kierkegaard bestimmt im Bilde die „subjektive" Angst als *Schwindligwerden* des subjektiven Geistes angesichts der Unendlichkeit seiner Freiheit. Auf der Bildseite des Vergleichs zeigt sich evident ein Ineinandergreifen der geistigen und der psychosomatischen Dimension des Selbst, das, am Rande eines Abgrunds befindlich, in gähnende Tiefe niederschaut; der Art und Weise des Schauens in den Abgrund entspricht die Intensität verführerischer Sogkraft in haltlose Tiefe. Das Schwindligwerden der Freiheit[11] vor sich selbst in ihrer abgründigen Grenzenlosigkeit ist ein Vergleich, in dem die Leib-Seele-Geist-Einheit offenkundig ist. In einer vom Autor vor der Publikation gestrichenen Variante gebraucht er auch für die *Verzweiflung*, des näheren an der eigenen Freiheit, d.i. für ein seiner nicht mehr Mächtig-, gleichwohl Verantwortlichsein, dieses Bild vom *Schwindligwerden*, das bis zur „Ohnmacht" hingeht; der rein psycho-somatische Schwindel, der leibliche oder psychische Ursachen hat, ist hingegen nicht selbstverschuldet, und in manchen Fällen sei es schwierig zu entscheiden, auf welcher Seite: seelisch oder leiblich die erste Ursache liege (KzT 167ff). Kierkegaard ist hier leiblichen *Angstäquivalenten* wie Atemnot und Herz-Kreislaufstörungen auf der Spur.

In der frühen Tagebuch-Notiz sind die „ängstigende Ahnung" und eine Art „geistiger Ohnmacht" zentrale Vorstellungen. Und im *Begriff Angst* führt er aus, daß die Freiheit, wenn sie in ihre unendliche „ängstigende Möglichkeit zu *können*" niederschaut, schwindlig-ohnmächtig in sich zusammensinkt, die Endlichkeit „packt", um sich daran festzuhalten, und, wenn sie sich wieder aufrichtet und ihrer bewußt wird, sich *schuldig* sieht (BA 43, 61). Das „Nichts der Angst" ist hier, so erklärt Kierkegaard, „ein Knäuel (*complexus*) von Ahnungen, die sich in sich selbst reflektieren" und dem Ich bedrohlich näher rücken; die Reflek-

---

[11] In Schellings Freiheitsschrift findet sich für die ins Kreatürliche hineinstürzende Freiheit das Bild, daß jemand auf einem „hohen und jähen Gipfel" auf einmal von „Schwindel" erfaßt wird (SW VII, 381. Zitiert wird nach der Ausgabe hrsg. von K.F.A. Schelling, *Sämtliche Werke*, Stuttgart 1860).

tiertheit im Knäuel von Ahnungen bedeutet aber ein Prädisponieren des Willens in Richtung des Geahnten (BA 61). Der Augenblick, wo die Angst das Selbst in Ohnmacht versetzt, so daß die Freiheit – so heißt es plastisch – „das Bewußtsein verliert", wird von Kierkegaard der am meisten selbstische genannt. Das die Freiheit Überwältigende ist ein *Zweideutiges*, ein Hin- und Hergerissensein des Selbst, das angesichts des Abgrunds – der es in seiner Freiheit ja selbst ist – in eine zugleich *sympathetische* und *antipathische* Stimmung versetzt ist. Angst ist eine sympathetische Antipathie und antipathetische Sympathie (BA 40). Denn in der Angst lockt und lauert die „selbstische Unendlichkeit" des Möglichen, die anzieht und abschreckt (BA 61). Eine Gefühlsambivalenz bzw. paradoxe Gestimmtheit erhebt sich gegenüber dem Nichts-Bestimmtes-Sein der Angst, verschieden von Furcht, die sich auf etwas Bestimmtes bezieht. Angst steht aus dem unbewußten Abgrund des Ich auf wie eine anonyme fremde Macht. Der Einzelne werde von Angst „gepackt", versinke in ihr, die er, wie das Lockende in einer Versuchung, liebe, indem er sie fürchte: *alicit atque terret* (BA 41). Je *mehr* Geist jemand hat, umso *tiefer* vermag er sich zu ängstigen (BA 163).

Kierkegaard lehrt die in Angst verlorene und im durchsichtigen Sichgünden des Selbst in Gott wiedergefundene Freiheit. Seine Angst-Konzeption steht im Horizont des Bezugs von Selbst- und Gottesbewußtsein bzw. von Widerstreit oder aber Versöhnung zwischen Autonomie und Theonomie. An Kants philosophischer Deutung der Erbsünde in seiner Lehre vom radikalen Bösen hebt Kierkegaard als einzigen Fehler hervor, daß Kant das Unerklärliche, das Bösewerden des Willens, nicht *als* Unerklärliches festhält (Tg II, 79f). Im *Begriff Angst* erläutert Kierkegaard seinen Vorbehalt gegen ein allgemeines ‚Erklären' von Schuld: Wie die Sünde in die Welt gekommen sei, versteht jeder Einzelne allein aus sich selbst; will er es von einem Anderen lernen, so wird er es eben damit mißverstehen (BA 49). Schuld ist für ihn – wie für Kant! – wegen der Unergründbarkeit der intelligiblen Tat jedes Einzelnen nicht wie anderes Seiende, das verobjektivierbar ist, zu erklären; solche Tat ist nur dem Einzelnen für sich evident. Kierkegaard betont, daß kein größerer „qualitativer Sprung" im Dasein möglich ist als der Übergang von Unschuld zu Schuld.[12] Die Unschuld wird stets nur verloren durch den qualitativen Sprung des Individuums, das ihn vollführt und dessen psychologische Übergangsbestimmung für Kierkegaard die Angst ist (BA 32–39).

Indem Kierkegaard an idealistische Freiheitstheorie anknüpft, gelingen ihm Vorstöße in die Tiefenanalyse des Problems bis zur Angst des Ich vor sich selbst in seiner *unendlichen Freiheit*, – eine Freiheit, die niemand prononcierter als Fichte gelehrt hat. Im Sinne der Kantischen und Fichteschen Lehre von der

---

[12] Hegel zeiht er der Konfundierung von „Unmittelbarkeit", nämlich des reinen Seins als des „Nichts", die mitsamt ihrer notwendigen Aufhebung der *Logik* zugehört, und „Unschuld", die in die Ethik gehört und keineswegs notwendig verloren wird (BA 33ff, vgl. 37f nota). Vgl. J. Ringleben: *Hegels Theorie der Sünde*. Die subjektivitätslogische Konstruktion eines theologischen Begriffs, Berlin/New York 1977.

Freiheit menschlichen Willens als spontanem Selbstanfangen von neuen Ursachenreihen in der Welt erklärt Kierkegaard, kirchliche Lehre von der Erbschuld überformend: Jedes Individuum beginnt mit seiner *ersten Sünde* von vorne (BA 32). Weshalb aber ängstigt den Menschen das, was Fichtes Idealismus als höchsten Aufschwung, nämlich als das Sicherheben des souveränen Ich über den gesamten Mechanismus der Naturursachen feiern konnte? Warum ängstet den Menschen seine eigene Freiheit? Weil sie ihm die schwerste Aufgabe auferlegt,[13] das Selbstwerden des freien Ich; er muß versuchen, die widerstreitenden Gegensätze seines Seins zu synthetisieren, das fast nie ganz im Gleichgewicht befindliche Mißverhältnis von Leib, Seele und Geist auszugleichen, kommensurabel zu machen. Vor seinem „Sprung" in die Freiheit (vgl. BA 29, 114ff), in der er sich selbst wählt, ist der Geist unschuldig und, wie Kierkegaard mit Anklang an Hegels subjektiven Geist sagt, nur als „träumender" da (BA 39f),[14] den aber, wie akzentuiert wird, vor dem Erwachen graut, da er seine eigene Wirklichkeit ahnend vorwegnimmt, und eben diese macht ihm Angst. Schon in der „tiefen Heimlichkeit der Unschuld" sei latente Angst verborgen. „Träumend spiegelt der Geist" sein noch nicht ergriffenes An- und Fürsichsich-sein vor sich hin (BA 39f). Die noch nicht völlig realisierte Bestimmung des Geistes ist für Kierkegaard dasjenige Nicht oder substantivisch: das *Nichts*, das ängstet (vgl. BA 99).

Angst definiert Kierkegaard als den „Schwindel der Freiheit, der aufsteigt, wenn der Geist die Synthesis setzen will" (BA 60f), die Synthesis von Leib, Seele und Geist. Angst ist der Ausdruck z.B. für eine qualvolle Diskrepanz zwischen Somatischem und Psychischem im Ich oder Psychischem und Ethischem, überhaupt für jede Art drohenden Mißlingens der komplexen, spannungsgeladenen Einheit des Selbst.[15] Nach Kierkegaard gelingt die von Verzweiflung und Angst befreite Synthesis, indem das Selbst *durchsichtig sich gründet* in der Macht, die es – in seiner Komplexität nach Leib, Seele und Geist – ursprünglich gesetzt hat: in Gott. Angst ist so der Ausdruck für ein Mißlingen der autonomen *Synthesis* des Selbst – oder für ein bedrohliches, die Ich-Einheit untergrabendes Mißverhältnis in ihm, das die *Krankheit zum Tode* in allen bedeutsamen Variationen unterbestimmter, aus der Balance geratener Pole der Existenz: Endliches/ Unendliches, Notwendiges/ Mögliches entfaltet. Für Kierkegaard gelingt die Synthese des

---

[13] Vgl. Josef L. Blaß: Die Krise der Freiheit im Denken Sören Kierkegaards, Ratingen 1968, 163–200.

[14] Für Hegel ist das „Träumen" des Geistes gemäß seiner Vorgestalt als fühlende Seele teleologisch bestimmt zu einem mehrstufigen „Erwachen der Seele"; die Seele als solche ist zunächst nur das „dumpfe Weben des Geistes"; „... die im *Durchträumen* und *Ahnen* ihrer individuellen Welt befangene Seele ..." erwacht schließlich zum vernünftigen Selbstbewußtsein (*Enz.* 3. Aufl., *Theorie Werkausgabe* Bd. 10: 87, 97, 127). In der am weitesten bekannten zweiten Auflage der *Enzyklopädie* wird deutlicher als in der dritten die „fühlende" Seele mit dem „träumenden" Geist identifiziert (s. Hegel GW 19, 302).

[15] Kierkegaard spricht damit implizit zwei der von Freud unterschiedenen Angstquellen an, nämlich den stets schwer untereinander vereinbaren Ansprüchen des Es und des Über-Ich Genüge tun zu müssen.

Selbst, die in der praktischen Selbstwahl fundiert ist, allein vor Gott und durch den Gottesbezug. Operiert das Pseudonym Anti-Climacus in der *Krankheit zum Tode* mit einer Zweigliedrigkeit des Ich, so Haufniensis im *Begriff Angst* überwiegend mit einer Strukturform des Selbst in der Dreiheit: Leib – Seele – Geist, wobei, wie in Hegels Theorie des subjektiven Geistes, Leib und Seele als untergeordnete Momente des Selbst, der Geist als Einheitsgrund aufgefaßt ist. Das religiös-existentielle *Anerkennen* Gottes oder die Verunendlichung des Selbst als von Gott anerkanntes und das *Sich-Wählen* als konkret existierendes Selbst, das sich verantwortlich weiß inmitten seiner Angst, bilden für Kierkegaard einander ergänzende Sinnaspekte für das Selbstwerden (BA 99, 108-112). Ein Mißlingen der Wahl zeigt sich exemplarisch in der Verzweiflung der Schwachheit, die nicht sie selbst, sondern unbedingt ein anderer sein will und sich selbst verzweifelt verwirft. Die Wahl des Selbst gelingt, indem der Mensch in seiner Reue über das in ihm Mißliche, Verschuldete, Versäumte, Gott liebt und sein Selbst „absolut wählt, aus des ewigen Gottes Hand" (EO II, 230). Das Reuen ist der Ausdruck für den „Kampf" um ein Gewinnen seiner selbst, bei dem es die Gewißheit von seines Wesens Unvergänglichkeit zu synthetisieren sucht mit der erlebten und erlittenen Fülle gelungener und mißlungener Lebensentwürfe.

Die ethisch-religiöse Wahl des Selbst in *Entweder/Oder*, welche die volle – wie bei Fichte bis zur Leiblichkeit fortgreifende – *Konkretion* des Ich miteinschließt kommt Fichtes später Lehre vom Ich als Bild des Absoluten nahe, nur ohne dessen Spinozismus der Versenkung des Ich im Absoluten. Die Kierkegaardsche Selbstwahl ist in ihrer geheimnisvollen Struktur ein transzendental Gott setzender Akt: „Ich wähle das Absolute, welches mich wählt; ich setze das Absolute, das mich setzt" (EO II, 227). Fichtes neue Fundierung der Einheit des theoretischen Ich-denke in der ethisch-praktischen Einheit des Ich-will wird intuitiv von Kierkegaard wiederholt. Das „Ich wähle" das Absolute ist der praktische Akt bejahender Anerkennung Gottes; das „Ich setze" das Absolute ist der dem praktischen Akt: Ich will, daß Gott sei! folgende theoretische, Gott als real seiend anzunehmen. Solches praktische Wählen und denkende Annehmen Gottes, die das Ich vollführt, zeichnet dessen Innesein seines Gewählt- und Gesetztseins durch Gott konstruktiv nach. Von hoher Komplexität ist der Sinn, dem gemäß das Ich sein immer schon Gewähltwordensein von Gott begreift und besiegelt; darin geschieht, was Fichte in der *Anweisung zum seligen Leben* eindrücklich das Innewerden unserer „ewigen Geliebtheit" genannt hat (SW V, 540).[16] Kierkegaard vollendet so den begonnenen Weg vom frühidealistischen, Descartes und Kant nahen *cogito ergo sum* zum spätidealistischen, dem späten Fichte und Schelling nahen *amatus /amata ergo sum*.

---

[16] Für den bibelkundigen Fichte dürften das alttestamentliche Wort: „Mit ewiger Liebe habe ich dich geliebt ..." (*Jeremia* 31, 3) und das neutestamentliche Wort: „Also hat Gott die Welt geliebt, daß er seinen eingeborenen Sohn dahingab ..." (*Johannes-Evangelium* 3, 16) im Hintergrund gestanden sein.

Das Verhältnis des Selbst zu sich ist für Kierkegaard über den Gottesbezug vermittelt. Diese Selbstbeziehung ist, in Augustinischer Tradition, eine Verinnerlichungsbewegung, in der das Selbst durch sein Suchen und Finden des transzendenten, unverfügbaren Gottes in seine eigene Wesenstiefe hineingelangt. Daß im Akt der Selbstwahl ein Ernst liegt, der die ganze Seele erschüttert, ja daß er vom Unterton der Angst begleitet ist, deutet Kierkegaard schon in *Entweder/ Oder* durch den Mund des um seinen Freund besorgten Ethikers an: „Was fürchtest Du"? Sich seiner selbst *coram Deo* in seiner „ewigen Gültigkeit" bewußt werden, ist ein Augenblick, der bedeutungsvoller ist als alles andere auf der Welt. Es ist so, als ob du in dir gefangen würdest und von nun an niemals mehr in Zeit oder Ewigkeit entfliehen könntest; und es ist zugleich – paradox den Schmerz der Metanoia bezeichnend – so, als ob du dich verlörest und zu sein aufhörtest. „Welcher Augenblick" ist es, ruft der Ethiker aus – und sucht den Ästhetiker aus dessen Verirrung in hedonistische Melancholie herauszuführen, – wenn man für eine Ewigkeit sich an eine ewige Macht bindet, wenn man sich selbst empfängt als ein Ichwesen, „dessen Andenken keine Zeit austilgen wird" (EO II, 219, 228ff). Ausgespannt ist in Kierkegaards Analyse jedes Ich zwischen Sein und Nichtsein, zwischen erhoffter und gefürchteter Unvergänglichkeit und Vergänglichkeit, zwischen Dasein- und Nicht-dasein-Wollen, in Furcht vor seiner gefesselten und entfesselten Freiheit, in Angst ebenso vor dem Sich-Gewinnen wie vor dem Sich-Verlieren. Denn das freie Sich-selbst-Wählen *coram Deo* führt unvermeidlich zum Offenbarwerden des dunklen Schattens des ungeläuterten Ich, das der schmerzlichen Katharsis bedarf und vor ihr zurückschreckt.

3. Heideggers Analyse der Angst als geworfenes Sein zum Tode

Bedeutet für Fichte noch die *schöpferische Einbildungskraft* das mutvoll Welt konstruierende Zentralvermögen der Vernunft, die als praktische an die moralische Weltordnung glaubt, so bestreitet Nietzsches These: „Die Angst wohnt im Innersten der menschlichen Phantasie" (KSA 8, 356)[17] sowohl das Pathos der Wahrheit als auch moralisches Hoffen und Glauben. Grundansicht des christlichen Abendlandes war, daß der *Amor Dei* von der Angst auf dem Grunde des Daseins zu befreien vermag; *vollkommene göttliche Liebe* als letzter Seinsgrund vertreibt die Angst. Diese Annahme wird von Heidegger, wie vor ihm von Nietzsche, ganz illusionslos aufgegeben. Für Heidegger ist Angst, fundiert in Sorge, die Grundbefindlichkeit des Menschen, die sein In-der-Welt-Sein durchstimmt. Diese Angst des Daseins gilt ihm als unabwendbar (SuZ 190, 313); sie soll in einer Art tragischem Heroismus durch „Mut zur Angst vor dem Tode"

---

[17] Nietzsche wird zitiert nach: *Kritische Studienausgabe*, hg. von G. Colli, M. Montinari, 2. A Berlin 1988.

ausgehalten werden; in ihm liegt Bejahung der Seinsart des Verfallens (GA 20, 436). Heidegger hat von daher jede mögliche Annahme des Ewigen verworfen.[18] Heidegger sieht in der Angst die Chance tiefgreifender Besinnung gemäß dem memento-mori-Motiv, das aber von ihm strikt antireligiös, die Gewissensangst auch außermoralisch bestimmt wird. Angst bedeutet zunächst maximale Selbsterschlossenheit, insofern sie das Dasein vor sein Geworfensein bringt, ihm die Unheimlichkeit des trügerischen alltäglich vertrauten In-der-Welt-seins und die aus seinem Sein ständig aufsteigende Bedrohung seiner selbst enthüllt (SuZ 342, 184ff). Angst und Gewärtigen des Todes treten bei Heidegger in engen Sinnzusammenhang. Das Dasein ist „Sein zum Tode", und wenn es seiner als solches wahrhaft inne wird, ist es „wesenhaft Angst" (SuZ 265f). Das vorlaufende in Blick Nehmen des eigenen Todes aber befreit das Dasein von dem Sichverlieren in zufällig herandrängende Möglichkeiten. Das Für-wahr-halten des Todes, so wird die Cartesianische Urgewißheit des *ego cogito sum* korrigiert – *Tod ist je nur mein eigener* – „ist ursprünglicher als jede Gewißheit bezüglich eines innerweltlich begegnenden Seienden" (SuZ 264f). Das Wovor der Angst begegnet für Heidegger nicht als ein bestimmtes „Besorgbares", die Bedrohung kommt, anders als in der Furcht, der etwas Bestimmtes *nicht geheuer* ist, daher, daß alles Zuhandene und Vorhandene einem schlechthin nichts mehr ‚sagt‘. Das besorgende Gewärtigen findet nichts mehr, woraus es sich verstehen könnte: „Es greift ins Nichts der Welt" (SuZ 343). D.h. der Einzelne steht überall in letzter Einsamkeit immer nur sich selbst gegenüber.

In solcher Angst liegt für Heidegger zum einen das Verhängnisvolle einer unabwerfbaren dunklen Last, die, wenn auch bloß illusorische, Erleichterung erheischt, zum andern die Chance eines ausgezeichneten Verstehens und Aufsichnehmens der eigenen Seinslage. Das Dasein ist hier nicht wie bei Pascal ein Ausgespanntsein des Selbst zwischen dem unendlich Großen und Kleinen, Gott und Nichts, sondern zwischen *zwei Nichts*: es ist hineingehalten ins Nichts und durchherrscht von innerer Nichtigkeit. Diese Selbstdurchsichtigkeit vor dem Hintergrund universaler Nichtigkeit und Todverfallenheit in mir und außer mir gilt es auszuhalten. Es gilt, anstatt die Flucht anzutreten vor der „Unheimlichkeit", sich inmitten seiner Nichtigkeit zu ergreifen und sich zu eigen zu werden. Das ist für Heidegger wahre Freiheit. Unfreiheit, Manipulation aber liegt im Sich-Losreißen vom eigensten Seinkönnen oder im „Vortäuschen" eines Eigentlichen oder im Sich-„Hineinreißen"-Lassen in das *Man*. Solche Entfremdungen verschließen dem Dasein sein Selbst, seine Eigentlichkeit und die originäre Möglichkeit eines „echten Scheiterns"! (SuZ 178) Bis hin zu *Vom Ereignis* (1936–38), – worin von Heidegger nach der ‚Kehre‘ schon der ‚ganz andere Anfang‘ gesucht

---

[18] Vgl. Walter Schulz: „Entschlossener als andere" hat Heidegger „bereits in ‚Sein und Zeit‘ alle ewigen Wahrheiten geleugnet und den Raum der Geschichte als den einzigen Ort des zeitlichen Daseins erklärt" („Über den philosophiegeschichtlichen Ort Martin Heideggers", in: *Heidegger*. Perspektiven zur Deutung seines Werkes, hrsg. von O. Pöggeler, Köln/Berlin 1970, 130).

wird, – hält sich diese Grundstimmung durch. Die „wahrhaft Untergehenden" kennen – so betont er ähnlich wie Nietzsche in seiner Suche nach dem über sich hinaus schaffenden Willen, der den *passiven Nihilismus* überwinden soll – keine „trübe ‚Resignation', die nicht mehr will", „sich dagegen sperrt, über sich hinaus zu wollen und erst in der Verwandlung sich selbst zu gewinnen." Es gilt, in konzentrierter „Sammlung auf das Fragwürdigste", das „Ereignis", den „äußersten Ingrimm der Seinsverlassenheit" zu bestehen (GA 65, 397).

Heideggers fundamental-ontologische Auffassung der Angst ist in den *Prolegomena zur Geschichte des Zeitbegriffs* aus dem Jahr 1925 vorgezeichnet, insofern hier schon in der Angst die Verfaßtheit des Seienden im ganzen sich offenbaren soll: „Die Angst ist nichts anderes als die schlechthinnige Erfahrung des Seins im Sinne des In-der-Welt-seins." Angst ist das Sichfinden des Selbst in der „*Unheimlichkeit*", im schlechthinnigen *Un-zu-Hause* (GA 20, 402f; vgl. SuZ 189, 286f), in der – wie Heidegger später mit Nietzsche sagt – „wesenhaften Heimatlosigkeit".[19] Solches Un-zu-Hause ist für ihn das „ursprünglichere" Phänomen im Vergleich mit dem durchschnittlichen „beruhigt-vertrauten" In-der-Welt-Sein. In der Angst bricht die alltägliche umweltliche Vertrautheit in sich zusammen, so daß ein „verfallendes Aufgehen" in der Welt dem Zurückgeworfen-werden des Ich auf sich selbst weichen muß (SuZ 189ff). Die Angst in ihrem existentialontologisch positiven Sinn befreit *von* nichtigen Entwürfen und befreit *zu* wesentlichen. Die alltägliche Zerstreuungssucht unter der Macht des Vergessens, wie Heidegger in seiner Analyse des Man aufdeckt, hat zu ihrem Ziel die Beschwichtigung und „fahle Gleichgültigkeit", in der niemand seines Seins zum Tode inne werden muß. Das Jedermann besorgt stets umsichtig das Ausweichen und die unbehelligte Indifferenz gegen die äußerste schlimmste Möglichkeit alles Daseins, ins Nichtsein, in den Tod zurückzusinken (SuZ 344f, 254–258). Das Aushalten der Angst aber bedeutet Aufheben der Selbstentfremdung, dient dazu, das Dasein aus seinem Verfallen an das anonyme Man zurückzuholen, authentisch vor sich selbst zu bringen und als *Einzelsein* zu konstituieren. Indem das Dasein durch die ausgehaltene Angst vor es selbst gebracht und sich selbst „überantwortet" wird (SuZ 254), gewinnt es sich als originär selbstbezügliches Sein und – wie Kierkegaard mit Vorliebe sagt[20] und Heidegger aufnimmt – vor sich selbst *durchsichtiges* Sein (SuZ 258). So versteht es sich „aus seinem

---

[19] *Brief über den ‚Humanismus'* (In: *Platons Lehre von der Wahrheit*, Bern 1947, 89, 84f). Wenn die „Nacht bleibt" und „der Gott" oder, mit Hölderlin antikisierend gesprochen, „die Götter" sich dem Menschen „versagen", – anstatt daß der „Tag" des Heiligen neu „dämmert", – so bedeutet das für den späten Heidegger „die Vollendung der Ausweglosigkeit" (ebd. 85).

[20] Das Offenbar- oder *Durchsichtigwerden* der Existenz, dessen Gegensatz beispielsweise im Extrem eines ‚dämonisch' in sich verschlossenen, vor dem Guten sich grauenden „Schweigesystems" liegt, charakterisiert Kierkegaard geradezu als *das Gute*; das Durchbrechen des Schweigens im lösenden Wort, das neu in *Kommunikation* mit dem Guten eintritt, restituiert nach Kierkegaard die in der Angst vor dem Guten verlorene Freiheit (BA 128–132, 131 nota).

Grunde" (SuZ 266). In der Gestimmtheit der Angst liegt für Heidegger eine unübertreffliche *Erschließungskraft*; denn das Wovor der Angst und ihr Worumwillen koinzidieren: es ist beide Male das Dasein selbst. In „Angst ängstet sich" das Selbst vor und um sich, um das nackte Dasein als in die „Unheimlichkeit geworfenes", um „das pure Daß der eigensten, vereinzelten Geworfenheit" (SuZ 343f, 256).

Die *Zeitlichkeit* bildet den äußersten Horizont des Daseins, worin *radikale Endlichkeit* des Selbst einbeschlossen ist; infolgedessen wird die Todesproblematik, das Sein zum Ende – als gleichsam unheilbare *Krankheit zum Tode*[21] -, phänomenal bestimmend.[22] Im Innewerden ihres *Seins zum Tode* enthüllt sich der Person ihre ursprünglich fatal sie „durchherrschende Nichtigkeit", ja überhaupt die „schlechthinnige Nichtigkeit" des Daseins, insofern, – wie Heidegger provozierend metaphysikkritisch nahelegt, es keine „höhere Instanz" für des Ich eigentliches Seinkönnen gibt als seinen Tod (SuZ 206, 213). Die traditionelle Annahme einer *Unsterblichkeit* der Seele oder deren *Auferstehung* erliegt nämlich strikter Urteilsenthaltung (*Epoche*), so daß die Explikation des Seins sich in der „radikalsten Diesseitigkeit" vollzieht (GW 20, 434; vgl. SuZ 248, 180). Das um sein eigenstes Sein sich sorgende und sonach *Sich-vorweg-Sein* des Selbst expliziert Heidegger schon in seiner Marburger Vorlesung von 1925 im Gegenzug gegen das Cartesianische *ego cogito, ego sum*, also gegen die neuzeitliche alles begründende Selbstgewißheit des Ich. Die stets mich begleitende äußerste Gewißheit meines Seinkönnens ist mein Tod als offne Möglichkeit meiner selbst; der Tod überantwortet mich meiner letzten, unüberholbaren Möglichkeit der „schlechthinnigen Daseinsunmöglichkeit" (SuZ 250). In der Angst findet sich das Dasein zunächst in der Nichtigkeit seines In-der-Welt-Seins überhaupt, schließlich am Ende „*vor* dem Nichts", das heißt vor der „möglichen Unmöglichkeit seiner Existenz" (SuZ 266). Heideggers anti-cartesischer Schlüsselsatz lautet: „Diese Gewißheit, daß ich es selbst bin in meinem Sterben-werden, ist *die Grundgewißheit des Daseins selbst*". Anders gesagt: Der wahrhaft daseinsmäßige Sinn von Descartes' *ego sum* in seiner letzten Gewißheit lautet für Heidegger: *sum moribundus*! (GA 20, 437f; vgl. ebd. 210, SuZ 265) Denn ich bin wesenhaft, so lautet die neuartige Pseudosubstantialität, dieses ‚Ich kann jeden Augenblick sterben'! Dasein ist, so spitzt Heidegger unnachgiebig seine Position radikaler Endlichkeit zu, „wesensmäßig sein Tod" (GA 20, 433), – wobei er keine korrelative Gedankenbestimmung von Endlichem – Unendlichem, Zeitlichem – Ewi-

---

[21] In der erbaulichen Einleitung der *Krankheit zum Tode* begründet Kierkegaard, mit realem Bezug auf die Todesproblematik, die wiederum die selbstzerstörerische Seinsverfassung des „kalten Brandes" der Verzweiflung illustrieren soll, in welcher Hinsicht die Verzweiflung, im Bild: der Tod, überwindbar sei: Jesus, der die Auferstehung und das Leben selbst ist (Joh 11, 25), spricht zu Lazarus, der tot ist, das Leben erweckende Wort: „Diese Krankheit ist nicht zum Tode" (Joh 11, 4). Daß *Christus* da ist, erläutert Anti-Climacus, bedeutet, daß „*diese* Krankheit", nämlich die Verzweiflung *nicht* „zum Tode" ist (KzT 5).

[22] In *Was ist Metaphysik?* Erklärt Heidegger: „Abgründig gräbt im Dasein die Verendlichung" derart, daß unsere „Freiheit" sich die „eigenste und tiefste Endlichkeit" versagen will (38).

gem, Sterblichem – Unsterblichem, Unvollkommenem – Vollkommenem als sinngerecht zuläßt, wie die Tradition, insonderheit die Tradition der Gottesbeweise oder des Gottesgedankens via negationis von Platon bis Descartes und Kierkegaard sie angenommen hat.

Welche Gründe macht Heidegger für seine Abkehr vom Nicht-Endlichen geltend? – In *Vom Ereignis* setzt Heidegger sich auf exemplarische Weise von Kants *Postulatenlehre* ab. Ähnlich wie Feuerbach in *Gedanken über Tod und Unsterblichkeit* kritisch die idealistische *Ichgewißheit* in der Annahme der Unsterblichkeit des Ich gipfeln und triumphieren sieht, erblickt Heidegger das Kantische Postulat der Seelenunsterblichkeit als Besiegelung einer vermeinten „*Absolutheit* des Ich und des Bewußtseins"; des näheren wendet Heidegger sich nach der ‚Kehre', – z.B. im Humanismus-Brief, – gegen eine „*Vermenschung* des Seins und seiner Wahrheit"; das idealistisch verstandene Ich mit seiner Vernunftgewißheit wird nach Heidegger ins *Absolute* gesteigert, wobei bloß scheinbar dessen selbstische „Ichhaftigkeit" überwunden sei (GA 65, 337, vgl. 376, 256). Eine egoistische Verfaßtheit des absoluten Ich hat schon Jacobi in seinem offenen Brief Fichte vorgeworfen. – Für den früheren Heidegger liegt der Gegensatz seiner eigenen Daseins-Konzeption zur idealistischen und platonisch-christlichen theomorphen *Ewigkeit* des Ich im ‚ego sum *moribundus*', für den späteren ist sein Gegenentwurf zur postulierten Ewigkeit des *Ich* auf die Überwindung von Ichheit und Subjektivität schlechthin aus; er faßt dann Dasein als Da-Sein, Existentia als Ek-sistenz, d.i. Hinausstehen ins Offene des Seins; der Entwurf des Menschen gilt ihm im *Humanismus-Brief* als ein „geworfener Entwurf". Geworfenheit in die Faktizität des „Da" heißt in *Sein und Zeit* entweder das Sich-verloren-Haben an das Man *oder* das Hören des Gewissensrufes, das aber keine Inanspruchnahme für ein Gottesbewußtsein erlaube. Als unabschließbares Faktum bleibt auch das eigenste Selbst stets „im Wurf"; im Verfallen lebt es zentrifugal von sich weg und ist an die Welt verloren, indem es ins Man hineingewirbelt wird (SuZ 179, 269, 277,295). Ebenso wie in *Was ist Metaphysik?* der *Transzensus* über das Welterleben nicht auf *Gott*, sondern auf das *Nichts* hinführt, erlaubt das Wort vom geworfenen Entwurf keine theonome Ausdeutung, die nach einem Werfenden oder das Ich Entwerfenden weiterfragt.

Von der Marburger Vorlesung: *Prolegomena zur Geschichte des Zeitbegriffs* (1925) an bis hin zum späteren, von ihm nicht veröffentlichten Hauptwerk *Vom Ereignis* (1938) hält sich Heideggers Ringen durch um den Zusammenhang von Zeitlichkeit, Endlichkeit, Verfallen, Nichts, Sein zum Tode. In *Was ist Metaphysik?* (von 1929) wird Dasein (Da-sein) definiert als „Hineingehaltenheit in das Nichts", wobei der Angst die Bedeutung zukommt, daß sie das Nichts „offenbart" oder „enthüllt" (WM 32f, 35). „In der hellen Nacht des Nichts der Angst" – das *Oxymoron* ‚helle Nacht' deutet hin auf eine überwache Angespanntheit des Sehens im lichtlosen Dunkel – ersteht erst „Offenbarkeit" des Seienden (WM 34); das heißt, das daseiende Ich wird durch Angst überhaupt erst als *Seinsverstehendes* konstituiert. Das Hineingehaltensein des Daseins ins Nichts „auf dem

Grunde der verborgenen Angst" bilde den Menschen sowohl zum „Platzhalter des Nichts" als auch, durch ein freimütiges Sich-selbst-Hineinhalten ins Nichts, zu dem das *Seiende im Ganzen* Transzendierenden (WM 35, 38). Der *Transzensus* des Seienden, das Überschreiten des durchschnittlichen Aufgehens im innerzeitigen Weltleben führt also immer wieder, nicht wie die Tradition lehrt, zu Gott hin, sondern auf das Nichts.[23] Schon 1925 gewinnt die Angst die Schlüsselstellung, daß sie das „letzte Fundament des Seins" ausmacht; die Angst überhaupt verleiht dem In-der-Welt-Sein seine ursprüngliche Verfassung, die im Phänomen Sorge konkretere Gestalt annimmt (GA 20, 404). Im Jahre 1925 sind die Kierkegaard-Bezüge offenkundiger als irgend später.

Wie Kierkegaard (v.a. in *Entweder/Oder* II) spricht Heidegger hier von dem *Sich-selbst-Wählen* als der „Seins-Voraussetzung" existierender Subjektivität. Schließt diese *Wahl* des je eigenen *Selbst* in seiner *Faktizität* für Kierkegaard die Wahl des Selbst in seiner „ewigen Gültigkeit" und in dieser Idee unverbrüchlicher Einstimmigkeit des Ich mit sich die Wahl des sittlich Guten, letzlich Gottes ein, so für Heidegger das „*Gewissenhabenwollen*"! (GA 20, 441; vgl. SuZ 287f) Das was in *Sein und Zeit* strikt an die Bedingung des Vorlaufens in den Tod gebunden ist: das mögliche *Ganzseinkönnen* des Daseins, wird von Kierkegaard her besonders klar: Es geht um ein solches Sichverstehen in der „vollen Durchsichtigkeit" des Selbst, das sich nur wahrhaft zu wählen und in seiner Faktizität anzunehmen vermag, wenn es im *memento mori* sich als quasi abgeschlossenes Ganzes, sich nämlich von seinem antizipierten Ende her versteht. Dem entspricht bei Kierkegaard das sich selbst *coram Deo* sehen wollen, worin ein Sein *in conspectu Dei* als das Gesehenwerden vom Allerhöchsten horizonthaft miteingeschlossen ist. Der Leerstelle des Gottes- und Seelenunstreblichkeits-Verlustes korrespondiert die sonderbare quasi-religiöse Rede des späten Heidegger vom Tod als dem „Schrein des Nichts" oder „höchsten Zeugnis des Seyns" (GA 65, 230). Schon Heideggers frühere Redeweise vom Tod als höchster „letzter Instanz" (SuZ 313) ist nicht bloß ein urteilslogisch enthaltsames in der Schwebe Halten des Problems der ersten und letzten Dinge, sondern suggeriert, es gäbe kein eschatologisches Sein nach dem Tode. Mit Kierkegaard bestimmt Heidegger das „Wovor der Angst" als das Nichts, das heißt nichts bestimmtes Innerweltliches (GA 20: 401, 441). Das In-der-Welt-Sein ist in zweifacher Weise von Zufällig- und Nichtigkeit durchwaltet: Das Dasein verfügt von Anbeginn nicht über seine Faktizität, es ist, ohne gefragt worden zu sein, in die Welt geworfen, und der Tod wird ihm alle Macht nehmen. Der späte Heidegger bestimmt die Angst

---

[23] Der vollbrachte Transzensus in das Nichts ist nach W. Schulz („Über den philosophiegeschichtlichen Ort Martin Heideggers", s.o.) kein Ausgangspunkt, um, wie die christlichen Neuplatoniker lehren, den Übergang von der *negativen* zur *positiven* Theologie zu gewinnen. Für Heidegger bleibe das *Nichts* bloß das Sein im Modus des Ausbleibens; in *Vom Ereignis* sei das Nichts das Sein selbst in seinem Anderssein.

als Einstimmen in den „Schrecken des Abgrunds", der zum Sein ebenso wie zum Nichts, sonach zur Wahrheit des Seins gehöre.[24]

4. Eine Vergleichsskizze zur Angst bei Kierkegaard und Heidegger

Mit Kierkegaard, aber ohne theologischen Horizont, vertritt Heidegger die Auffassung, das endliche, nichtige Dasein sei sich in der Angst *ganz eigentlich erschlossen*. In der Angst wird für Heidegger die Todverfallenheit des Selbst offenkundig, für Kierkegaard die Fraglichkeit der Autonomie, da Gottes zu bedürfen, des Menschen wahre Vollkommenheit ausmache. Der Angst kommt bei beiden die Bedeutung einer Krisis, eines Wendepunktes zu, worin es sich zeigt, ob das Dasein eigentlich oder uneigentlich, entweder des Selbst oder aber Gottes vergessen, existiert. Kierkegaards Aufweis einer Angst vor der Freiheit und darin einer abgründigen Angst des Ich vor ihm selbst entspricht Heideggers Analyse der Flucht vor der Eigentlichkeit und Unheimlichkeit der Existenz. In Anlehnung an Kierkegaards Begriff der Angst hebt auch Heidegger hervor, daß Angst zu absoluter *Vereinzelung* führt: Das Dasein ist sich in der Angst erschlossen als „vereinzeltes, geworfenes Seinkönnen", und zwar in Unvertretbarkeit (SuZ 187– 191, 263, 253). Aber um dieser Ernstsituation der Angst zu entgehen, geschieht es, daß das Dasein vor sich und dem ihm zugemuteten eignen Entwurf in das Man entflieht. Schon für Kierkegaard galt es, dem „Sozialitätsdrang der Angst", der Geselligkeit als des Heilmittels zu widerstehen (BA 142). Heidegger verschärft Kierkegaards Lehre vom Einzelnen als der Kategorie, durch die das Menschengeschlecht hindurch müsse, bis hin zum „existenzialen Solipsismus" als der Bedingung authentischen Daseins (SuZ 188). Die Angst nämlich vereinzele das Dasein zum unbezüglichen *solus ipse*. Das schlechthin auf sich allein Zuruckgeworfensein des Selbst ist im Vorlaufen in seine äußerste Möglichkeit, die des Todes, „so absolut", daß auch das Mitsein, heißt es im Jahre 1925 etwas behutsamer, in seiner Konkretion irrelevant wird (GA 20, 439f). So findet das Dasein sich für Heidegger in der Angst als *solus ipse*, das Sein zum Tode ist, in die Welt „geworfen", und zwar in die Welt als in eine „leere Erbarmungslosigkeit" (SuZ 343f, 256, 266). Das Los- und Leersein an Erbarmen ist offenkundig ein *christliches Theologoumenon* in defizientem Modus. Zu dieser Preisgegebenheit und heroischen Ich-Einsamkeit stimmt der Verlust sowohl der göttlichen als auch mitmenschlichen Ich-Du-Beziehung, die in Heideggers Konzeption angelegt ist.[25]

---

[24] Vgl. dazu O. Pöggeler: *Neue Wege mit Heidegger*, Freiburg/München 1992, 155f, 159.

[25] Vgl. den Heidegger-Teil bei M. Theunissen: *Der Andere. Studien zur Sozialontologie der Gegenwart*, Berlin 1965; zur dialogischen Überwindung Heideggers durch Levinas s. Adriaan T. Peperzak: *To The Other. An Introduction to the Philosophy of Emmanuel Levinas*, West Lafayette, Indiana 1993.

Das Angst-Phänomen haben für Heidegger schon Augustinus, Luther in seinem Genesis-Kommentar, in neuer Zeit Kierkegaard thematisch gesehen (GA 20, 404). Den Sündenfall umdeutend, der für den Angstbegriff der metaphysisch-christlichen Tradition bestimmend war, spricht der frühe Heidegger von dem das Sein durchwaltenden „Verhängnis". Damit meint er nichts Metaphysisches, sondern nur eine existenziale Struktur, ein „Abfallen" des Daseins von seiner Eigentlichkeit; er spricht auch von einem „Verfallen" als Gegenzug zum eigensten Seinkönnen. „Verfall", „Zerfall", „Abfall" haben für ihn keinen moralischen oder theologisch-anthropologischen Sinn. „Verfallen" soll nichts zu tun haben mit der *corruptio* oder *perversio voluntatis* des Augustinus. Verfallenheit an die Welt oder Herrschaft des Man heißt nur Abgefallensein des Daseins rein von ihm selbst. Diese existenziale Reduktion des Metaphysischen erinnert an das Feuerbachsche Programm der Verwandlung *theologischer* in *anthropologische* Wahrheiten. Die Explikation von Daseinsstrukturen, versichert Heidegger, erfolge unabhängig von der Lehre vom ‚Fall' in der Genesis, also von der Annahme einer urzeitlichen Verderbnis der menschlichen Natur, deren Folgelast Luther als ein in der Sünde Ersoffen-Sein des Menschen bestimmt.[26] Auch im *Humanismus*-Brief weist Heidegger eine – wohl naheliegende – Deutung von Verfallen als säkularisierten Sündenfall zurück (HB 78). Das seinsgeschichtliche Verhängnis als Seinsentzug, wie der späte Heidegger es sieht, begünstigt die in solchem Sichverbergen des Seins gründende Tendenz des Ich zum Verfallen.

Das entscheidende *Entweder/Oder* im Horizont der Angst liegt für Heidegger aber nicht wie für Kierkegaard in einer Entscheidung für die *Welt* oder für *Gott*, sondern darin: *Entweder* folgt der Einzelne dem *Man*, das mit Anschein von Solidität das aufdämmernde Ahnen der „Geworfenheit in den Tod" überall erleichtert, das Recht dazu ausgibt und die *Versuchung* steigert, sich das je eigene Sein zum Tode zu verdecken; *oder* er stellt sich in den Lichtkegel hellwacher Angst als Sich-Erschlossensein, daß er „als geworfenes Sein *zu* seinem Ende existiert" (SuZ: 251, 253, 256). Ist aber dies Vorlaufen zum je eigenen Tode, so fragt Heidegger selbst, nicht eine „phantastische Zumutung"? Solches Vorlaufen enthüllt dem, der zunächst alltäglichem Besorgen hingegeben ist, seine Verlorenheit in das Man-selbst und eröffnet ihm die Möglichkeit, ungestützt durch die „besorgende Fürsorge" Anderer ein einzelnes, ja vereinzeltes Selbst zu sein (SuZ184ff). Wahrhaft ein *Selbst* zu sein aber heißt, „*in der leidenschaftlichen, von den Illusionen des Man gelösten, faktischen, ihrer selbst gewissen und sich ängstigenden Freiheit zum Tode*" existieren! (SuZ 266f) Der Ausdruck: „Freiheit zum Tode" signalisiert einen ganz anderen als den aufklärerischen und idealistischen Begriff von Freiheit, nämlich ein illusionsloses Hinblicken auf die unüberholbare Situation, selbst nichtig, zu Nichts zu werden. Die anti-stoische Preisung der Leidenschaft, die solchen Mut der Freiheit zu schonungslosem Todesbewußtsein ermöglichen soll, erinnert an das Pathos des Ethischen in Kierkegaards *Unwissen-*

---

[26] GA 20: 390f, 337; vgl. SuZ 229, 248ff; GA 65, 103.

schaftlicher Nachschrift. Selbstgewißheit aber heißt für Heidegger Todesgewißheit. Sich seiner bewußt werden heißt nicht, sich erheben über die Zeit-Existenz, sondern meditatives Versinken in der Fluchtbahn dahin-schwindender Zeit. Welches sind die Heidegger zufolge abzustreifenden Illusionen, die das Man gerne festhält? Folgende sind zu erwägen: 1) die Gemeinschaft als Erlöserin anzupreisen, 2) das in Gott oder im anderen Selbst Geborgensein, 3) Christus als Überwinder des Todes und der Angst in der Welt.

Heidegger betont, seine „Besinnung" über die Angst und das *Sein zum Tode* lehre nicht weltanschaulich eine ‚Todesphilosophie', sondern suche die Seinsfrage auf ihren Grund zu bringen und das „Da-sein" selbst als den „ab-gründigen Grund zu eröffnen" (GA 65, 286). Für Heidegger ist Angst die maßgebende Existenzkategorie, für Kierkegaard ist Angst – neben Verzweiflung, Wiederholung, Hoffnung, Erinnerung, Liebe eine hochbedeutsame, unter anderen. Auch Kierkegaard kennt – wie nach ihm Heidegger, Sartre und Camus – das „Entsetzliche" und „Absurde" des Daseins, das aber nur den äußersten Kontrast darstellt zum Freundlichen und Sinnerfüllten; das *Entsetzliche* taucht im Kontext des *Sterbenmüssens* auf (BA 43) *und* in der Charakteristik: Das Entsetzliche, das Verderben, die Vernichtung wohnt ‚Tür an Tür' mit jedem Menschen (BA 162). Durch alles „Entsetzende im Leben" in der Angst Abgrund zu versinken birgt für Kierkegaard die schlimmste aller Gefahren: den tieferen Sinn des Sich-Ängstens mißzuverstehen und abzuirren in den schwersten Absturz, in den Selbstmord! Wer die Teleologie der Angst nicht erahnt, die zum Glauben an einen Gott hinleitet, für den in jedem Augenblick alles Rettende möglich ist, sondern sich immer weiter in die entgegengesetzte Richtung eines dysteleologischen Weltverständnisses fortbewegt, der ist „verloren" (BA 165), das heißt, er ist der Sogkraft der Angst ausgeliefert. Für Kierkegaard besteht das Entweder/Oder darin: entweder vollzieht das Ich, indem es in der Angst seinen Möglichkeitssinn ausbildet, eine transzendierende Bewegung über den ganzen Abgrund der Schrecknisse in Richtung auf das Ewige, oder es vollzieht eine versinkende Bewegung, die unbedingt nichts aus der Angst lernen will (BA 161ff). Versinken kann es hier entweder in der Seichtigkeit des Man oder im Abgrund des Sich-selbst-Verwerfens. Fordert Heidegger dazu auf, tapferen Mut zur Angst aufzubringen, so fordert Kierkegaard auf zu einem „Mut, der Angst zu entsagen ohne Angst"; dieser Mut zur transzendierenden Bewegung kommt dem Glauben zu, der sich fort und fort dem „Todesaugenblick" der Angst und ihrem Sophisma des anscheinenden Preisgegebenseins entwindet. Der Glaube, daß für Gott in jedem Augenblick alles möglich sei, bleibt nicht dem Ahnen des Entsetzlichen ausgeliefert, das auf dem Gipfel der Angst mit Shakespeares König Lear (IV. Akt, 6. Szene) sich nur beklagen kann: „O du zertrümmert Meisterwerk der Schöpfung"! (BA 119ff)

Für Kierkegaard bringt die sich sehende Angst nicht vor das endgültige Nichts, sondern vor den ewigen persönlichen Gott, der jedes Selbst mit Namen ruft. Der leidenschaftliche Ewigkeitssucher Kierkegaard findet nicht durch Weltflucht, sondern in der Nacht grausam lastender Faktizität dennoch inmitten der Zeitlichkeit das Ewige. Wenn der endliche Geist in seiner Angst Gott sehen will, so muß er damit anheben, sich selbst ob seines Verlusts des Ewigen für schuldig zu finden und, wenn er klagt oder anklagt, sich zuallererst gegen sich selbst zu kehren (BA110f). Kierkegaard nimmt einen tiefen Zusammenhang von Gewissenserforschung *coram Deo* und darin der Angst Ledigwerden des Selbst an (BA 99,112, 118).

Der *Tod* steht für Heidegger nicht am Ende einer abstrakten Zeitlinie, sondern soll als Existenzial mitgegenwärtig sein, so daß er auf jeden Vollzug zurückwirkt. Die Größe eines Menschen liegt, scheinbar paradox, im Akzeptieren der eigenen schattenhaften Nichtigkeit. Heideggers quasi ethische Maxime lautet: Entwirf dein Dasein stets so, wie du im Angesicht des – horizonthaft mitgegenwärtigen – eigenen Todes ganz ebenso wollen kannst, gehandelt, dein Dasein entworfen und erfüllt zu haben! Aus der Perspektive vom Ende her sind eigene Möglichkeiten frei zu bestimmen, erklärt Heidegger, so daß alle dem Ende vorgelagerten Möglichkeiten mit erschlossen sind; deshalb liegt für ihn im Vergegenwärtigen seines Todes die mögliche Vorwegnahme des ganzen Daseins, also die praktische Eröffnung, „als *ganzes Seinkönnen*" zu existieren (SuZ 264f). Ohne Bezug auf Comenius' *haec vita praeparatio est vitae aeternae* oder Fichtes Wort, dies irdische Leben sei eine Schule zur Ewigkeit, besiegelt Heidegger vor dem Hintergrund eines säkularisierten christlichen Angstbegriffs doch die christliche Sicht, daß im Angesicht antizipierten Todes die innerste Substanz zuvor gelebten Lebens erprobt wird. Die Frage bleibt, ob dieses heroische Ganz-auf-sich-gestellt-Sein in der Angst, ohne existentiellen Gottesbezug des Selbst, nicht dessen Überforderung darstellt.

Wie Luther und Kierkegaard verknüpft Heidegger die Selbsterfahrung des Gewissens mit Affiziertsein von Angst.[27] Er deutet das „Gewissenhabenwollen", d.i. seinem Ruf folgen wollen, als Bereitschaft, sich der Angst auf dem Grund des Daseins ganz auszusetzen (SuZ 296). Für Kierkegaard ist die Angst des geängsteten Gewissens[28] spezifischer Ausgangspunkt für ein Innewerden des Ewigen als letztlich Maßgebenden. Luther und Tauler nahe stehend, vergleicht er die Angst des schuldbeladenen Gewissens mit der Folter des Inquisitors, der dem Verdächtigen Tag und Nacht die würgende Schlinge um den Hals legt, um ihm alle Ausflüchte und Selbsttäuschungen, alles Sichberufen auf Endliches, auszutreiben; wer aber so gelernt hat, sich zu ängstigen, hat das Höchste gelernt: alles Kleinli-

---

[27] Nach O. Pöggeler (*Neue Wege mit Heidegger*, Freiburg/München 1992; Kap. A II: „Wovor die Angst sich ängstet", 157; s. SuZ 186) ist die helle Angst, insonderheit die Angst des geängstigten Gewissens, „zugleich gehalten und nüchtern, ein *timor castus*; sie trägt dem Dasein den Ruf des Gewissens zu".

[28] Kierkegaard: *Tagebücher* Bd II, 29, 91f, 142. – Daß die *conscientia* des Christen ein Wissen um das persönliche Sein *coram Deo* ist, das zugleich ein in *conspectu Dei*, das heißt ein Wissen darum einschließt, daß Gott Mitwisser der Geheimnisse des Gewissens (secreta, abyssus conscientiae) ist, weiß Augustin, der den *homo abyssus* kennt. Bei Luther findet sich: *conscientia* und *in conspectu Dei* gleichsinnig in Gebrauch.

che abzustreifen – Heidegger spricht vom Freiwerden von nichtigen Möglichkeiten -, die Angst als schärfsten Examinator alles Engherzige prüfen zu lassen und ist empfänglich für das Ewige (BA 161f, 164, 167). Das Vorlaufen zum Tode charakterisiert Heidegger auch als die Wahl des Gewissenhabenwollens, die einhergeht mit dem Eingeständnis des Schuldiggewordenseins; diese quasi-ethische Wahl ist wegen der unvordenklichen Schuld, die es zu übernehmen gilt, kryptotheologisch. So bleibt *Heideggers Angstanalyse* bei aller *Säkalarisierung* abhängig vom *Geist des Christentums.* – Im Unterschied zu Heidegger, für den im Gewissen das Dasein *sich selbst ruft* und sich *wählt* als Angerufenwerden-Können (SuZ 275), heißt für Kierkegaard das Sich-Sehen des Selbst im Gewissen ineins ein Wissen vom Gesehenwerden durch Gott. Um des Gewissens willen etwas tun, ist für Kierkegaard *Archimedischer Punkt* außerhalb der Welt. Denn im Gewissen „hat Gott sein Auge auf mich gerichtet" und ich kann nicht mehr vergessen, daß dieses Auge auf mich sieht. Daß Gott mich sah, bedeutet, daß ich auf Gott sehen muß (Tg II: 29, 91f, 142). – Heidegger nimmt von Kierkegaards *Wahl* des eigenen Selbst *coram Deo* nur die *Übernahme* tausendfach lastender *Faktizität* auf; beiseite läßt er die *Ewigkeitsbedeutung* des Sichselbstwählens, nämlich das Sichbejahen des Ich in seiner ewigen Gültigkeit als Entwurf letztlich des persönlichen Gottes. Die Gabe der Angst ist für Kierkegaard der dienende Geist (BA 165–168), der ein Versinken in der Zwecksetzungssphäre des Endlichen verhindert und den Glauben an Christi Erlösung erwecken hilft. Kierkegaards ‚Angst‘ hat finale Struktur, nämlich zuletzt zum Glauben kommen zu können an den, der gesagt hat: „In der Welt habt ihr Angst, aber seid getrost, ich habe die Welt überwunden" (Joh. 16, 33).

Das schlechthin endliche Ich ist, in ihm selbst heillos, ein *solus ipse*, in eine heillose, nämlich ‚leere‘ und ‚erbarmungslose‘ Welt geworfen; inmitten der Todesschatten der Angst, die vom Ende her auf das gegenwärtige Dasein fallen, eröffnet sich dem Selbst kein Gottesbewußtsein mehr, wie noch in Kierkegaard Analyse, kein inner- oder außerweltliches Erbarmen, kein Innewerden ewiger Geliebtheit, wie es die christliche Agape-Liebe bezeugt.

Psychodynamische Aspekte der Willensfreiheit in der forensischen Psychiatrie[1]

Rolf Schmidts/Thomas Hessel (München)

Bei allen wesentlichen sowohl zivil- wie strafrechtlichen Fragen – von der Beurteilung der Arbeits- und Erwerbsfähigkeit, der Verbeamtung, der Berentung, der Sozialhilfe, der Sorgerechtsstreitigkeiten, der Geschäftsfähigkeit, der Entmündigung, Vormundschaft und Pflegschaft, der Unterbringung, der Testier- und Prozeßfähigkeit, der Entwicklung und Reife im Rahmen des Jugendgerichtsgesetzes bis hin zur Beurteilung der Schuldfähigkeit im Strafprozeß und der Maßregeln zur Sicherung und Besserung – geht es letztlich um **zwei Problemkreise:**

In **diagnostischer** Hinsicht stellt sich die Frage, inwiefern ein Mensch zu einer eigenständigen und selbstverantwortlichen Lebensführung in der Lage ist – und in **prognostischer** Hinsicht, inwieweit ihm ein verantwortliches Handeln zugetraut und erwartet werden kann.

Die Beurteilung der rechtlich-philosophisch und staatspolitisch grundsätzlich vorausgesetzten freien Entscheidungsfähigkeit eines handelnden Menschen stellt den forensisch-psychiatrischen Gutachter daher unter eine hohe doppelte Verantwortung: sowohl dem straffällig Gewordenen als auch der durch ihn häufig mehr oder minder bedrohten Gesellschaft gegenüber.

Die prognostische Einschätzung von Risikofaktoren einerseits und von im Laufe der Jahre zwar immer noch unsicheren, dennoch weiter entwickelten Behandlungsmöglichkeiten und schließlich die Ausformung justitieller Maßnahmen der Kriminalprophylaxe andererseits, stellt eine immer wichtigere, in sich verschränkte Aufgabe der Politik dar.

Über seine fachliche Kompetenz hinaus bestimmt das Menschenbild des Forensikers in mehr oder weniger expliziter Wechselwirkung und Übereinstimmung mit den Einstellungen anderer Beteiligter die Rechtskultur einer Gemeinschaft und deren unablässige Fortentwicklung. Ein biologistisch erstarrtes Menschenbild, wie es die Jahrhundertwende zum 20. Jahrhundert kennzeichnete, hält – andere Gründe beiseitegelassen – Vorurteilen analog Ungerechtigkeiten aufrecht und einen mechanistischen Drehtürvollzug in Gang. Notwendige, sogar gesetzlich vorgeschriebene Vollzugsreformen blieben daher häufig im Ansatz stecken.

Die üblichen psychologischen Kriterien der Begutachtung *„würden"*, wie Günter Ammon seinerzeit 1980 feststellte, *dem Anspruch einer humanistischen (therapeutischen) Wissenschaft nicht gerecht"*, weil sie schematisch parallel zu den

---

[1] Überarbeitete Fassung eines Vortrags, gehalten auf dem XII. Internationalen Symposion der Deutschen Akademie für Psychoanalyse (DAP), 8. bis 13.12.1980, Kongreßzentrum München.

psychiatrischen Symptomdiagnosen schuldunfähige Kranke, schuldfähige und verstehbare psychische Entwicklungen und die schuldfähigen Psychopathen als Spielarten des Normalen im Sinne der Kurt Schneider'schen „Charakterbiologie" (Moser, 1971) unterscheiden.

Ammon fuhr fort:

> „Eine so verfahrende Wissenschaft kann dem Grundrecht jedes Menschen auf die Entwicklung seiner Persönlichkeit und seiner Identität in intakten und lebendigen Gruppen, sowie den Folgen, wenn ein solches Grundrecht nicht verwirklicht ist, nie entsprechen".

Er forderte deshalb eine

> „veränderte Humanwissenschaft, die nicht mehr, wie bisher, die latent bürokratische Menschenfeindlichkeit unterstützt durch Theorien, wie besonders die der angeblich der Natur des Menschen immanenten Destruktivität, die vielmehr stattdessen die unbewußten Strukturen sozialer Gebilde im Dienste an den Bedürfnissen und an der Identitätsentwicklung der Menschen untersucht."
> (Ammon, 1980)

Vorausweisende Zielvorstellungen, Erweiterungen therapeutischer Kompetenzen und Erfahrungen, notwendige Rechtsentwicklungen und beharrende Tendenzen, teilweise auch durchaus sinnvolle Maßnahmen – wie z.B. die Aufgabendifferenzierung in Verantwortlichkeiten für die Sicherheit und deren scharfe Trennung vom therapeutischen Handeln –, haben inzwischen dazu geführt, daß Neuerungen und pragmatisch aufrechterhaltene Handlungsmuster häufig nebeneinander bestehen. So wies, seitdem der Begriff ‚Therapie' im Zusammenhang mit der Einführung der sozialtherapeutischen Anstalten (durch das 2. Gesetz zur Reform des Strafrechts 1969) in die juristische Debatte z.B. auch unter dem Schlagwort ‚Therapie statt Strafe' aufgenommen wurde, die Entwicklung auf eine Erweiterung des rechtlichen Auftrags an den forensischen Psychiater hin. Demnach hätte er dem Richter nicht nur seine Kenntnisse der Diagnostik und Kriminalprognose zur Verfügung zu stellen, sondern sich auch an einer sinnvollen Vollzugsplanung, die die Entwicklungsmöglichkeiten und Ressourcen eines Delinquenten berücksichtigt, zu beteiligen. Das heißt: er könnte sich nicht mehr darauf beschränken, lediglich, wie es noch in der 14. Auflage des Lehrbuchs der Psychiatrie von Eugen Bleuler in Beziehung auf die Beurteilung der Schuldfähigkeit heißt:

> „... aufgrund klinischer, psychiatrischer, psychopathologischer und verhaltenstherapeutischer Untersuchungen den gegenwärtigen psychischen Zustand festzustellen, den zum Zeitpunkt der Tat vorhandenen psychischen Zustand zu erschließen, weiterhin sich darüber zu äußern, welchem der im Gesetzestext genannten Begriffe (krankhafte seelische Störung, tiefgreifende Bewußtseinsstörung, Schwachsinn, schwere andere seelische Abartigkeit) dieser psychische Zustand ggf. zuzuordnen ist und schließlich zu erläutern, ob und inwieweit krankhafte Einflüsse im zur Straftat hinführenden Motivationsprozeß mitge-

wirt und diese die Einsichts-Steuerungsfähigkeit erheblich vermindert oder aufgehoben haben." (Bleuer, 1966)

Die seinerzeit geplante Überweisung der Zuständigkeit für einen vom Richter unter Mithilfe des Sachverständigen gestalteten integrativen Resozialisierungsplans an den Richter wurde beispielsweise nicht durchgeführt und die Aufgabe bei der Vollzugsverwaltung belassen.

Neben dem rein schuldstrafrechtlichen und rechtsphilosophischen Aspekt der Strafgesetzgebung – daß nämlich eine Tat per se eine entsprechende Strafe erfordere, weil die freiheitliche Entscheidung des Menschen ihn zu einem sozialen Wesen bestimmt und antisoziales Verhalten diese freiheitliche Entscheidung negiert (Kant, Hegel) – sowie dem generalpräventiven Aspekt der Abschreckung der Allgemeinheit tritt dennoch immer mehr der spezialpräventive, auf den einzelnen Täter bezogene Aspekt in den Vordergrund. Dies erfordert vom forensischen Psychiater eine Würdigung der Gesamtpersönlichkeit eines Täters, nicht nur im Hinblick auf seine pathologischen, sondern vor allem auf seine gesunden Persönlichkeitsanteile, nicht nur im Hinblick auf eine Prognose weiterer Straftaten, sondern auch in Bezug auf seine Entwicklungsmöglichkeit und seine therapeutische Beeinflußbarkeit. Erst so wird eine Aussage über individuelle Gegebenheiten möglich und die individuelle Verantwortlichkeit abschätzbar.

Eine Regelbeurteilung, wie sie noch aufgrund der Kurt Schneider'schen Parallelität von psychiatrischer Nosologie und Strafrechtssystematik (lt. Handbuch der forensischen Psychiatrie von Göppinger u. Witter) denkbar schien, verbietet sich dann. Die entstehende Gleichförmigkeit unter einem entsprechenden Zwang zum Wohlverhalten, wie sie nach Wächtler (Thesenpapier des IV. Strafverteidigertages vom Mai 1980 – München) den abgestuften Behandlungsvollzug charakterisiert, wurde von den Strafverteidigern abgelehnt und als ideales Ziel einer emanzipatorischen Therapie stattdessen die entwickelte Persönlichkeit „genannt", d.h. eine Person, *„die sich bewußt für oder gegen die Einhaltung bestehender Normen entscheiden kann."*

Wächtler fährt fort, die Vollzugsstrafe dagegen

> *„spalte die Gefangenen, sie züchte Spitzel und Denunzianten und behindere gerade soziale Solidarität, die doch als Voraussetzung sozialer Kompetenz und sozialen Verhaltens zu gelten hat."*

Die hier angesprochenen Thesen verlangen vom forensischen Psychiater letztlich die Beantwortung der Frage, inwieweit es möglich ist, einem Menschen zu seiner eigenen Verantwortungsfähigkeit in einem personalen Sinne zu verhelfen. Von einigen namhaften Gerichtspsychiatern wurde dies auch durchaus gesehen. So hat *von Baeyer* in Anlehnung an die moderne philosophische Anthropologie in einem Handbuchartikel von 1959 über *„Neurose, Psychotherapie und Gesetzgebung"* die Anwendung einer anthropologisch fundierten Willenspsychologie im Sinne Kellers, Ricoeurs und Sartres auf forensisch-psychiatrische Fragen gefordert. (Vgl. Göppinger u. Witter, 1972)

Die Psychoanalyse hat diese Forderung schon früh formuliert. Alexander u. Staub schrieben 1929:

„Die Gesellschaft muß dem gesetzwidrig Handelnden erst die Gelegenheit geben, eine praktische Verantwortung für seine Handlungen zu übernehmen."

Die psychoanalytische Kriminologie begann mit Freuds Entdeckung, über die er in einer kurzen Arbeit *(„Verbrecher aus Schuldbewußtsein"*, 1915), mitteilte, daß

„manche Taten vor allem darum vollzogen wurden, weil sie verboten und weil mit ihrer Ausführung eine seelische Erleichterung für den Täter verbunden war."

Freud nahm an, daß das unbewußte Schuldgefühl, das die Tat im Gefolge hatte, aus dem Ödipus-Komplex stamme:

„Im Vergleich mit den beiden verbrecherischen Absichten, den Vater zu töten und mit der Mutter sexuell zu verkehren, erscheint die Unterbringung des Schuldgefühls im begangenen Verbrechen geradezu eine Erleichterung".

Auf der Basis dieses Ansatzes entfaltete sich auch die spätere psychoanalytische Kriminologie. Ihrer deterministischen Tendenz entsprechend richtete sich ihre Kritik gegen den schuldrechtlichen Ansatz der Rechtsprechung. Auf der anderen Seite wurde eine Art innerer Gerichtshof im Menschen installiert. So schreibt Theodor Reik in seinen berühmten Vorlesungen über *„Geständniszwang und Strafbedürfnis"*, die er am Lehrinstitut der Wiener Psychoanalytischen Vereinigung vortrug (1925), daß es darum gehe, die Hemmungen im Individuum zu verstärken:

„Dies Ziel wäre eine Rückkehr zur ursprünglichen Tabugesetzgebung, die sich gegen starke Impulse richtet, (sie) soll innerer Erwerb werden, der zur Verwerfung dieser Regungen führt."

Im Versuch, den Begriff *Verantwortlichkeit „rein psychologisch"* zu fassen, definierten Franz Alexander und der Jurist Hugo Staub in ihrer Arbeit *„Der Verbrecher und sein Richter"* (1929) den Menschen als psychologisch und biologisch lückenlos determiniertes System, wodurch der Begriff *Willensfreiheit*, der mit den bewußten Motiven des Ich gleichzusetzen sei, jeden Sinn verliere. In einem *"praktischen bzw. taktischen"* Sinne könne man die bewußte Persönlichkeit allerdings wiederum für ihr Handeln verantwortlich machen, da das bewußte Ich den Umgang mit der Außenwelt besorge.

Diese pragmatische Bestimmung einer Verantwortungsfähigkeit schränkte sich im Laufe der psychoanalytischen Forschungen über die Pathologie des Über-Ich noch weiter ein. Die noch von Freud gemachte Annahme, es gebe einen quasi normalen Verbrecher, die Charakterstruktur einschließlich des Über-Ichs könne durchaus normal integriert, aber das Ganze antisozial ausgerichtet sein, mußte der Einsicht weichen, daß, wie es bei Tilman Moser (1972) heißt,

„Über-Ich-Defekte, Über-Ich-Deformationen und Über-Ich-Lücken in so schwerwiegendem Ausmaß gerade bei Menschen vorlagen, die in der forensischen Praxis üblicherweise für verantwortungsfähig befunden wurden).

Möglicherweise hatten gerade solche Befunde, die einen wesentlich tiefergreifenden Determinismus menschlichen Handelns belegen und auch in der schulpsychiatrischen Begutachtung zu differenzierteren Aussagen führten, auf die strafrechtliche Diskussion, die schließlich zu der Novellierung des Strafgesetzes führte, einen zumindest indirekten Einfluß. Die Neufassung der Zurechnungsnorm, in der es um die Imputabilität und deren mögliche Grade geht, im Begriff der „schweren seelischen Abartigkeit" der §§ 20 und 21 StGB überschreitet im Prinzip den in der alten Zurechnungsnorm des § 50 und § 51 enthaltenen Krankheitsbegriff. Die Einführung des Begriffs der „schweren seelischen Abartigkeit" ermöglichte einen flexibleren Umgang mit Persönlichkeitsstörungen und vor allem mit dem Borderline-Syndrom, das in den späten 70er Jahren immer häufiger diagnostiziert wurde. Auch der ausdrückliche psychoanalytische Determinismus erfuhr so eine entscheidende Relativierung.

In Anerkennung des Einwands von *v. Baeyer*, daß alle triebdynamischen Rückführungen auf Libidostauungen noch nicht die Handlungen selbst sind, vielmehr immer noch der motivationspsychologisch nie restlos auflösbare Sprung in die Tat bleibe, formuliert *Bräutigam* im Handbuch der forensischen Psychiatrie (*Göppinger u. Witter*, 1972) die Forderung an die Psychoanalyse, über die bisherige Ausrichtung auf eine Motivationspsychologie hinauszugehen und eine Psychoanalyse der Handlung, auch der kriminellen Tat, zu erarbeiten. Freilich unterschied auch schon Freud ausdrücklich zwischen Motiv und Tat, ohne daß diese Unterscheidung in der Folge psychoanalytisch aufgearbeitet worden wäre. Mit der Einführung der therapeutischen Dimension in das Gesetz hat sich die Situation jedoch entscheidend verändert. Die Zeit scheint nunmehr reif für einen dezidiert anthropologischen Ansatz und einen differenzierten, auf die individuellen Verhältnisse zugeschnittenen Krankheitsbegriff in der forensischen Psychiatrie.

In der bereits oben zitierten Arbeit über „psychische Schäden durch berufliche und gesellschaftliche Diskriminierung infolge der sog. Nürnberger Gesetze" (1980) schreibt Günter Ammon:

„Die dynamische Psychiatrie stellt in den Mittelpunkt ihrer Theorie und Forschung die Identität des Menschen, d.h., seine gewachsene und noch wachsende Persönlichkeitsstruktur entwickelt sich nach unserem Verständnis als abhängig von den Erlebnissen des Menschen, d.h. von seinen gelebten Beziehungen in den Gruppen, die für ihn lebensgeschichtliche Bedeutung gehabt haben. Aus diesen Gruppen und dem sie bestimmenden Beziehungsgeflecht enthält der Mensch Sozialenergie, die dem einzelnen im Sinne von Ernstnehmen, Zuwendung und Unterstützung für seine Entwicklung zur Verfügung gestellt wird. Beim Ausbleiben dieser sozialenergetischen Zufuhr können sich die Ich-Funktionen anhand deren wir das Modell der Persönlichkeit strukturieren, nicht entwickeln. Entwicklung ist damit ein korrespondierendes Geschehen

zwischen Individuum und den umgebenden Gruppen. Identität bedeutet darum: Freiheit und Recht des einzelnen zu entscheiden, wer er sein will, bedeutet seine Selbstbestimmung im sozialen Kontext mit Respekt und Achtung des anderen. Die Idee des Humanismus ist mit dieser wissenschaftlichen Konzeption untrennbar verbunden."

Als Entwicklung in einer lebendigen Gruppe kann die gruppendynamische Interdependenz heute mithilfe des dynamisch-psychiatrischen Begriffs-instrumentariums beschrieben werden. Entwicklung in der Gruppe findet ihren Niederschlag in der Ich-Struktur der Persönlichkeit. Das belegen insbesondere die Befunde einer Veränderung der Dimensionen *konstruktive, destruktive* und *defizitäre Aggression,* sowie der Ich-Abgrenzung nach innen und außen im Ich-Struktur-Profil im Laufe eines therapeutischen Prozesses.

Darüber hinaus ist die Erweiterung der Fähigkeit, sich selbst zu bestimmen, in der gruppendynamischen Situation selbst unmittelbar erfahrbar. Solche Erfahrungen und Befunde werden allerdings einzig und allein in einer grundsätzlich dialogischen Ebene sichtbar und interpretierbar. Das bedeutet, daß die Fähigkeit, sich selbst zu bestimmen und verantwortungsvoll zu handeln, nicht primär allgemein psychologisch, sondern nur gruppendynamisch und ich-strukturell zugleich zu verstehen ist. Eine solche Gleichzeitigkeit gruppendynamischer und ich-struktureller Gesichtspunkte bestimmt auch den Krankheitsbegriff der dynamischen Psychiatrie, der die kranken und gesunden Persönlichkeitsanteile gleichermaßen berücksichtigt. Dem entspricht anstelle der klassichen Nosologie die Auffassung von einem gleitenden Spektrum archaischer Ich-Krankheiten, d.h. defizitärer und destruktiver Strukturen, wie es Ammon z.B. im Handbuch der Dynamischen Psychiatrie (Bd I, 1979) formuliert.

Diesem Verständnis gemäß müssen wir hinsichtlich der rechtlich relevanten Verantwortungsfähigkeit ebenfalls von einem gleitenden Spektrum ausgehen. Ein prinzipieller Unterschied zwischen der Tat eines psychotisch Erkrankten, eines Menschen, dessen Ich-Struktur wir im Sinne des Borderline-Konzepts begreifen (wie es auf dem VIII. Internationalen Symposion der Deutschen Akademie für Psychoanalyse über das Borderline-Syndrom in Theorie und Praxis 1976 in Düsseldorf dargelegt wurde) und eines neurotisch Kranken besteht also nicht.

Ammon hat schon 1969 in seiner Arbeit *„Abrupter Durchbruch destruktiver Aggression als psychiatrisches Problem"* anhand von Untersuchungen mehrerer, nach außen normal erscheinender Mörder episodisch psychiatrische Zustände, die auch in der Tat manifest wurden, nachgewiesen und die Tat selbst hinsichtlich der internalisierten pathologischen Gruppendynamik des Täters untersucht. Es wird also darauf ankommen, in einer differenzierten Untersuchungssituation, in der sich der diagnostische Prozeß, getragen durch empathisches Verstehen, entfaltet und in dem sich zugleich die internalisierte Gruppendynamik des Delinquenten manifestiert, die destruktiven, defizitären und konstruktiven Ich-Anteile in einem Strukturprofil zu lokalisieren und gegeneinander abzuwägen sowie die Tat hinsichtlich ihrer unbewußten gruppendynamischen Bedeutung für den Delinquenten zu interpretieren. Natürlich wird eine Verantwortungsfähigkeit umso weniger angenommen werden können, je massiver die Schädigungen im primären und zentralen Ich ausgeprägt sind. Das allein genügt jedoch noch nicht, wenn die Tat und der Tathergang nicht auf dem Hintergrund der zentralen Schädigung der Persönlichkeitsstruktur zu sehen sind. Zum Beispiel kann man im fortgeschrittenen therapeutischen Prozeß aus therapeutischer Sicht auch nicht bei psychotisch reagierenden Menschen strafrechtlich relevante Handlungen gelten lassen, für die sich der Betreffende sozusagen eine Art Narrenfreiheit nimmt. Exculpiert man solche Menschen oder setzt man ihnen keine fühlbare Grenze im Sinne einer Sanktion, so nimmt man sie nicht ernst und verläßt sie letztlich. Daß sein Handeln Folgen hat, läßt einen Menschen sich in seinen Potentialitäten und nicht in seiner Ohnmacht erfahren. Freilich muß eine solche Grenzsetzung sinnvermittelnd sein, d.h. wiederum in einem dialogischen Prozeß von Betroffenen verstanden werden können.

Auf der anderen Seite muß darüber hinaus im einzelnen beurteilt werden, wie weit die Verantwortungsfähigkeit eines Menschen reicht. Es gibt Beispiele von Patienten, bei denen eine vorzeitige Aufhebung einer Vormundschaft vorübergehend zu einer psychotischen Desintegration führte, da sie Mündigkeit und Selbstbestimmung als eine existentielle Bedrohung erlebten, die sie an den erfahrenen defizitären Modi der Lebensgestaltung ihrer Primärgruppen festhalten ließ.

Natürlich ist eine solche Beurteilung letztlich nur in einem therapeutischen Dialog möglich. Insofern aber auch die forensische Begutachtung auf dem Hintergrund eines Dialoges stattfindet und stattfinden muß, können dem Richter, der – unserer Erfahrung nach – in den meisten Fällen dynamisch-psychiatrischen Ausführungen mit großem Interesse folgt, wertvolle Hinweise gegeben werden. Im Jugendgerichtsverfahren, dessen konsekutivem Vollzug weitaus weniger starre Grenzen gesetzt sind als dem Erwachsenen-Vollzug, sind solche Hinweise geradezu unabdingbar, zumal hier Tat- und Vollzugsrichter in einer Person vereinigt sind. Gemeinsam mit dem Gericht hat der forensische Psychiater eine Perspektive des Jugendlichen zu entwickeln, die im Sinne einer Prophylaxe das weitere Schicksal des Jugendlichen entscheidend beeinflussen kann. Natürlich sind solche Weichenstellungen in den anderen zivilrechtlichen Bereichen der Rechtspflege von ebenso großer Bedeutung.

Im Erwachsenen-Vollzug und hinsichtlich der Unterbringung sind die Möglichkeiten sicher begrenzter. Immerhin ist es möglich, zumindest ein Problembewußtsein zu schaffen und sogar das aktuelle Verfahren für den Delinquenten durchschaubarer, weniger formalistisch und vielleicht sogar im ichstrukturellen Sinne verändernd zu gestalten. Ein im letzteren Sinne wirksamer Gerichtshof müßte die Grundstruktur einer erfahrungsfähigen gruppendynamischen Gruppe aufweisen, in der sich Delinquent, Richter, Rechtsanwalt, Gutachter und Vollzugsvertreter auf eine verstehende und Grenzen setzende Auseinandersetzung mit dem Delinquenten einlassen, die ihn nicht in einem

Ausschließungsritus isoliert, sondern ihm im Sinne einer Hilfs-Ich-Funktion die Stütze bietet, die seine defizitäre Verantwortungsfähigkeit kompensiert. Die Rechtsprechung würde auf diese Weise zu einem, wie Ammon sagt, *bedeutsamen menschlichen Ereignis*.

Natürlich ist auch im Maßregelvollzug die Voraussetzung für ein sinnvolles Handeln eine erfahrungsfähige Gruppe, die es dem Delinquenten ermöglicht, mit seiner zur Tatsache gewordenen Tat zu leben und eine Perspektive für das eigene Leben zu entwickeln. Das Ziel einer solchen Entwicklung wäre also Ich-Autonomie und Schuldfähigkeit. Das würde freilich bedeuten, daß die mit dem Vollzug Befaßten nicht nur im Sinne einer Aus- und Weiterbildung Kenntnisse erwerben, sondern darüber hinaus bereit sind, Kontakt zuzulassen und sich auch selbst zu verändern.

In einer solchen dialogischen Situation kann Kriminalität im spezifischen Einzelfall verstanden und ihr im Einzelfall wirksam begegnet werden. Erst so könnte unseres Erachtens der sog. spezialpräventive therapeutische Aspekt Gestalt gewinnen. Der sog. generalpräventive Aspekt verlöre seinen Charakter der Abschreckung, er könnte Verantwortlichkeit und Selbstbestimmung in der Beziehung zum anderen, hier zum delinquent gewordenen Menschen, bedeuten. Der schuldrechtliche Anspruch im Sinne einer condition humaine könnte in der Angewiesenheit auf den anderen und der Freiheit in Beziehung zum anderen Wirklichkeit werden.

Nicht jeder Mensch entwickelt sich. Selbst die Freiheit zur Unfreiheit scheint uns ein gruppendynamisch erfahrbares Faktum. Darum distanziert sich die Dynamische Psychiatrie von jeder Art einer Heilslehre. Sie ist aber in dem Sinne radikal, als sie einen Menschen auch dann in Verantwortung nimmt, wenn er sich entscheidet, nicht verantwortlich zu sein. In diesem Zusammenhang wird der Schutz der Gemeinschaft der Menschen vorherrschend. Es wird also stets auch Gefängnisse geben müssen, die potentielle Opfer vor Schaden bewahren. Entscheidend scheint uns aber, die Diffusion einer sinnentleerten Vollzugsbehandlung und eines ebenso sinnleeren Behandlungsvollzugs aufzuheben, zu differenzieren und das sozialenergetische Feld einer nachholenden Identitätsentwicklung und Ich-Autonomie möglich zu machen.

Literaturliste

Alexander, F., Staub, H. (1929): Der Verbrecher und sein Richter. Ein psychoanalytischer Einblick in die Welt der Paragraphen, Int. Psychoanalyse Verlag, Wien. In: Mitscherlich, A. (Hrsg.) (1971): Psychoanalyse und Justiz. Literatur der Psychoanalyse (Frankfurt/M.: Suhrkamp)

Ammon, Günter (1969): Abrupter Durchbruch destruktiver Aggression als psychiatrisches Problem. In: Beiträge zur gerichtlichen Medizin (27). (Wien: Deuticke)

- (1971): Gruppendynamik der Aggression – Beiträge zur psychoanalytischen Theorie. (Berlin: Pinel-Publikationen)
- (1979): Kindesmißhandlung (München: Kindler)
- (1980): Psychische Schäden durch berufliche und gesellschaftliche Diskriminierung infolge der sog. Nürnberger Gesetze. In: Dyn. Psychiatrie (13) S. 305 – 316

Bleuler, E.: (1966): Lehrbuch der Psychiatrie. Ergänzter Neudruck der 10. Aufl. von Manfred Bleuler. (Berlin, Heidelberg, New York: Springer)

Bräutigam, W. (1972): Forschungsrichtungen und Lehrmeinungen der Psychoanalyse. In: Göppinger, H.; Witter, H. (Hrsg.) Handbuch der forensischen Psychiatrie. Bd. I. (Berlin, Heidelberg, New York: Springer)

Freud, S. (1915): Verbrecher aus Schuldbewußtsein. Ges.W. Bd. X, Imago, London

- (1923): Das Ich und das Es. (Leipzig/Wien/Zürich: Int. Psychoanalyt. Verlag)
- (1925): Einige Charaktertypen aus der psychoanalytischen Arbeit, Ges. W. Bd. X, Imago, London

Göppinger, H.; Witter, H. (Hrsg.) (1972): Handbuch der forensischen Psychiatrie. Bd. I und II. (Berlin, Heidelberg, New York: Springer)

Haddenbrook, S. (1971): Strafrechtliche Handlungsfähigkeit und Schuldfähigkeit (Verantwortlichkeit); auch Schuldformen. In Göppinger, H.; Witter, H.: Handbuch der forensischen Psychiatrie. Bd. II. (Berlin, Heidelberg, New York: Springer)

Haun, F. (Hrsg) (1931): Strafe für Psychopathen? In: Imago, Sonderheft „Kriminologie", Bd. XVII, Heft 2, London

Herren, R. (1973): Freud und die Kriminologie. (Stuttgart: Enke)

Janzarik, W. (1972): Forschungsrichtungen und Lehrmeinungen in der Psychiatrie: Geschichte, Gegenwart, forensische Bedeutung. In Göppinger, H.; Witter, H.: Handbuch der forensischen Psychiatrie. Bd. I. (Berlin, Heidelberg, New York: Springer)

Jaspers, H. (Hrsg.) 1973): Allgemeine Psychopathologie. (Berlin, Heidelberg, New York: Springer)

Moser, T. (1971): Repressive Kriminalpsychiatrie. Vom Elend einer Wissenschaft. Eine Streitschrift. (Frankfurt/M.: Suhrkamp)

Moser, T. (1962): Jugendkriminalität und Gesellschaftsstruktur. (Frankfurt/M.: Suhrkamp)

Rank, O. (1912): Das Inzest-Motiv in Dichtung und Sage. Grundzüge einer Psychologie des dichterischen Schaffens. (Leipzig: Deuticke)

Reik, T. (1925): Geständniszwang und Strafbedürfnis, Probleme der Psychoanalyse und Kriminologie, Int. Psa. Verlag, Wien. In: Mitscherlich, A. (Hrsg) (1971): Psychoanalyse und Justiz, Literatur der Psychoanalyse. (Frankfurt/M: Suhrkamp)

Schneider, K. (1927): Die abnorme seelische Reaktion. (Wien: Deuticke)

Wächtler, H. et al. (1980): Thesenpapier zum 4. Strafverteidigertag. Unveröffentlichtes Manuskript